地中海与东方学国际研究协会

INTERNATIONAL ASSOCIATION OF
MEDITERRANEAN AND ORIENTAL STUDIES

北京大学考古文博学院

SCHOOL OF ARCHAEOLOGY AND MUSEOLOGY,
PEKING UNIVERSITY

丛书名称

亚欧丛书 EurAsia Series

Founded by **发起人**

尼奥利（意大利亚非研究院）
GHERARDO GNOLI (Istituto Italiano per l'Africa e l'Oriente)

赵辉（北京大学考古文博学院）
ZHAO HUI (School of Archaeology and Museology,
Peking University)

Directed by **执行干事**

魏正中（北京大学考古文博学院）
GIUSEPPE VIGNATO
(School of Archaeology and Museology, Peking University)

达仁利（地中海与东方学国际研究协会）
FRANCESCO D'ARELLI
(International Association of Mediterranean and Oriental Studies)

8

亚欧丛书　EurAsia Series

8

Traces of the Sarvāstivādins in the Buddhist Monasteries of Kucha

Giuseppe Vignato and Satomi Hiyama
with Appendices by Petra Kieffer-Pülz and Yoko Taniguchi

龟兹早期寺院中的说一切有部遗迹探真

〔意〕魏正中　〔日〕桧山智美 / 著
附录　〔德〕基弗尔－普尔兹　〔日〕谷口阳子

王倩 / 译

上海古籍出版社
SHANGHAI CLASSICS PUBLISHING HOUSE

本书的出版得到
中央高校建设世界一流大学（学科）和
特色发展引导专项资金资助

序　一

由北京大学考古文博学院魏正中（Giuseppe Vignato）教授、日本京都大学白眉研究中心—人文社科研究所桧山智美博士联合多国学者参与的团队，经过近10年通力合作的《龟兹早期寺院中的说一切有部遗迹探真》一书即将付梓。作为从事新疆佛教与艺术研究的同仁，我谨在此表示热烈的祝贺。

魏正中教授毕业于考古专业，丝绸之路考古是他孜孜以求的学术研究领域，其中对中国新疆地区的佛教考古更为倾心。而龟兹地区的佛教遗存是他重点研究的对象。为此他投入了巨大的精力，经过不懈努力，业有所成，硕果频出。他发表的关于龟兹石窟考古研究的一系列论著，为龟兹佛教与艺术研究的发展增添了新的活力。特别要指出的是，2015年出版的他与何恩之（Angela F. Howard）教授合著的《龟兹寻幽：考古重建与视觉再现》，是一部非常重要的论著，它标志着魏正中教授龟兹佛教考古研究的宏观思维与探索路径已臻成熟，《龟兹早期寺院中的说一切有部遗迹探真》是其上述理念与实践的又一升华。魏正中教授的宏观视角广、思路宽，实践操作上又巨细兼顾、全盘把控，展现了他深厚的考古学术功底和龟兹石窟研究的驾驭能力。

本书是魏正中教授学术团队“采用新的方法和视角重新审视龟兹地区的佛教遗存”的最新成果。该书构思宏大、内容丰富、结构新颖、论证深刻、逻辑性强。我觉得该书有几方面的显著特点：思想理论方面，以说一切有部思想为论述主轴，同时旁引部派佛教与大乘佛教相关派属的理论，理论深度与厚度比较到位；图像类型学方面，根据佛教思想特征、寺院布局方位、壁画风格特点、洞窟功能类型等，用两大类型（“A传统”“B传统”）开展研究，论述的结构组织有独到之处。资料方面，基础资料扎实，图像丰富多彩，图表清晰可鉴。以上这些，都是他们对佛教遗迹进行实地调查、记录、拍摄，对残破壁画进行清理与拼合的结果；各种文字残片的缀合与破译等方面的成果，是在大量田野考古与无数文献梳理的艰辛劳作的基础性上取得的。有人将佛教考古工作，譬喻为显微镜下的发现、手术刀下的解剖。本书就是该团队宏观驾驭与微观探索相得益彰的硕果。

本书之名，明示了团队研究的思路与探求目标，即抓住龟兹佛教基本思想——

说一切有部的理论本质与特点，探寻龟兹石窟的深刻佛学背景。这是十分重要的学术研究定位。以往有的龟兹石窟研究，着重在艺术形式层面，龟兹佛教与艺术形态的思想根基是什么？龟兹佛教的属性与理论特色是什么？尚没有形成研究的主流课题。本书鲜明地将龟兹佛教寺院与石窟放进佛教义学范畴，寻求背后的思想真谛。这是在原来已有的研究基础上，向学术研究“自由王国”境界的一个飞跃。已故的中国佛教协会会长赵朴初居士有一名言：

> 佛教美术是和佛教的教义紧密联系结合在一起的，佛像都是表法的，佛教教义的谛，就体现在佛教美术。

其实，欧美学者也有同样的理念，美学家帕诺夫斯基（Erwin Panovsky）提出了图像学的三个层次，第三层次就是解释作品的更深的内在意义或象征意义。另一位美学家贡布里希（Ernst Hans Josef Gombrich）认为：图像学的解释就是重建业已失传的证据，并根据这些证据追寻故事的意义。本书为探寻更深的佛教思想奥义，走的就是这样一条正确的路线。

中国于阗与龟兹是塔里木盆地南北沿两个佛教传播重地。两地被誉为佛教传入中国内地的“阶梯与桥梁”“中国佛教第二故乡”“中国佛教策源地之一”。经过长期传播与演化，在地缘、人文、历史等因素的作用下，龟兹逐步发展成为部派佛教中最大的派别——说一切有部的东方基地。在长期的发展中，形成了以龟兹为中心，西起朅盘陀、东至高昌的“说一切有部思想文化带”。这个文化带范围内的佛教文化遗存，是原始佛教、部派佛教留给当今世界罕见的珍贵遗产，其价值举世无双。揭示出它的内涵和价值，当是“功德无量”的善举，是佛教文化研究学者义不容辞的历史担当。

2014年，“丝绸之路：长安—天山廊道的路网”被列入《世界遗产名录》，新疆共有6处，克孜尔石窟与苏巴什佛寺列入名单之中。相信不久龟兹其他佛教遗址也会列入其中。这样的发展前景，必然要求龟兹佛教与艺术研究要加快步伐，加大力度，以符合世界文化遗产的荣耀称号。希望魏正中教授在新形势下，砥砺前行，为龟兹佛教与艺术研究事业再创佳绩。

《龟兹早期寺院中的说一切有部遗迹探真》的面世，对我们新疆龟兹佛教与艺术研究者来说，有积极的学习与借鉴作用。希望今后加强互动交流，优势互补，共同前进。是为序。

新疆克孜尔石窟研究所　霍旭初

2022年9月20日于乌鲁木齐

序　二

魏正中（Giuseppe Vignato）与桧山智美等合著的《龟兹早期寺院中的说一切有部遗迹探真》一书中译本出版在即，为此，我将献上衷心的祝福。

众所周知，魏正中对龟兹众多的石窟寺院实施了长期而又详细的调查，特别要指出的是，他一直在发表与克孜尔石窟相关的重要研究成果，包括窟群的现状、改建的情况、石窟原初状态的复原及时代变迁等。

桧山智美则一直在对龟兹石窟壁画相关主题、图像与经律文献作详细的比对，并给出新的辨识与解释。此外，她还将龟兹壁画中颇具特征的装饰母题与敦煌、巴米扬等进行比较，亦为东西交流史的研究作出了贡献。

本书是这二位专擅龟兹考古、美术的优秀研究者经过数次讨论、协同合作之研究成果的产物，定会给予众多研究者以刺激，引发他们进一步的关注。

本书研究的新构想，首先在于，以往的研究分散于考古学、美术史学、佛教文献学、历史学、文物保护与修复等各个单独的学科，而本书是基于对“当时活生生的佛教之形态”作复原性、综合性的考察这一立场来开展研究的。本书收录了考古学者魏正中、美术史学者桧山智美的论考，此外，作为补遗，佛教文献学者基弗尔-普尔兹、文物保护与壁画分析专家谷口阳子的论考亦收录其中。由此亦可知本书的复原性、综合性考察之立场。

本书研究的第二个特征，在于将佛教石窟与地面寺院相联系，考察由禅定窟、礼拜（祠堂）窟、僧房窟、储藏窟等构成的石窟寺院，由何人（出家众及王侯、贵族、商人等在家者）、如何行使其功能，又如何被使用。龟兹佛教因残留了大量精美的石窟壁画而闻名，一直以来壁画研究（风格、主题、图像、年代）占据了中心位置，出土写本及题记铭文等则被单独研究。本书非常大的贡献在于，将当时佛教僧团的比丘、比丘尼与王侯、贵族、富商等供养人纳入考虑，具体探究无装饰禅定窟的结构及礼拜窟装饰的情形。特别是，以“场域感”这一视角来考察方形礼拜窟。所谓“场域感”，即“石窟空间意图使置身其中之人获得何种体验”。这样的考察崭新而富有魅力。

第三，贯穿本书细部的研究成果，如书名所示，其贡献在于，明确了包含龟兹石窟寺院在内的佛教寺院与部派（小乘）说一切有部的密切关联。本书详细地探讨了龟兹壁画的主题、图像与说一切有部及根本说一切有部所传经律（梵本、汉译、吐火罗语译本）之记述相近一事。由玄奘的《大唐西域记》亦可知说一切有部在龟兹占据有利地位，而本书注意到说一切有部与根本说一切有部在各自经律传承上的差异，阐明“A传统”（壁画属于第一种印度—伊朗风格）与前者，“B传统”（壁画属于第二种印度—伊朗风格）与后者关联颇深。

本研究以“A传统”遗存的形态为中心，对龟兹石窟寺院和地面寺院加以细致的考察，贡献了非常大的成果。笔者曾对阿富汗的巴米扬佛教遗迹实施调查（1969～1978年）。龟兹与巴米扬，亦如玄奘所记，皆拥有地面寺院及诸多石窟寺院。并且，二者在石窟结构及功能、壁画风格、主题、装饰母题（供养人服装上的纹样，独特的花纲纹、联珠纹）等方面，存在着颇为有趣的相似性。与此同时，二者亦存在大为不同的一面，即拥有各自的独特性。

在龟兹，以克孜尔第47、48、77窟为首，存在着以大型佛立像（塑像皆消失）为中心的大像窟，巴米扬也因东西的两身巨大佛像（分别高38、55米）而闻名（石胎塑像，2001年因爆破而消失）。二者拥有共通性，皆有容纳大像的佛龛，以壁画及塑像来装饰，设有右绕大佛的回廊等。不过，克孜尔大像窟的大佛高约7～15米，而巴米扬的二大佛拥有压倒性的巨大身量，可认为它们是作为巴米扬佛教的中心礼拜像而发挥功能的。

若就礼拜窟而言，龟兹与巴米扬，因皆拥有正方形平面穹窿顶结构及正方形平面套斗顶结构的礼拜窟而关联颇深。不过，在巴米扬，除正方形平面的礼拜窟外，八角形及圆形平面的集中堂形式礼拜窟亦非少见；与之相对，在克孜尔则未见如此形式的礼拜窟。此外，在龟兹，正方形穹窿顶窟的中央安放佛坐像（克孜尔第76、81、133、149A窟等），而在巴米扬，正方形穹窿顶窟的中央设置佛塔（J、G窟），或是集中堂形式石窟的中央不安放任何物体，如此对照颇为有趣。在龟兹，壁画主题有极为丰富的佛传图、故事图；而在巴米扬，除涅槃图外，几乎不见佛传图、故事图，特征是窟内的图像构成多为：礼拜窟天井中央表现弥勒菩萨，周围环绕千佛，涅槃图绘于入口及后壁上部。

玄奘记载了巴米扬僧徒学习小乘说出世部，通过探讨说出世部及与其关系深厚的大众部所传经律，或许可以阐明巴米扬佛教模糊的面貌。这亦是再次从本书中所获得的启发。以巴米扬为首，兴盛于丝绸之路绿洲城市的佛教是何物？在思考这一问题中，本书大为获益。何种部派，乃至大乘佛教在何地兴盛，抑或不同部派、大乘佛教是否共存？这样的视角，今后定会使丝绸之路佛教文化研究取得进展。

本书以“A传统”佛教遗存为中心。关于“B传统”佛教遗存，则将其与“A传统”佛教遗存进行比较并考察，且简洁明了地指出其特征。而著者自身也认识到，还存在山岳景、天相图、涅槃图、兜率天图、宇宙佛等诸多问题，以往研究亦十分优秀。通过注释，著者加以详细的说明。亦如丛书主编E. Franco、M. Zin两氏在英文版序文中所指出的，这与被划分为“Y阶段”之诸窟的定位问题也多有关联。

本书以考古、美术为中心，为龟兹研究提供了新构想，对今后的研究大有裨益，对学界而言无疑是巨大的贡献。正值中译本刊行之际，在此要对著者们的努力致敬，并传达我的感谢之情。

日本名古屋大学、龙谷大学名誉教授　宫治昭

（翻译：中国社会科学院考古研究所助理研究员　易丹韵）

序　三

龟兹地区壮观的石窟寺院和地面寺院遗存一直是学术界关注的焦点，相关研究成果颇为丰硕。然已有研究多在艺术史、考古学和佛学等单一学科的框架中展开，几乎见不到将多学科成果严谨地贯通起来进行通盘考察的尝试。因此，《龟兹早期寺院中的说一切有部遗迹探真》（*Traces of the Sarvāstivādins in the Buddhist Monsteries of Kucha*）一书的突破性学术价值自不待言。

魏正中是正文的两位作者之一，他长期致力于龟兹地区佛教遗存，尤其是克孜尔石窟寺院的考古学研究。魏正中将众多洞窟视为不同的功能组合，而非互不相关的独立洞窟。以通常抢占学者注意力的带装饰礼拜窟为例，其在实际使用中，离不开僧房窟和储藏窟。僧房窟内可能居住着照看礼拜窟的僧人。除洞窟组合外，他还在石窟寺院内划分出若干区段，并且指出各区段的功能差异及相对年代关系。简言之，魏正中将考古遗存置入佛教寺院的整体背景中进行观察。

魏正中在2015年与艺术史学者何恩之合著的《龟兹寻幽：考古重建与视觉再现》一书中，检视了龟兹石窟与佛教禅修实践之间的关系。本书则由魏正中与艺术史学者桧山智美、佛教文献学者基弗尔-普尔兹以及壁画技术方面的专家谷口阳子合作撰著。其中正文的另一位作者桧山智美，是活跃在国际上的、专攻龟兹石窟壁画的艺术史学者。她主要关注叙事性图像，基于图像创制可能的经典依据，对部分图像内容的辨识提出了重要建议。

我很简单地概括一下书中的主要观点。带装饰洞窟从形制上可区分出方形窟（A传统）和中心柱窟（B传统）。偏自然主义、以暖色调为主的壁画（A种风格或第一印度—伊朗风格）见于A传统洞窟，而更程式化、色彩对比鲜明的壁画（B种风格或第二印度—伊朗风格）见于B传统洞窟（第6–7页）。A种风格壁画更接近说一切有部传统，而B种风格壁画则与根本说一切有部传统相关（第262页）。正文从考古学和图像学的视角重点考察了A传统佛教遗存和A种风格壁画。

附录一中，基弗尔-普尔兹具体分析了《比丘别解脱经》（*Bhikṣuprātimokṣasūtra*）写本残片。《比丘别解脱经》的残片主要发现于包括龟兹地区在内的丝路北道沿线，大多属于说一切有部传统，只有少部分属于根本说一切有部传统（第266页）。

说一切有部系的《比丘别解脱经》可以进一步分为A本和B本（第270页），两者皆有诸多不同异本。其中，B本年代更晚且流传范围更广，受根本说一切有部传统的影响更多（第286页）。

附录二中，谷口阳子指出A、B两种风格壁画在颜料使用方面存在差异。在A种风格壁画中，产自当地的黄赭石是主要颜料，而在B种风格壁画中，颜料的产地范围更广，其中最知名的青金石，产地遥远且价格昂贵，被大量使用。B种风格壁画的绘制无疑是以远距离贸易的开展为前提的（第312页）。

通过跨学科和多视角的方法，之前孤立的、碎片化的信息现被作者们精心缀合成一个有机整体，向我们展示出龟兹寺院更全面的图景。这一开创性的学术贡献对今后龟兹佛教寺院研究具有重要的指导意义。由于其他序言也会具体阐明本书取得的学术成果及其意义，作为对佛教寺院如何运转这一课题颇感兴趣的研究者，基于本书的宝贵成果，接下来我想展望一下未来可能的研究方向。

首先，魏正中的研究旨趣绝不局限于带装饰洞窟，但由于合作者的专业方向，本书关注的重点仍是带装饰洞窟。他们通过共同努力，揭示出洞窟结构与壁画风格之间的对应关系，这无疑是此领域的重大进展。那么，我们该如何看待无装饰洞窟？书中的相关讨论很大程度上基于考古学观察。若同样将带装饰洞窟的跨学科、多视角研究理路引入对无装饰洞窟（特别是僧房窟和禅定窟）的考察，我们能做什么？这是进一步需要解决的任务。

其次，桧山氏认为A传统和B传统的装饰内容存在着显著差异。A传统洞窟中，故事画的主角是王室贵族或巨商富贾，而B传统洞窟中，故事画的主角包括了较低阶层的人物以及动物。此外，血肉淋漓的自我献身是B传统壁画中常见的题材，却罕见于A传统（第243页）。就此而言，A传统和B传统壁画的图像内容差别明显。然另一方面，如基弗尔-普尔兹指出的，不论说一切有部和根本说一切有部的关系究竟为何，可以肯定两者是密切相关的传统。若我们认同桧山氏的观点，那么部派归属的差异并非解释A、B两种传统（风格）之间明显差异的充足理由。谷口氏指出A、B两种风格所用颜料的差别似乎反映出不同的社会经济状况。在我看来，A、B两种风格背后存在着根本不同的精神文化氛围。这种不同的氛围可能与社会经济的变化有关。这是我想提出的另一个问题。

再次，基于桧山氏的观察，几乎不存在一部经典能够完全解释所有的图像内容的例子。基于此，我认为我们要意识到现在所拥有的，无论是文本、图像，抑或考古资料，都只是曾经繁荣的“动植物群”遗留下的少数“化石”而已。同时我们也要认识到，当时口头传承所占的分量远重于现在。如果像基弗尔-普尔兹所揭示的，连更具公共性质的戒律文本都存在如此之多的异本，那么对本身具有“叙述性”的叙事故事而言，完全存在各个讲述者各有自己的说法的可能性。因此，如同我曾在吐鲁番吐峪沟洞窟壁画研究中提到的，或许我们需要考虑图像与文本可能各自记录了口头传承的不同侧面这一情况。

最后，很可能是下一步，我们或许可以开展更广范围的学术合作。为了解佛教寺院是如何运转的，如若可行，最佳的方式是观察寺院中实际的修行实践。由于新疆地区的佛教传统早已消失，这种方式显然不适用于新疆的佛教寺院。但在南亚、东南亚、东亚以及中国西藏等地，佛教仍然存在，石窟也仍被使用。若我们将石窟遗存与这些地区当代的佛教实践进行严密谨慎的对比，则很可能获得颇有价值的线索。例如在当今日本的许多佛寺中，安置主尊像的佛堂只有僧人可以进入，在俗信徒只能于前厅礼拜佛像。这种情况很可能也曾见于龟兹地区，特别是那些主室两侧壁列置塑像的洞窟，若允许众多未经训练的信徒进入主室绕行礼拜，必然存在碰损塑像的风险。因此，不难推想只有少数僧人作为众人的代表可进入主室。这只是其中一例，想必还存在许多其他语境，对其中进行的当代佛教实践的观察有助于解读古代佛寺遗址。

在结束这篇序言之前，我想重申，我们之所以能提出以上问题，完全是因为书中作者们突出的学术贡献与成果带给我们的启示。这本书将是以后任何对龟兹佛教感兴趣的学者都无法绕过的必读佳作。

日本早稻田大学文学学术院东洋哲学系教授　山部能宜
（翻译：郑州大学考古与文化遗产学院讲师　王倩）

序　四

龟兹是塔里木盆地与丝路北道最重要的文明古国，也是大多数汉地求法僧的必经之地，在佛教史及中西文化交流史方面都具有重要的地位。由于从汉西域都护府到唐安西都护府均以此为据点，故汉文史料对龟兹政治史的记载最为丰富，求法僧也留下了大量有关当地佛教的记录。但由于求法僧大多属于大乘佛教信徒，对作为小乘佛教中心的龟兹的记载或有偏异，属“一面之词”，甚至不可尽信。更重要的史料是19世纪末以来在龟兹本地出土的多语种文献材料，以及大量石窟寺内外壁画、雕像、洞窟题记等遗存。从佛教层面来看，龟兹拥有比于阗、焉耆、楼兰等地更为丰富的材料，且多用当地的胡语书写，为龟兹佛教研究提供了崭新的史料。

从百余年来的龟兹研究学术史来看，既分散，又专精。考古学家关注龟兹古城、戍堡遗址，以及佛教洞窟的分类与断代；美术史家则更多地做壁画内容的比定工作，进行艺术剖析和分期；佛教史家更关注小乘佛教的发展及其与大乘的关系；语文学家则转写、翻译、注释各语种的文书。在这些精深研究之间，缺少不同学科的合作，特别是从不同学科角度对同一材料或问题的针对性研究。

可喜的是，即将出版的魏正中教授等合著的《龟兹早期寺院中的说一切有部遗迹探真》（*Traces of the Sarvāstivādins in the Buddhist Monasteries of Kucha*），便是多学科参与的成果。此书列为“莱比锡龟兹研究丛刊”（*Leipzig Kucha Studies*）第3种，在新德里出版，随即由王倩汉译，上海古籍出版社出版中文本。本书的主体由魏正中、桧山智美执笔，分五章，经过多年的考古调查和分析，区分出龟兹石窟中属于“A传统”的洞窟及其组合，然后对这类洞窟进行考古学类型分析，再从图像的特征来辅助考古学观察，确定这些洞窟的佛教建筑和图像绘制依据，均来自大犍陀罗地区的佛教说一切有部。在附录中，基弗尔-普尔兹详细分析了龟兹地区出土的梵文本《比丘别解脱经》的内涵和不同写本间的差异，谷口阳子分析了龟兹石窟壁画颜料和技法，都从不同角度支持了龟兹石窟反映说一切有部的两个部派的活动的结论。我有幸提前拜读各位作者的大作，又在北京大学文研院2022年6月25日举办的“龟兹石窟寺研究：考古・历史・美术・文献”论坛上听几位作者详细解说，对于他们细致的考古学、美术史、佛教文献、科技分析等方面的工作深感钦佩。不少细节问题，如龟兹佛教的早期形态、龟兹早期石窟或寺院的分布、早期图像的主要内涵和表现形式、龟兹说一切有部内的两个分派的存在等等，都给我很多新的认知。

这部著作由四位学者共同完成，主要撰稿人是魏正中和桧山智美，而全书的架构和组织我想魏正中教授起着灵魂的作用。魏正中（我们北大人昵称这位意大利同事为“老魏”）师从北京大学考古学系的宿白教授，曾多年在克孜尔等龟兹石窟做现地考察，以区段组合的分析方法，推进了宿白的佛教考古学的理论，这一理论也在本书中充分的运用。桧山博士毕业于东京大学和柏林自由大学，曾多年在德国亚洲艺术博物馆从事龟兹壁画的研究，现在国际佛教学大学院大学工作。两位学者有机会共同研究，展开了充分的学术交流，加上基弗尔-普尔兹和谷口阳子从不同角度探讨了同样的问题，这正是对龟兹佛教这种复杂体系进行多学科综合研究的最佳组合。

因为我曾与赵莉、庆昭蓉、荻原裕敏合作整理出版《龟兹石窟题记》，并在京都参加过桧山主办的魏正中的讲演会，故老魏让我在他们的中文版新书前面写几句话。我虽对龟兹研究贡献寥寥，但一直期望龟兹研究走出独立的学科分野，也愿意看到宿白先生佛教考古理论发扬光大。故欣然从命，并借此机会，期望老魏和他的学界同仁一道，在此基础上更进一步，沿着这种多学科合作的方法继续龟兹石窟的研究，层层揭开更多古代龟兹佛教社会的隐秘面纱。

荣新江

2022年10月2日于北京大学朗润园

凡　例

洞窟编号

本书采用新疆龟兹研究院自1953年设立的洞窟编号系统。然而，此系统内后来增加的新洞窟编号却不一致。1953年之后发现的洞窟，其编号方式是在邻近洞窟的编号后增加一个字母，如第174B窟。克孜尔1989年和1990年清理出的洞窟，其编号方式是由发掘年份、连字符和从1开始的数字序列，如第89-1、89-2、89-3窟和第90-14、90-15、90-16窟等。正文中编号相连的数座洞窟用连接符～，如第82～85窟。为便于描述，被改建的洞窟在传统编号后增加方括号，其内用数字标出不同阶段：如69[1]表示第69窟的第一阶段，69[2]表示第69窟的第二阶段。

部分洞窟在编号之后标出德国探险队拟定的命名，以便读者参阅现藏于德国柏林亚洲艺术博物馆的相关资料。

本研究涉及洞窟和地面建筑。由于洞窟所占比重最大，当同时提到两类建筑时，统一使用洞窟的描述术语。

洞窟不同结构的定名

为保持描述的一致性，我们对洞窟不同建筑结构的术语进行了统一界定（图1）。

窟内装饰布局各部位的术语也进行了系统界定（图2）。本书中“抹角拱”指的是壁面和穹窿顶之间的区域。在描述装饰布局时使用的“左”“右”根据主尊像的视角。无装饰洞窟的“左”“右”与之相同。从窟外看相邻洞窟的左右关系则是按照观者的视角。

比丘和比丘尼

龟兹地区的佛教团体包括比丘和比丘尼，文献记载可为佐证，但为简便起见，除非特殊说明，统一将他们称作僧人。

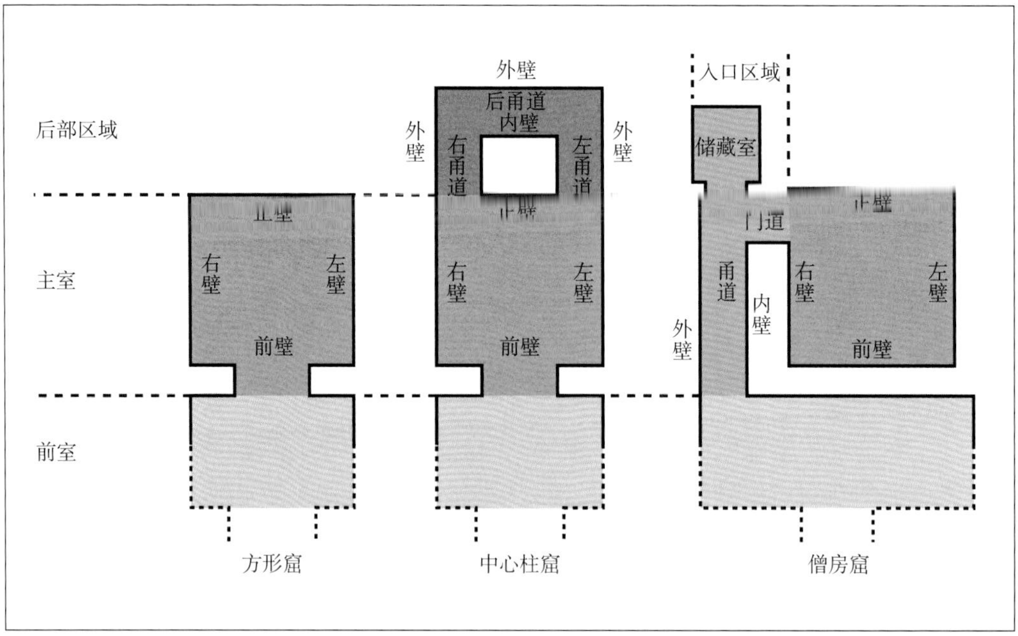

图1 本书对洞窟不同建筑结构的术语使用。

照片、地图、线图

本书采用的照片、地图和线图的版权均归作者所有。所有复原图皆是魏正中和张武杰制作，如若使用，须得到作者的书面同意。

装饰布局示意图是按统一比例绘制的，不同颜色表示不同的装饰题材（图3）。

线图使用的比例尺单位皆为米（m）。

第一章中的表格

基于百年来博物馆图录和许多学者的专业论著获得的共识，我们将被揭取的壁画残块和出土文物还原至它们原初所在的洞窟。

关于探险队发现的但缺乏相关记录而无法确定的信息，用斜体字表示。

经文翻译与引用

中译本对佛经的翻译和引用出自“中华电子佛典协会”的电子佛典系列光碟（Chinese Buddhist Electronic Text Association, 简称 CBETA，版本：2022.Q1）。

引用格式说明：T代表《大正新修大藏经》; no代表经号；p代表页数；字母a/b/c代表栏数；字母后的数字代表行数。如T 23, no. 1435, pp. 1a5–470b20，表示经文出自《大正新修大藏经》第23册，第1435经，第1页上栏第5行至第470页中栏第20行。

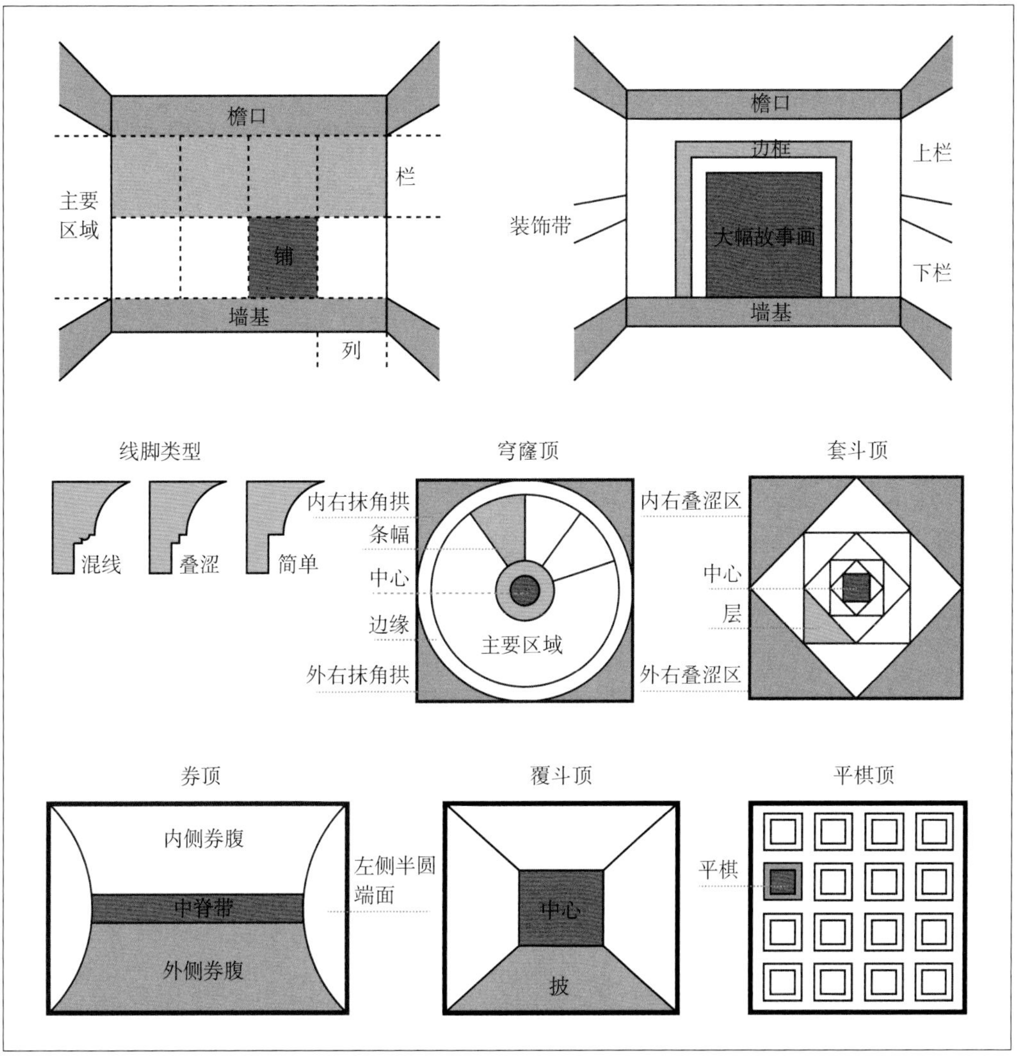

图2　装饰布局各部位采用的术语。

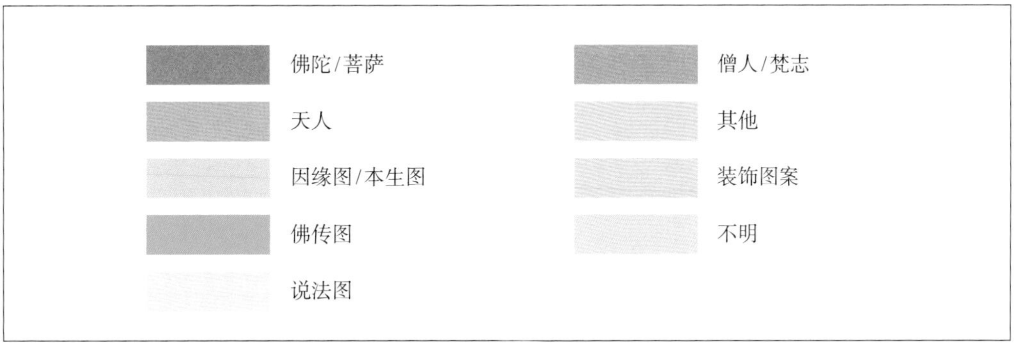

图3　不同颜色代表不同装饰题材。

缩略语

AP = 法国巴黎吉美博物馆馆藏照片编号

B = 德国柏林亚洲艺术博物馆馆藏 13 × 18 厘米底片编号

EO = 法国巴黎吉美博物馆藏品编号

IB = 德国柏林亚洲艺术博物馆战争期间丢失的藏品编号

Ⅲ = 德国柏林亚洲艺术博物馆战后仍存藏品编号

目　录

下 编

绪　言

在亚洲文化景观形成史上，佛教作为一种深具影响力的宗教，曾扮演了极其重要的角色，并在丝绸之路沿线的诸多遗存中留下了深刻的烙印。位于塔里木盆地北缘的古龟兹国（1～9世纪）[1]境内保存了整个塔里木盆地周边最为集中的佛寺遗址[2]。龟兹曾是一片水草丰美、物资富饶的绿洲，国富民安，创造出了繁荣的文明；亦是一处咽喉要地，数条穿越帕米尔山脉的通道汇聚于此，将西域与河西走廊连接起来，在丝路贸易网络中发挥着举足轻重的作用。公元3～9世纪，龟兹一直是塔里木盆地周缘地区的佛教文化中心，公元10世纪之后逐渐衰落，至公元14世纪中叶被伊斯兰文化取代。留存至今的佛寺废墟是佛教曾经昌盛的见证，也是古龟兹国佛教文化遗产的杰出代表。

大多数佛寺遗址被重新发现于20世纪初[3]。古龟兹国境内密布着大大小小数十处地面寺院和石窟寺院（图4）。早期国际探险队收集的资料不仅包括文字和图片记录，还有发掘出土的大量珍贵文物和写本，它们已得到国际考古学者、艺术史学者以及语言学者的广泛关注。这些资料在21世纪仍是欧洲学者开展研究的基础。在20世纪20～70年代，中国学者对龟兹佛教遗存仅进行过屈指可数的调查[4]，但在20世纪最后20年开展了许多田野工作[5]。目前尚未获得突破性进展，这受制于诸多因素：遗址残损严重，写本与文物残缺不全，历史文献记载稀少，以及大量资料分散在世界各地的相关机构中，长期以来这些机构彼此之间缺乏沟通与交流。最近数十年，龟兹佛教的研究受益于诸多方面：更系统、科学的考古工作，大量艺术史和语言学的研究成果，一手资料的公布和出版，先进的考古测年以及学者们对中亚佛教的更深刻认识。近年来取得的成

---

〔1〕 最近关于龟兹王族世系的研究，见庆昭蓉2013；庆昭蓉2017，117-145页。

〔2〕 遗址主要聚集在今新疆阿克苏地区的库车、拜城和新和。克孜尔石窟和苏巴什遗址在2014年被列入世界文化遗产名录。

〔3〕 20世纪初，古龟兹境内的佛教遗址先后多次被探险队光顾：如1903～1913年日本大谷探险队的三次探险活动；1903～1914年德国探险队第一、三、四次探险活动；1906年俄国别列佐夫斯基探险活动；1907年法国伯希和探险活动；1909～1910年俄国奥尔登堡探险活动。

〔4〕 中国学者开展的早期调查活动以黄文弼（1958）和阎文儒（1962）发表的考古资料尤其重要。

〔5〕 常书鸿1996；《新疆克孜尔石窟考古报告》1997。

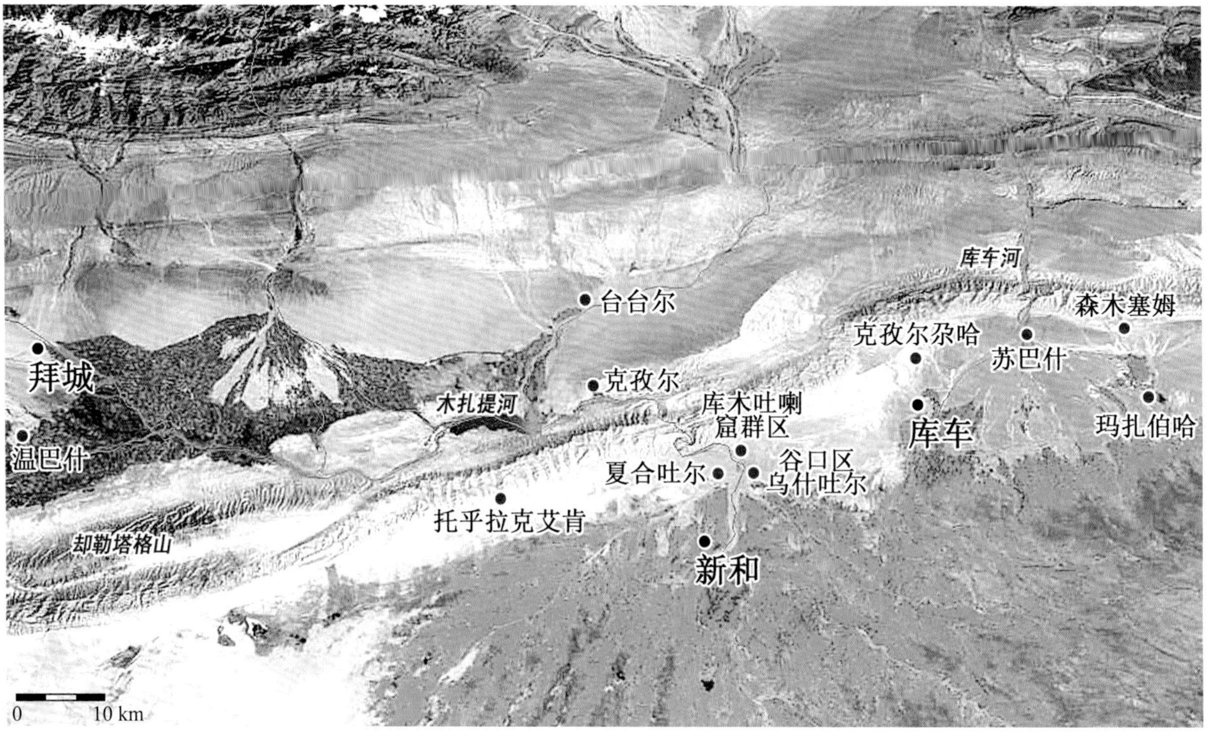

图4 古龟兹国境内主要佛寺遗址分布示意图。底图采自“天地图”（www.tianditu.cn [2021.3.23]）。现代地名用粗体，遗址名用正常字体，河流山脉名用斜体。

果使我们能够将新旧材料关联、交织起来，不仅奠定了一个坚实的基础，同时通过跨学科的研究方法，为理解龟兹佛教提供了更清晰的图景。

尽管目前学界尚未对年代框架达成共识，但将龟兹佛教时代的考古遗存归入两期当无大谬。其中绝大多数属于第一期，这是一个关键的、富有创造力的时期，涌现出大量具有独特建筑特征的洞窟以及地域特色鲜明的图像艺术。带装饰方形窟的题材和内容与印度和中亚早期佛教艺术密切相关，可被归入说一切有部。第二期范围十分有限，其主要特点是带装饰洞窟大多开凿于之前寺院中未被占用的部分。图像和风格与唐代大乘佛教艺术极其相似；其影响延续至回鹘时期[1]。本研究主要关注第一期，即与说一切有部相关的龟兹佛教文化。

〔1〕与文献记载不同，在第二期之初，第一期并未立即结束（见本书4页）。森美智代的一项研究指出龟兹的回鹘风壁画借鉴了唐代佛教艺术风格和题材以阐明说一切有部教义，表明龟兹地区说一切有部传统的延续，见森美智代2012。关于龟兹石窟寺院年代问题的深入探讨，见魏正中待刊文章。

龟兹早期佛教文化的文献记载

古龟兹境内出土的与说一切有部相关的梵语和吐火罗B语（或龟兹语）写本，以及汉文史籍中的若干记载，提供了关于龟兹早期佛教文化的有限信息[1]。

公元3世纪汉文史籍中就出现了龟兹籍译经僧人[2]，这是很有价值的信息，尤其是考虑到没有其他直接涉及龟兹早期佛教的史料。年代最早的梵文写本出自库车，学者基于古文书学推测为公元2～3世纪[3]，文字写于贝叶上，很可能是从西北印度传入的。这些写本的内容大多是马鸣撰写的阿毗达磨戏剧和诗文[4]。

《出三藏记集》首次清楚地记录了龟兹佛教概况，其中提及公元4世纪末龟兹国境内的佛塔、僧寺和尼寺[5]。从书中描述的龟兹皇家寺院饰满佛像，庄严若殿堂，不难推测当时佛教不啻龟兹的国教。文中还指出龟兹国内大寺由小乘高僧佛图舌弥统领[6]。佛图舌弥最著名的弟子当属鸠摩罗什。罗什出身龟兹王族，幼年时便跟随母亲居住在佛寺，受到佛图舌弥的教导。为学习更精深的佛法，罗什青年时期与母亲前往罽宾[7]。公元4世纪晚期返回龟兹后，罗什开始为龟兹及周边诸国的王室贵族讲授从罽宾研习的大乘教法，并在一名罽宾高僧指导下学习说一切有部律[8]。同时期，即公元4世纪左右，龟兹国还出现了梵文佛经，如苏巴什遗址出土的说一切有部经典《出曜经》（*Udānavarga*）简牍[9]。

---

〔1〕关于新疆发现的梵文写本的综合研究，见Sander 1999；Sander 2019, pp. 46–50。关于吐火罗语佛教写本的研究，见Ogihara Hirotoshi 2015a。龟兹佛教的转变和确立可能与公元2世纪中叶晚期迦腻色伽在罽宾召集的由说一切有部僧团举办的第三次大结集有关。也有学者认为此次是第四次结集，此看法有误，其混淆了只有上座部参与的华氏城第三次大结集。基弗尔-普尔兹和斯奇林（Skilling）为此问题提供了许多卓见。此次结集之后可能将说一切有部传播到中亚地区。汉文史料的相关记载，见Liu 1969；Rhie 2002, pp. 578–600。

〔2〕关于汉文典籍中龟兹早期僧人及其译经活动的研究，见羽溪了谛1914，347–387页；Liu 1969, pp. 80–99, 174–199；东初1979；Howard 1991, pp. 79–81；Namba-Walter 1998, pp. 5–16；Rhie 2002, pp. 589–590。

〔3〕库车曾出土三件写本残片，现藏于德国柏林吐鲁番研究中心，从语言学的角度看，它们的年代可被定为贵霜时期；碳十四测年为公元80～230年。有关年代问题仍需更深入的探讨，见Franco 2005, pp. 109–110。

〔4〕Lüders 1911a, b；Sander 1991, pp. 75–83.

〔5〕《出三藏记集》中《比丘尼戒本所出本末序》第十（出戒本前晋孝武帝世出）在西晋孝武帝时期（372～396年）被译成汉文。因此这条记载可反映公元4世纪下半叶龟兹佛教的状况。

〔6〕文中还记载了寺院中僧人的数量，四座大寺各有50～170名比丘；三座尼寺各有30～180名比丘尼，其中不乏来自周边王国的贵族女性。

〔7〕公元5～6世纪汉文史料中提及的罽宾指代西北印度的广阔范围，包括今克什米尔和古犍陀罗地区。关于罽宾国范围的研究，见Enomoto 1994；桑山正进1990，43–59页；桑山正进1998，115–120页；Li Chongfeng 2008。

〔8〕公元6世纪早期慧皎编纂的《高僧传》中鸠摩罗什传，T50, no. 2059, p. 331a5–b12。

〔9〕中谷英明1988，10–20、175–177页。

史籍中关于公元5～6世纪龟兹佛教的记载仅限于曾拜访过龟兹的高僧大德传记中的零星信息。他们指出龟兹僧人学习的是小乘教法[1]，归宗于说一切有部[2]，但龟兹国王也很热情地欢迎外国僧侣传播大乘教法[3]。龟兹佛教文化在此时的迅速扩张亦可由大量佛经写本的出现得以证实，说一切有部经典的许多梵文版本被编辑出来并且书写在当地生产的纸张上，梵文佛经还被翻译成龟兹地区使用的吐火罗语[4]。

根据《大唐西域记》（成书于公元646年）记载，当玄奘于公元629年左右抵达龟兹国时，境内有100多座佛寺和5 000多名僧人，皆习小乘说一切有部[5]。龟兹佛教的盛况也可由其记载的每五年举行的一次盛大庆典推测得知，其间1 000多辆装饰华美的马车，装载着庄严华丽的佛像，围绕都城举行行像仪式。龟兹国内的百姓都暂停手中的劳作加入庆典。这是首次提到佛教渗入龟兹社会各阶层的史料，从中不难推知佛教在此时期的龟兹国所拥有的深具影响力的地位，且获得了大量的财物资助。

记述玄奘生平事迹的《大唐大慈恩寺三藏法师传》（成书于公元688年）中提及龟兹国内说一切有部僧侣对大乘教义的敌对态度[6]。龟兹的小乘高僧木叉毱多称《瑜伽师地论》（*Yogācārabhūmi-śāstra*）为"外道之书"，强调佛陀的真言只被保存于毗婆沙（*Vibhāṣās*）中，这是说一切有部的权威典籍[7]。

曾在公元8世纪初前往龟兹朝圣的新罗国高僧慧超，观察到当时龟兹本地僧人修习的是小乘教法，而汉僧修习的是大乘教法。这一现象表明龟兹说一切有部僧团独立

---

〔1〕从大乘的角度看，小乘的称谓带有贬义和偏见。小乘更准确的称谓应是声闻乘佛教。

〔2〕《出三藏记集》昙无谶传中称："龟兹国多小乘学不信涅槃。"（T55, no. 2145, p. 103a18）但在《高僧传》昙无谶传（T50, no. 2059, p. 336a13）中称罽宾而非龟兹。吉川忠夫、船山徹指出前者的记述更为可靠，见吉川忠夫、船山徹2009—2010，第1卷，215页，注4。

〔3〕据《高僧传》（T50, no. 2059, pp. 342c8-343a29）昙摩密多传记载，其"博览群经，特深禅法"，公元424年颇受龟兹国王敬重和礼见。《续高僧传》（T50, no. 2060, p. 435b7-10）记载公元585年左右龟兹国王积极接受了印度僧人达摩岌多（或称法密）的大乘教法，见羽溪了谛1914，378页。

僧团内同时存在《十诵律》和大乘教法并非不常见。僧团尊奉的教义和律藏可以是彼此独立的。大乘佛教早期并没有创立自己的戒律，其僧侣仍然遵循的是小乘戒律或其他戒律。关于小乘佛教和大乘佛教隶属区分问题，见Skilling 2004。

〔4〕Sander 1991, p. 142, fn. 37; Sander 1999, p. 83; Sander 2019, pp. 46-50。目前古龟兹地区只出土了数件大乘佛教的梵文写本残片［最新编目见于威勒（Wille）的相关研究；哈特曼（Hartmann）、威勒二位学者就此问题在与笔者的私下交谈中提供了很有价值的建议］；目前所见的吐火罗语写本中尚未发现大乘佛教的内容。

〔5〕《大唐西域记》："伽蓝百余所。僧徒五千余人习学小乘教说一切有部。"（T51, no. 2087, p. 870a24-25。）

〔6〕《大唐大慈恩寺三藏法师传》（T50, no. 2053, pp. 226c16-227a6），也见Sander 1999, p. 83; Sander 2019, p. 46。

〔7〕有一件毗婆沙（*Vibhāṣā*）梵文写本残片很可能发现于古龟兹地区，榎本文雄（Enomoto, 1996）曾对其进行了释读，与文献记载相印证。榎本指出其中的内容与毗婆沙的两部汉译佛经密切相关（其一为玄奘译本《阿毗达磨大毗婆沙论》，另一为浮陀跋摩译本《阿毗昙毗婆沙论》），但很可能属于毗婆沙更早的印度修订本，而非汉译本所依据的版本。

于唐代的大乘僧团，后者很可能是在安西都护府建立之后迁到龟兹的[1]。撰成于公元783年的《大方广佛华严经感应传》中也提到龟兹僧人坚持小乘教法，强烈排斥《华严经》的流传并将经本弃于废井之中[2]。

基于上述史料，可以合理推测龟兹佛教的第一期与说一切有部密切相关，说一切有部是早期在印度和中亚广大地区都留下踪迹的、最具影响力的佛教部派之一[3]。

对说一切有部的界定是一个颇具争议的问题，在佛学研究中仍聚讼不休。与说一切有部律有关的两大文献保存至今，其一是《十诵律》，通常被认为等同于说一切有部毗奈耶（*Sarvāstivāda-vinaya*），另一是《根本说一切有部毗奈耶》[4]。根据佛学传统，一般将戒律作为划分佛教部派的主要依据，这两大戒律集合通常被归入不同的部派，即说一切有部和根本说一切有部。然而榎本文雄指出，在古印度语、藏语和汉语中所谓的说一切有部和根本说一切有部，只是同一部派的变体而已[5]。作者在最近出版的论著中进一步论述了这一观点，且指出在说一切有部中存在两种以上的戒律版本。遵循根本说一切有部戒律的僧团也可以将他们自身归入说一切有部[6]。有学者认为说一切有部僧团遵循的戒律版本存在着地区和时代差异，这与最近关于说一切有部的阿含经研究一致，同样清晰显示出地区多样性[7]。基弗尔-普尔兹关于克孜尔及周边地区出土的《比丘

[1] 见桑山正进1998，25（213–215）、46、194页。《贞元新定释教目录》（T55, no. 2157, pp. 878b12–879a5）中记载了其他情形，龟兹僧人利言成为著名的东印度大乘僧人法月（Dharmacandra）的弟子，公元726年左右在汉地与其师一同翻译大乘佛教的经典（见朱英荣1993，191页；庆昭蓉2014a）。凭借语言天赋，利言甚至被唐代皇帝任命为个人顾问（见庆昭蓉，2014a）。

[2] 《大方广佛华严经感应传》T51, no. 2074, pp. 176c25–177a9。

[3] 至今只有一件出自克孜尔的写本与法藏部（Dharmaguptaka）的《长阿含经》（*Dīrghāgama*）相关，见Waldschmidt 1968, pp. 3–16。榎本文雄指出此写本中部分内容源自法藏部，但也有部分内容与说一切有部的《杂阿含经》（*Saṃyuktāgama*）关系密切，见榎本文雄1984，103页；Enomoto 1986, p. 25。

[4] 前者由弗若多罗、鸠摩罗什、昙摩流支翻译于公元404～409年，后者保存有汉文和藏文本，汉文本由义净译成于公元8世纪初期，藏文本由莲花生（Padmasaṃbhava）译成于公元8世纪晚期，至今仍被藏传佛教僧人使用。此外，两种版本的梵文写本都有保存。

事实上，最近的研究表明，在自称为说一切有部的教团中存在着更为多元的戒律，见榎本文雄2020，7–8页。尽管本书依据传统将《十诵律》视为说一切有部毗奈耶（*Sarvāstivāda-vinaya*），但需要注意的是《十诵律》只是说一切有部毗奈耶诸版本中幸存下来的一种。

[5] 榎本文雄（Enomoto，2000）指出基于公元8世纪的文献，根本说一切有部是个组合词，可以被解释为“说一切有部为根，是其他所有部派的基础”。

[6] 《萨婆多部毗尼摩得勒伽》（*Sarvāstivāda-vinayamātṛkā*）情况类似，从内容来看，可被归入根本说一切有部律。它最早见载于6世纪早期的《出三藏记集》（T55, no. 2145, pp. 12b21, 82a18, 104c24），名为*Mātṛkā*，这表明在公元7世纪晚期文献中出现“根本说一切有部”很早之前，就已经存在《根本说一切有部毗奈耶》的印度原典。见榎本文雄2020。关于此观点，佐々木闲提出了不同看法：他将说一切有部律归入罽宾的分别说部（Vaibhāṣikas），而根本说一切有部律归入经量部（Sautrāntikas），见佐々木闲2018。然而学界对经量部持有很大争议。

[7] 见榎本文雄1980；榎本文雄1984；Enomoto 1984；Dhammadinnā 2020。与说一切有部和根本说一切有部相关的阿含经的地域差异研究，见Hartmann 2020。

别解脱经》写本的最新研究提出，龟兹境内的说一切有部僧团并非独一，至少存在两个分支[1]。

龟兹佛教考古遗存与说一切有部教义相关，且可以分出两个主流传统，每个传统各有其显著特征，这可为深化对龟兹说一切有部的认知提供关键线索。

龟兹说一切有部寺院的物质遗存

龟兹佛教的考古证据保存在石窟寺院和地面寺院遗址中。两类遗址均遭受了自然和人为的双重破坏，但仍保存有近800座洞窟，为本研究提供了丰富的信息。目前学界对石窟寺院遗址的年代问题争议颇大，且尚未对绝对年代达成共识。不过学者们普遍认可龟兹石窟中的大多数洞窟开凿于第一期，也就是公元4～7世纪。

20世纪关于龟兹佛教石窟寺院的研究主要集中于壁画。基于格伦威德尔（Grünwedel）对龟兹壁画不同风格的划分[2]，印度学专家瓦尔德施密特（Waldschmidt，或译为林冶）将其分出两种印度—伊朗风格[3]：第一印度—伊朗风格以暖色调和自然写实主义为特征，与犍陀罗艺术存在着某种相似性；第二印度—伊朗风格使用的颜料范围更广，诸如可使色彩对比更鲜明的青金石，且其表现形式更为程式化。这种基于绘画形式和色彩特征的壁画分类方式不断受到挑战，学者们创造了新的分类，有的分类甚至将壁画分出了十种风格[4]。然而瓦尔德施密特的分类依然具有权威性，被艺术史学者视为标准。为简化行文中的叙述，本书将第一印度—伊朗风格称为A种风格，第二印度—伊朗风格称为B种风格[5]。

关于石窟寺布局的最新研究成果表明，大多数情况下，洞窟之间构成组合，其在寺院中的分布经过了精心规划。魏正中通过对古龟兹国规模最大的石窟寺院——克孜尔

〔1〕 此观点在本书附录一中有深入探讨。Namba-Walter（1998）试图基于井上康义（1972）对吐火罗语《法集要颂经注释》（*Udānālaṁkāra*）写本的研究，将龟兹的说一切有部和罽宾的说一切有部联系起来。此观点需要修正，因有关说一切有部文本以及发现于古龟兹地区的梵语、吐火罗语写本的研究已经取得了很大进步，问题更加复杂。

〔2〕 格伦威德尔2007，11-12、42-43页。

〔3〕 Waldschmidt 1933, pp. 24-31.

〔4〕 廖旸2012，6-16页。

〔5〕 用A种风格和B种风格代指第一印度—伊朗风格和第二印度—伊朗风格已在《龟兹寻幽：考古重建与视觉再现》中使用，这是为了避免造成它们是代表年代发展或任何年代元素的误解。此外，"印度—伊朗"风格这一称谓也不恰当，会引发如何界定"印度"和"伊朗"元素的问题，如果考虑到历史上伊朗、印度文化的多元性，此问题几乎难以回答。关于A种风格和B种风格使用的颜料问题，见附录二。

石窟的调查研究，区分出两类组合[1]：第一类组合年代较早，由一座或多座僧房窟和一座或多座方形窟组成；第二类组合年代稍晚，包括一座或多座中心柱窟和（或无）僧房窟与方形窟。两类组合中的带装饰洞窟，即方形窟和中心柱窟，绘有不同风格的壁画。第一类组合中的方形窟大多绘A种风格，而第二类组合中的中心柱窟则绘典型的B种风格。值得注意的是，这些洞窟组合及其集中分布的寺院和区段有着惊人的一致性。以上基本信息是本研究展开讨论的起点。

此外，带装饰的方形窟和中心柱窟表现出不同的装饰布局和图像题材，而且使用了不同的颜料，三个方面都将在本书中涉及。基于这些差异的长期存在，我们将两类壁画风格、洞窟类型、组合类型视为龟兹佛教两种不同部派的物化表现，本书分别使用“A传统”和“B传统”来指代。“A传统”的典型代表为方形窟，装饰布局有数种类型，壁画采用A种风格。此传统与“B传统”存在着显著差别。“B传统”的典型代表为中心柱窟，独特的建筑空间使信徒可在其中举行不同于方形窟内的仪式活动，拥有不同的壁画布局和叙事内容，采用B种风格。

为便于读者全面了解本书，此处有必要做如下说明。如目前研究所揭橥的，龟兹佛教第一期可被进一步划分为四个阶段，其发展序列可根据考古遗存来确定。龟兹国最早的佛教实践只见于少数几座洞窟和地面寺院。此阶段可分出三类洞窟，即方形窟、僧房窟和长条形禅定窟。方形窟通常平面呈长方形，券顶，无装饰；僧房窟的平面形制各不相同；禅定窟开凿在距离寺院中心稍远之处。根据位置和类型，这些洞窟被认定为龟兹地区年代最早的洞窟，本研究将它们归入“X阶段”。之后逐渐被“A传统”取代，此传统扎根于部分寺院并成为极具影响力的传统。“A传统”最具代表性的洞窟是带装饰方形窟，其通常与一座僧房窟构成第一类组合。“A传统”后来逐渐被“B传统”取代。后者是整个龟兹佛教史上最具影响力的传统[2]。“B传统”的代表是中心柱窟及其构成的第二类组合。“B传统”的广受欢迎程度由现存的大量洞窟，以及主要寺院遗址中相关洞窟和组合的普遍存在可以窥知。最晚阶段的特征是，中心柱窟、大像窟和方形窟中展示出融合A、B两种传统的建筑和装饰元素，同时也采用了新元素。与之相关的洞窟开凿在之前未被利用的空间或由早期洞窟改造而成，我们暂将此阶段称为“Y阶段”。目前仍缺乏关于此阶段的系统研究，其可能包括大量洞窟。

尽管书中涉及以上四个传统的考古学和艺术史特征，但本研究的核心是“A传统”。这在很大程度上是因为，迄今为止此传统尚未得到专门的关注，亦没有被界定为一种突出的传统，当然也与相关洞窟保存状况较差有关。“A传统”洞窟在龟兹石窟中所占比例不超过15%，且只见于三处寺院遗址。

---

〔1〕 Vignato 2006；魏正中2013，25–67页；何恩之、魏正中2017，36–54页。

〔2〕 Vignato 2006；魏正中2013，书中第二章对这一过程进行了复原分析。

关于本书

本书是对“A传统”的辨识与界定分析，这是龟兹早期说一切有部佛教中尚未得到系统研究的部分，却能为深化对龟兹说一切有部佛教文化的理解提供关键线索。我们首先基于考古学遗存对“A传统”进行辨识。“A传统”的典型洞窟类型是方形窟，其在多数情况下与一座僧房窟或其他带装饰方形窟构成组合，通常位于包括其他同类洞窟和组合的区段内。方形窟的装饰布局可以划分出数种类型，壁画采用“A种风格”。大多数“A传统”洞窟见于克孜尔和库木吐喇谷口区。另外，苏巴什、乌什吐尔、夏合吐尔地面佛寺中也保存有相关遗存。对此，传统的界定和分析主要通过与“B传统”的对比。

本书分为上编和下编。上编是对属于“A传统”所有现存资料的系统分类和分析。对洞窟的描述性分析并非仅为说明洞窟的现状，而是尝试复原洞窟使用时的状态。下编是从考古学、艺术史（主要是图像学）以及功能等视角来解读“A传统”。最后总结本研究的主要发现，将“A传统”遗存置入龟兹说一切有部佛教文化的大背景之中。

本书虽主要采用考古学和图像学的视角，但也涉及佛教语言学和科技考古。附录的两篇文章即分别从这两个角度拓展了对龟兹早期佛教多元性的理解。附录一，基弗尔-普尔兹通过对克孜尔及周边地区出土的《比丘别解脱经》梵文写本中相关内容的研究，指出龟兹说一切有部佛教中存在两种僧团。附录二，谷口阳子概述了龟兹壁画的技法和材料，展示出不同壁画风格之间的差异，得出的结论与本研究的整体认识一致。

本书作为一种合作研究的尝试与实践，希望通过不同学科学者之间的对话来实现对龟兹佛教物质文化更全面、深刻的认识。本研究虽是基于我们各自专长的领域，但也受益于与同仁的长期交流，他们慷慨地提供了建议和意见。书中每一章的完成无不经过大量讨论。基弗尔-普尔兹耐心地跟进写作的每个阶段并提出自己的见解，谷口阳子在科技考古方面为本书补充了相关信息，这些都有助于更好地理解龟兹佛教第一期发生的变化以及深化对“A传统”的认知。从构思到成书，历时多年，唯愿此书能有抛砖引玉之功，为其他学者的跨学科合作提供借鉴和参考。

上　编

上编包括两章。第一章是对被归入“A传统”的所有洞窟的编目和描述性分析，第二章是对第一章所涉及洞窟的类型学分析。

“A传统”洞窟具有以下特征：最典型的是主室平面呈方形、顶为穹窿顶的带装饰方形窟。克孜尔的带装饰方形窟还有主室平面呈方形、顶为套斗顶，以及主室平面呈长方形、顶为券顶者。窟内装饰或是塑像与壁画结合，或是仅有壁画。壁画属于A种风格，即所谓的第一印度—伊朗风格。绝大多数方形窟与僧房窟或者其他带装饰方形窟构成组合。在克孜尔和库木吐喇谷口区，此类组合通常与同类型的其他洞窟或洞窟组合构成区段。“A传统”也见于苏巴什、乌什吐尔、夏合吐尔的地面寺院。

无装饰洞窟也是“A传统”寺院的重要构成。在克孜尔，大量无装饰长方形洞窟与僧房窟构成组合。这些洞窟平面呈纵长方形，顶为券顶。由于它们无法为本课题提供有价值的信息，书中不作详细讨论。僧房窟主要见于克孜尔，展示出明显区别于其他传统的特征，且通常与方形窟构成组合[1]。其他无装饰洞窟包括禅定窟和储藏窟。禅定窟也与“A传统”相关，它们通常集中在某一特定区段，用作集体禅修之所。储藏窟似乎在所有传统中都颇为相似，凿建于较早阶段的储藏窟很可能被后续传统沿用[2]。对“A传统”洞窟的界定很大程度上受益于与“B传统”洞窟的比较和对照。

根据这些基本信息，大量洞窟可被归入“A传统”。第一章对“A传统”洞窟进行描述性分析，目的在于尽可能忠实地复原这些洞窟使用时的状况，以便透过残损的现状，将它们还原至最初完整的单元来研究。为达成此目标，我们在文字说明之外辅以图像资料，如历史照片以及专门绘制的示意图。由于带装饰方形窟对第四章的图像学分析至关重要，因此第一章将会对它们进行更为详细的描述。

第一章最后还介绍了数座“Y阶段”洞窟，这是因为它们将“A传统”和“B传统”的元素进行了独特的融合，有助于更好地理解“A传统”。

第二章是对第一章所描述“A传统”洞窟的类型分析和初步解读。重点关注这些物质遗存的主要特征，它们将为本书下编关于“A传统”内涵的深度解读提供基础。

---

〔1〕库木吐喇谷口区所见的唯一一座僧房窟属于此类型。苏巴什遗址中有少数几座地面建筑的布局与开凿于岩体的僧房窟平面布局类似。对僧房窟的描述见第一章，对僧房窟的分析见第二章（见本书164–165页），第三章将会对僧房窟进行更深入的探讨（见本书190–192页）。

〔2〕由于目前尚无法将储藏窟归入某一特定传统，第一章中暂不涉及，但它们仍被视为与“A传统”寺院相关。

第一章 “A传统”洞窟

对龟兹石窟寺院和地面寺院中“A传统”洞窟的编目是按遗址展开的，首先列举克孜尔石窟寺院，其中包含数量最多、种类最全的“A传统”洞窟。而后是库木吐喇谷口区洞窟以及苏巴什、乌什吐尔、夏合吐尔遗址中的相关地面建筑。另外，本章最后还对“Y阶段”洞窟进行简要描述。

目前所见的所有洞窟无疑均遭受了不同程度的破坏。若要对“A传统”展开全面考察，显然需要重建每座洞窟的建筑形制和装饰，以及它们与相邻洞窟的关联方式。唯其如此，才能最大限度地还原洞窟使用时的状况，从而对洞窟产生全面而具象的认知。这种重建是通过收集整理若干组信息实现的。首先，大多数信息来自魏正中多年在库车的实地考察，包括洞窟保存现状、规模、突出特征、地仗层与壁画层的叠压、洞窟的再利用、组合的辨识，以及洞窟所在岩体的质量等。其次，由于不少洞窟在20世纪末损毁严重甚至消失不见，早期探险队的笔记资料提供了必不可缺的信息。再次，早年的历史照片和最近出版的照片都被仔细核查和使用。此外，也参考了新疆龟兹研究院编写的报告以及最近十数年发表的相关资料[1]。我们将散布于世界各地博物馆的壁画残块和出土文物还原至它们所在洞窟的原初位置，补充完善了原址保存遗迹的信息。这项工作有赖于馆藏资料、图录以及先贤时彦的研究成果。以上多组信息提供的线索有助于洞窟的重建。通过与保存较好洞窟的类型学对比，若干残损严重的洞窟得以辨识和分类。洞窟重建的结果引发我们重新审视先前的考古学和图像学解释。

本章所有条目被系统地组织呈现。具体而言，每座洞窟根据其所在的区段、组合（若构成组合）以及通用的编号进行排列。若为再利用洞窟，则列出其每一阶段的状况。鉴于带装饰方形窟是深入分析建筑和图像的基础，对它们的描述更为详细。我们的目标是尽可能全面描述每一座洞窟，但某些情况下，由于洞窟破损严重，可用的信息十分有限。

---

〔1〕 包括新疆文物考古研究所1992；新疆龟兹石窟研究所2000；新疆龟兹石窟研究所2008b；新疆龟兹研究院2010。此外，以下论著也提供了重要信息：《キジル石窟》1983—1985；《克孜尔石窟》1989—1997；《クムトラ石窟》1985；《库木吐喇石窟》1992；《新疆克孜尔石窟考古报告》1997；李丽2000。

每座洞窟信息的呈现方式如下：

- **洞窟编号**：采纳新疆龟兹研究院公布的官方编号，如有德国探险队命名的洞窟则补充在编号之后[1]。
- **概况**：简要概括洞窟历史和现状。
- **前室、主室和后部区域**（个别洞窟）：详细描述洞窟内每一空间，最大限度地接近其历史原貌。
- **叙事内容**：详细描述主要和辅助图像，并对所有叙事题材进行概述。
- **题记**：婆罗谜文字题记的位置和内容[2]。
- **参考文献**：仅列举基本参考书目。为便于查阅，分为三类：

  探险活动与相关资料：包括1950年代之前的调查、发掘报告以及相关资料。

  近期研究：包括1950年代之后所有相关的学术论著。

  近期图录：最近20年随着照相技术突飞猛进的发展，大量照片、图录和档案资料得以公布，包括与这些内容有关的、易于获得的参考资料。
- **其他地方保存的资料**：用表格的形式列出洞窟内现被收藏于其他博物馆的遗存。所列内容包括收藏地、编号、尺寸、出处、内容，以及发掘或获取时间等。包括**被揭取的壁画、木雕像或其他遗物**。
- **图表和照片**：在有助于重建洞窟原初规模和壁画布局时附加此类信息。

经过艰辛耗时的搜集和整理，“A传统”每座洞窟的所有可用信息已形成了一个前所未有的全面目录。除为本书下编的讨论提供基础外，我们也希望此目录能对其他对此或相关主题感兴趣的学者有所裨益。它也可以为在田野工作中解释复杂现象，以及编写期待已久的考古报告提供参考。

克孜尔

拥有300余座洞窟的克孜尔石窟，不仅是古龟兹国最大的佛教石窟寺院，也是塔里木盆地现存最大的一处宗教遗址[3]。克孜尔石窟寺院的选址经过精心规划，其内第一至五区段洞窟开凿在木扎提河北岸高耸的崖壁上（图4、5）。崖壁和河岸中间是数百米宽

---

〔1〕 为便于互相参照，见第二章的分类表（本书16页，表22、23）。

〔2〕 详细记录那些只与“A传统”阶段相关的题记，即画面中榜题框内的题记。

〔3〕 新疆龟兹研究院公布的洞窟总数为235。然存在两座或多座洞窟共用同一编号的情况，如克孜尔第1窟实际包括4座洞窟（即第1、1A、1B、1C窟），而克孜尔第90窟则包括24座洞窟（第90-1～90-24窟）。鉴于此，洞窟总数或超过300。

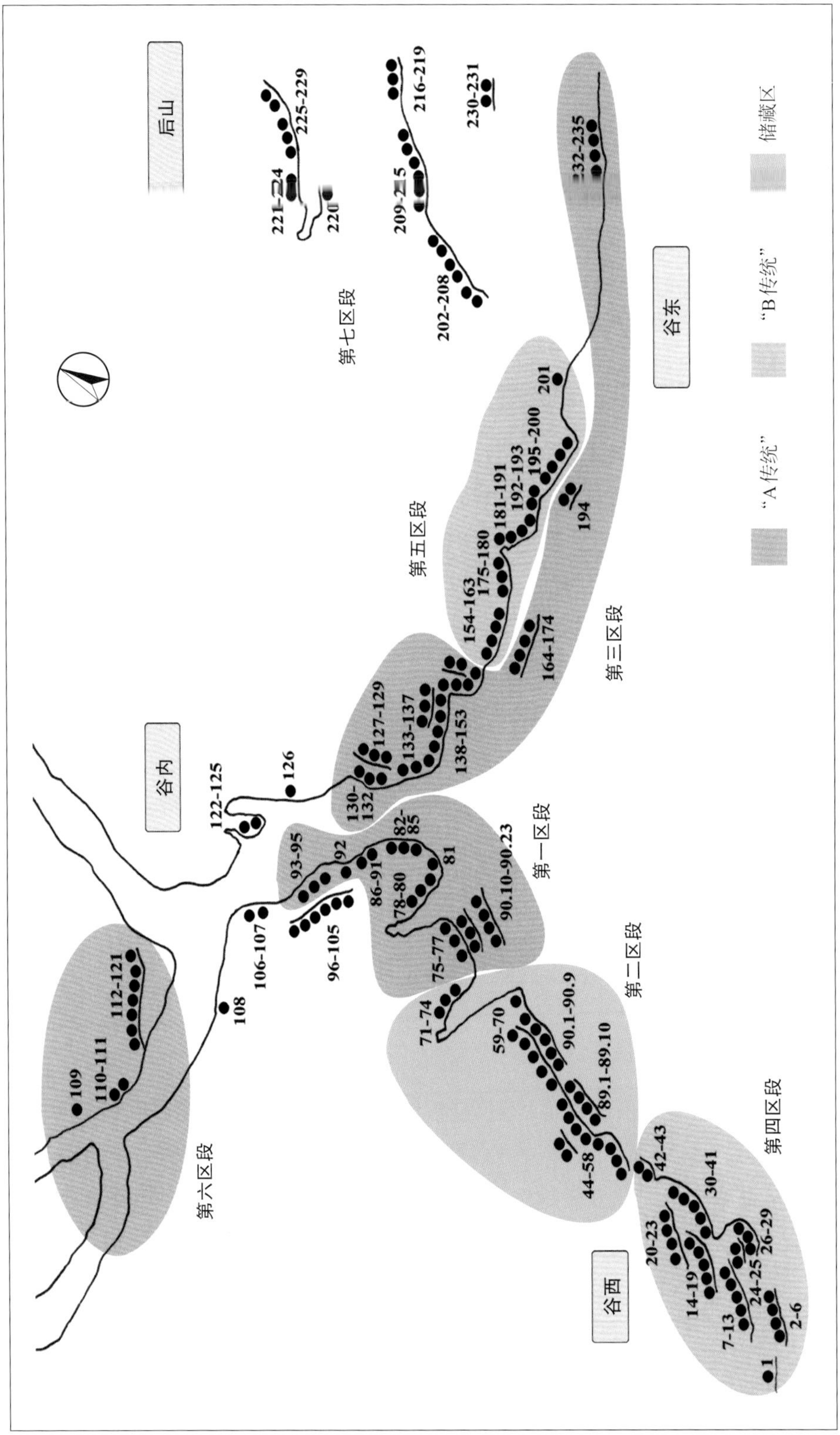

图5 克孜尔石窟寺院遗址平面示意图（底图采自《克孜尔石窟内容总录》2000年）。图中标出七个区段以及部分洞窟的位置。

的斜坡状肥沃土地。除洞窟外，克孜尔石窟寺院最初很可能也修建有地面建筑，可惜现已无迹可寻。易碎的砾岩崖壁本身就不稳定，加之持续的风雨侵蚀，洞窟均遭受了不同程度的破坏。洞窟的最外空间——前室受损最大，甚至部分洞窟的主室也受到波及。前室对于洞窟功能的实现至关重要，这可被如下现象证明：前室坍塌后，原址上搭建了木构前室。尽管这些木结构早已消失，木材被取走，但壁面上现存的安装痕迹表明它们曾维持了洞窟的使用。现代修复的通道和混凝土块状结构破坏了崖壁的原貌，不过这种做法既可预防更严重的坍塌，也便于游客走动。如今游客需要丰富的想象力，才能感悟此处最初的绝美。

石窟寺院随着时代的推进而不断发展。今天所见到的克孜尔石窟是经过数世纪演变之后的面貌。目前学界对克孜尔石窟的布局仅做了初步研究。只有更深入地把握不同发展阶段的准确年代以及不同时期不同区段的功能，才能充分理解克孜尔石窟寺院的布局。

过去百年中，克孜尔石窟一直是学界研究的焦点。学者们关注的几乎都是洞窟壁画的图像和风格演变[1]。然而，装饰塑像和壁画的洞窟只占克孜尔石窟总数的三分之一。塑像和壁画无疑为艺术史研究提供了一个庞大且多元的资料库。洞窟内保存的吐火罗语、梵语等题记也在佛教语言学的研究中扮演了重要角色[2]。对洞窟建筑特征及其类型的系统研究在最近40年才逐渐展开[3]。近年来洞窟组合和区段的研究也为分析石窟寺院提供了方法和视角[4]。

根据洞窟类型和窟内装饰，克孜尔绝大多数洞窟可被归入“A传统”或“B传统”。这些洞窟与“X阶段”和“Y阶段”的洞窟均属于龟兹佛教发展的第一期。少数洞窟属于唐代或回鹘时期，也就是龟兹佛教发展的第二期[5]。实物遗存和出土文献都表明克孜

---

〔1〕 此研究取向的先锋学者是格伦威德尔（Grünwedel 1920；格伦威德尔2007），格伦威德尔是一名杰出的印度学、艺术史专家，也是德国探险队第一次和第三次亚洲探险活动的领队。关于龟兹壁画早期出版论著的综合研究，见廖旸2012，6-16页；关于龟兹佛教艺术与考古的近现代论著，见Lee 2018。

〔2〕 德国探险队在克孜尔的“藏书洞”发现了数量最多的写本。关于“藏书洞”的位置，学者已做过讨论，见Ching Chao-jung 2015；庆昭蓉2017，57-61页。其中尤为重要的发现是早期梵文写本，年代最早的可以上溯至贵霜时期（见Sander 1991，1999），以及吐火罗B语古文字写本（见Malzahn 2007）。此外，学者在克孜尔石窟题记中不止一处发现了Yurpāṣka（耶婆瑟鸡）的名字，其或为克孜尔某处寺院名，见新疆龟兹研究院2013a，2013b；庆昭蓉2017，64页。

〔3〕 宿白先生领队的北京大学考古系对克孜尔石窟的调查是中国学者首次对克孜尔石窟进行的系统调查，见宿白1983，1989。当时龟兹石窟研究的几篇重要文章收录在《キジル石窟》1983—1985、《克孜尔石窟》1989—1997、《クムトラ石窟》1985、《库木吐喇石窟》1992。

〔4〕 Vignato 2006；魏正中2013，第一至四章；何恩之，魏正中2017，第一章。

〔5〕 德国探险队第三次探险活动期间发现的吐火罗B语文书中提到住在克孜尔的一个僧伽管理机构，此文书的年代为公元8～9世纪，意味着此处石窟寺院在唐朝统治龟兹之后仍被沿用，见Ching Chao-jung/Ogihara, Hirotoshi 2010，2012。

尔石窟寺院被沿用了数百年之久。

对克孜尔“A传统”洞窟进行全面考察后，发现它们集中于第一、三区段。这两个区段内除包含年代最早的洞窟外，还展示出洞窟随着时间推移而发展演变的清晰脉络。部分属于“A传统”的洞窟组合也见于第五区段外的其他区段。

克孜尔石窟寺院目前没有发现佛塔遗存。但由于佛塔是早期佛教寺院的基本构成，克孜尔的佛塔很可能曾修建在洞窟前的地面上[1]。克孜尔石窟寺院的原初规模和边界仍需要进一步研究[2]。

克孜尔第一区段

第一区段位于克孜尔的最佳位置，占据一处高耸的崖壁，可以眺望到壮丽的风景（图6）。该区段包括第75～81窟，第90-10～90-24窟，沿谷内西侧崖壁直至第95窟，但不含第86～91窟。第一区段主要是方形窟和僧房窟，且大多构成一座方形窟和一座僧房窟的组合[3]。

高耸崖壁的核心位置开凿四排洞窟。位于崖壁最低处的僧房窟和无装饰方形窟（第90-17～90-24窟）很可能是克孜尔年代最早的洞窟[4]。凿建在崖壁中部的第90-14～90-16窟构成了两座无装饰方形窟和一座僧房窟的组合。此组合的上方是一排僧房窟和带装饰洞窟，其中方形窟（第76[2]窟）和大像窟（第77窟）在20世纪初外国探险队造访时还保留有大量壁画和塑像，为图像学的研究提供了丰富的材料。第76[2]窟是典型的“A传统”洞窟，而第77窟是绘有A种风格壁画的“Y阶段”洞窟。这两窟之间是一座带装饰的方形窟（第90-13窟），其内发现有塑像残迹。第75和76窟之间的崖面坍塌严重，但仍可以从保存的遗迹中识别出数座洞窟及其类型。这些洞窟包括一座僧房窟（第90-12窟），一座仅有残痕的方形窟（第90-11窟），以及一座受损相当严重的洞窟（第90-10窟），其主室中心似乎曾有一尊塑像。僧房窟第75[2]窟是此排洞窟的西界。最上排洞窟现已无法识别；从地面上至少可以看到其中一座洞窟内壁面上保留的壁画残迹。根据以上遗迹不难推知第一区段的复杂性，以及第一区段内此部分崖面沿用时间之长且地位之突出。

---

〔1〕日本大谷探险队第一次探险活动中的成员渡边哲信在1903年4月的克孜尔探险日记中记载，他们考察了克孜尔附近的一处地面遗址，其中可能包括一座佛塔（见上原芳太郎1937，311-312页）。另外，渡边哲信还记录了克孜尔崖壁顶端的一处堡垒遗存（同上，317页）。见本书246-249页。

〔2〕魏正中2021。

〔3〕关于第一区段更全面的分析，见Vignato 2006, pp. 382-384。

〔4〕这种推测是依据类型学的对比，但缺乏绝代的年代数据，见Vignato 2006, p. 395；魏正中2013，45-48、57页。这些洞窟属于最早阶段，也就是本书所称的“X阶段”。

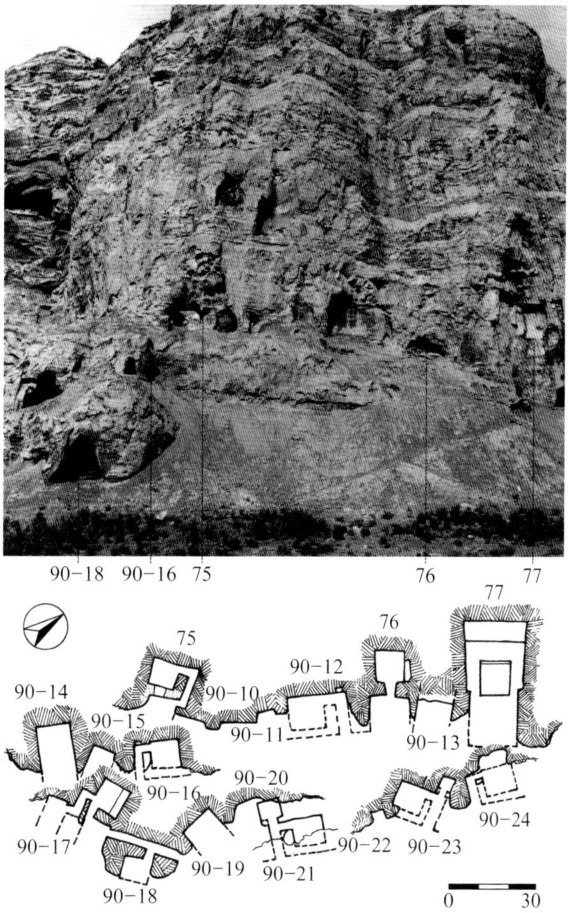

图6 克孜尔第一区段。上：远景，图片采自德国探险队第三次探险活动期间拍摄的历史照片，编号B 610 © Museum für Asiatische Kunst, Staatliche Museen zu Berlin, CC BY-NC-SA。下：联合平面图。

四排洞窟开凿后，此处崖壁上的空间已被全部占用，因此开凿新窟需要向其东、西两侧扩展。东侧包括一组由两座僧房窟（第79、80[1]窟）和一座小型储藏窟（第78窟）构成的组合〔1〕。此组合的下方开凿一座布满装饰的方形窟（第81窟）。崖壁顶端的东侧有一条深邃的峡谷向北延伸至谷内区，此区域的洞窟构成三个组合：其一包括一座僧房窟和两座方形窟（第82～84窟），其二由两座方形窟（第92、92A窟）构成，其三包括两座方形窟和一座僧房窟（第93～95窟）。尽管这三组洞窟属于晚期发展，也被归入第一区段。谷内东段的第三区段可被视为“A传统”向东的早期扩展（见本书45-46页）。

向西侧的扩展包括三个洞窟组合（第27[1]、28、29窟组合，第33、34[1]窟组合，第30、31窟组合，见本书74-75页）。稍晚阶段，洞窟也被开凿在第二区段，此区段专门用于储藏（见本书75-76页）。这表明第一区段的发展超出了原来划定的区域，扩建在周围的崖壁上。这种充满活力的扩张随着“B传统”的崛起而停滞。“B传统”所代表的佛教形式，其物化表现为以中心柱窟（新的建筑类型，其内装饰着新的图像内容和绘画风格）为核心的洞窟组合。

接下来对第一区段的“A传统”洞窟展开详细描述，按照主体崖壁自上而下，而后东侧崖壁，最后谷内的顺序排列（第75A、75B、75C、75D、75E；75、90-11；90-12～76、

〔1〕 僧房窟第80[1]窟后来被改建成一座中心柱窟；这种改建将原组合转变成了“B传统”组合，见何恩之、魏正中2017，46页，注释〔1〕。

90-13、77；90-14～90-24；78～80、81、82～84以及92～95窟）。

第75A、75B、75C、75D、75E窟

五座洞窟呈一字排列，位于第75～77窟上方，是崖壁上开凿的最上排洞窟，现受损严重。最初进入这些洞窟想必需要一个复杂的连通结构，其建造所耗费的功力要大于洞窟本身（见图6）。尽管之前的资料记录了这五座洞窟[1]，但我们在田野考察时仅见到四座，其中只有一座洞窟内有壁画残迹。根据现存洞窟之间以及壁面保存的曾用于安插梁柱的孔洞，推测这些洞窟曾被使用并修葺过。基于相对位置以及没有中心柱窟，可将它们归入“A传统”。

第75窟：两个阶段

第75[2]窟是一座僧房窟，由之前部分坍塌的方形窟改建而成。现在的水泥修复遮蔽了若干关键特征，但此窟经历两个阶段的发展迹象仍可被清晰地识别出来。

第75[2]窟前室现仅存正壁及右壁的一小段，其规模相对于常见的僧房窟偏小（图7）。由于龟兹石窟的前室壁面通常没有线脚，而此处却可见到线脚，再根据此窟与第90-10窟的相对位置，便可推知第75[2]窟前室应改建自早期方形窟（第75[1]窟）的主室。壁画布局和壁画残块表明属于A种风格。

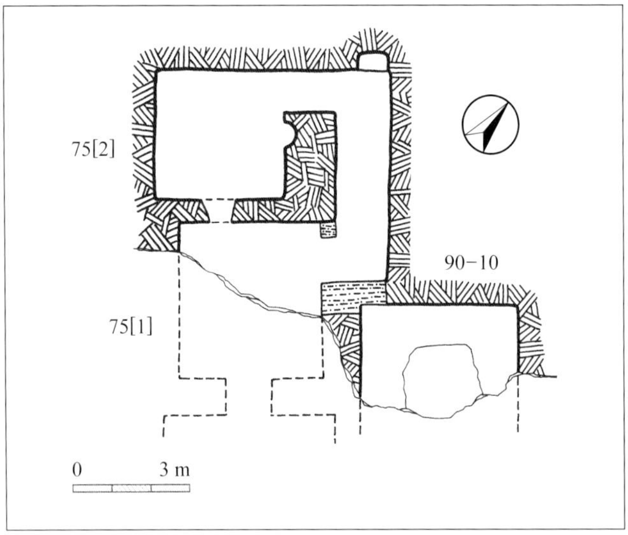

图7 克孜尔第75～90-10窟联合平面图及相对位置关系。

早期方形窟（第75[1]窟）的前室以及主室的一部分可能随着崖壁的坍塌而消失。主室残存部分被重新用作僧房窟（第75[2]窟）的前室。僧房窟主室开凿在早期方形窟主室正壁之后。在克孜尔，僧房窟主室入口区域的非典型形制仅见于少数几座洞窟。在此例中，是由于右侧方形窟（第90-10窟）过于靠近形成的。将一座

[1] 新疆龟兹石窟研究所2000，86-87页。

带装饰方形窟改建成一座僧房窟，是龟兹地区的孤例，这表明在某一特定时段，第一区段内对居住设施的需求高于装饰性洞窟。

第75[1]窟——方形窟（Ⅲ型）

仅正壁以及主室两侧壁的内段残存下来。主室平面呈长方形，顶为券顶，有混线线脚（图8）。

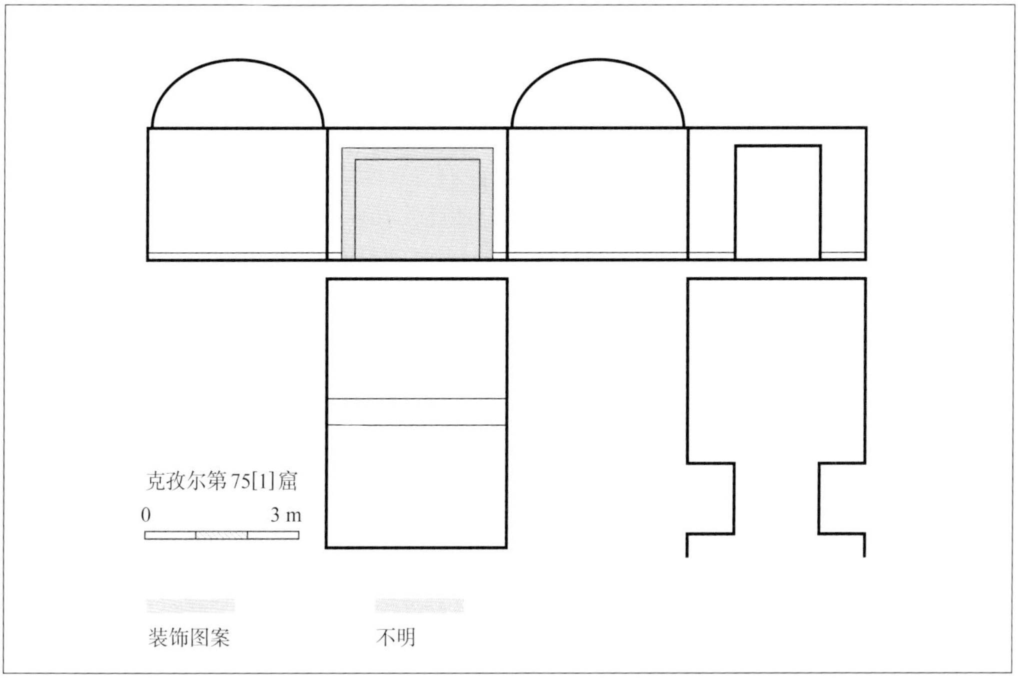

图8 克孜尔第75[1]窟主室装饰内容及布局示意图。上：四壁壁画内容及布局。下左：顶部壁画内容及布局。下右：平面图。

现存线脚面上有花蔓图案，正壁主要区域绘一大幅故事画，周有植物纹边框。这种装饰布局见于“A传统”部分洞窟。现存的装饰元素及使用的色彩也都属于典型的A种风格。

第75[2]窟——僧房窟

该窟主室从左侧甬道进入（见图7）。前室包括早期方形窟（第75[1]窟）主室的残存部分。通向主室的入口区域以及主室是在方形窟坍塌之后开凿的。入口区域并不常见,包括一小段额外的甬道,巧妙利用了有限空间以避让右侧洞窟(第90-10窟)。由此细节可以确定两窟的相对年代关系,即僧房窟较晚。"A传统"僧房窟的典型特征之一是甬道末端没有储藏室。

主室左壁处建一座壁炉,前壁开一扇窗。门道和主室壁面上有婆罗谜及其他文字题记[1]。

主室尺寸:高365厘米、面阔300厘米、进深290厘米

第90-10窟——方形窟

这是一座受损严重的方形窟,位于第75[2]窟右侧近乎同一高度处(见图6、7)。主室内部分堆积被清理后,暴露出正壁的下部以及两侧壁靠内部分。石膏地坪有局部保存。主室中心不见石膏地坪痕迹,此处原初可能有一个像台。壁面上的红色线条[2]表明窟内壁面未绘满壁画。由于窟内四壁没有像台痕迹,壁面上也没有安装塑像的孔洞,因此清理出土的数件彩绘塑像残块可能并不属于此窟。清理、记录之后,此窟被重新填满沙石以避免更严重的坍塌。

主室尺寸:残高175厘米、面阔395厘米、进深残250厘米

第90-11窟——方形窟

这是一座较窄的洞窟,前部和上部已经坍塌(见图6)。主室平面最初呈长方形,顶或为券顶。壁面上的涂层都已脱落。

清理洞窟时发现两侧壁上有排列整齐的泥砖,似乎是其不再被僧人使用之后砌筑的。为避免更严重的坍塌,洞窟在清理后很快被重新填埋;简报中描述的许多细节如今已无法见到[3]。

主室尺寸:残高275厘米、面阔120厘米、进深残长200厘米

洞窟组合:第90-12～76窟

这是典型的"A传统"洞窟组合,包括一座穹窿顶方形窟和一座僧房窟(见图6)。

---

〔1〕吐火罗语题记中提到Yurpāṣka(耶婆瑟鸡),可能是克孜尔的一座寺院名,见赵莉、荣新江2020《题记报告篇》81-84页,图版I-107-113、133-134。

〔2〕新疆文物考古研究所1992,41-42页。

〔3〕新疆文物考古研究所1992,42页。

值得注意的是，方形窟第76窟经历两个建造阶段。“X阶段”时，此窟为小型无装饰的覆斗顶洞窟（第76[1]窟），后被改建为“A传统”穹窿顶方形窟，绘满壁画，中心还有一尊佛塑像（第76[2]窟）。

第90-12窟——僧房窟

此窟几乎完全坍塌，主室从左侧甬道进入。根据现存部分可确定其类型（见图6）。主室正壁和右壁残存部分表明此窟曾为纵券顶、无线脚。残存壁面上可见到多层草泥层，且每层上都涂有数层白灰浆。如同“A传统”的其他僧房窟，此窟同样在甬道末端不设储藏室[1]。

第76窟：两个阶段

通过梳理第76窟被重建的方式，便有可能理解其使用历程，以及第一区段的发展脉络。此窟最初是一座小型且无装饰的方形窟（第76[1]窟）。相对位置显示出其曾有一间较深的前室，主室平面呈长方形，顶为覆斗顶（见本书180页），壁面涂有草泥层且刷白灰浆，但不绘壁画（图9）。窟顶很低，进入其中甚至无法直立。主室的右侧部分在随后的改建中（第76[2]窟）被拆毁。第76[1]窟可能与其左侧以及崖面靠下处的大多数洞窟一样属于“X阶段”。

第76[1]窟主室的右侧在后续改建中被毁。改建后的洞窟（第76[2]窟）包括一间宽敞、充满装饰的大前室，其地坪低于主室地坪约50厘米。主室平面呈方形，顶为穹窿顶。尽管改建时古人采用的方法超出

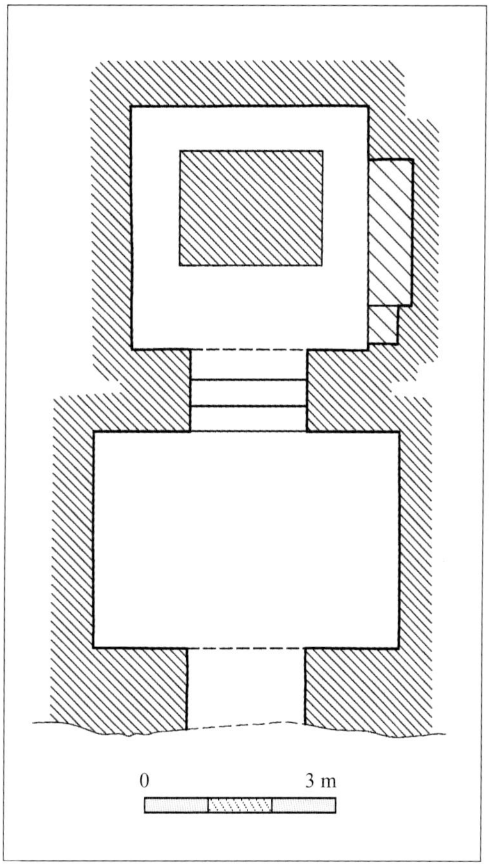

图9 克孜尔第76[2]窟平面图。基于现场测绘所得数据，并参照了格伦威德尔记录的相关信息。主室左壁可以看到第76[1]窟残存部分。早期洞窟被弃用后改建成第76[2]窟；而残存部分用泥砖封堵。整个前室已坍塌，现代修复的水泥墙致使无法推测第76[1]窟最初是如何进入的。

〔1〕 简报中没有辨识出此窟的类型，见新疆文物考古研究所1992，42页。

了我们的考察范围，但仍有若干值得注意之处。早期洞窟的地坪在改建时，中心之外的其他地方被向下凿了近1米深，预留的岩体被修凿成须弥座。像座与四壁之间的空间逼仄，仅可容纳一人绕佛像礼拜。第76[1]窟左壁未被新窟利用的部分用泥砖封堵。当壁面上涂抹地仗层，且绘制壁画后，完全看不出早期洞窟的任何迹象，与其他穹隆顶方形窟看起来并无二致。

第76[2]窟——方形窟—Pfauenhöhle（孔雀窟）（Ⅰa型）

概况

此窟在第一区段内占有显要位置（见图6），可能是理解“A传统”洞窟的关键。

在描述此窟前，首先梳理近代以来的相关记录，这对于复原该窟至关重要。1906年，德国探险队第三次探险活动期间清理了该窟的前室，出土了大批遗物，其中大部分是木制器具和雕像[1]。该窟似乎被视作能够安全保存佛教圣物的合适之地。寺院被废弃后，佛教圣物被集中储藏在这里。洞窟部分坍塌后，前室内填满沙石，封闭保存了这些珍贵文物。德国探险队清理之前以及清理过程中拍摄的照片，有助于部分了解洞窟当时的状况。从这些照片中可以看到，前室壁面上仍保存的壁画，以及尚未从其考古学语境中剥离的遗物[2]。格伦威德尔[3]记录了前室的规模，并且注意到前室地坪低于主室地坪。他的笔记为复原已坍塌的前室提供了可靠的一手材料（见图9）。

1906年主室保存得相当完好，绝大部分壁画被揭取下来运至柏林。它们被重新安置在柏林博物馆内仿建的洞窟中（图10）。至为可惜的是，“二战”期间随着博物馆被炸毁，它们也永久消失了[4]。不过，这些壁画已得到深入细致的研究，且在插图丰富的多卷本著作中全部刊出[5]。

前室

尽管所剩遗存极少，但仍可根据格伦威德尔的记录对其进行复原[6]。前室较主室稍宽，平顶；前壁中部开一个进入此室的门道，正壁中部的门道通向主室。

---

〔1〕 格伦威德尔2007，150-151页。

〔2〕 关于德国探险队考察期间完整的照片记录以及这些物品最初用途的复原研究，见魏正中2020。

〔3〕 格伦威德尔2007，150页，图194a；Grünwedel 1920, p. Ⅱ.3。

〔4〕 德国柏林亚洲艺术博物馆仿建的洞窟并不准确。右壁壁画被安装在了正壁，而正壁壁画却被错误地组装在了右壁上。

〔5〕 格伦威德尔2007，149-156页；Grünwedel 1920, p. Ⅱ.1-28；勒柯克、瓦尔德施密特2006，493-494页，524页图版4b。

〔6〕 格伦威德尔2007，149-153、156页，图194a；Grünwedel 1920, p. Ⅱ.3。

图10 克孜尔第76[2]窟复原后的主室。图片采自收藏于原德国柏林民俗博物馆的历史照片，编号IB 8648 © Museum für Asiatische Kunst, Staatliche Museen zu Berlin, CC BY-NC-SA。

两侧壁上各绘一大幅佛传图（图11）。前壁和正壁门道两侧所绘的立姿护法形象高于真人，通往主室的门道内两侧各绘一身护法像。

尺寸：高390厘米、面阔470厘米、进深355厘米

图11 克孜尔第76[2]窟前室局部，左壁上有壁画残迹。图片采自德国探险队第三次探险活动期间拍摄的历史照片，编号B 794 © Museum für Asiatische Kunst, Staatliche Museen zu Berlin, CC BY-NC-SA。

主室

主室平面呈方形，顶为穹窿顶，中心有一座预留岩体雕刻而成的须弥座。须弥座四周涂地仗层且彩绘壁画，其上可能原有一尊巨大的坐佛像，正位于穹窿顶之下。此尊佛塑像交叠的腿部在德国探险队发掘时尚可见到（图12），由此可推知佛像的姿势和体形。此尊像被牢牢固定在像台上，表明其是窟内的永久设置。

主室四壁壁面上曾满绘壁画（图13），残存的壁画被揭取并带至柏林[1]。对壁画原初位置的复原显示出四壁有着相同的布局。右壁主要区域绘多幅方框佛传图，这些方框分三栏呈错位排列。正壁保留有三幅佛陀说法图；正壁与左壁转角处的壁画现藏于德国柏林亚洲艺术博物馆，这也是经过“二战”战火此窟幸存下来的唯一一块壁画。其上绘制的是一则因缘故事，与佛传无关[2]。左壁和前壁主要区域的壁画在德国探险队抵

〔1〕 格伦威德尔2007，152-156页，图194-205；Grünwedel 1920, pp. Ⅱ.3-17, pls. I-XIV。

〔2〕 编号Ⅲ 8842，见Hiyama 2020a。其他两幅壁画发表于格伦威德尔（Grünwedel 1920, pl. Ⅸ-X, fig. 1）的著作中。

图12 克孜尔第76[2]窟主室像台及残存的佛像腿部。图片采自德国探险队第三次探险活动期间拍摄的历史照片，编号B 797 © Museum für Asiatische Kunst, Staatliche Museen zu Berlin, CC BY-NC-SA。

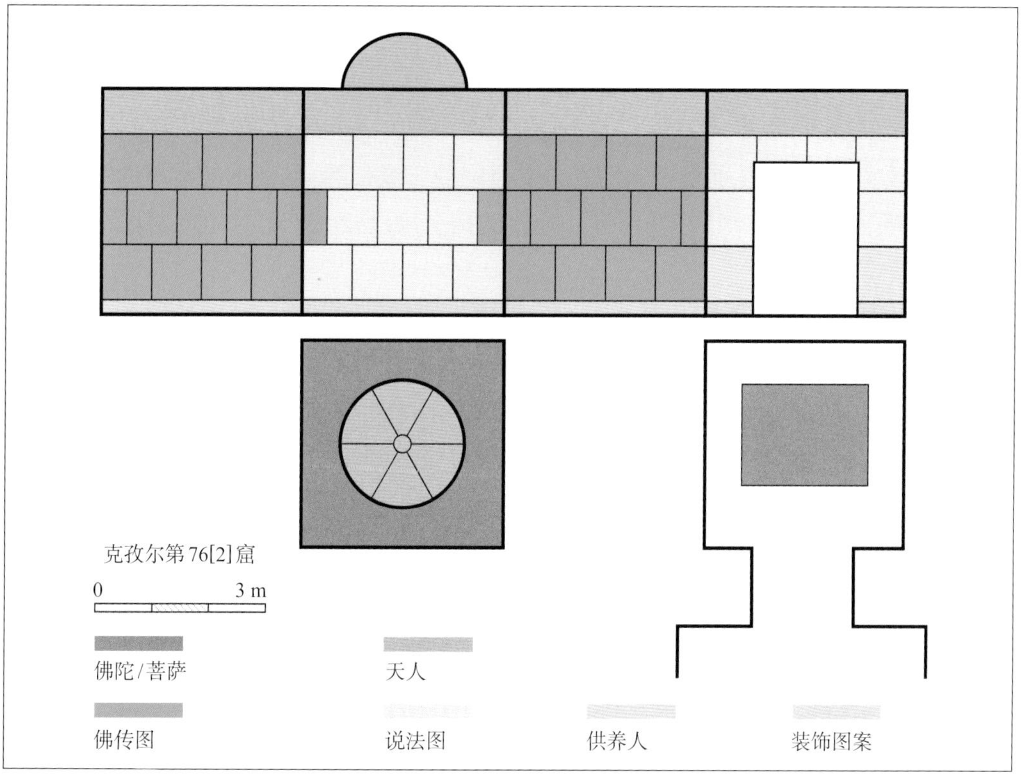

图13 克孜尔第76[2]窟主室装饰内容及布局示意图。上：四壁壁画内容及布局。下左：顶部壁画内容及布局。下右：平面图。

达之前已不存。四壁檐口面皆绘象征天宫的栏楯，其上有男、女伎乐天人形象，中心各绘一身佛像。前壁墙基处的壁画在德国探险队抵达之际尚存，左侧为三名僧人及其前面的跪姿手捧花篮的供养人；右侧为三名僧人[1]。

大穹窿顶由下部的鼓形座支撑。壁画内容被详细记录下来[2]。顶部中心雕刻一朵盛开的莲花，主要区域被划分成若干条幅。每个条幅内绘一名裸体男童，手捧王冠，向下飞翔，整个区域的背景是华丽的孔雀羽毛纹。

每一抹角拱上绘一身大型菩萨像，交脚坐于宝座上，两侧胁侍帝释天、梵天以及其他众天人。相邻抹角拱的中间位置绘一身呈托举穹窿顶姿势的天人。

主室：至抹角拱高375厘米、至窟顶中心高470厘米、面阔350厘米、进深350厘米

像台：宽215厘米、长165厘米

叙事内容

窟内中心须弥座上的坐佛像是整个叙事内容的核心（见图12），前室和主室装饰的设计都鲜明地指向此点。

前室两幅主要叙事场景绘于两侧壁。右壁画面根据佛陀周围的魔众，推测表现的当是降魔成道。左壁画面根据大型宝座前的鹿和万字符（*śrīvatsa*）上的圆轮[3]，推测表现的是初转法轮[4]。两幅场景描绘的是佛陀成道之前和之后的两大重要事件。进入前室，两幅画面便会将注意力引向主室中心须弥座上高大庄严的佛塑像，大型门框更凸显了这种神圣感。此外，从前室进入后室需要登临的三级台阶，以及从前室门道射入的光线使得昏暗主室内的佛塑像更加突出，这些结构上的设置无不彰显出佛塑像在窟内的重要地位。

此尊佛塑像还受到六位比真人高大的护法像的"保护"，它们分别绘于前室门道的两侧，以及主室门道两侧和内侧[5]。之所以称这些形象为护法神，是因为其中至少有两名持有武器——一名绘于主室门道右侧，身后有一根棒和一匹马；另一名绘于主室门道左侧，旁有头发凌乱的药叉，手持一柄宽剑置于背后[6]。

主室的建筑结构以中心佛塑像为焦点。位于地坪中央，穹窿顶的正下方，檐口和窟

---

〔1〕 格伦威德尔2007，156页。

〔2〕 格伦威德尔2007，152-153页，图198；Grünwedel 1920, p. Ⅱ. 4-6, pls. Ⅸ-XIV。

〔3〕 *Śrīvatsa*是印度常见的吉祥图案。在龟兹的初转法轮图中通常见有一个法轮（*dharmacakra*），一个万字符（*śrīvatsa*），以及一个欧米伽（Ω）形状的符号（*nan-dyāvarta*），见Hiyama 2016a, p. 170。

〔4〕 格伦威德尔2007，149-153页。

〔5〕 通往前室的门道在德国探险队考察时已遭到破坏。门道两侧是否有壁画已无从得知。

〔6〕 格伦威德尔2007，149、156页。

顶上的连续装饰画面，都是将进入者的目光引向中心佛塑像的设计。四壁主要区域被呈横向错位布局的方形画幅占据，每一方框中心线与上面方框的侧边对齐。这种布局还见于其他少数几座“A传统”洞窟[1]，但不见于“B传统”洞窟。壁面转角处方框内的场景是连续的，以此强调壁面之间的联系。

右壁分三栏，每栏有四或五个方框，其内绘佛传图，按时间顺序自左上至右下排列。其中部分场景已被识别出来：树下诞生、四门出游、魔女诱惑、降魔成道、帝释窟说法（*indraśailaguhā*）、优楼频螺迦叶皈依、涅槃、举哀、焚棺[2]。其他壁面的壁画保存状况不佳。右内转角处被揭取的壁画残块可能是毒蛇譬喻故事画[3]（见本书199页）；这表明正壁的叙事题材并未延续右壁的佛传，而是不同的内容。

檐口面以上绘象征着天宫的栏楯及其内的天人、佛陀和菩萨。檐口面上绘男、女伎乐天人，很可能是乾达婆，穹窿顶和抹角拱上只有男性伎乐天人。每个抹角拱中间所绘的菩萨像皆有身光和头光。

题记

格伦威德尔记录前壁每名供养人的旁边都有一个边框，内有婆罗谜文字题记，很可能是僧侣们和一位国王的名字[4]。

探险活动与相关资料

1906年： 德国探险队第三次探险活动（格伦威德尔2007，149−156页；Grünwedel 1920, pp. Ⅱ.1−28; Le Coq 1922, pp. 28−29, pl. 43a-e, 44e；勒柯克、瓦尔德施密特2006，493−494页，524页图版4b；勒柯克、瓦尔德施密特2006，681−682页）；照片编号：B 670、B 671、B 673、B 794、B 795、B 797、B 798、B 799；绘图编号：TA 6460、TA 6472、TA 6473、TA 6477。

1913年： 德国探险队第四次探险活动。

---

〔1〕 如库木吐喇GK第20、27窟。

〔2〕 格伦威德尔2007，153−156页，图198; Grünwedel 1920, p. Ⅱ. 4−6, pls. Ⅸ−XIV。

〔3〕 Hiyama 2020a.

〔4〕 榜题框在最早的报告中被简略提及（格伦威德尔2007，156页），但其中的婆罗谜文字题记没有被释读。格伦威德尔在后来的论著中（Grünwedel 1920, p. Ⅱ.17）解读了这些婆罗谜文字题记：僧侣们名叫“Ānandavarmā”“Nandavarmā”“Upanandavarmā”，另外一则与跪姿供养人有关的题记写道：“...*rāja*（国王）”。壁画和照片现皆已不存。在这本书中格氏还提到左壁上的两则婆罗谜文字题记。他的释读如下：“*asmin sthāne māraṃ tosayaṃ cakāra*（他在此地降服魔罗）。”这些题记在格氏早期的论著中都未曾见到。最近主室左壁上部发现的古代吐火罗语题记中提到Saṅghatrate曾到访此窟，见荻原裕敏2013，374页；赵莉、荣新江2020《题记报告篇》84页，图版91。

近期研究

Ebert 1985, pp. 206–226；宫治昭1992，479–482页；中川原育子1997a；Eichenbaum-Karetzky 2000a, pp. 13–22；Eichenbaum-Karetzky 2000b；Santoro 2001；Rhie 2002, pp. 678–681, 694–695, 697–699, 701–704, 705–706，廖旸2012，23–64页，荻原裕敏2013，374页，魏正中2020；Zin 2020a, pp. 162–164；赵莉、荣新江2020《题记报告篇》84页，图版91。

巴塔查雅（Bhattacharya）1977年记录了发掘出土的木制遗物。

近期图录

《中国新疆壁画·龟兹》2008，26–34页，图版19–26；《中国新疆壁画艺术·克孜尔石窟》2009，第1卷，148–172页，图131–152。

表1　克孜尔第76[2]窟被揭取的壁画

位置	编　号	尺寸（厘米）	出　处	内　容	探险活动
丢失	Ⅰ B 8648*		主室	复原的主室	德国第三次
柏林	Ⅲ 8842	64 × 48	主室正壁	说法图的一部分，手握利剑的男性	德国第三次

* 此编号照片内容包括主室所有壁面上的壁画。根据洞窟的规模以及部分壁画残块的位置，可知此复原存在若干错误之处。

第90–13窟——方形窟（Ⅱa型）

概况

此窟位于第76和77窟之间（见图6）。三窟开凿在不同高度，第76窟所在位置最高，第77窟最低，第90–13窟位于中间，相对位置表明第90–13窟曾有一个相当宽大的前室，现已坍塌不存。主室现存部分曾在1990年被局部清理，为避免崖壁更大面积的坍塌，清理工作在完成之前被迫中止。主室的前壁和窟顶已塌毁；主室的显著特征是室内中心有一个大型像台，且沿四壁有安置塑像的平台（图14）。

主室

根据已发表的简报[1]，主室平面呈方形，室内中心有一个方形像台，已清理的两侧壁和前壁靠近地面处都有石凿平台，其上残存有立佛像的脚部（图15）。

［1］ 新疆文物考古研究所1992，43–45页。

表2 克孜尔第76[2]窟出土的木雕像及其他遗物

位置	编 号	尺寸(厘米)	内 容	探险活动
柏林	Ⅲ 227a, b, c	a: 51, b: 44, c: 25	木雕家具腿部	德国第三次
柏林	Ⅲ 237a, b	36	木雕家具腿部	德国第三次
柏林	Ⅲ 302a, b, c, d	117 × 51 × 121	肩舆	德国第三次
柏林	Ⅲ 7409	19 × 9	木雕立佛像,位于小龛内	德国第三次
柏林	Ⅲ 7430a	8	石膏佛像头部	德国第三次
丢失	Ⅲ 7430b	8	石膏天人像头部和飘带	德国第三次
柏林	Ⅲ 7384	18 × 12 × 7	木雕佛塔模型	德国第三次
柏林	Ⅲ 7387	6 × 11	木雕像台	德国第三次
柏林	Ⅲ 7408	17 × 10 × 4	木雕坐在双层坐垫宝座上的佛像,有身光	德国第三次
柏林	Ⅲ 7413	14 × 7 × 2	木雕坐在宝座上的佛像,有身光和肉髻	德国第三次
柏林	Ⅲ 7414	18	木雕坐在宝座上的佛像,有身光和肉髻	德国第三次
柏林	Ⅲ 7420	4 × 3	木雕像手部(迦楼罗?)	德国第三次
丢失	Ⅲ 7502a, b, c	不详	木雕佛塔模型	德国第三次
柏林	Ⅲ 7522	5	木雕摩羯头部	德国第三次
柏林	Ⅲ 8134	9	木雕坐在宝座上的佛像,有身光和肉髻	德国第三次
柏林	Ⅲ 8135	13 × 5 × 3	木雕坐佛像,双腿垂下	德国第三次
柏林	Ⅲ 8137	22 × 5 × 4	木雕立于台座上的佛像	德国第三次
柏林	Ⅲ 8146	11 × 5 × 4	木雕坐姿菩萨像,双腿交叉	德国第三次
柏林	Ⅲ 8147	16 × 6 × 4	木雕坐姿菩萨像,双腿交叉	德国第三次
柏林	Ⅲ 8148	19 × 7 × 3	木雕立于台座上的佛像	德国第三次
柏林	Ⅲ 8149	21 × 6 × 4	木雕立于台座上的佛陀或僧侣	德国第三次
柏林	Ⅲ 8150	18 × 9 × 4	木雕坐在双层坐垫宝座上的佛像,带身光	德国第三次
柏林	Ⅲ 8151	17 × 10 × 3	木雕坐在宝座上的佛像,带身光和肉髻	德国第三次
柏林	Ⅲ 8152	16 × 6 × 3	木雕立于台座上的佛像	德国第三次

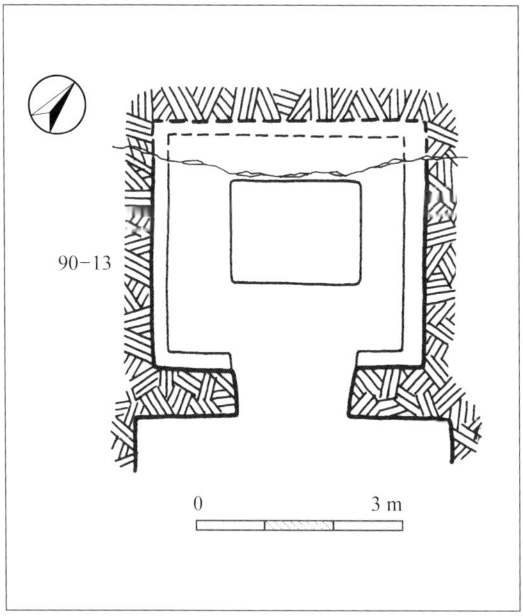

图14　克孜尔第90-13窟平面图。图片采自新疆文物考古研究所1992,44页。

通过与“A传统”其他洞窟的比较,可对此窟进行相当完整的复原。鉴于其他四壁放置塑像的洞窟顶部皆为套斗顶,此窟主室内四壁上塑像的存在,很可能同样表明其原有套斗顶。此窟主室中心像台上的佛塑像或许也表明那些沿四壁放置塑像的洞窟主室内同样有一尊佛塑像(沿四壁放置塑像的洞窟主室中心是否有佛塑像,目前尚无确论)。该窟有助于确定“A传统”中的一类重要洞窟——方形窟:主室中心有一个大型像台,沿四壁安置塑像,顶为套斗顶。

主室:残高175厘米、面阔400厘米、进深400厘米

像台:宽180厘米、长180厘米

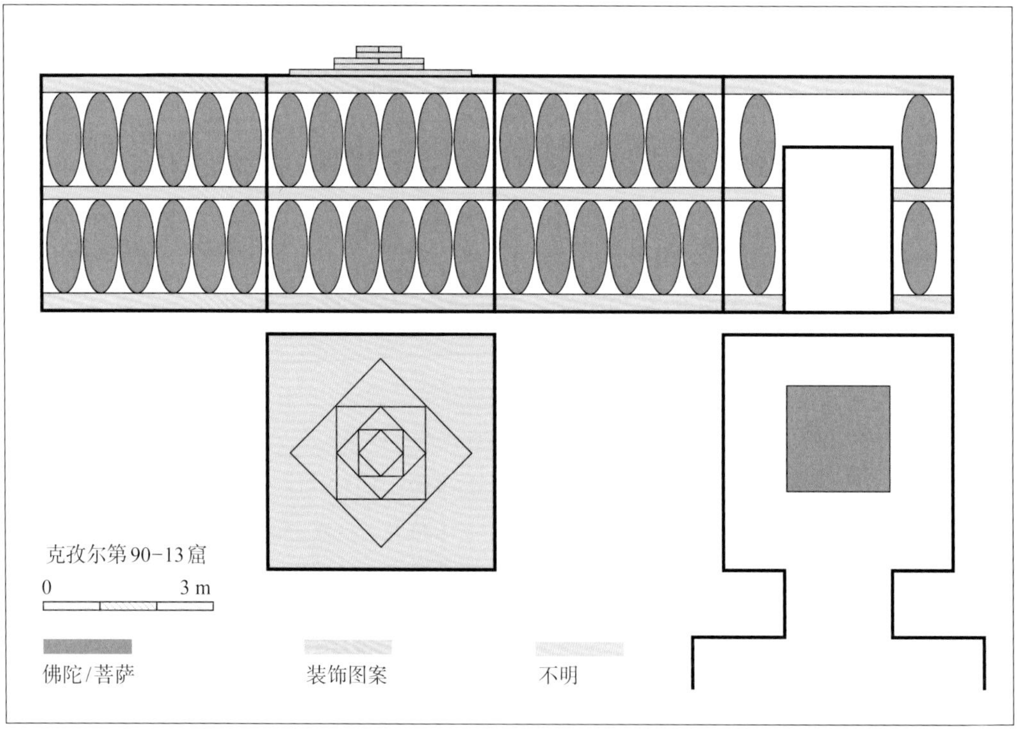

图15　克孜尔第90-13窟主室装饰内容及布局示意图。上:四壁塑像内容及布局。下左:顶部壁画内容及布局。下右:平面图。

表3 克孜尔第90-13窟出土遗物

位置	发掘编号	尺寸(厘米)	材 质	内 容
库车	90-13:1	35×6.5	木	木板上彩绘千佛像
库车	90-13:2	7.3	木	小型木雕佛塔,表面镀一层金箔
库车	90-13:3	14.5	木	带火焰形身光的坐佛像
库车	90-13:4	13×8	壁画残块	并列的两身坐禅佛像,带有三角形纹样组成的边饰
库车	90-13:5	16×8	壁画残块	站立的山羊形象
库车	90-13:8	12	泥塑	残像,左手执衣襟

组合:第78～80窟

这三座洞窟构成一个小型组合,开凿在崖壁上尚未被开发之处(图16)。

该组合包括两座僧房窟(第79和80[1]窟)和一座稍小、不规则、破损相当严重的洞窟(第78窟),此窟很可能用于储藏物资。三窟内均无装饰。该组合似乎只是为此区段增加两座僧房窟,这意味着僧侣数量的增加。此一事实与早期一座带装饰方形窟(第75[1]窟)被改建成僧房窟(第75[2]窟,见图7)相呼应。这些僧房窟的增建,显示出当时对更多居住空间而非装饰洞窟的需求。

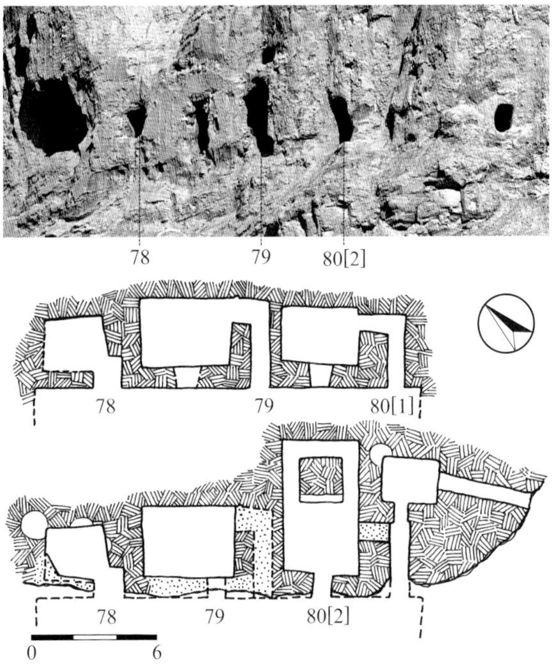

图16 克孜尔第78～80窟组合。上:远景,图片采自德国探险队第三次探险活动期间拍摄的历史照片,编号B 1770 © Museum für Asiatische Kunst, Staatliche Museen zu Berlin, CC BY-NC-SA。下:组合两个发展阶段的联合平面图。

两座僧房窟的主室都从左侧甬道进入,呈现出典型的特征和规模。它们的甬道末端皆无储藏室,这是"A传统"僧房窟的特色[1]。

僧房窟(第80[1]窟)被改建成中心柱窟(第80[2]窟)[2]后,该组合经历了巨大的转变:从"A传统"组合变为"B传统"组合。由于改建后的洞窟超出了讨论范围,此处不赘言。

第81窟 一方形窟(Ia型)

概况

该窟单独开凿在崖壁靠近地面处,损毁严重,被发掘清理于1982年[3]。通过类型学分析和对比,此窟附近应曾有一座僧房窟,现已坍塌不存。

第81窟的整个前室、主室前壁的上部以及窟顶都已不存。主室中心的大型像台仅存下部,与克孜尔第76[2]窟的像台十分相似(见图12)。像台与壁面之间的过道宽约75厘米,恰好可供单人绕行礼拜。主室上部的坍塌使得壁画暴露在外。只有壁面下部被沙石遮挡的壁画保存至今(图17)。

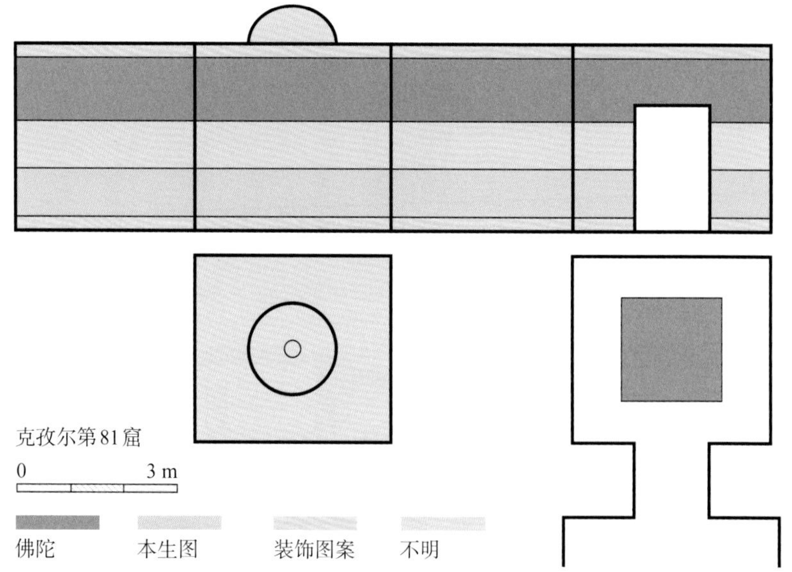

图17 克孜尔第81窟主室装饰内容及布局示意图。上:四壁壁画内容及布局。下左:顶部壁画内容及布局。下右:平面图。

〔1〕 第80窟的储藏室开凿于晚期,这从进入该窟的狭小门道上的开凿痕迹可以看出;之后此窟又被改建成中心柱窟,从而成为"B传统"组合的一部分。很可能是由于僧房窟第79窟甬道的尽头缺乏可用空间,储藏室需增建在别处。

〔2〕 何恩之、魏正中2017,46页,注释〔1〕。

〔3〕 新疆龟兹石窟研究所2000,95页。

主室

主室残损，其平面近方形，中心有一个用于安放佛塑像的大型须弥座。发掘此窟时清理出土了不少灰陶残块，其中部分残块在我们实地考察时仍然存在。根据这些残块，推测须弥座上原来可能有一尊结跏趺坐佛像，且佛像有蜗牛壳状卷曲的蓝色头发[1]。

四壁的叙事性壁画为坐佛像提供了背景。这些画面分成三栏。上栏绘一排圆拱龛，其内交替绘立姿和坐姿佛像。中栏漫漶不清，无法辨识。下栏表现的是本生故事。

窟顶大部分已坍塌，曾为大型、较浅的穹窿顶，从连接着壁面的抹角拱处起券，没有线脚。窟顶壁画皆已不存。

主室：至抹角拱处高335厘米、面阔360厘米、进深335厘米

像台：宽180厘米、长180厘米

叙事内容

主室的核心是须弥座上的大型坐佛像，四壁壁画作为其背景。

四壁壁画呈三栏水平状布局。上栏所绘的大型立姿和坐姿佛像更像是独立形象，不属于某种特定叙事。中栏可能描绘有叙事性场景，遗憾的是因破损严重而无法辨识和复原。下栏表现的是著名的本生故事，即须大拏太子广行布施（须大拏是佛陀前世化身之一）。故事在四壁上被详细地描绘出来。

探险活动与相关资料

主尊佛塑像残块，包括蜗牛壳状卷曲蓝发的头部、胳膊、膝盖以及1980年代清理洞窟时出土的僧衣残块。壁画残块也有发现。

近期研究

《キジル石窟》1983—1985；《克孜尔石窟》1989—1997，第2卷，265、249页；影山悦子 2001，1-16页；史晓明2008，151-158页；中川原育子2011。

近期图录

《キジル石窟》1983—1985；《克孜尔石窟》1989—1997，第2卷，图版67-68；《中国新疆壁画艺术·克孜尔石窟》2009，第2卷，213-215页，图版189-190。

---

〔1〕 呈蜗牛壳状的蓝色头发不见于此窟壁面上所绘佛像，蓝色是“B传统”洞窟壁画的流行色，故此尊佛像应在晚期被重新修复或涂绘。

组合：第82～85窟

此组合开凿在谷内西侧崖壁较高处，包括四座位于同一高度的洞窟（图18）。组合中有两座大型带装饰方形窟（第83、84窟），一座僧房窟（第82窟），以及一座晚期的与"B传统"有关的壁龛（第85窟）。考虑到此组合所处位置较高，曾经应存在将地面与共用前室连接起来的某种结构，其很可能是开凿在岩体内的梯道。

组合的共用前室，开凿于岩体，便于时人在相邻洞窟间走动，而且创造出一处显然颇为重要的活动空间。共用前室内很可能没有装饰。前室的现状远不如德国探险队考察时的状态[1]，若干重要特征已消失不存。图18的历史照片上可以看到笔直的壁面上保存有曾用于安插悬臂式木结构的槽孔。与克孜尔其他所见情况相似，石凿前室坍塌后，木结构被安装，以确保洞窟组合的持续使用。

图18 克孜尔第82～85窟组合。上：远景，图片采自德国探险队第三次探险活动期间拍摄的历史照片，编号 B 611 © Museum für Asiatische Kunst, Staatliche Museen zu Berlin, CC BY-NC-SA。下：联合平面图。

此组合是历时演变而形成的，最初由一座僧房窟（第82窟）和一座方形窟（第83窟）组成。这符合克孜尔"A传统"洞窟组合的常见模式，即通常由一座穹窿顶方形窟和一座僧房窟组成。僧房窟第82窟位于谷内入口处的关键位置，其结构与典型的僧房窟有着明显区别，应是为充分利用其独特的地理位置而专门设计的。第84窟是一座充满装饰的大型方形窟，增建于较晚阶段。第85窟是一座带装饰的小型壁龛，开凿的年代更晚[2]。

尽管第83、84窟皆是穹窿顶方形窟，却有显著不同的结构和装饰。从建筑角度来看，

〔1〕 照片编号B 611、B 1295，收藏于德国柏林亚洲艺术博物馆。

〔2〕 较晚阶段龟兹地区似乎颇为流行在石窟寺院周边开凿小龛，见Vignato 2006, p. 403。

第83窟主室前壁偏左处开一个门道，偏右处开一个小型窗户，而第84窟主室前壁只在中央开一个大型门道。从装饰布局来看，第83窟的图像显然是围绕着正壁的大幅故事画展开的，而第84窟的壁画无核心图像，叙事性场景成排绘制，且同排中没有明显突出的画面。

第82窟——僧房窟——Schatzhöhle D, E（财宝窟D、E）

概况

此窟的规模较大，主室从左侧甬道进入。该窟位于谷内入口的关键位置，能够将周围景观尽收眼底（见图18）。

主室入口区域是“A传统”僧房窟典型的布局样式，即甬道末端无储藏室。此窟的甬道较常见的甬道略宽。主室顶部是龟兹地区僧房窟中少见的横券顶，更为常见的是纵券顶。壁炉设置在正壁，而非此类洞窟中左壁设炉的传统。前壁上没有开凿窗户的痕迹，窗户应位于现已坍塌的主室右壁上。与典型僧房窟相比，位置和特殊之处表明其有独特功用，或是作为朝南的瞭望点。

第83窟——方形窟——Schatzhöhle C（财宝窟C）（Ⅰb型）

概况

这是一座规模中等的穹窿顶方形窟。与组合内其他洞窟共用的前室已坍塌（见图18）。现存的前室正壁上保存有位置靠近的门道和小窗（图19）。主室前壁和穹窿顶的上部损坏严重[1]。壁面异常的高度使人不难想象此窟曾非常之高。正壁壁画在德国探险队第三次考察时被揭取至柏林。

当地人曾称窟内地坪上的一个方坑内曾发现一件金盒[2]。该窟在主室地坪中部挖坑的做法，是龟兹地区仅见的。地坪上的方坑很可能是洞窟不再被僧人使用之后挖出的。

前室

见上文《组合：第82～85窟》。

---

〔1〕 此穹窿顶上显示出古代修缮的痕迹。

〔2〕 格伦威德尔2007，172页；Le Coq 1924b, p. 6.

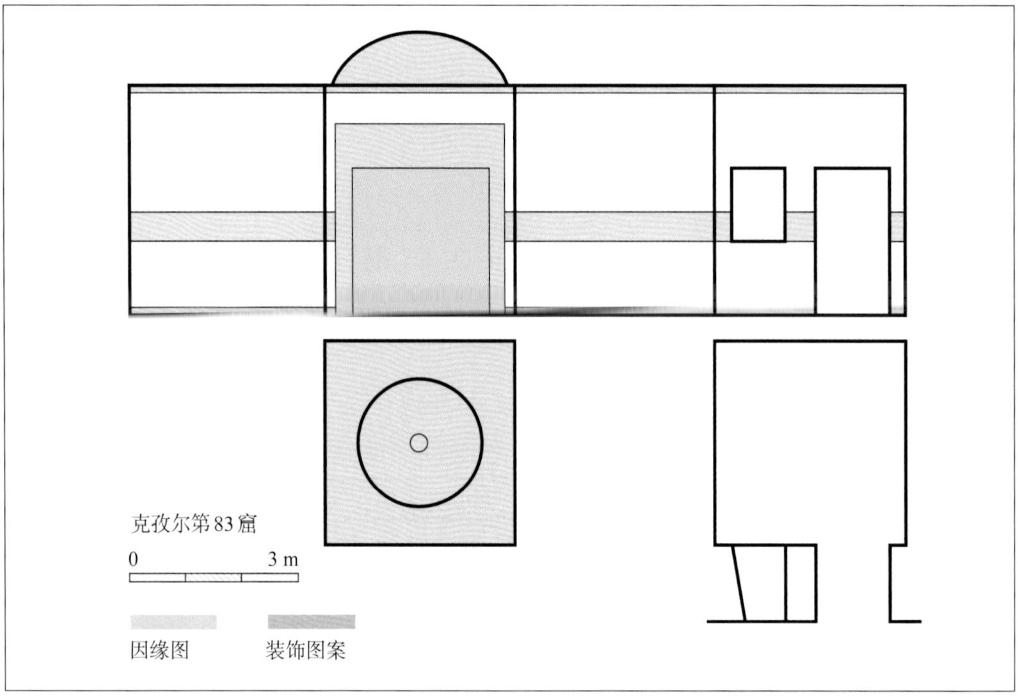

图19 克孜尔第83窟主室装饰内容及布局示意图。上：四壁壁画内容及布局。下左：顶部壁画内容及布局。下右：平面图。

主室

主室平面近方形，壁面高度大于边长，顶为穹窿顶。正壁大幅故事画是整个窟内的图像核心。画面描绘的是一则因缘故事，周有忍冬纹、几何纹边框。整块壁画全部被揭取，现保存在德国柏林（图20）。其他三壁的中部于白背景上绘横向延伸的装饰带。

抹角拱处的壁画损毁严重，残存部分可以看出莲花纹。窟顶绘黑、绿、红和浅蓝色带以及卷草纹。

尺寸：至抹角拱处高390厘米、至窟顶中心高480厘米、宽330厘米、进深350厘米

叙事内容

正壁的大幅故事画表现的是单一情节。画面中心描绘的是宫殿般华丽背景中一位坐在宝座上的国王，呈右舒游戏坐姿（*lalitāsana*），周围有簇拥着他的侍卫，国王正观赏面前穿着半透明衣服的王后跳舞[1]，被解读为优陀羡王及夫人有相的故事。这对王室夫妇

〔1〕 女性形象身穿半透明衣物，代表最贵重的丝绸材质。在龟兹地区的图像惯例中，这样的女性形象通常被认定为王后或者高等级命妇，见Hiyama 2016b, p. 32。

图20 克孜尔第83窟主室正壁《优陀羡王缘》(*Udrāyaṇa-avadāna*)。图片采自德国柏林亚洲艺术博物馆藏历史照片，编号Ⅲ 8443 © Museum für Asiatische Kunst, Staatliche Museen zu Berlin/Jürgen Liepe, CC BY-NC-SA。

决定放弃世俗财富出家修行[1]。国王右侧各有一人为国王和王后剃度(见本书212页)。

探险活动与相关资料

1903年：日本大谷探险队第一次探险活动(上原芳太郎1937, 323 [17]页)；照片编

〔1〕这一场景被瓦尔德施密特(Waldschmidt 1925, pp. 62–64)识别作“Rudrāyana legend”。“Rudrāyana”是“Udrāyaṇa”早期的误写，这可能是由于在婆罗谜写本中*akṣaras*, *ru*和*u*的相似性造成的，见Edgertons 1953, p. 132。

号：no. 91。

1906年：德国探险队第三次探险活动（格伦威德尔2007，171–172页；Grünwedel 1920, pp. Ⅱ.67–71, pls. XXXX–XXXXI）；照片编号：B 611、B 1295。

Le Coq 1924a, pp. 6–7, pl. 3; Waldschmidt 1925, pp. 62–64, pl. 54; Le Coq 1926 a, p. 123; 勒柯克、瓦尔德施密特2006，448–449页；勒柯克、瓦尔德施密特2006，683–684页。

表4　克孜尔第83窟被揭取的壁画

位置	编　号	尺寸（厘米）	出　处	内　容	探险活动
柏林	Ⅲ 8443	275×288	主室正壁	优陀羡王及夫人有相的故事	德国第三次

近期研究

《キジル石窟》1985，第3卷，287页；霍旭初2000；Rhie 2002, pp. 654–655；Arlt/Hiyama 2015, pp. 316–317；桧山智美/ロベルト・アールト2016，82页。

近期图录

《キジル石窟》1983—1985；《克孜尔石窟》1989—1997，第3卷，图版193；《中国新疆壁画·龟兹》2008，35页，图版27；《中国新疆壁画艺术·克孜尔石窟》第1卷，173–174页，图版153–154。

第84窟——方形窟——Schatzhöhle B（财宝窟B）（类型不确定）

概况

崖壁大范围的坍塌导致前室已经不存，主室前壁至穹窿顶局部也受到殃及。

主室壁面高耸，有一种强烈的垂直之感，较低鼓形座上的高穹窿顶加深了此种观感（图21）。正壁和两侧壁绘满壁画，且壁画很可能延伸到前壁。壁画大部分被揭取，现保存在德国柏林和俄罗斯圣彼得堡，左壁还有小块壁画保留在原处，被雨水冲入的淤沙遮盖。

穹窿顶位于鼓形座上。德国探险队考察时穹窿顶上的壁画已消失不存。

尺寸：至抹角拱处高430厘米、面阔410厘米、进深385厘米

前室

见前文34页《组合：第82～85窟》。

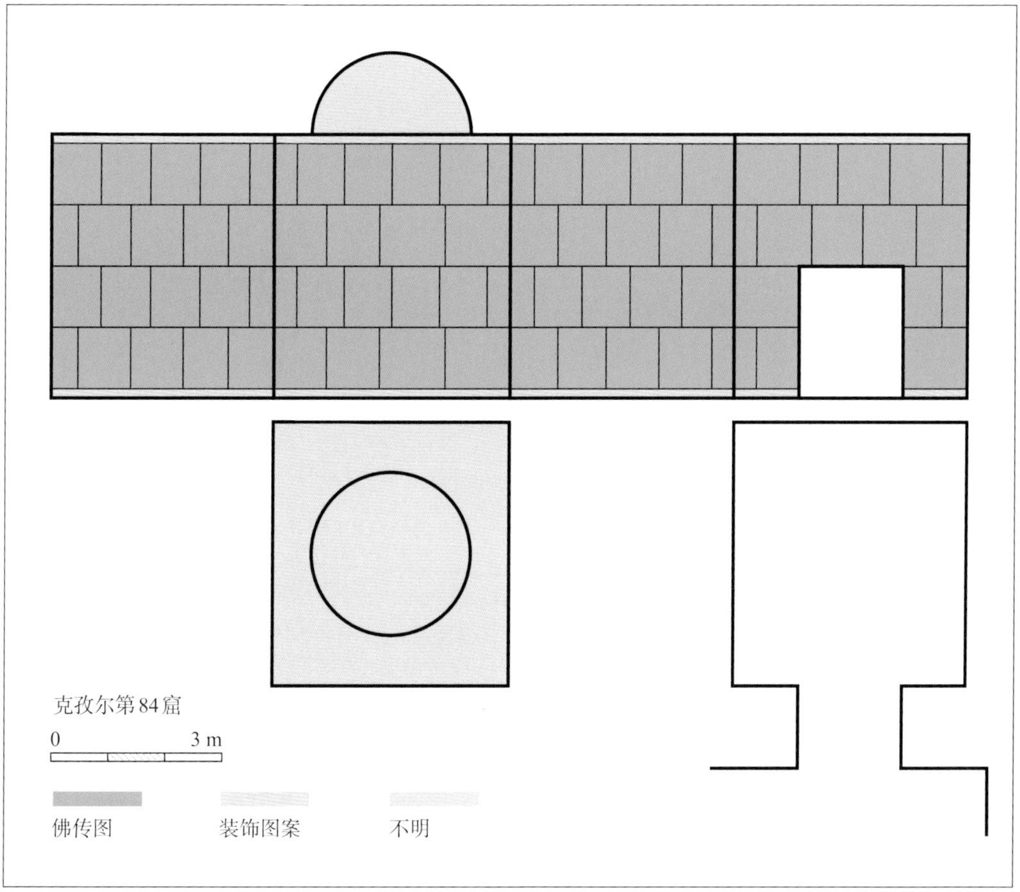

图21 克孜尔第84窟主室装饰内容及布局示意图。上：四壁壁画内容及布局。下左：顶部壁画内容及布局。下右：平面图。

主室

主室平面呈方形，穹窿顶保存状况较差。四壁壁画布局很可能相同，壁面主要区域被四排宽度不等的方形画幅占据，之间没有明确的区分（图22）。每个画面内描绘的是以佛陀为中心的故事。

叙事内容

由于既没有核心图像，也没有中心佛塑像，整体装饰缺乏焦点。小幅画面的构图容易使人想到佛陀说法。每幅画面都以佛陀为中心，佛陀或坐或立，周围是僧侣、男女世俗信徒以及天人等不同听众。通常画面中描绘的建筑以及特殊器物有助于辨识表现的故事内容。这些画面事实上表现的并不是说法故事，而是佛陀救人于危难之际的故事（见本书225–227页）。目前可以确定内容的故事包括佛陀向一名年迈的行乞婆罗门

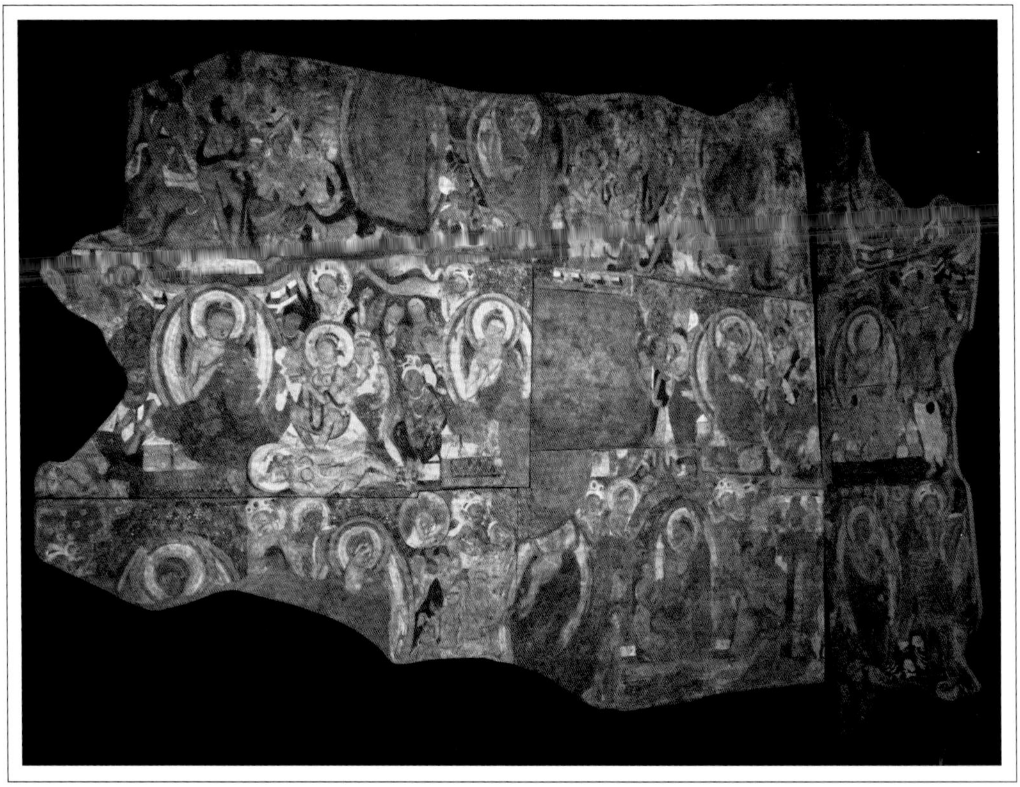

图22 克孜尔第84窟主室正壁和左壁佛陀说法图。图片采自德国柏林亚洲艺术博物馆藏历史照片，编号Ⅲ 8444 © Museum für Asiatische Kunst, Staatliche Museen zu Berlin/Iris Papadopoulos, CC BY-NC-SA。

说偈[1]、杀人者央掘摩罗的皈依[2]、优楼频螺迦叶兄弟的皈依[3]、弗迦沙王的皈依与死亡[4]、拯救被遗弃在墓地的幼弟[5]。大部分场景的内容尚未明确[6]。

题记

壁画上褪色之处露出了几个婆罗谜文字，这在“A传统”洞窟中很少见[7]。

〔1〕 任平山2018，79-81页。
〔2〕 Zin 2006a, pp. 117-118.
〔3〕 Hiyama 2015a.
〔4〕 任平山2009。
〔5〕 桑托罗（Santoro 1995-1996）纠正了格伦威德尔（Grünwedel 1920, p. Ⅱ. 69）对此场景的错误解读，后者将之解读为花车本生（Puppharatha-jātaka）。
〔6〕 格伦威德尔（Grünwedel 1920, p. Ⅱ. 69）尝试解读数个场景，具有争议的释读此处不拟引用。
〔7〕 很可能是龟兹地区画工所作的颜色标记，见桧山智美2019；本书第四章。

探险活动与相关资料

1906年：德国探险队第三次探险活动（格伦威德尔2007，171–172页；Grünwedel 1920, pls. XXXII–XXXIX, pp. Ⅱ. 67–71）。

1913年：德国探险队第四次活动。

Le Coq 1925, p. 15, pl. 13b; Le Coq 1926, p. 123; 勒柯克、瓦尔德施密特2006，683–684页。

表5 克孜尔第84窟被揭取的壁画

位置	编 号	尺寸（厘米）	出 处	内 容	探险活动
柏林	Ⅲ 8444a	400 × 432	主室正壁和左壁	佛陀说法场景	德国第三次
圣彼得堡	Ⅲ 8444b=ВД701	29 × 50	主室左壁	跪姿男性握住一名女性的手（画面局部）	德国第三次
柏林	Ⅲ 8444c	41 × 50	主室左壁	两名男性向佛陀献一只钵（画面局部）	德国第三次
圣彼得堡	IB 8481①=ВД 773	15 × 21	不详	两名僧侣的头部	德国第四次
柏林	Ⅲ 8444aa?②	102 × 46	不详	一对夫妻坐于座上，周围有侍从	德国第四次

① 最初被记录为属于一座塌毁佛寺的走廊[1]；后来被归入克孜尔第83窟或第84窟[2]；由于这块壁画不符合第83窟的布局，现认为属于第84窟。

② 不见于 *Spätantike* Ⅶ[3]一书记录的从此窟揭取的壁画列表中；根据其风格将之归入此窟。

近期研究

《キジル石窟》1985，第3卷，288–289、229–230页；Santoro 1995–96；Rhie 2002, pp. 652–653；Zin 2006a, pp. 117–118；任平山2009；Hiyama 2015a；Hiyama 2018；任平山2018。

近期图录

《中国新疆壁画·龟兹》2008，34–39页，图版28–31；《中国新疆壁画艺术·克孜尔石窟》2009，第1卷，175–183页，图版155–161。

---

〔1〕 Le Coq 1925, p. 15, pl. 13b.

〔2〕 勒柯克、瓦尔德施密特2006，683–684页。

〔3〕 同上。

组合：第92～92A窟

此组合包括两座洞窟：规模较大的带装饰方形窟（第92窟），部分壁画尚保存在原处；及其左侧几乎完全坍塌的小窟（第92A窟）。勒柯克从碎石堆积中清理出了第92A窟，并认为其是瘗窟，还指出岩体雕凿而成并涂抹白灰浆的台座用于保存舍利容器[1]。

第92窟——方形窟——Höhle mit der Äffin（雌猴窟）（Ⅲ型）

概况

前室虽已大部分坍塌，但根据壁面现状以及残存部分，可推知前室最初的面阔和进深都非常大。主室平面呈纵长方形，顶为纵券顶。窟顶、止壁和右壁上残存若干壁画，而左壁壁画由于岩面的剥落已消失不存。尽管壁画属于A种风格，但壁画布局和题材在中心柱窟中颇为常见（图23）。

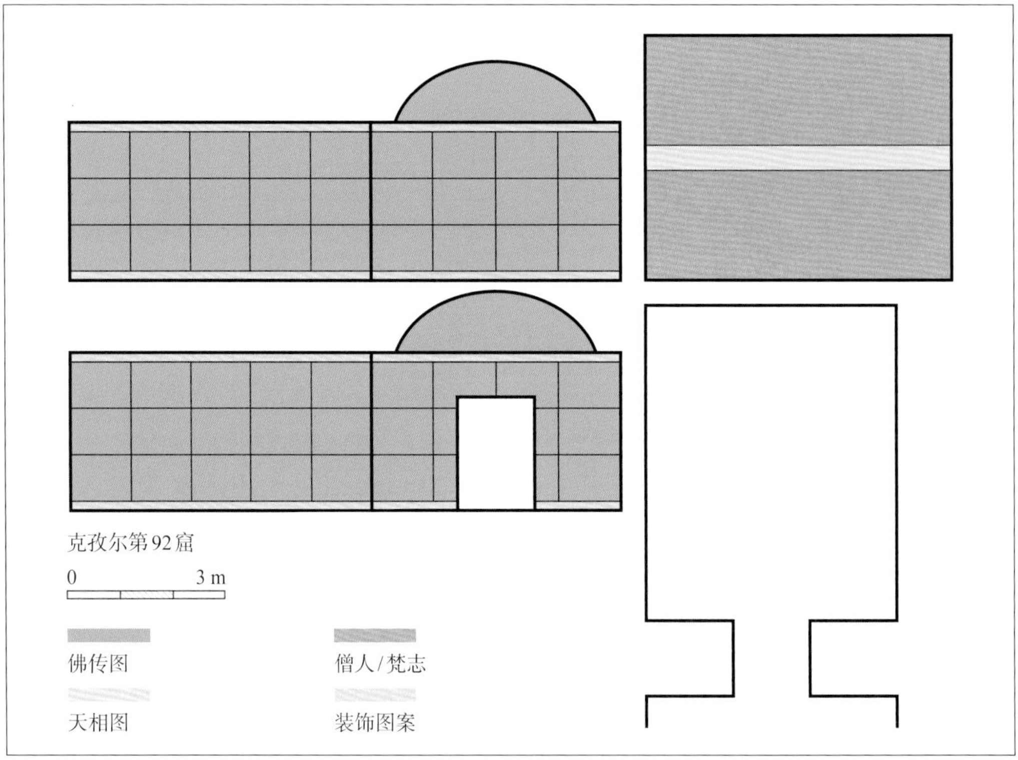

图23 克孜尔第92窟主室装饰内容及布局示意图。左：四壁壁画内容及布局。右上：顶部壁画内容及布局。右下：平面图。

[1] Le Coq 1928, pp. 71–74, pl. 12.

前室

残损严重，难以复原。基于前室在崖壁上的相对位置，可知宽大、深阔的前室显得不合比例[1]。

尺寸：面阔超过400厘米

主室

主室从前壁中央开凿的门道进入，平面呈纵长方形，顶为纵券顶。

壁画布局在“A传统”洞窟中颇为独特。正壁和两侧壁的主要区域被分成三栏，每栏有数个方形画框，每个方框内绘以佛陀为中心的故事画。前壁和左壁的壁画已剥落，其布局可能与其他壁面相同。正壁和前壁上方的半圆端面内也各有一幅故事画。叠涩面上绘卷草纹和仿椽纹；墙基处的壁画已消失。券顶右侧券腹壁画保存较好，描绘的是山岳场景，其内活跃着天人、僧侣和动物。中脊装饰带破损严重，无法复原。

尺寸：高465厘米、面阔480厘米、进深595厘米

叙事内容

此窟无中心佛塑像，意味着壁画构成了装饰的重点。主室正壁和前壁上方的半圆端面内各绘一幅故事画。

正壁上方半圆端面内的场景会首先吸引进入的信徒。画面描绘的是在山岳背景中，佛陀坐在须弥座上，周围有数名天人，其中一名坐在佛陀旁弹奏琵琶[2]。这一场景被解读为帝释窟说法，是“B传统”中心柱窟主室常见的题材。

前壁上方半圆端面内表现的是宫殿中一位国王以游戏坐姿坐于宝座上，周围有15名侍从。画面布局容易使人联想到中心柱窟中相关位置所绘的弥勒菩萨在兜率天宫，但中心人物极具特征的头冠表明他是位于忉利天宫的帝释天[3]。帝释天派他的乾达婆琴师般尸诃（Pañcaśika）去唤醒在毗陀山（Vaideha）修行的佛陀。前壁和正壁上方半圆端面内相对的两个场景很可能相互补充、互为呼应。券顶下方所绘的神秘山岳景观或许是作为连接毗陀山和位于须弥山顶峰忉利天的桥梁。

---

〔1〕格伦威德尔曾记录前室左侧转角处有一幅大型佛陀说法图，值得商榷。格伦威德尔绘制的此窟平面图与实际情况左右相反，壁画可能最初位于主室的右壁，而非前室。见格伦威德尔2007，173–175页，图223a。

〔2〕格伦威德尔（格伦威德尔2007，173页）记录佛陀右侧的草棚内有一名婆罗门；左侧是跪着的帝释天及其眷属。

〔3〕由于构图上的相似性，格伦威德尔（格伦威德尔2007，173页）曾将此场景释读为弥勒及其兜率天宫；宫治昭（1992，425页）承袭了此观点。最近茨茵（Zin, forthcoming）的研究指出中心人物呈现出帝释天的图像特征。

四壁主要区域所绘的以佛陀为核心的故事画大部分尚未被辨识出来。只有绘于正壁上部的一幅画面被释读为提婆达多以石砸佛[1]。

探险活动与相关资料

1906年: 德国探险队第三次探险活动(格伦威德尔2007,173-175页)。

1913年: 德国探险队第四次探险活动。

表6　克孜尔第92窟被揭取的壁画

位置	编　号	尺寸(厘米)	出　处	内　容	探险活动
柏林	Ⅲ 8901 (?)①	32×28	主室右壁	山景画中的两个僧侣(说法图局部)	德国第四次
圣彼得堡	IB 9100a= ВД 903②	33×52	主室	装饰带局部	德国第四次

① 勒柯克、瓦尔德施密特[2]记录此残块揭取自"克孜尔小溪谷中间窟拱顶上",现在的目录中记载"小溪谷内第三窟的右壁"。无论是风格特征还是此壁画残块的尺寸,都表明其是该窟说法图的一部分。

② *Dokumentation der Verluste*[3]一书出版的照片编号为IB 9100a,实则有误;这是编号Ⅲ 9100b的照片,所示壁画揭取自库木吐喇GK第22窟,现仍保存在德国柏林。编号ВД 903壁画残块的照片见赵莉/Samasyk/Pchelin 2018,95页,图37。

近期研究

宫治昭1992,424-425页;廖旸2012,23-64页;桧山智美2012b,290页;Zin forthcoming b。

近期图录

《キジル石窟》1983—1985;《克孜尔石窟》1989—1997,第2卷,图版75-79;《中国新疆壁画艺术·克孜尔石窟》2009,第1卷,15-20页,图版8-13。

第92A窟——方形窟——Bestattungsort(瘗窟)

概况

此窟位于第92窟左侧,几乎完全坍塌。第92A窟平面呈长方形,顶为纵券顶,窟内无装饰。关于此窟的功能,勒柯克曾做过分析,他在报告中发表了一张清理此窟的照

[1] 对于此故事的图像学研究,见Zin 2006b, p. 337。
[2] 勒柯克、瓦尔德施密特2006,513页,542页图版20a。
[3] Dreyer/Sander/Weis 2002, p. 187.

片[1]，照片中央是一处未被识别的结构，或是预留岩体上开凿出的空心台座，勒氏认为这种结构是为了装纳舍利容器[2]。此窟曾出土一件舍利盒[3]。

表7 克孜尔第92A窟出土遗物

位置	编 号	尺寸（厘米）	出 处	内 容	探险活动
柏林	Ⅲ 7649a, b	24 × 24	主室	木质舍利盒，其上雕刻山川纹	德国第四次

组合：第93～95窟

此组合内的洞窟开凿在崖壁上的同一高度，彼此有一定的间隔（见图5）。穹窿顶方形窟（第93窟）可能有独立前室，其他两座毗邻的洞窟（第94、95窟）或共用同一前室。

第93窟为方形窟，穹窿顶，前壁上开一个门道和一扇窗。第94、95窟除共用同一前室外，僧房窟（第94窟）和方形窟（第95窟）还有相同的覆斗顶[4]。

尽管壁画已经剥落不存，但根据这些洞窟的结构可以判断它们属于“A传统”洞窟组合，因此被归入第一区段。

克孜尔第三区段

第三区段包括谷内东侧崖壁第123窟以南的绝大多数洞窟，谷东至第154窟的所有洞窟，以及谷东崖壁靠地面处至第235窟的所有洞窟。此区段包括方形窟、僧房窟和数座大像窟，其中两座或多座方形窟与僧房窟通常构成组合（见图5）。

第三区段的核心区域是两座大像窟（第139和154窟）之间的朝南崖壁（图24）。另一座大像窟（第148窟）位于前两座大像窟的中间，似是晚期的增建，意在形成三联大像窟。大像窟属于“Y阶段”。核心区域内集中开凿四排洞窟，某种程度上与第一区段呈镜像布局，第三区段可视为第一区段的扩展。大部分洞窟残损严重，以至于无法辨别其类型，部分洞窟仍被埋于现在的地面之下。由于保存状况极差，整个第三区段保存下来的壁画屈指可数。

---

〔1〕 Le Coq 1924a, p. 53; 1928, pl. 12; 德国柏林亚洲艺术博物馆藏，编号B 613。
〔2〕 Le Coq 1928, pp. 71–74.
〔3〕 Le Coq 1924a, pp. 52–54, pl. 26; Le Coq 1928, pp. 72–74, pl. 12; Bhattacharya 1977, No. 399.
〔4〕 关于第94、95窟保存的吐火罗语题记，见赵莉、荣新江2020《题记报告篇》85–87页，图版I-135–155。

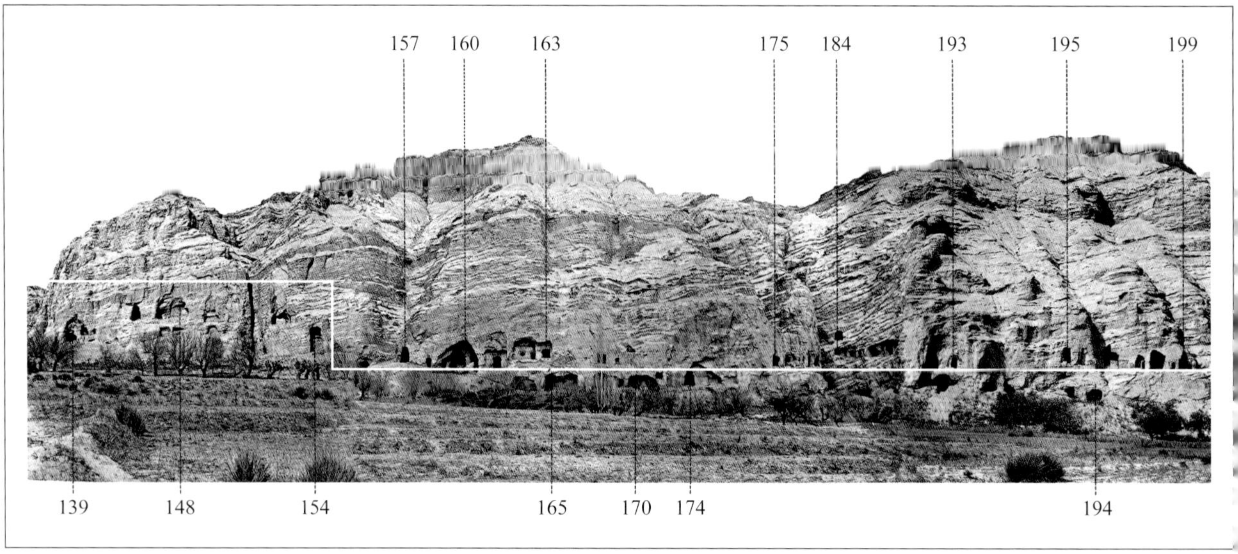

图24 克孜尔谷东区。白线将此区分为两个区段，其下为第三区段，其上为第五区段。图片由多张照片拼成，均采自德国探险队第三次探险活动期间拍摄的历史照片，编号分别是B 637、643、668、1150、1256、1295、1416、1652、1766 © Museum für Asiatische Kunst, Staatliche Museen zu Berlin, CC BY-NC-SA。

崖壁核心区域东侧部分包括第164～170窟。此处的每个洞窟组合至少包括一座僧房窟和一座套斗顶方形窟。三座方形窟内的壁画集中于叠涩面和窟顶。谷内东侧崖壁上有一组相似的洞窟组合，包括两座套斗顶方形窟（第131、132窟）和两座僧房窟（第130、130A窟）。这似乎是核心区域两侧同时期发展的洞窟组合。

谷内东侧崖壁上属于“A传统”的其他组合，包括第124～125A窟、127～129窟、133～135窟，开凿在崖面上岩体质量合适之处。这些洞窟内所存壁画同样极少。第三区段延伸到谷东的下部，位于第五区段之下，有一排因残毁严重而无法辨识的洞窟。

第三区段最早的洞窟很可能与第一区段的洞窟年代相近。而后此区段扩展入谷东（第164～170窟）和谷内（第124～135窟），最后进入谷东的东端。下文将依照洞窟的编号，从谷内东侧崖壁开始，转向谷东，再继续向东依次介绍第三区段的洞窟。

组合：第124～125A窟

此组合经过周密设计和布局，开凿于谷内东侧崖壁较高处，包括一座僧房窟（第125窟）和一座无装饰、平面呈长方形的方形窟（第124窟），通过共用前室（第124A窟）进入窟内（图25）。随着崖壁的坍塌，此组合也受到了严重破坏，但通过安装木结构台面得以重新使用。

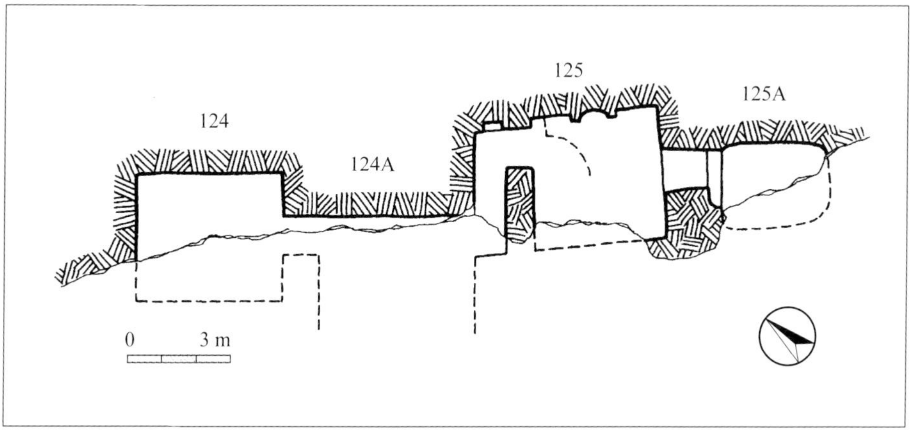

图25 克孜尔第124～125A窟组合联合平面图。图中显示出四窟及前室的相对位置关系。

进入两窟的入口开凿在第124A窟两侧壁最靠内处。方形窟第124窟平面呈纵长方形，顶为纵券顶，壁面涂抹白灰浆，但不绘壁画。

组合：第127～129窟

此组合较为复杂，包括三座开凿在谷内东侧崖壁较高处的洞窟。第127、128窟位于同一高度，而第129窟的位置稍高（图26）。

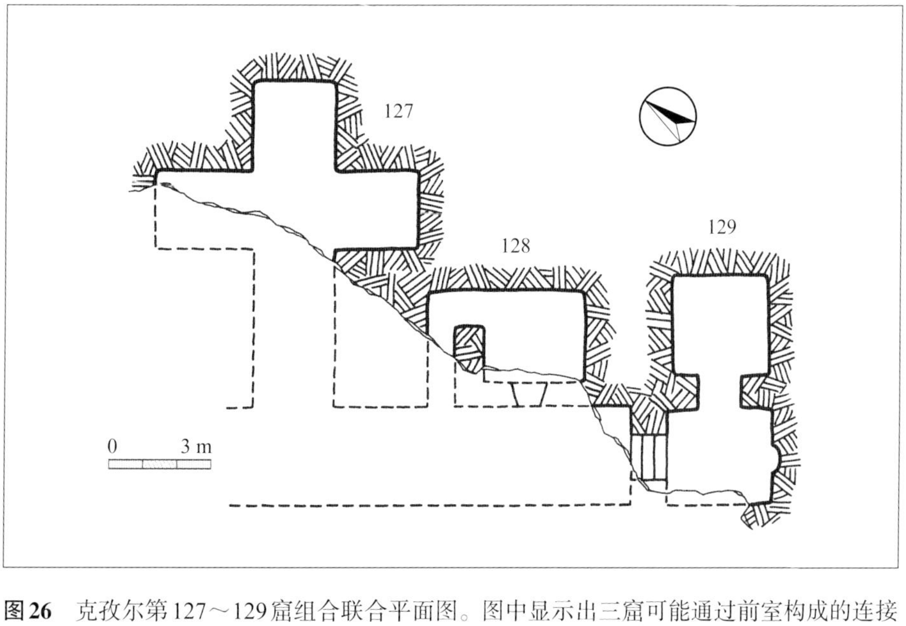

图26 克孜尔第127～129窟组合联合平面图。图中显示出三窟可能通过前室构成的连接关系。

第127窟的前部已塌毁，是龟兹地区罕见的主室平面呈十字形的洞窟之一。第128窟是僧房窟。两窟毗邻而建，位于同一高度，意味着它们共用同一前室，亦表明它们属于同一组合，且最初它们的凿建属于统一规划。与之相反，带装饰的穹窿顶方形窟第129窟是晚期增建的。第129窟在崖壁上的位置表明其只能通过第127、128窟的共用前室进入，门道开凿在共用前室的左壁。接下来详细介绍第129窟。

第129窟——方形窟——Kleine Kuppelhöhle（小穹窿顶窟）（类型不确定）

概况

此窟前室较大，无装饰，大部分尚有保存；稍小的主室保存完好。没有迹象表明主室中心曾有一尊佛塑像，壁画布局为四壁上大小相同的成排方形画幅，无核心图像（图27）。壁画风格属于相当稚拙的A种风格。

前室

前室平面呈方形，顶为平顶，规模与主室相当。壁面上涂草泥层，但没有刷白灰浆。前部已坍塌。最初穿过第127、128窟共用前室左壁上的门道，再登上几级台阶便可进入

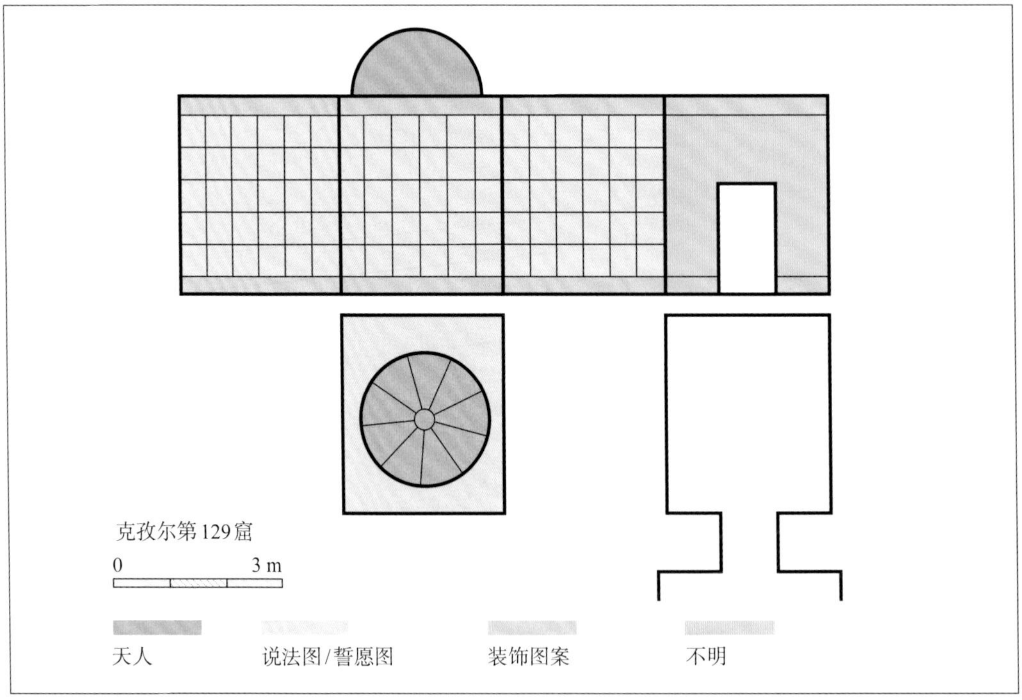

图27 克孜尔第129窟主室装饰内容及布局示意图。上：四壁壁画内容及布局。下左：顶部壁画内容及布局。下右：平面图。

此前室。前室左壁中间入口上方的小龛,增强了这一推测的可靠性。前壁上可能开有一扇窗户,为整个洞窟提供了较为充足的光线。

尺寸:高290厘米、面阔270厘米、进深265厘米

主室

主室平面呈方形,顶部是较浅的小型穹窿顶。除前壁上方右侧一小块壁画剥落外,四壁壁画几乎得到了完整保存。正壁和两侧壁主要区域被划分成五栏,每栏六幅方框故事画。每幅方框故事画中心绘一身坐佛像,旁有一或两名人物。较宽的檐口面上绘三角垂帐纹。

窟顶壁画全被揭取,现保存在德国柏林[1](图28)。窟顶中心绘一朵盛开的莲花,主要区域被分成九个条幅,每个条幅内绘一名伎乐天人。抹角拱处的壁画已消失;柏林保存的一块壁画表现的是佛陀说法,其周围环绕天人。

尺寸:至窟顶中心处高330厘米、面阔270厘米、进深260厘米

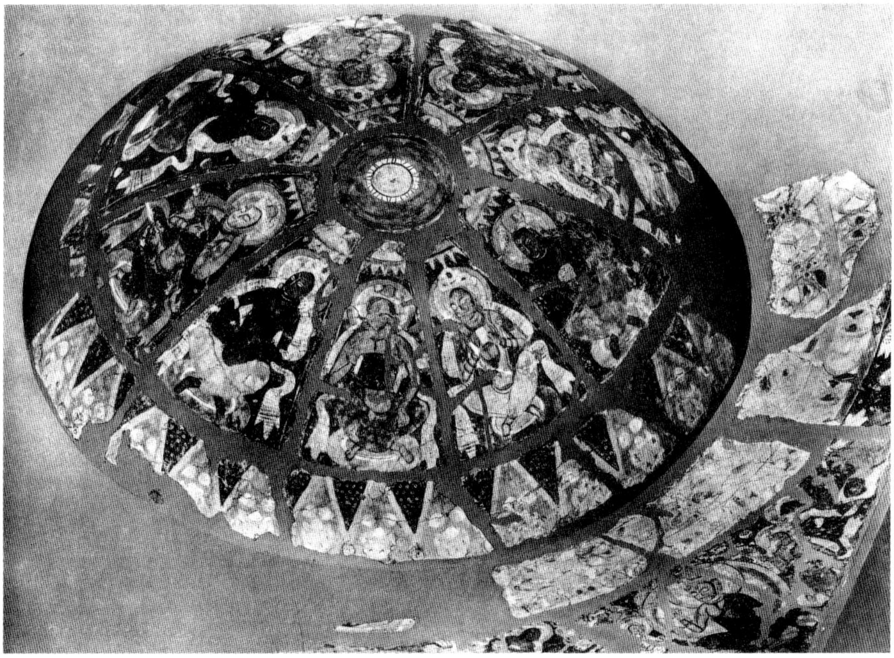

图28 克孜尔第129窟主室穹窿顶和抹角拱处壁画残块。图片采自原德国柏林民俗博物馆藏历史照片(勒柯克、瓦尔德施密特2006,641页图版6)。

〔1〕穹窿顶上揭取下来的所有壁画残块都被编号为Ⅲ 9277。此照片中的抹角拱在“二战”期间丢失,见勒柯克、瓦尔德施密特2006,588-560页,641页图版6。

叙事内容

此窟无核心图像。主室四壁绘画幅相同的简单故事画，但大部分内容无法被准确辨识。值得注意的是，保存下来的画面绝大部分表现的是不同人物向佛陀呈献供品，如华盖、鲜花、佛像等等。这些图式容易使人想到誓愿故事。事实上，左壁最上方的一个画面中描绘了一名商人和一座佛塔，已被学者考证为达摩流支的故事[1]。

抹角拱上描绘的叙事场景与四壁壁画相似。窟顶绘弹奏乐器的天人，无特殊内涵，似乎只是为了突出穹窿顶下方的重要空间。

探险活动与相关资料

1906年： 德国探险队第三次探险活动；照片编号：B 814。

1913年： 德国探险队第四次探险活动。

勒柯克、瓦尔德施密特2006，588–560页，641页图版6。

近期研究

Konczak 2014, pp. 193–194.

近期图录

《キジル石窟》1983—1985；《克孜尔石窟》1989—1997，第2卷，图版161–162；《中国新疆壁画艺术 · 克孜尔石窟》2009，第3卷，241–244页，图版217–220。

表8　克孜尔第129窟被揭取的壁画

位置	编　号	尺寸（厘米）	出　处	内　容	探险活动
柏林	Ⅲ 1177	43 × 55	主室正壁或侧壁，檐口	装饰带	德国第四次
柏林	Ⅲ 9277①	60 × 148	主室，顶部	窟顶的抹角拱局部，绘一名伎乐天人	德国第四次

① 其中部分丢失于“二战”期间。

组合：第130～132窟

此组合包括两座僧房窟（第130、130A窟）和两座方形窟（第131、132窟）（图29）。

[1] Konczak 2014, pp. 155, 194.

考虑到克孜尔“A传统”洞窟组合的典型特征是包括一座方形窟和一座僧房窟，四窟可能属于两个组合。四窟的前半部已塌毁不存。两座僧房窟遭到了更严重的破坏。它们的主室都是从左侧甬道进入的，在布局上十分相似，各有独立前室。

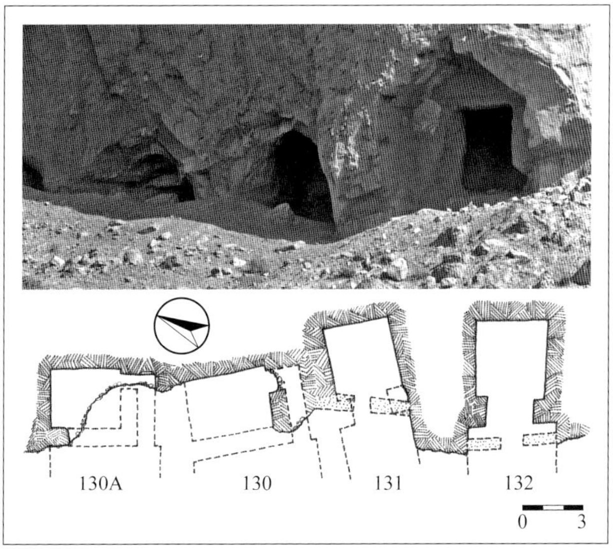

图29 克孜尔第130～132窟组合。上：洞窟立面，图片采自德国探险队第三次探险活动期间拍摄的历史照片，编号B 1796 © Museum für Asiatische Kunst, Staatliche Museen zu Berlin, CC BY-NC-SA。下：联合平面图。

第132窟的前室保存稍好，顶为覆斗顶。主室地坪高于前室地坪近50厘米，这种现象在“A传统”其他带装饰方形窟中也可见到。

两座方形窟的主室平面皆呈方形，顶为套斗顶。仅在檐口面和窟顶绘壁画，四壁似乎只是刷了白灰浆。

由于两座僧房窟的保存状况极差，且被沙石填埋，无法对它们进行描述。不过，可以确认第130A窟甬道末端没有储藏室。

第131窟——方形窟（Ⅱb型）

概况

此窟规模相当大，有独立前室，现仅存左侧一小部分（见图29）。现在的水泥修复无法反映此窟的原状，也有碍于识别此窟的原初结构。主室很典型，四壁涂白灰浆，只有套斗顶绘壁画，部分遭到了破坏。窟内地坪损毁严重[1]（图30）。

前室

前室大部分坍塌。左侧现存一块凸出壁面，据此推测前室面阔约400厘米，比主室稍宽。

---

〔1〕地坪上有明显的羊蹄踩踏痕迹，蹄印很深。套斗顶方形窟通常需要在主室中心设一个像台，重修时也有同样的需求。

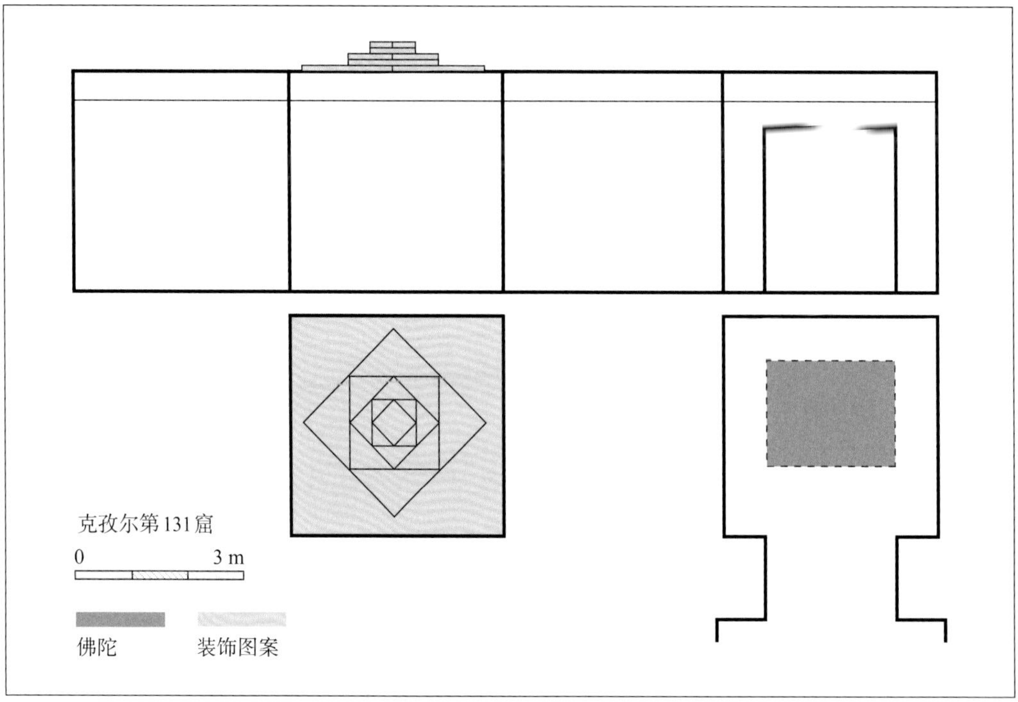

图30 克孜尔第131窟主室装饰内容及布局示意图。上：四壁壁画内容及布局。下左：顶部壁画内容及布局。下右：平面图。

主室

主室平面呈方形，四壁直接在平坦的壁面上刷白灰浆，没有其他涂层。目前尚可看到数层白灰层，但不绘壁画。套斗顶现存部分被烟熏黑，无法识别其下遮蔽的壁画。主室壁面上还保存了数条吐火罗语题记，内容似乎与洞窟的使用时期并不对应[1]。

尺寸：高380厘米、面阔360厘米、进深375厘米

叙事内容

此窟无核心图像。尽管套斗顶上保存有大面积壁画，但几乎全部被厚重的煤烟层覆盖，内容与其他套斗顶上的壁画类似，更像是装饰性的而非叙事性的。

探险活动与相关资料

1903年： 日本大谷探险队第一次探险活动（上原芳太郎1937，319[13]页）。

---

〔1〕 赵莉、荣新江2020《题记报告篇》99–101页，图版I–229–238。

第132窟——方形窟(Ⅱb型)

概况

此窟前室仅保存部分(见图29),正壁上残存一小块壁画。主室保存较好,平面呈方形,仅檐口面和套斗顶上绘壁画[1](图31)。

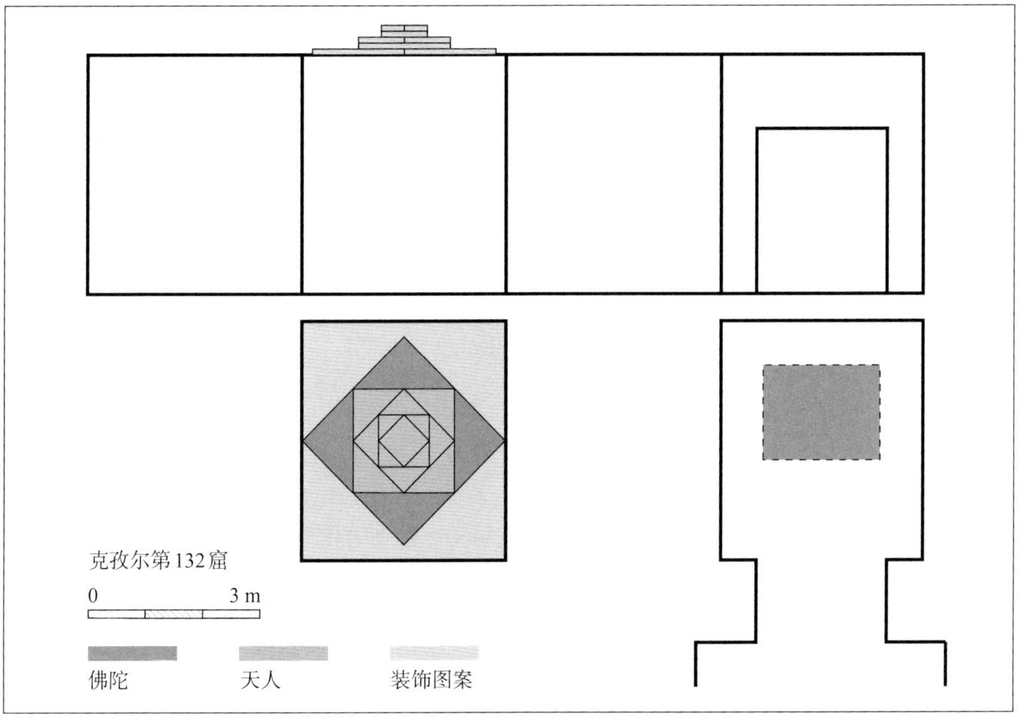

图31 克孜尔第132窟主室装饰内容及布局示意图。上:四壁平面图。下左:顶部壁画内容及布局。下右:平面图。

前室

前室现存部分显示出其比主室略宽,顶为覆斗顶;地坪较主室低50厘米。正壁右侧部分现被水泥修复墙体覆盖,其上原绘一身大立佛像,前室壁面或曾绘满壁画。

尺寸:高420厘米、面阔440厘米、进深残70厘米

主室

主室平面近方形,顶为套斗顶。没有草泥层,直接在平坦的壁面上刷白灰浆。四壁

〔1〕 图中绘制的中心像台是根据同类型其他洞窟推测的。

檐口面所绘的人物形象现已无法辨识。被烟熏黑的套斗顶上部分画面仍可识别。

尺寸：至窟顶中心高505厘米、面阔355厘米、进深385厘米

叙事内容

前室正壁右侧所绘的一身立佛像保存了部分身光和头光，据之推测正壁曾绘多身超过真人大小的形象，前室或许曾有复杂的图像内容[1]。

由于地坪损毁严重，无法确定中心是否有安放佛塑像的像台。但因四壁没有绘制壁画，中心应设一尊佛塑像。

套斗顶第一重平面上绘一尊坐佛，两侧是飘浮的花环；第二重平面上绘天人双手将花环举过头顶。套斗顶上的壁画更像是装饰性的，而非某种特定的叙事。

探险活动与相关资料

1903年：日本大谷探险队第一次探险活动（上原芳太郎1937，319 [14]页的相关描述很可能指代此窟）。

组合：第133～135[1]窟

此组合开凿在谷内东侧崖壁较高处；影响整个区段的崖壁坍塌对所有洞窟都造成了严重破坏（图32）。

图32 克孜尔第130～132窟组合和133～135窟组合。图片采自德国探险队第三次探险活动期间拍摄的历史照片，编号B 1796 © Museum für Asiatische Kunst, Staatliche Museen zu Berlin, CC BY-NC-SA。

〔1〕 另一例前室正壁上绘有超过真人大小的佛像的例子，见于克孜尔第76[2]窟，见本书22页。

对此组合布局的重建，可揭示出其发展历程。该组合最初由一座方形窟（第133窟）和一座僧房窟（第135窟）构成。僧房窟第135[1]窟与方形窟（第133窟）呈近乎垂直关系，两窟曾有共用空间。第133窟朝南，第135[1]窟只能在下午才能受到阳光照射（图33）。

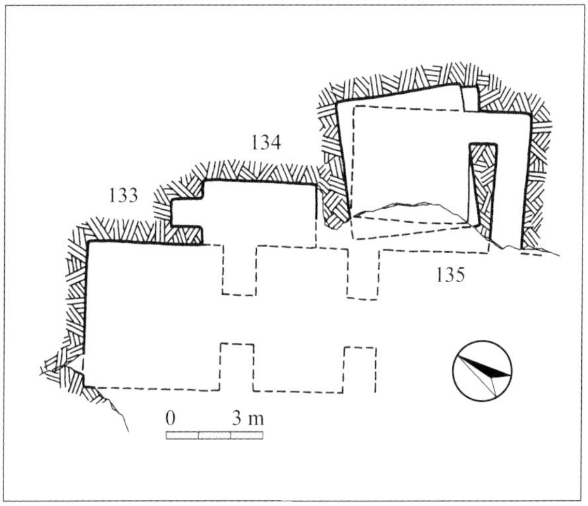

图33 克孜尔第133～135窟组合联合平面图。图中显示出疑似的前室所在位置，复原后表明第134窟为晚期洞窟，开凿于邻近洞窟坍塌之后。

崖壁坍塌导致第133窟塌毁后，此组合发生了变化。现受到严重破坏的小型横券顶方形窟第134窟，应是在第133窟塌毁之后修建的。僧房窟被重建为“Y阶段”的穹窿顶方形窟第135[2]窟。

第133窟——方形窟（Ⅰa型）

概况

此窟残毁严重，现已无法进入。前室已完全坍塌。主室只剩下正壁和左壁的局部（图34）。尽管已暴露在外数个世纪，大部分壁画层仍然存在。根据壁面及抹角拱处残存的壁画布局，并与相似洞窟进行类型对比，可知这是一座穹窿顶方形窟，主室中心有一个像台，其上安放佛塑像（图35）。

图34 克孜尔第133窟主室后、左壁和顶部抹角拱局部。桧山智美 摄于2011年© 桧山智美。

前室

根据现有遗存推测，前室与主室近乎同宽，平面呈长方形。

主室

主室已大部分坍塌，仅残存正

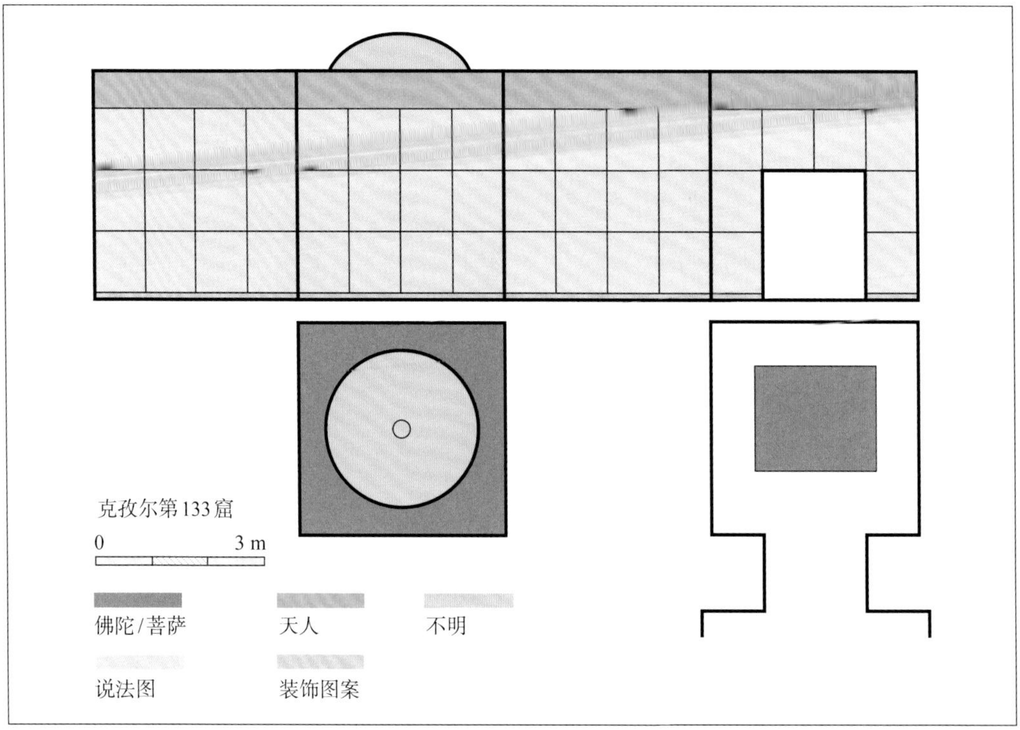

图35 克孜尔第133窟主室装饰内容及布局示意图。上：四壁壁画内容及布局。下左：顶部壁画内容及布局。下右：平面图。

壁的一段，左壁的一半，以及右壁靠内的一小部分。根据这些遗存可推知此室的面阔。正壁和左壁上有壁画残迹（见图34）。画面中由横、竖线条分隔出若干方形画幅，每幅中心绘一身佛像，周围有许多人物，可能是说法图。檐口面绘立于天宫栏楯中弹奏乐器或舞蹈的天人。

窟顶仅存一小部分——左内侧抹角拱。

叙事内容

与此窟装饰布局相似的方形窟内，通常在主室中心有一个像台，其上安置佛塑像。尽管壁画被沙石覆盖，主室内的图像仍可被重建。四壁主要区域内绘佛陀说法图，檐口面绘天宫栏楯中的男女伎乐天人。现存抹角拱上绘一身双腿交叉、穿绿色长裤的坐姿菩萨像。

第135窟：两个阶段

第135[1]窟是一座僧房窟，与方形窟（第133窟）构成一个组合，此窟表现出“A传统”僧房窟的所有典型特征（见图33）。崖壁的坍塌导致第133窟以及两窟共用活动空间消失之后，第135[1]窟被重建成“Y阶段”洞窟，即穹窿顶方形窟（第135[2]窟）。

第135[1]窟——僧房窟

概况

此窟主室从左侧甬道进入（见图33）。仅入口处保存下来，主室因后来改建成穹窿顶方形窟被彻底重修。甬道末端无储藏室的现象明显表明其为“A传统”僧房窟。

组合：第141～142窟

这是一个小型组合，现损毁严重，包括开凿在砂岩层上的一座方形窟（第141窟）和一座僧房窟（第142窟）（图36、37）。根据共用前室残存的券顶局部，以及两窟在崖壁上的相对位置，推测它们开凿于崖壁外层以及此部分凿建的较早洞窟塌毁之后。

第141窟——方形窟

概况

此窟主室平面呈纵长方形，四壁涂草泥层，但纵券顶上没有涂层（见图37）。隔开此窟与僧房窟第142窟的薄基岩层的坍塌，致使此窟遭受了更严重的结构损毁。前室和主室的前半部都已塌毁。窟内无装饰。

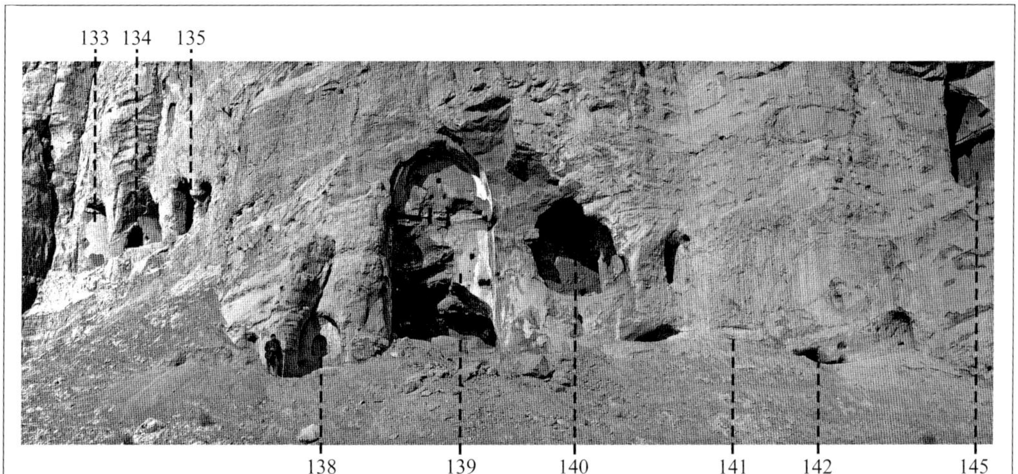

图36 克孜尔第133～145窟。图片采自德国探险队第三次探险活动期间拍摄的历史照片，编号B 1795 © Museum für Asiatische Kunst, Staatliche Museen zu Berlin, CC BY-NC-SA。

尺寸：面阔310厘米、进深残340厘米

第142窟——僧房窟

概况

这是一座大型僧房窟，主室从右侧甬道进入。前室已坍塌，崖面上现保存的少量凿刻痕迹证明了它的存在（见图37）。主室入口区域损毁严重。主室宽大，平面近方形，顶为券顶。壁面上涂草泥层，窟顶无涂层。

尺寸：高340厘米、面阔400厘米、进深400厘米

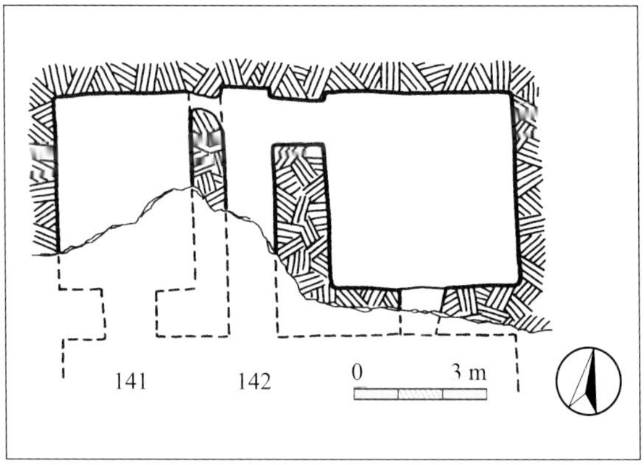

图37 克孜尔第141～142窟组合联合平面图。复原出两窟及其前室平面。

组合：第143、144、149A、149窟

此组合的四座洞窟开凿在同一高度，彼此邻近（图38）。组合包括两座僧房窟（第143、144窟）和两座方形窟（第149A、149窟）。四座洞窟构成组合并不常见，表明其是历时发展形成的，最初为两个组合，即第144、149A窟组合和第143、149窟组合。残存部分提供的信息十分有限。

方形窟第149A窟最受关注。在德国探险队考察之际，此窟的保存状况已极差，可以挽救的壁画被揭取并带至德国柏林。格伦威德尔详细记录了此窟的装饰，指出窟内中心有一个安放佛塑像的像台。现在窟内已不见任何装饰。

下文按照自西向东（而非洞窟编号）的顺序，依次介绍四座洞窟。

第143窟——僧房窟

概况

此窟几乎完全坍塌，但基于若干关键特征，可辨识其类型（见图38）。此窟的主室从左侧甬道进入，主室宽大，顶为券顶，从四壁上方造型简单的线脚处起券。部分草泥层尚保存在原处。

尺寸：高320厘米、面阔410厘米、进深残190厘米

第144窟——僧房窟

概况

此窟主室从左侧甬道进入，几乎完全塌毁（见图38）。壁面向窟顶处逐渐弯曲，没有线脚。辨识出此窟类型的依据是主室左壁下部残存的壁炉。

尺寸：高约360厘米、面阔400厘米、进深残360厘米

第149A窟——方形窟——Höhle mit dem Zebuwagen（印度瘤牛窟）（Ia型）

概况

此窟现几乎完全坍塌；德国探险队1906年考察期间保存状况尚佳。主室平面呈方形，中心有一个安放塑像的像台。像台的三面雕刻成须弥座样式，背面平坦。

由于保存状况较差，格伦威德尔无法像他常用的做法那样复制壁画，即用纸直接铺在壁面上，然后逐笔临摹壁画（他绘制了当时尚存的叙事场景的多幅水彩画）。窟内的部分壁画被揭取并带至德国柏林。

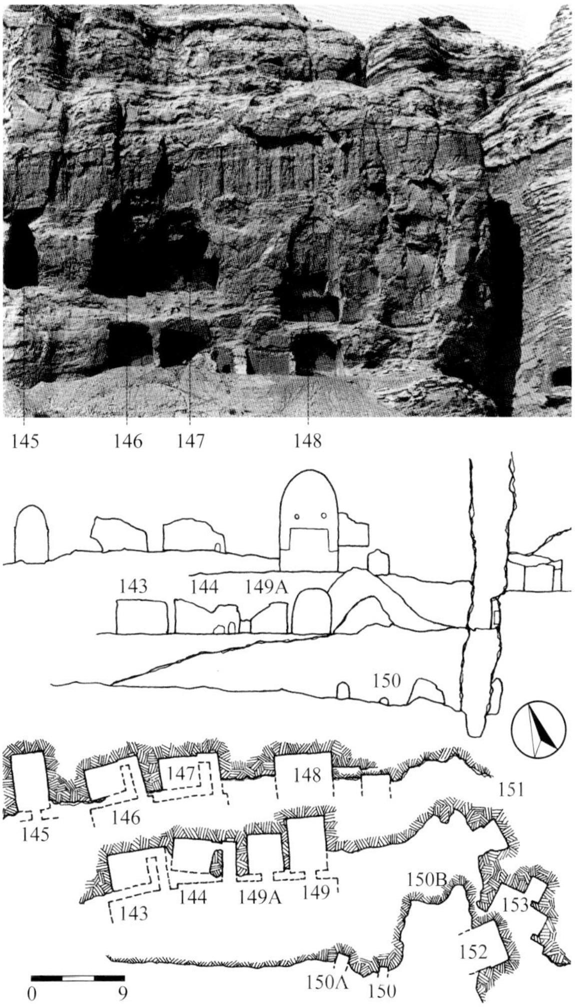

图38 克孜尔第143～153窟。上：远景，图片采自德国探险队第三次探险活动期间拍摄的历史照片，编号B 647 © Museum für Asiatische Kunst, Staatliche Museen zu Berlin, CC BY-NC-SA。中：联合立面图。下：联合平面图。

主室顶部在1906年已坍塌。通过与装饰布局相似的其他方形窟进行对比，可推知顶为穹窿顶（图39）。

格伦威德尔测量数据：主室：面阔345厘米、进深390厘米

像台：宽200厘米、长125厘米、高75厘米

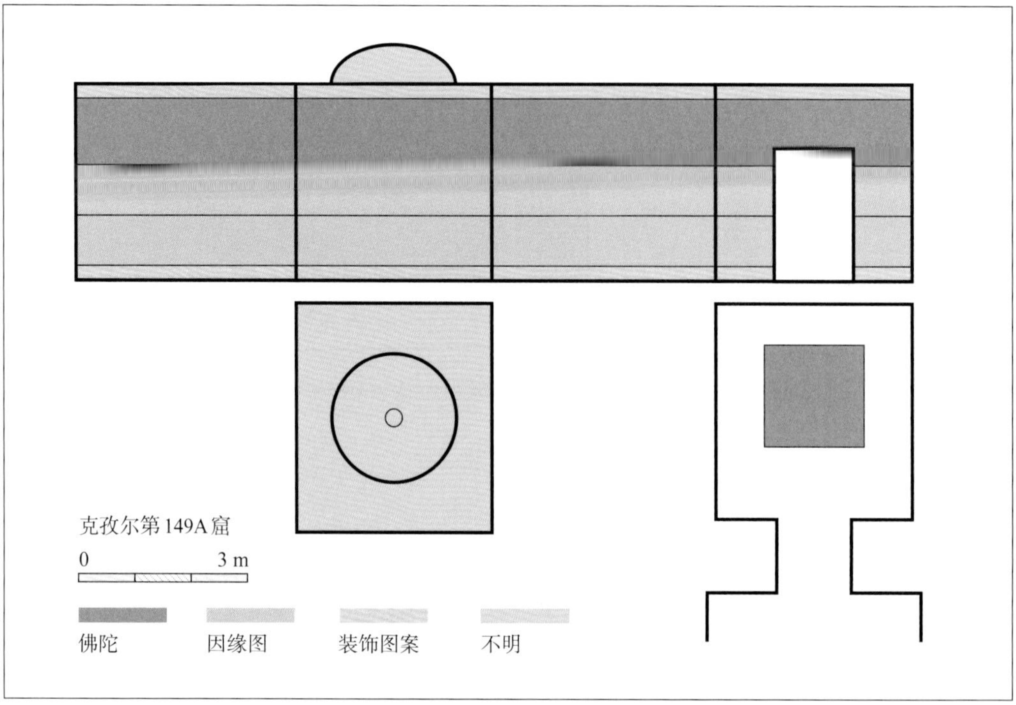

图39 克孜尔第149A窟主室装饰内容及布局示意图。上：四壁壁画内容及布局。下左：顶部壁画内容及布局。下右：平面图。

叙事内容

窟内装饰核心是中心像台上的塑像。塑像很可能是佛陀像，这是因为拥有此类布局的洞窟，其主室中心须弥座上仅见佛陀像。根据格伦威德尔的记录可知，正壁和两侧壁的主要区域被分成三栏。上栏绘一列站在盛开莲花和立柱上的佛像，应不属于某一故事情节。中栏和下栏绘相当精细的叙事场景，以长卷式构图详细表现了富楼那因缘故事。画面按照年代顺序呈顺时针方向排列（图40）。

探险活动与相关资料

1906年：德国探险队第三次探险活动（格伦威德尔2007，213–220页）[1]；照片编号B 821、B 822；格伦威德尔的绘图编号：TA 6510、TA 6528、TA 6534、TA 6535。

1913年：德国探险队第四次探险活动（Grünwedel 1920, pp. Ⅱ. 29–Ⅱ. 36）。

---

〔1〕 勒柯克曾在中心像台的右侧发现了一尊犍陀罗风格的菩萨木雕像，被格伦威德尔（格伦威德尔2007，220页）记录了下来。然而在柏林藏品中它未被识别出来。

图40 克孜尔第149A 窟主室正壁《富楼那因缘》（*Pūrṇa-avadāna*）。图片采自德国探险队第三次探险活动期间拍摄的历史照片，编号B 822 © Museum für Asiatische Kunst, Staatliche Museen zu Berlin, CC BY-NC-SA。

近期研究

Schlingloff 1988; Schlingloff 1991a (2016).

表9 克孜尔第149A窟被揭取的壁画

位置	编　号	尺寸（厘米）	出　处	内　容	探险活动
柏林	Ⅲ 1062	60 × 56	主室正壁	富楼那因缘（安乐[Bhavila]及其妻子和富楼那）	德国第四次
柏林	Ⅲ 1063	56 × 67	主室	富楼那因缘中某些场景的残块，破损严重	德国第四次

第149窟——方形窟

概况

此窟已完全坍塌（见图38）。只有两侧壁和正壁的局部保存下来；窟顶已消失。根据正壁的凿刻痕迹，可推知窟顶为纵券顶。壁面上残存有白灰层，不绘壁画。

主室：高430厘米、面阔400厘米、进深残470厘米

组合: 第145～147窟

此三窟开凿在同一高度,彼此毗邻,位于崖壁的较高处,现已无法抵达(见图38)。第145窟是大型无装饰方形窟。第146、147窟是形制相似的僧房窟。

第145窟——方形窟

概况

此窟前室和主室的前部已坍塌(见图38)。洞窟修建得十分精细,凿出大而宽的混线线脚,顶为纵券顶。

窟内壁面涂抹草泥层并刷白灰浆;正壁绘赭色大方框,这见于"A传统"的部分洞窟,但并未绘壁画[1]。左壁上的涂鸦十分潦草[2],与洞窟的开凿年代并不同时[3]。

尺寸:高535厘米、面阔365厘米、进深残560厘米

早年与近期研究

Le Coq 1924a, p. 8, figs. 1–2;庆昭蓉2013,405–406页。

第146窟——僧房窟

概况

此窟保存状况较差,主室从左侧甬道进入(见图38)。前室、主室的前部,以及主室与甬道之间的岩体皆已坍塌。壁面上涂草泥层,并且刷了数层白灰浆。

主室尺寸:面阔320厘米、进深残315厘米

第147窟——僧房窟

概况

此窟最初或为僧房窟,主室从左侧甬道进入,后来被改建成其他类型的洞窟(见图

〔1〕见德国探险队第三次探险活动期间拍摄的照片,Le Coq 1924a, p. 8, fig. 1。

〔2〕伯希和探险队记录的吐火罗语题记受到皮诺(Pinault 1987, pp. 170–178)的重视和研究。其中一条被释读作:"国王Yāśe第23年,第4月,第15日。"见庆昭蓉 2013,406页。"Yāśe"可能是公元5或6世纪统治龟兹的国王Yāśas,或是公元719～751年间在位的国王Yāśe。农历四月十五日是龟兹僧人夏安居的第一天。

〔3〕Le Coq 1924a, p. 8, fig. 2;新疆龟兹石窟研究所2000,169页;赵莉、荣新江2020《题记报告篇》,102–106页,图版I-239-251。

38）。正壁上的凹槽和孔洞表明曾安装有塑像，但塌毁严重，无法获知其被改建后的形态。壁面上还保存有草泥层。

第150～153窟

这些洞窟所在的崖面塌毁严重（见图38）。目前可辨识出三座洞窟：一座储藏窟（第151窟）；一座僧房窟，其在晚期被改建（第153窟）；开凿在较低处的另一座僧房窟（第152窟）。还有一条通往第151和153窟、开凿在岩体内的梯道（第150B窟）。根据崖壁上的凿刻痕迹，可以推知第151、153两窟之间还曾有连通建筑[1]。

这些洞窟的凿建是为使用附近方形窟的僧侣提供居住和储藏空间。它们都遭受了严重破坏，没有保留任何装饰痕迹，相关描述无法展开[2]。

第156窟——方形窟（Ⅱa型）

概况

此窟损毁严重：前室和主室的前壁已坍塌，主室壁面上大部分涂层已脱落。其不再被僧人使用后，遭到了相当程度的破坏，窟内被煤烟熏黑。

主室平面呈方形，顶为套斗顶。呈现出的非典型特征可能是非僧人使用时的活动造成的。残留的凹槽和孔洞表明塑像被固定在壁面上。正壁的涂层已完全脱落，右壁和套斗顶上保存的壁画属于A种风格（图41）。

前室

岩体上开凿的前室已坍塌。崖面上保存的多组凹槽和孔洞表明洞窟前部曾有木结构建筑，很可能修建于原来的石凿前室坍塌后。

主室

主室平面近方形，顶为套斗顶。前壁已坍塌，正壁和两侧壁开凿得并不规整。正壁上有五个大型的、呈圆圈状排列的孔洞，可能表明曾存在一尊大型塑像，然而下部大小

〔1〕 上文列举的大多数建筑特征补充了新疆龟兹石窟研究所编著的《克孜尔石窟内容总录》中未提及的信息。

〔2〕 东侧保留了一座未编号洞窟的遗存，从第154窟下方的地面露出（本书46页图24）。与克孜尔的工作人员交流后得知，此区内过去至少存在两座僧房窟，发掘之后坍塌了，而且没有被记录下来。这些洞窟表明在第139～164窟之间的现地面下很可能存在数座洞窟（本书14页图5、本书46页图24）。这种情况与第一区段相似，1990年发掘出一排洞窟，其中很可能有属于“X阶段”的洞窟。

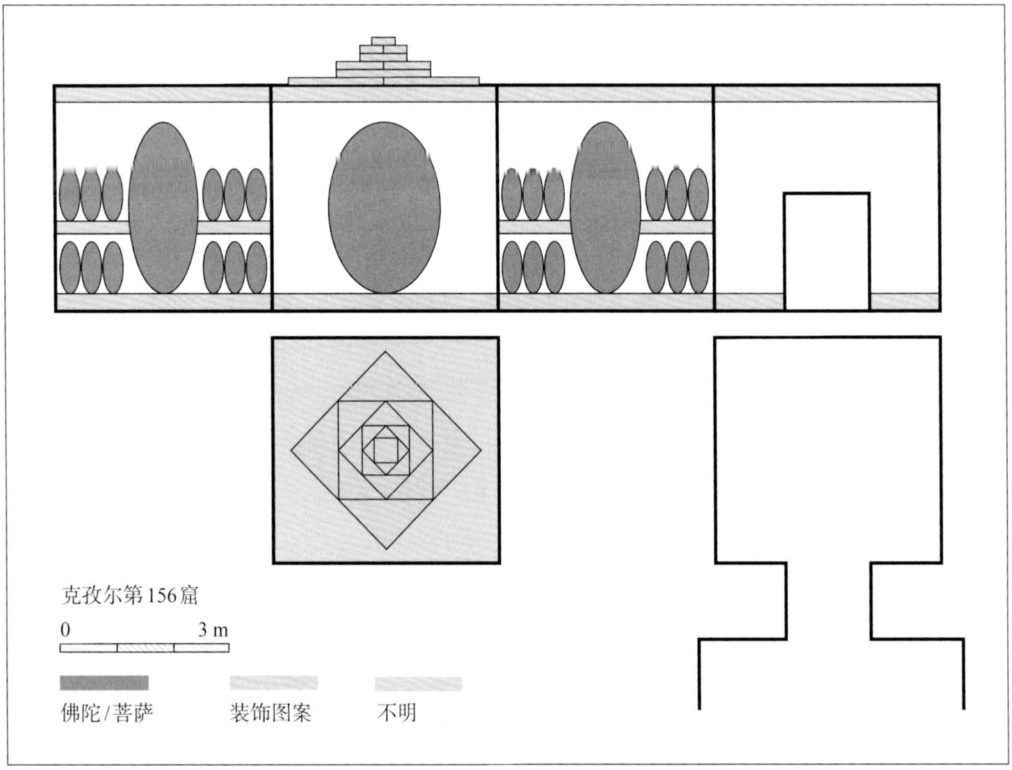

图41 克孜尔第156窟主室装饰内容及布局示意图。上：四壁塑像内容及布局。下左：顶部壁画内容及布局。下右：平面图。

不等的孔洞并无规律。右壁中部区域有七个孔洞，意味着可能曾有七尊塑像：布局显示出中间有一尊较大型的塑像，两侧各有三尊稍小的塑像。稍小塑像上面曾用来固定台架的孔洞表明主尊像两侧还各有一排三尊小型塑像。现存的痕迹表明左右两壁布局呈镜像关系。套斗顶仅最上层有部分保存。

尺寸：至抹角拱处高320厘米、面阔400厘米、进深380厘米

叙事内容

每个壁面的中心似乎有一尊较大型的塑像，其两侧各有小塑像。这种装饰布局很独特。中心较大型塑像很可能是佛像。若是如此，那么室内中心就无须设像台和佛塑像。

组合：第164～165窟

此组合包括一座僧房窟（第164窟）和一座方形窟（第165窟）（图42）。此部分崖面保存状况较差（见本书46页图24）。

第164窟主室地坪高度低于第165窟主室地坪约50厘米，即三级台阶的高度。若两窟的前室地坪高度相当，那么第165窟主室地坪的抬升与其他方形窟类似[1]。

第165、166窟在方向上的稍微偏离，导致分隔两窟的岩体逐渐变薄[2]，其最内侧部分厚度不足20厘米，现已坍塌。

第164窟——僧房窟

概况

此窟损毁严重，主室从左侧甬道进入（见图42）。前室和主室入口区域部分已消失。前室在晚期经过了改建，难以辨识其原初规模和整体面貌。

残损的主室入口区域是“A传统”僧房窟的典型特征。小型、不规则、带门的储藏室是晚期增建的。主室前壁上的窗户和壁炉局部仍有保存。壁面上有数层涂层，每层都刷白灰浆。窟内四壁现被一层厚厚的煤烟层覆盖。

尺寸：高370厘米、面阔355厘米、进深370厘米

图42 克孜尔第164～170窟。上：远景，图片采自德国探险队第三次探险活动期间拍摄的历史照片，编号 B 1826 © Museum für Asiatische Kunst, Staatliche Museen zu Berlin, CC BY-NC-SA。下：联合平面图。

第165窟——方形窟——Kasettenhöhle 5（套斗顶窟5）（Ⅱb型）

概况

崖面的坍塌对此窟造成了严重破坏：整个前室和主室前部已消失不存（见图42）。

---

〔1〕这一特征既见于套斗顶洞窟，如第132窟；又见于穹窿顶洞窟，如第76[2]窟（本书21页图9、本书203页图105）。

〔2〕两座方形窟的不同方向可能是由于开凿于不同时期。同时期开凿的洞窟极少见到这种错误。同时期洞窟采用的开凿技术可以确保对整体的把控，但当一座洞窟开凿在先前洞窟之侧时，就会出现不如人意的情况。

前室地坪比主室地坪低50厘米。檐口面和窟顶绘壁画,四壁主要区域仅简单刷白灰浆。

右壁靠内部分已坍塌。壁面上不见孔洞和凹槽痕迹,这表明此窟在坍塌之后就被废弃(见本书181页)(图43)。

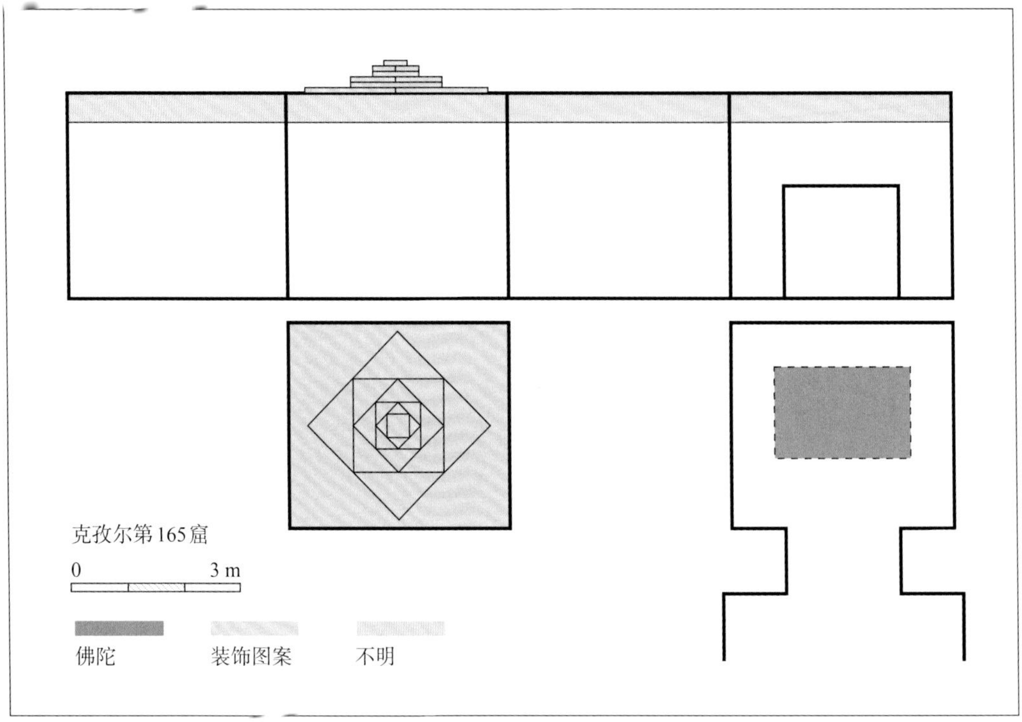

图43 克孜尔第165窟主室装饰内容及布局示意图。上:四壁壁画内容及布局。下左:顶部壁画内容及布局。下右:平面图。

前室

尽管完全坍塌,其存在可根据以下几点推知:类型对比、在崖壁上的相对位置,以及邻近洞窟的深度。

主室

主室平面呈方形,顶为六重套斗顶,壁面和顶部连接处凿出造型简单的线脚。仅檐口面绘壁画,现已漫漶不清。四壁主要区域只涂抹白灰浆。

套斗顶的装饰十分独特。三角面上绘有包裹在金属构件中的木梁,中心绘一圈忍冬纹饰带。此外还绘有各种各样的几何图案以及一只金翅鸟双爪抓一男性人物。

尺寸:高405厘米、面阔380厘米、进深残270厘米

叙事内容

此窟无核心图像。地坪损毁严重，无法确定室内中心是否有安置佛塑像的像台。

檐口面所绘的叙事内容已无法辨识。画面中依稀可见的树林中似乎在移动的人物，表明这是一个叙事场景。套斗顶上保存一只完好的双头金翅鸟，喙中衔一条蛇，爪中抓一男性人物（图44）。此人双手举起、双目上瞪，流露出对这只猛禽的恐惧。在佛教艺术中，基于金翅鸟和那伽的敌对传说而创作的金翅鸟捕猎题材十分流行[1]。此窟套斗顶上所绘的金翅鸟很可能仅作装饰之用。

图44 克孜尔第165窟主室套斗顶三角面。图片采自德国探险队第三次探险活动期间拍摄的历史照片，编号B 233 © Museum für Asiatische Kunst, Staatliche Museen zu Berlin, CC BY-NC-SA。

探险活动与相关资料

1903年：日本大谷探险队第一次探险活动（上原芳太郎1937, 320 [28] 页）。

1906年：德国探险队第三次探险活动（格伦威德尔2007, 221-222页）；照片编号：B 232、B 233（=B 1752）、B 1751。

近期图录

《キジル石窟》1983—1985；《克孜尔石窟》1989—1997，第2卷，图版177。

组合：第166～170窟

组合中的五座洞窟方向相同，开凿于同一高度，包括居住和礼仪空间与设施。崖壁上大面积岩体的坍塌对这些洞窟造成了严重损毁（见图42）。

五窟可能各自拥有独立的大前室。基于类型学比对，前室地坪可能比主室地坪低50厘米（这种情况类似于第164～165窟、第130～132窟、第76[2]窟）。

〔1〕 在犍陀罗艺术中，这一题材常见于菩萨头冠装饰，见Zin 2002；Rhi 2009a。

从建筑特征和壁画布局来看，两座方形窟（第166、167窟）的主室颇为相似：主室平面皆呈方形、四壁高耸、套斗顶、左侧壁各开一龛，都只在檐口面和窟顶绘壁画。

组合内只有一座僧房窟（第169窟），现损毁严重。其右侧的一座储藏窟（第170窟）也已坍塌。进入第170窟的主室需通过一段顶部平坦、精细雕刻的低矮甬道，主室壁面上开凿有多个小龛，它们很可能属于不同时段。

此组合历时演变而成；第166窟规模较小，充分利用了已存在的第165和167窟之间的空间，表明其开凿于较晚阶段。第166和169窟之间的大壁龛（第168窟）很可能开凿于崖面坍塌之后。

第166窟——方形窟——Kasettenhöhle 4（套斗顶窟4）（Ⅱb窟）

概况

整个前室和主室的前壁、侧壁的外围以及窟顶已坍塌不存（见图42）。

壁画仅见于套斗顶，此外四壁居中处还绘有一条装饰带，褪色严重，几乎无法看清（图45）。主室左壁上开凿一个很深的壁龛，这在克孜尔十分少见，除此窟外，仅见于其他两座方形窟（第167、116窟）。

右壁靠内部分已坍塌，破坏了此窟和相邻洞窟（第165窟）。没有任何修复痕迹，这表明两窟在坍塌后即遭到了废弃。

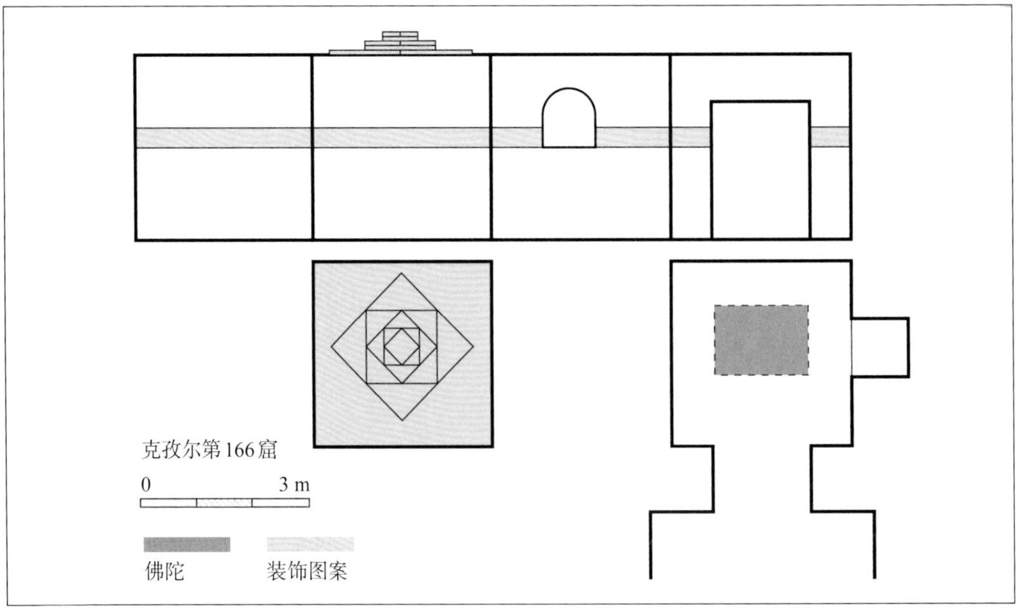

图45 克孜尔第166窟主室装饰内容及布局示意图。上：四壁壁画内容及布局。下左：顶部壁画内容及布局。下右：平面图。

主室

主室平面呈方形，顶为套斗顶，前半部已坍塌不存。根据保存较好的正壁和左壁可知，四壁壁面上只有一条横贯中部的装饰带，其他部位只刷白灰浆。套斗顶上彩绘仿椽纹以及多种装饰纹样。这些壁画覆盖在煤烟层下，但仍可被辨识出来。

尺寸：至窟顶中心高410厘米、面阔320厘米、进深残270厘米

叙事内容

主室地坪残损严重，无法判断中心是否有一个安置佛塑像的像台。现存壁面上的装饰带以及套斗顶上的壁画均不见叙事内容或人物形象。

探险活动与相关资料

1906年：德国探险队第三次探险活动（格伦威德尔2007，221-222页）。

第167窟——方形窟——Kasettenhöhle 3（套斗顶窟3）（Ⅱb型）

概况

崖面的坍塌使得整个前室以及主室的前部塌毁不存（见图42）。主室表现出典型的特征，四壁刷白灰浆，没有绘叙事性画面；左壁中央开凿一个壁龛。壁画集中于套斗顶（图46）。

主室

主室平面呈方形，顶为套斗顶。四壁壁面涂抹白灰浆，中间绘一条横贯的装饰带，檐口面绘一周灰色分隔带，但都几乎无法看清。左壁中心拱形龛的功能尚不清楚。

七重套斗顶的前部已坍塌，现存部分画面中可以辨识出仿椽纹[1]。洞窟不再被僧人使用之后，地坪遭到破坏，现存高度低于原地坪60～70厘米。

尺寸：至套斗顶第一层高310厘米、至中心高390厘米、面阔390厘米、进深390厘米

叙事内容

主室地坪损毁严重，无法判断中心是否曾有一个安放佛塑像的像台。左壁上的拱形龛不足以容纳主尊像。檐口面现存一条简单的灰色饰带，但格伦威德尔[2]曾记录这

---

〔1〕 见本书附录二对窟顶壁画的科技检测分析。
〔2〕 格伦威德尔2007，221页。

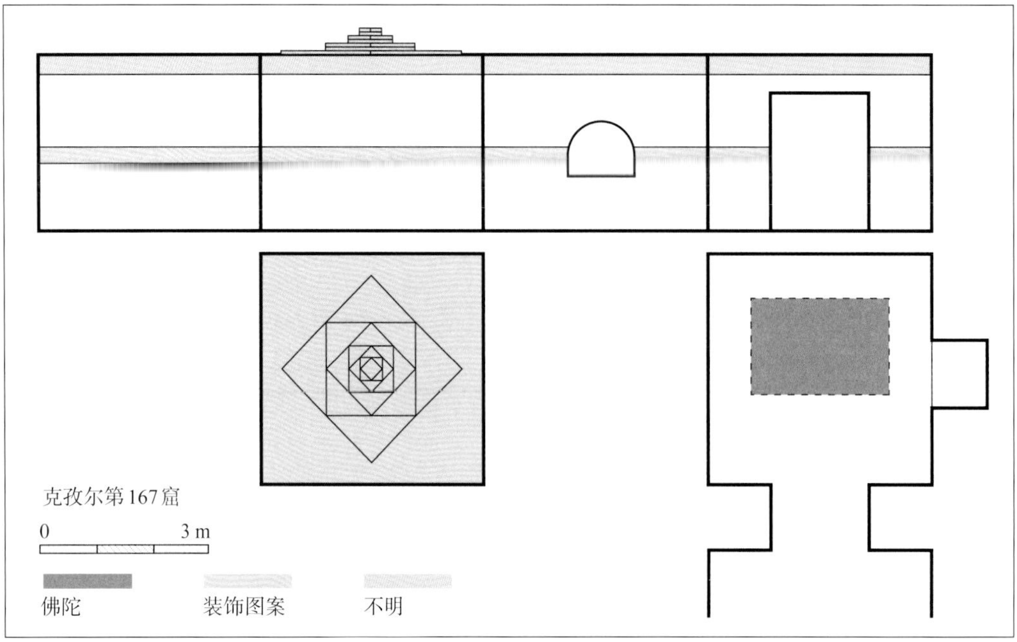

图46 克孜尔第167窟主室装饰内容及布局示意图。上：四壁壁画内容及布局。下左：顶部壁画内容及布局。下右：平面图。

条装饰带是彩色的。

唯一可辨识的形象是套斗顶第一重三角面上所绘的双头金翅鸟抓住两条卷缠的蛇。这是佛教艺术中常见的装饰题材，因此对于推测此窟的叙事内容并无帮助。除金翅鸟外，套斗顶的其他部分绘规律分布的植物纹和几何纹。几何纹模仿自纺织品上的纹样。在窟顶绘纺织品纹样的艺术传统已经得到了广泛证实（见本书223页，注释〔3〕）。

探险活动与相关资料

1903年：日本大谷探险队第一次探险活动（上原芳太郎1937，320［29］页）。

1906年：德国探险队第三次探险活动（格伦威德尔2007，220–222页）；照片编号：B 514、B 545、B 1307、B 1347、B 1750；格伦威德尔的绘图编号：TA 6520、TA 6555。

1907年：法国伯希和探险活动；照片编号：AP 7451、AP 7452。

近期研究

室伏麻衣、木岛隆康、佐藤一郎、谷口阳子、李博2015；谷口阳子2016，39–40页。

近期图录

《キジル石窟》1983—1985；《克孜尔石窟》1989—1997，第2卷，图版178；《中国新

疆壁画艺术·克孜尔石窟》2009,第2卷,124-125页,图版113-114。

第169窟——僧房窟——Kasettenhöhle 1(套斗顶窟1)

概况

这是一座残毁严重的僧房窟,主室从左侧甬道进入(见图42)。此窟展示出非典型特征,或许是因为其不再被僧人使用后,内部空间被扩大和改造了。壁面上现存数层涂层,皆被煤烟熏黑。

探险活动与相关资料

1906年:德国探险队第三次探险活动(格伦威德尔2007,220-222页)。

组合:第173～174B窟

此组合开凿在崖壁上较高处,崖面上出现了一个深约7～9米的大裂痕(图47)。

这些洞窟包括一座小型储藏窟(第173窟),形状不规则,开凿在共用前室的正壁上;一座无装饰方形窟(第174窟),是组合中保存状况最好的洞窟;一座从左侧甬道进入主室的僧房窟(第174A窟)以及一座方形窟(第174B窟)。尽管第174B窟损毁严重,但正壁上仍有壁画残迹,或许是说法图。此窟是组合中唯一绘壁画的洞窟,当是仪式活动的中心,其最有可能是一座主室中心有像台的方形窟;这一推测也被相邻的僧房窟证实,两窟构成典型的洞窟组合。如果推测不误,那么第174A和174B窟应是组合中年代最早的洞窟,而且在增建了第173、174窟之后仍是组合的核心。

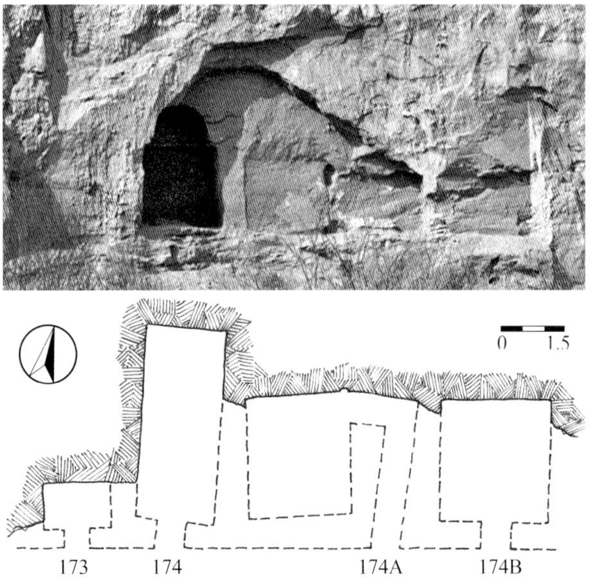

图47 克孜尔第173～174B窟组合。上:洞窟所在崖面,图片采自德国探险队第三次探险活动期间拍摄的历史照片,编号B 1826 © Museum für Asiatische Kunst, Staatliche Museen zu Berlin, CC BY-NC-SA。下:联合平面图。

第174窟——方形窟

概况

此窟主室的大部分仍然存在（见图47）。主室比例协调，开凿精细，平面呈长方形，进深可达6米，顶为纵券顶，从侧壁和正壁的混线线脚处起券。两侧壁保存较好，其上直接刷白灰浆，后来壁面上又刷一层灰色浆，但未绘制壁画，这表明其并非一处礼拜空间。

主室尺寸：残高30厘米、面阔300厘米、左侧进深430厘米、右侧进深残220厘米

第174A窟——僧房窟

概况

这座僧房窟的主室从左侧甬道进入，现已大部分坍塌；但根据残存部分可辨识出其类型。主室正壁上的线脚类型简单，顶为券顶（见图47）。

第174B窟——方形窟（Ⅰa型）

概况

此窟几乎完全坍塌，只有主室正壁的局部残存下来。对此组合的复原表明其为一座方形窟。正壁壁画残迹展示出数个成排的方形画幅以及分隔的立柱纹，每个方框中心绘一尊坐佛，其周围有许多身形较小的人物。这种构图常用于表现说法场景。根据对现存壁画的类型对比，推测此窟原有穹窿顶，且主室中心有一个安放佛塑像的像台（图48）。壁画长期暴露在外，遭到自然和人为的双重破坏，现几乎无法辨识。

主室尺寸：高450厘米、面阔370厘米

第180A窟——方形窟

概况

这是对一座无编号洞窟的重新编号。此窟的残迹见于第176窟下方。在德国探险队第三次探险活动期间保存状况尚佳[1]。

该窟仅主室正壁局部残存下来，平面呈长方形，顶为券顶；第三区段内的此类型洞窟皆无装饰。根据第三区段此部分崖面上常见的洞窟组合，推测此窟附近曾有一座僧房窟，现已塌毁无存。

---

〔1〕 德国柏林亚洲艺术博物馆收藏的照片，编号B 1299。

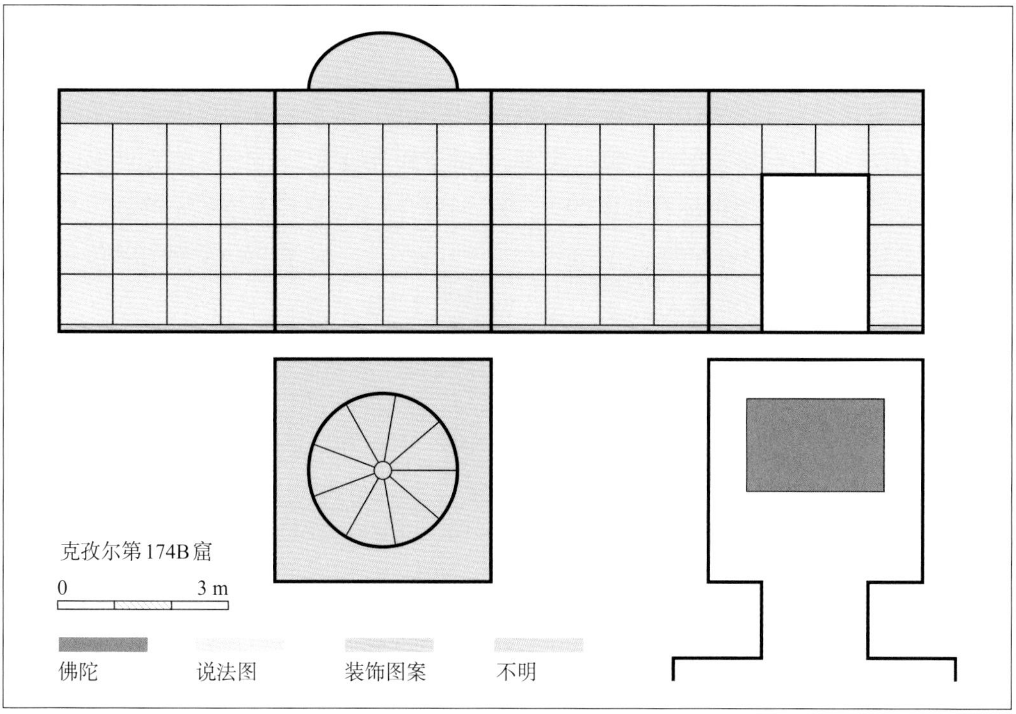

图48 克孜尔第174B窟主室装饰内容及布局示意图。上：四壁壁画内容及布局。下左：顶部壁画内容及布局。下右：平面图。

组合：第194～194B窟

这组洞窟受到严重破坏，开凿在崖壁的较低处（见图24），位于中心柱窟第195窟下方。德国探险队第三次探险活动拍摄的照片为观察这组洞窟提供了较好的视角[1]。

第194窟是一座小型、损毁严重的方形窟，部分被碎石堆积掩埋。壁面上的壁画残迹表明此窟当时是完工的。与该窟相邻的是另外一座方形窟（第194A窟），现几乎完全塌毁。第194A窟为纵券顶，壁面无涂层。组合中最东侧的洞窟是一座僧房窟（第194B窟），现仅存正壁和左壁相交的左侧转角。这些洞窟都无装饰。

克孜尔第四区段

第四区段在最新研究中被划定为“B传统”洞窟和组合集中分布的区段（见图5），这是由于所有组合中都至少包括一座中心柱窟，且壁画都是B种风格。然而，其中三个

〔1〕 德国柏林亚洲艺术博物馆收藏的照片，编号B 668（第175～199窟）。

洞窟组合曾属于“A传统”。它们是此区段年代最早的洞窟，这表明在克孜尔“B传统”洞窟及组合出现之前，“A传统”洞窟及组合占据了区段的最西端。这三组洞窟后来皆被改建成“B传统”，显示出“B传统”的扩张及其活力。尽管三组洞窟中现已无法看到A种风格的壁画，但洞窟及组合功能的改变，有助于对克孜尔“A传统”的发展形成更全面的认识。此外，该区段内还有几座“Y阶段”洞窟，标志着区段发展的最晚期。

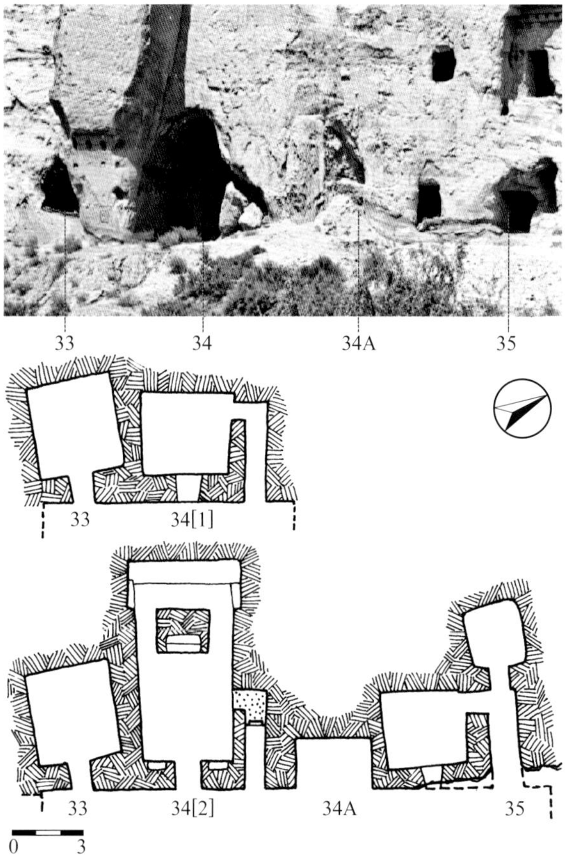

图49 克孜尔第33～35窟组合。值得注意的是两个发展阶段，尤其是僧房窟第34[1]窟和第35窟的差别，二者分别属于“A传统”和“B传统”。上：远景，图片采自德国探险队第三次探险活动期间拍摄的历史照片，编号 B 1788 © Museum für Asiatische Kunst, Staatliche Museen zu Berlin, CC BY-NC-SA。下：联合平面图。

属于“A传统”的第一个组合，包括一座小型无装饰方形窟（第28窟）[1]和一座僧房窟（第29窟）。由一座小型、无装饰方形窟和一座僧房窟构成的相似组合在克孜尔，尤其是第三区段颇为常见。一座中心柱窟（第27窟[Nischenhöhle]多龛窟）的增建标志着整个组合转变为“B传统”。僧房窟第29窟旁增建了一间储藏室（即小窟第30窟），还新凿了两座僧房窟（第26和26A窟）[2]。根据独特的建筑特征和装饰，以及正壁和侧壁小龛内的许多塑像，第27窟可被归入“Y阶段”（见本书146页）。

属于“A传统”的第二个组合，最初由一座主室平面呈方形的穹窿顶方形窟（第33窟），和一座无储藏室的僧房窟（第34[1]窟）构成[3]（图49）。僧房窟第34[1]窟后来被改建成中心柱窟第34[2]窟（Höhle mit dem meditierenden Sonnengott，思惟日

〔1〕 此窟正壁上两个不对称的壁龛很可能是晚期开凿的。
〔2〕 关于增建的僧房窟，见魏正中 2013，33 页，注释3；何恩之，魏正中 2017，37 页。
〔3〕 魏正中 2013，33-34 页，图21；何恩之、魏正中 2017，37 页，注释〔2〕。

神窟)。这将此组合从“A传统”转变成了“B传统”。在“B传统”时期,组合内还增建了一座没有前壁的洞窟(第34A窟)和一座僧房窟(第35窟)。

属于“A传统”的第三个组合损毁严重,包括第30～32窟。此组合中有一座方形窟(第31窟)和一座僧房窟(第30窟)。方形窟主室平面呈长方形,顶为券顶;僧房窟既无储藏室,壁面上也没有岩体凿成的平台,是典型的“A传统”僧房窟。基于此,可以推测此组合最初属于“A传统”。晚期增建了一座中心柱窟(第32窟),从而将组合转变成了“B传统”。

以上三组“A传统”洞窟组合,表明第四区段第一批开凿的洞窟是为了安置那些因第一、三区段没有更多空间而迁入此处、践行“A传统”信仰的僧人们。后来,“B传统”出现并迅速扩张,占据了整个区段,从而使其呈现出新的面貌。“B传统”的发展十分迅猛,以至于原来“A传统”洞窟组合均通过增建一座中心柱窟而被改造成“B传统”组合[1]。

这些组合的转变表明,早期“A传统”在第一、三区段发展,而后避开最初专门用于储藏的第二区段而扩展至第四区段,开凿了三组洞窟组合。随后以中心柱窟为典型特征的“B传统”出现,属于“A传统”的三个组合通过改建以适应新的需求。“Y阶段”的元素可能是在更晚时期出现的;除结构上的改变(第27、34窟),早期洞窟内还绘制了壁画(第3、33窟)。由于第四区段的“A传统”洞窟保存的原初特征极少,对它们的讨论仅限于以上。

克孜尔第二区段

第二区段最初是专门为储藏物资辟建的,因此最早的洞窟中没有僧房窟或带装饰洞窟[2]。此区段包括第44～74A窟、第89-1～89-10窟以及90-1～90-9窟(图50)。尽管损毁严重,仍可辨识出近70座形状不同、大小不等的储藏窟。它们是专门为储藏不同物资而设计的,且开凿在崖面的不同高度。在晚期阶段,该区段功能的单一性被打破,新增了数座僧房窟和用于佛事活动的带装饰洞窟。这些洞窟属于不同的类型,本文只关注和讨论“A传统”洞窟,即第60、66～68、新1[1]和69[1]窟。

第60窟的营建历史颇为复杂,残存的遗迹表明其曾经历四次重建。第一阶段为60[3]窟,是一座主室平面呈长方形的纵券顶大窟,其内绘满A种风格的壁画。第66～68窟构成一个组合,即带装饰的方形窟(第67窟)两侧各有一座僧房窟(第66、68窟)。第69[1]窟和新1[1]窟是两座带装饰的“A传统”方形窟,坍塌后被改建成了中心

---

〔1〕 相似的转变已见于第一区段,尤其是第78～80窟组合。僧房窟第80[1]窟被改建成一座中心柱窟80[2]窟(Höllentopfhöhle,地狱油锅窟),见本书32页。

〔2〕 Vignato 2006, pp. 384-387;魏正中2013,48-50页;何恩之、魏正中2017,42-43页。

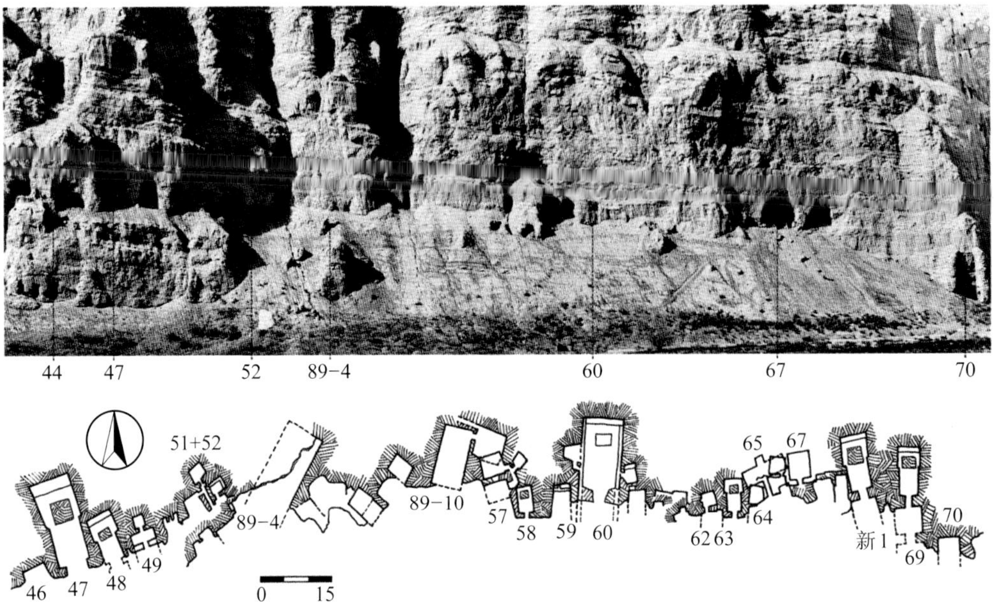

图50 克孜尔第二区段。上：远景，图片采自德国探险队第三次探险活动期间拍摄的历史照片，编号 B 1416 © Museum für Asiatische Kunst, Staatliche Museen zu Berlin, CC BY-NC-SA。下：联合平面图。

柱窟[1]。这些洞窟的“A传统”阶段将在下文描述。

第二区段作为储藏区的单一功能的丧失，对于理解第二区段的发展乃至整处石窟寺院都有重要作用。

第60窟——方形窟——Größte Höhle（最大窟）（Ⅲ型）

概况

第60窟是龟兹地区最大、最复杂的洞窟之一，其特征显示出经过四个修凿阶段。德国探险队第三次探险活动拍摄的照片表明，1906年此窟完全淹没在废墟之中（见图50）。他们进行了局部发掘，清理出一大批木雕像和其他遗物，其中大部分现藏于德国柏林。1990年新疆文物考古研究所对此窟进行了更大规模的清理，出土了更多遗物[2]。

此窟复杂的营建史通过壁面上保存的多组凹槽和孔洞得以复原[3]。最早阶段，主室作为储藏窟，平面呈长方形，顶为纵券顶。后来继续向岩体内开凿，正壁的凿刻痕迹可在两侧壁上看到。石平台是通过降低地坪中间区域沿壁面预留岩体修凿而成的。第三

〔1〕 何恩之、魏正中2017，117页，注释〔1〕。
〔2〕 新疆文物考古研究所1992，14-19页。
〔3〕 对此窟四个阶段的复原，见Vignato, forthcoming。

阶段，此窟改建成了“A传统”带装饰方形窟（图51）。此阶段的部分壁画仍保存在两侧壁上。洞窟前部的坍塌致使第三阶段终止。前壁用夯土重建。重建部分覆盖了曾属于第60[3]窟的A种风格壁画。洞窟废弃后，随着墙体的倒塌露出了这些壁画。前壁夯土墙的修建标志着此窟的第四阶段（第60[4]窟），此时被改建成大像窟。窟内壁面被重新涂抹一层白灰浆，绘制B种风格壁画。新的壁画层直接覆盖在早期壁画层上，反而保留了部分早期壁画。

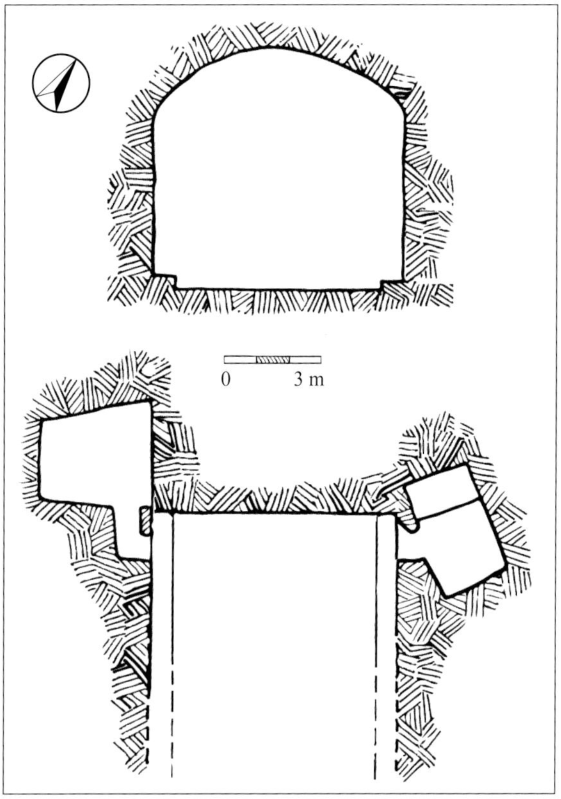

图51 克孜尔第60窟。洞窟第三阶段，即绘制A种风格壁画时期。

尽管此窟在不同阶段有不同功用，但本文主要关注第三阶段，也就是属于“A传统”时期。此时该窟主室平面呈长方形，顶为券顶。属于此阶段的部分壁画仍保留在原壁面上，但已漫漶不清。为更好理解此窟的形成，有必要研究保存在德国柏林的历史照片和壁画残块。

主室

在第三阶段，主室平面呈纵长方形，顶为纵券顶。从建筑结构来看，与第二阶段没有区别，但是首次绘满壁画，不过大部分壁画现已脱落。

叙事内容

目前尚无法根据洞窟现状来复原“A传统”阶段的壁画布局和图像内容[1]。德国柏林保存的壁画残块似乎是从左壁上部揭取的，绘一名贵族女供养人及其侍从[2]。女供养

〔1〕 格伦威德尔（格伦威德尔2007，136–137页）很可能没有认识到此窟复杂的营建历史，他指出两侧壁上栏表现的是叙事场景，中栏残损严重无法辨识，下栏绘有一排立像，立像之后残存的壁面上绘并列的罐子。格伦威德尔记述了当时可以看到的画面，但并未区分不同的阶段，见Hiyama 2016–2017, fig. 11（右壁壁画布局的复原根据格伦威德尔的描述）。

〔2〕 德国柏林亚洲艺术博物馆藏，编号Ⅲ 1070。

人有身光，戴一顶装饰那伽龙纹的宝冠，这些特征表明其可能是一位王后[1]。

题记

上述壁画残块的女供养人像上方还有依稀可辨识的婆罗谜文字[2]。另外一块揭取自此窟的壁画残块上有吐火罗语题记，但目前尚不清楚这些题记属于此窟营建历史中的哪一阶段[3]。

探险活动与相关资料

1906年：德国探险队第三次探险活动（格伦威德尔2007，136–139页）；照片编号：A 655、B 1632（= Ⅲ 8419ab）、B 1832（= Ⅲ 9419c）。

近期研究

Bhattacharya Chhaya 1977；庆昭蓉2014；Hiyama Satomi 2016–2017。

近期图录

《キジル石窟》1983—1985；《克孜尔石窟》1989—1997，第3卷，图版188。

表10　克孜尔第60窟被揭取的壁画

位置	编　号	尺寸（厘米）	出处	内　容	探险活动
柏林	Ⅲ 1070= IB 9185①	55 × 68	主室左壁	龟兹王后形象及其女侍从和榜题	德国探险队第四次
柏林	Ⅲ 8419 ab	a) 44 × 86 b) 52 × 111	主室右壁	萨珊风格双鸭纹饰带	德国探险队第三次
圣彼得堡	К У –624②	?	主室右壁	萨珊风格双鸭纹饰带	俄国别列佐夫斯基
柏林	Ⅲ 7431	?	不详	石膏壁画、吐火罗语题记残块	德国探险队第三次

① 博物馆编号为IB 9185，在“二战”中被炸毁，它似乎与所讨论的壁画残块Ⅲ 1070相关。
② 赵莉/Samasyk/Pchelin 2018，90–91页，表1，图3。

〔1〕 Hiyama 2016–2017.

〔2〕 格伦威德尔（2007，136–137页）将之误读为叙利亚文题记。根据贝明（Michaël Peyrot）的释读，*akṣara*（婆罗谜文字）中间写作<[*v*] *y* [*ā*]>或者<[*v*] *y* [*a*]>，梵文中阴性形式的辅助性结尾；可能的复原是*devyā*，意思是“一位王后”，见Hiyama 2016–2017, pp. 40–41。

〔3〕 此块壁画保存在德国柏林亚洲艺术博物馆，编号Ⅲ 7431，庆昭蓉女史慷慨地分享了她对这一题记尚未发表的解读：///wa sa pa n.-///，可能是///wasapan(akt.)///，意思是“他或她供奉……给佛陀……”

表11 克孜尔第60窟出土的木雕像及其他遗物①

位置	编号	尺寸(厘米)	内 容	探险活动
丢失	IB 7427	?	小型泥塑佛像头部②	德国探险队第三次
柏林	Ⅲ 7379	12×6×3,5	木雕骆驼	德国探险队第三次
柏林	Ⅲ 7386	?	木雕山岳景观	德国探险队第三次
柏林	Ⅲ 7395	21×12	木雕城墙	德国探险队第三次
柏林	Ⅲ 7398	23×14	木雕贴金佛像	德国探险队第三次
柏林	Ⅲ 7401	13×11	木雕夜叉头部(风格怪诞)	德国探险队第三次
柏林	Ⅲ 7404	13×5	木雕树木	德国探险队第三次
柏林	Ⅲ 7411	6×4	木雕无头祈祷者	德国探险队第三次
柏林	Ⅲ 7419	4×3	木雕佛手托钵	德国探险队第三次
柏林	Ⅲ 7809a-d	a) 15×8 b) 19×5 c) 11×5 d) 11×6	彩绘木板	德国探险队第三次
柏林	Ⅲ 8130	4×3	木雕贴金小狮子像	德国探险队第三次
柏林	Ⅲ 8133	6×2	木雕贴金披甲人物右臂,盔甲上雕刻佛像	德国探险队第三次
柏林	Ⅲ 8140	14×4	木雕人像下半部肢体	德国探险队第三次
柏林	Ⅲ 8143	10×5	木雕狮子像	德国探险队第三次
库车	60:12	8×4	木雕菩萨(?)举起手臂	1990年中国考古队发掘
库车	60:13	6×4	泥塑残耳	1990年中国考古队发掘
库车	60:16	14	泥塑战士	1990年中国考古队发掘
库车	60:17	9×6	泥塑供养人	1990年中国考古队发掘

① 根据格伦威德尔的记录[1],德国探险队还清理出其他塑像、婆罗谜文字题记以及佉卢文木简;这些遗物没有被博物馆的研究者辨识出来。中国考古学者只是列出了1990年发掘出土的遗物。此外,还发现了陶器、香炉、铜钱、铜灯以及贝叶佛经残片[2]。

② Dreyer/Sander/Weis 2002, p. 225.

〔1〕 格伦威德尔2007,137页,注释〔57〕。

〔2〕 新疆文物考古研究所1992,16-18页。

组合：第66～68窟

此三窟毗邻而建，开凿在崖壁的高处。这一位置选择既是利用岩脉优势，也是为了避免冲击下部开凿的洞窟（见图30）。洞窟之间的连通建筑、共用前室以及主室的大部分由于崖面岩体的坍塌已经不存。带装饰方形窟（第67窟）居中，两侧是僧房窟（第66、68窟）（图52）。

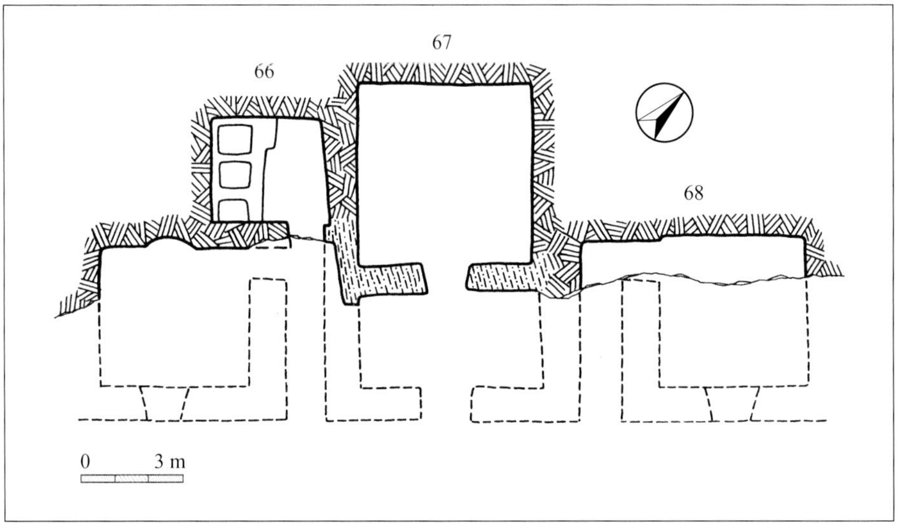

图52 克孜尔第66～68窟组合联合平面图。图中显示出三窟的相对位置关系。

此组合的发展历程有迹可循。两座僧房窟有着明显不同的布局。第68窟的甬道末端无储藏室，是典型的“A传统”僧房窟，而第66窟则带有储藏室，属于“B传统”僧房窟。原初组合十分典型，包括一座穹窿顶方形窟（第67窟）和一座僧房窟（第68窟），另外一座僧房窟（第66窟）是晚期增建入组合的。第67窟的装饰包括A、B两种风格的元素，尽管壁画风格属于“Y阶段”，但基于洞窟和组合类型，仍可被归入“A传统”。

第66窟——僧房窟——Rotkuppelhöhle B（红穹窿顶窟B）

概况

此窟损毁严重，根据类型学分析，可知其主室从左侧甬道进入。甬道末端的储藏室尚保存至今。储藏室左侧的竖向凿刻面很可能是此僧房窟主室的正壁以及门道的内侧（见图52）。

第67窟——方形窟——Rotkuppelhöhle A（红穹窿顶窟A）（Ⅰb型）

概况

崖壁的坍塌导致前室以及主室的前部消失无存，但根据现存部分，便可复原此窟的原初面貌（图53）。它是克孜尔装饰最豪华的方形窟之一，正壁绘一大幅故事画，两侧壁绘装饰带。现存的壁画已漫漶不清，部分壁画被揭取，现藏于德国柏林。

前室

组合中三座洞窟的相对位置关系表明，以方形窟第67窟为中心的前室是与两座僧房窟共用的。

主室

主室平面呈方形，顶为浅穹窿顶。正壁中心绘一大幅故事画，四周有装饰边框，画面内容已无法辨识。

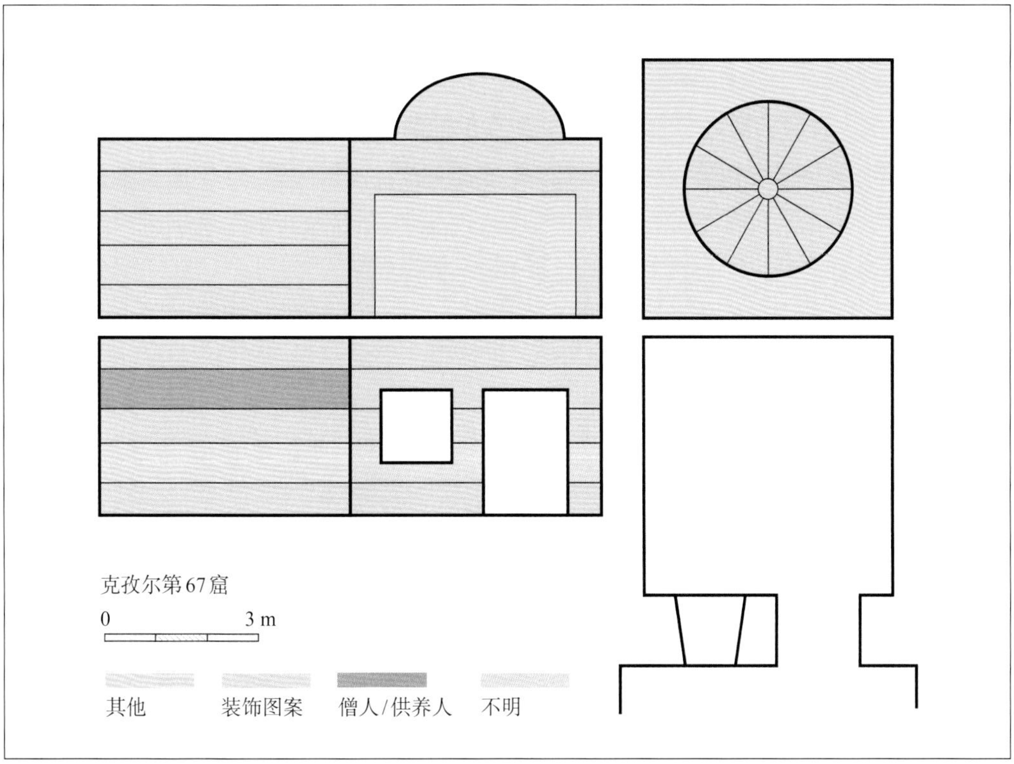

图53 克孜尔第67窟主室装饰内容及布局示意图。左：四壁壁画内容及布局。右上：顶部壁画及布局。右下：平面图。

两侧壁同样绘满壁画。根据保存较好的左壁推测，两侧壁主要区域绘有供养人像和叙事场景，被较宽的装饰带分隔成上、中、下三栏。这些壁画几乎全部被揭取，现藏于德国柏林[1]。下栏壁画保存在壁面上，数名人物在攀爬被海洋包围的高山。右壁壁画在早期探险队造访时期已漫漶不清，只有上层最内侧的三名立姿僧人形象尚可辨识出来。

宽大的混线线脚缩短了穹窿顶的跨度；凿刻而成的穹窿顶与窟内空间相比显得太小。窟顶中心绘一朵莲花，主要区域划分成十二个条幅，红绿相间的背景上绘孔雀羽毛纹。只有右侧内角拱上的壁画保存下来，画面中绘一个身披铠甲的天王（*mahārāja*）[2]。

尺寸：至内角拱处高340厘米、至窟顶中心处高460厘米、面阔480厘米、进深480厘米

叙事内容

正壁的大幅故事画显然是整个洞窟的装饰核心。一名国王坐在中央宝座上，四名天王及其随从们位于四角[3]。鉴于四天王像再次出现在抹角拱上，推测他们在整座洞窟的叙事内容中扮演着重要角色。由于缺乏具体动作或细节，这些独立的人物形象无法提供确定画面内容的足够信息。

两侧壁上的故事画画幅很小。左壁上栏有一列龟兹家族供养人像，他们面朝正壁方向，前面至少有两名僧人引导。这些供养人包括两名男性和两名女性，以及他们之前的一名孩童。成年供养人皆有圆形身光，身光内饰放射线状纹样，这仅见于龟兹的少数几座洞窟中[4]。供养人像之后是一幅故事画，表现的是一名妓女因对聚集讲法的僧人们不敬而被变成骷髅[5]。另外两幅故事画至今尚未得到解读[6]。

左壁下栏的残存画面中描绘了数名姿态各异的男性人物攀爬在海洋之中的锥形山

〔1〕这些壁画残块的编号分别为Ⅲ 8403a、Ⅲ 8403b、Ⅲ 8693b，现藏于德国柏林亚洲艺术博物馆。

〔2〕1990年清理此窟时发现了木雕像、彩绘木板以及许多题记残块，见新疆龟兹石窟研究所2000，76–77页。

〔3〕中川原育子（2016，147–148页）将中间的国王解释为帝释天，推测此场景表现的是“帝释天与四大天王”。

〔4〕同类型的身光可见于克孜尔第205窟的龟兹国王和王后像，这是一座“B传统”中心柱窟；还可见于库木吐喇GK第17窟的皇室女性供养人像，此窟属于“Y阶段”。此外，此类型的身光见于犍陀罗、巴米扬以及塔吉克斯坦西部地区的佛教艺术中，见Tarzi 1977, vol. 1, p. 116; vol. 2, pl. D 45–46；宫治昭1984，191–193页，图116。

〔5〕此故事见载于《大庄严论经》，其梵文文本发现于克孜尔，见Lüders 1926, pp. 250–251。

〔6〕中间场景包括一名站在树下的僧人，其身上发出火焰和水流，旁边是一只五头大象。右侧场景表现的是一名僧人坐在树下，正对一名小听众布道。

上[1]。这可能与“B传统”部分洞窟中所见的海洋装饰带有关[2]。

穹窿顶的壁画仅具装饰性，右内抹角拱上的壁画残迹表明，四个抹角拱可能最初各绘一名天王及其随从，排列次序为四天王所代表的方位（见本书222–223页）。

题记

左壁上到处散布着单独的婆罗谜文字，尤其是在供养人衣服上的褪色部分，以及下栏所绘夜叉的头光部分。根据格伦威德尔的记述，夜叉头光中刻写的所有题记都是“tya”，可能是画工当时标记的色彩提示[3]。

探险活动与相关资料

1903年：日本大谷探险队第一次探险活动（上原芳太郎1937，323 [17]页）。

1906年：德国探险队第三次探险活动（格伦威德尔2007，142–149页）；照片编号：B 631、B 632、B 1381、B 1716。

1907年：法国伯希和探险活动；照片编号：AP 7457、AP 7458、AP 7490。

1913年：德国探险队第四次探险活动（Le Coq 1924b, p. 24, pl. 15k; Le Coq 1925, pp. 44, 98, figs. 22, 23, 226; Waldschmidt 1925, p. 55, pl. 29; 勒柯克、瓦尔德施密特2006，684页）。

近期研究

Lüders 1926, pp. 250–251；长广敏雄、冈田芳三郎1941；小谷仲男 2011，3–10页；中川原育子2016，147–148页；Zin 2019。

近期图录

《キジル石窟》1983—1985；《克孜尔石窟》1989—1997，第1卷，图版165–169；《中国新疆壁画艺术·克孜尔石窟》2009，第2卷，187–188页，图版164–165。

---

〔1〕 线描图见Zin 2019, fig. 12。

〔2〕 何恩之认为这种海洋场景的题材有两种可能的解释，一是与《梵文禅定修习法要》（*Yogalehrbuch*）中描绘的视觉形象有关，另一是象征轮回的永恒转动的水轮，见何恩之、魏正中2017，232–242页。后一种解释被茨茵进一步论证，她认为这些海洋装饰带是轮回的比喻，朝向岸边涌动的人是挣扎着想要抵达涅槃之境，见Zin 2019。

〔3〕 格伦威德尔2007，148页。关于对克孜尔壁画上单个字母的研究，见桧山智美 2019, pp. 89–91, fn. 9（包括关于此问题的更多参考文献）。

表12　克孜尔第67窟被揭取的壁画

位置	编号	尺寸（厘米）	出处	内　容	探险活动
柏林	Ⅲ 8403a	100×244	主室左壁	上栏壁画局部（供养人家族和一幅故事画）	德国探险队第四次
柏林	Ⅲ 8403b	100×203	主室左壁	上栏壁画局部（故事画，Ⅲ 8403a的延续部分）	德国探险队第四次
柏林	Ⅲ 8693a (=IB 8402a)	81×110	主室正壁	装饰带局部	德国探险队第四次
柏林	Ⅲ 8693b (=IB 8402b)	35×81	主室右壁	装饰带局部	德国探险队第四次
圣彼得堡	IB 8693c	48×54	主室正壁	装饰带局部	德国探险队第四次

第68窟——僧房窟

概况

此窟主室从右侧甬道进入，损毁严重（见图52）。主室入口区域的外壁和正壁局部保存下来。甬道与主室之间的部分岩体已坍塌。主室仅存正壁和左壁的一小段，顶为券顶，带有叠涩线脚。

新1窟：两个阶段

新1窟发现于1973年，现为中心柱窟，但最初为“A传统”方形窟，有一间宽大的前室，主室顶为套斗顶。洞窟前部坍塌之后被改建成了中心柱窟[1]（图54）。

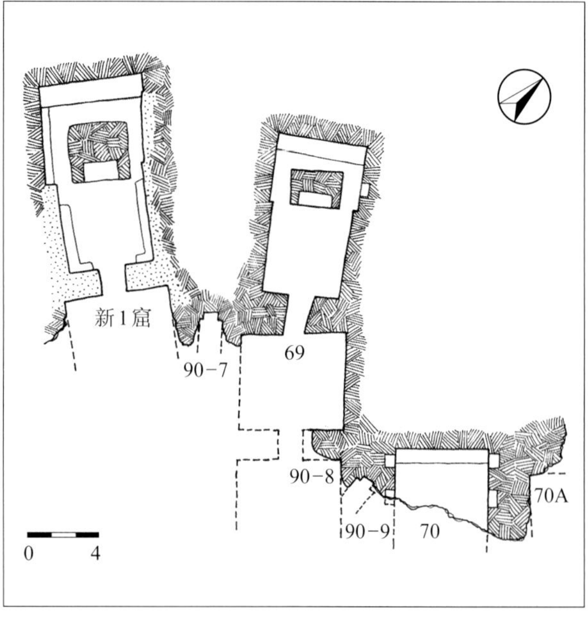

图54　克孜尔新1、90-7、69、90-9、70、70A窟联合平面图。图中显示出六窟的相对位置关系。

新1[1]窟由独立前室和平面呈

〔1〕 对此窟发生彻底性改建的解释已有所讨论，见何恩之、魏正中2017，117页，注释〔1〕，图90。

方形的套斗顶主室构成。洞窟坍塌之后被改建成中心柱窟新1[2]窟。这一改建历程可通过新1[1]窟主室正壁上开凿的一个壁龛和两条甬道推知。我们将新1[2]窟归入“Y阶段”（见本书147页）。

新1[1]窟——方形窟（Ⅱa型）

概况

此窟由前室和主室构成。前室近乎全部塌毁，残存部分被现代修复的水泥墙覆盖。主室保存了大部分，在改建成新1[2]窟时部分结构被弃用，但整体变动不大（图55）。两侧壁及前壁安置两排塑像的情形与第69[1]窟所见者（图56）相似。

前室

前室只有靠近正壁处保存下来，这些遗迹现已被水泥覆盖。前室较主室稍宽（图57）。

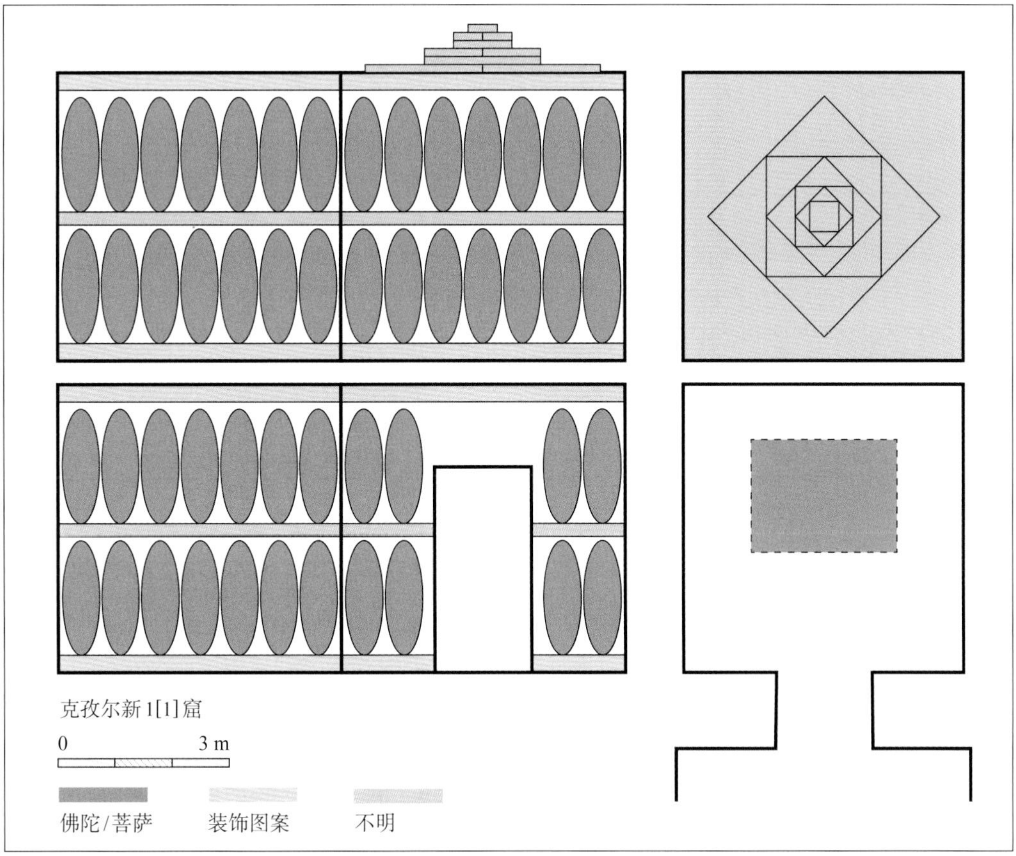

图55 克孜尔新1[1]窟主室装饰内容及布局示意图。左：四壁壁画内容及布局。右上：顶部壁画内容及布局。右下：平面图。

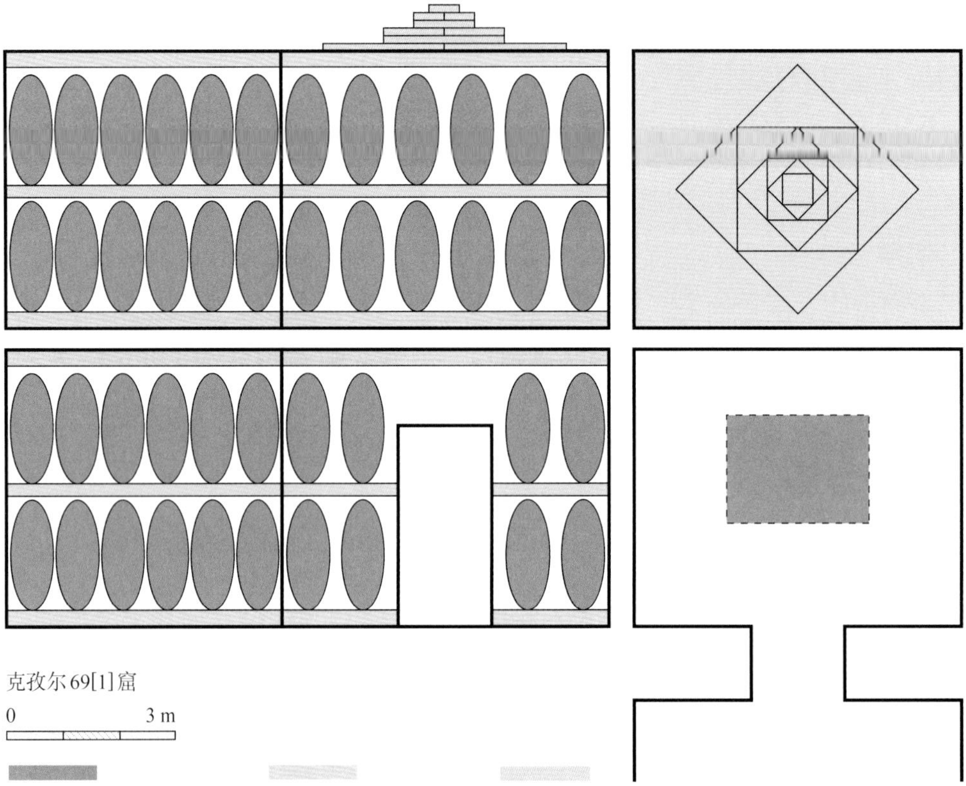

图56 克孜尔第69[1]窟主室装饰内容及布局示意图。左：四壁塑像内容及布局。右上：顶部壁画内容及布局。右下：平面图。

主室

主室的上半部已坍塌。此窟被发现后，用水泥修复了部分壁面和整个窟顶。套斗顶的复原重建主要是依据碎石堆积中清理出的相关遗存。

室内沿四壁曾安置两排塑像，下排塑像立于石凿平台上，上排塑像立于木质台架上。壁面上保存的曾用于固定塑像的孔洞表明两侧壁上各有七尊像；推测正壁上同样曾有七尊塑像，而前壁上曾有四尊塑像。由于有两排塑像，洞窟内曾有50尊真人大小的塑像。塑像之间绘屈膝跪立的天人。目前只有上排的天人像尚可看到，损毁严重的下排塑像之间也曾绘有相似的形象。壁面上的其他部分绘宝珠和莲花纹。由于目前正壁上未发现安装塑像的痕迹——很可能正壁在改建作中心柱窟时继续向后部岩体凿刻，所以正壁的情况尚不清晰。

主室中心是否设像台并安放作为礼拜核心的佛塑像，无法被明确证实，但可根据类

图57 克孜尔新1[1]窟(左)、第69[1]窟(右)。谷口阳子 摄于2008年© 谷口阳子。

型对比做出推测[1]。

尺寸:面阔490厘米、进深490厘米

叙事内容

以上对此窟的复原表明,其装饰布局与即将讨论的第69[1]窟颇为相似。两窟的装饰都包括沿四壁安置的两排塑像。这些塑像大小相同,不可能作为洞窟的装饰核心。因此主室中心应有一个像台,其上安放作为礼拜核心的佛塑像,这意味着四壁塑像当作为背景。

近期研究

新疆文物考古研究所1992,37-40页;何恩之、魏正中2017,117页。

〔1〕尤其具有参考性的是克孜尔第90-13窟,侧壁上有塑像,主室中心的像台上很可能还有一尊佛塑像。

第69窟：两个阶段

第69窟发现于1947年，现为中心柱窟，但其建成之初是一座“A传统”方形窟，有独立前室，主室顶为套斗顶。严重塌毁之后被重建为中心柱窟[1]（见图54）。方形窟第69[1]窟前室的少量遗存在清理洞窟的过程中被识别[2]。主室宽敞，平面呈方形，四壁高耸，顶部可能原为套斗顶。根据窟内残存的部分装饰，可复原此窟早期阶段的装饰面貌（见图56）。

从方形窟改建成中心柱窟的迹象仍可辨识出来。第69[1]窟主室顶部塌毁之后，木构屋顶被搭建起来，以减小剥落岩块的风险。通向改建后的中心柱窟的门道开凿在原窟主室的正壁上。第69[2]窟属于“Y阶段”（见本书148页）。

第69[1]窟——方形窟（Ⅱa型）

概况

该窟由前室和主室构成。洞窟曾部分坍塌。前室只有左壁局部保存至今。主室左壁和正壁大部分保存下来。窟内还有壁画残迹。

前室

现已塌毁，清理洞窟时发现左壁内角的小部分遗存，被编号为第90-8窟。遗存表明前室与主室宽度相同（见图54）。前室最初的进深和高度已无法推测。

主室

这是克孜尔最大的带装饰方形窟之一，可能原为套斗顶。尽管只有少量壁画保存下来，但图像的整体布局可以据此相当准确地复原出来，这是由于龟兹地区方形窟内的装饰通常是对称的（见图56）。

窟内沿四壁各有两排真人大小的塑像。靠下一排塑像很可能安置在石凿平台上，现已被碎石堆积掩埋。壁面中间保留的一排孔洞很可能是安置上部塑像的台架留下的。此排孔洞下方，正壁和两侧壁各有一排六个小孔，而门道两侧壁有一排两个小孔。每个小孔可能用于安插固定塑像的木桩（见图57）。主室内可能曾安放44尊真人大小

---

〔1〕 对此窟形制被彻底改变的解释，见何恩之、魏正中2017，117页，注释〔1〕，图90。

〔2〕 1990年清理洞窟时发现前室的少量遗存，被误认为是一座独立的洞窟，并被编号第90-8窟，见新疆文物考古研究所1992，37页；新疆龟兹石窟研究所2000，103页。

的塑像，每尊塑像旁绘一身跪拜天人。

通过与第90-13窟（见本书28页）对比，推测此窟地坪中心原有一个台座，其上放置之物构成整个洞窟的装饰核心。

尺寸：面阔590厘米、进深510厘米

叙事内容

上述复原表明此窟内塑像占据主导地位。通过与同类洞窟的类型对比，可知主室中心曾有一个台座，其上安放作为礼拜核心的塑像或圣物。主室四壁各安置两排塑像，每尊塑像足部附近的壁面上绘一身礼拜天人（图58）。跪姿天人像表明塑像的神格很可能是佛陀或菩萨，但没有塑像实物保存下来，无法判断更明确的内容。

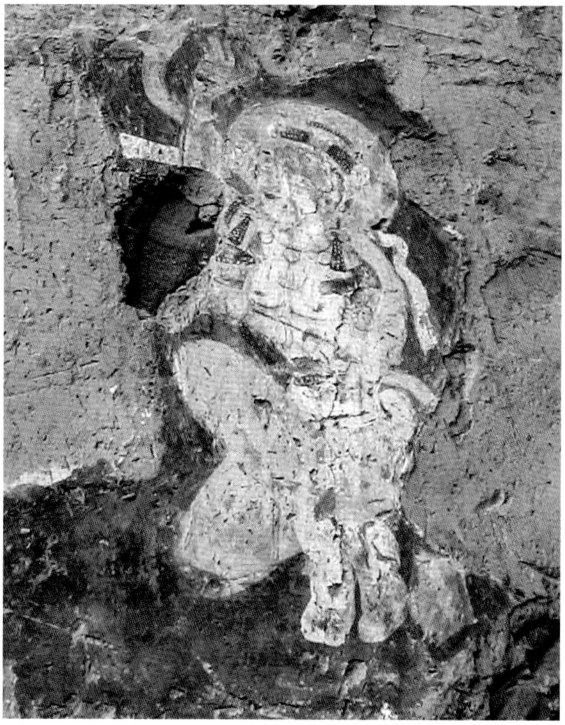

图58 克孜尔第69[1]窟主室正壁所绘跪拜天人像。魏正中 摄于2019年 © 魏正中。

近期研究

新疆文物考古研究所1992，40-41页；何恩之、魏正中2017，117页。

克孜尔第六区段

第六区段是克孜尔最偏僻、最不起眼的区段。它深藏于谷内，其内的洞窟只能在进入谷内数百米后才能看到（见本书14页图5，图59）。此区段内的洞窟和洞窟组合属于“A传统”和“B传统”[1]。谷内最靠内的北侧崖壁上保存最好的部分被三座“A传统”的带装饰方形窟占据（第116、117、118窟）。三窟开凿在崖壁的中心，占据高处，以最大程度获取光照。区段内最关键的位置被此三窟占用，表明该区段发展的最初是以“A传统”洞窟为主导的。

尽管三窟邻近，但并不构成组合。它们开凿在不同高度，且彼此相距较远，有各自

〔1〕 关于第六区段洞窟的研究，见Vignato 2016。

图59 克孜尔第六区段。上：远景，图片采自德国探险队第三次探险活动期间拍摄的历史照片，编号 B 606 © Museum für Asiatische Kunst, Staatliche Museen zu Berlin, CC BY-NC-SA。中：联合立面图。下：联合平面图。

独立的入口。僧房窟的缺乏意味着这些洞窟与克孜尔的其他“A 传统”洞窟不同。这些洞窟的使用者应该居住在别处。无论是与同一崖面上的其他洞窟，还是与龟兹地区的其他方形窟相比，三窟的形制都十分独特。这种独特性在壁画布局和内容上表现得更为明显。

自开凿洞窟时，崖面的坍塌开裂已近3～4米深，这从崖面现状以及现存的修葺塌毁前室时架设的安装木台架的孔洞可以推知。第116、118窟的前室都有修复痕迹，表明在前室坍塌后，古人为维持洞窟使用而做出的努力。第117窟内至少绘制过两次壁画，说明这些洞窟使用了较长一段时间。

第六区段内也可见到“Y阶段”的痕迹，例如第110、117窟的最外层壁画。

值得注意的是，此区段内被高耸崖壁包围的最西端集中开凿僧房窟（第109、109A窟）。它们现在的保存状况极差，无法抵达。此处原来很可能还有其他洞窟，或是作为禅修之所；现存的长条形洞窟和独立的禅定窟表明第六区段在后续传统中仍被沿用。

第116窟——方形窟——Kleine Höhle neben der übermalten Höhle（壁画重层窟旁小窟）（Ⅲ型）

概况

第116窟的前室因崖面的坍塌而受损严重。主室保存完好，经过了周密的规划和雕凿。壁画布局独特，大部分已脱落（图60）。

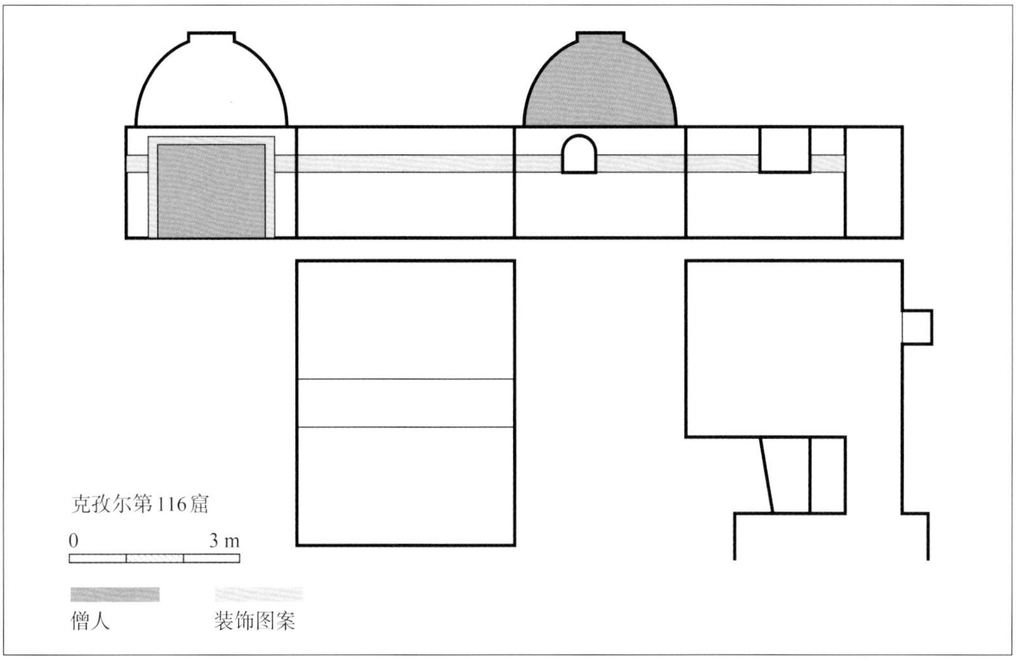

图60 克孜尔第116窟主室装饰内容及布局示意图。上：四壁壁画内容及布局。下左：顶部壁画内容及布局。下右：平面图。

前室

石凿前室平面呈纵长方形，顶为平顶。正壁近中心处开凿一扇小窗，靠左侧开出一个通往后室的门道。壁面和顶部涂抹草泥层并刷一层白灰浆。

根据壁面上现存的孔洞推知，因崖壁坍塌而受损后，古人通过架设木结构来修复前室。此窟开凿在崖壁的较高处，意味着最初应存在某些连通结构以方便抵达此处。

尺寸：高270厘米、面阔355厘米、残存进深145厘米

主室

主室平面呈长方形，顶为券顶。门道开设在前壁左端，而前壁中心开一扇小窗。左壁近中心处开凿一个拱形小龛。

窟内绘两幅故事画。右壁的大幅故事画是核心图像，其周围有多种纹样构成的边框。画面受损严重，依稀可见一位身材高大的坐禅僧人，以及其他一些元素，如部分建筑结构、飞鸟以及其他动物。边框纹样包括红黑颜料交替绘制的几何纹[1]。

另一故事画绘于左壁上方的半圆端面内。画面风化严重，表现的是山谷中一处墓

〔1〕 关于此装饰纹样以及与A种风格相关纹样的研究，见桧山智美2012b（尤其是第297页）。

地内散布着数躯尸体。中心处绘一躯立姿骷髅架，将画面分成两半：左侧绘一名坐禅僧人及正食用尸体腐肉的鸟兽，右侧绘豺狼吞食尸体，可能还有一名僧人。

四壁壁面上还有一条淡红色的卷草纹装饰带。窟顶涂草泥层并刷白灰浆，但未绘壁画。

尺寸：高350厘米、面阔375厘米、进深300厘米

叙事内容

根据窟内两幅故事画中表现的坐禅僧人推测，禅修是装饰表现的重点。左壁上方半圆端面内的画面可解读为佛教中的不净观[1]。尽管并非所有壁画绘于同一时代[2]，但装饰核心似乎是一致的。由于壁画大多已脱落或漫漶不清，难以将画面中的僧人与特定故事联系起来。此窟不见佛陀形象；左壁上的拱形龛太小，不适合安放塑像。

题记

左壁和前壁上保存数则吐火罗语题记，是拜访过此窟的僧人留下的名字[3]；下部内侧的铅笔线描和涂鸦是德国探险队第三次探险活动时留下的。

探险活动与相关资料

1903年：日本大谷探险队第一次探险活动（上原芳太郎1937，318 [6]页）。

1906年：德国探险队第三次探险活动（格伦威德尔2007，200页；Le Coq 1924b, p. 23, pl. 15d）。

近期研究

桧山智美2012b，297页；何恩之、魏正中2017，155-156页，图106。

表13　克孜尔第116窟被揭取的壁画

位置	编　号	尺寸（厘米）	出处	内容	探险队
圣彼得堡	IB 8407=ВД 909①	28 × 64	主室前壁	装饰带局部	德国探险队第三次

① 关于此块壁画的照片参看赵莉/Samasyk/Pchelin 2018，95页，图40。

〔1〕何恩之、魏正中2017，155页。宫治昭认为克孜尔壁画所见山岳中修行不净观的僧人，很可能与鸠摩罗什翻译的最早的禅修文本有关，见宫治昭1992，425-435页。

〔2〕半圆端面内的壁画似不属于原初设计，但很可能绘制于稍晚阶段，这可通过以下现象推知：不常见的非对称性布局，窟顶和另一半圆端面内没有壁画，以及画面中只使用了黑色和棕色，而不见其他颜色。

〔3〕赵莉、荣新江2020《题记报告篇》，95-97页，图版I-215-219。

第117窟——方形窟——Übermalte Höhle（壁画重层窟）（类型不确定）

概况

此窟为带有大型前室的方形窟，展示出独特的建筑特征。前室开凿于岩体，前部现已坍塌，其他壁面尚保存有清晰的多层壁画痕迹。前室地坪最初比主室地坪低50厘米。

主室平面呈方形，顶为方形覆斗顶，这是龟兹地区方形窟主室顶部中唯一一例。主室中心有一个长方台座；从地坪上的磨损痕迹可以清晰看出一条绕行礼拜道（图61）。

由于窟内主尊塑像已丢失，加之壁面上至少有三层壁画，且最外层壁画已被煤烟熏黑，因此难以解读窟内的装饰图像。部分壁画被揭取下来带至德国柏林。壁画残迹表明此窟曾属于“A传统”，后来被改建成“Y阶段”洞窟。

前室

前室宽大，开凿于岩体，顶部缓慢向正壁倾斜，其上凿刻出八根椽子，排布规律，是对木结构建筑的模仿，这是龟兹石窟中仅见的一例。前室前部坍塌之后，古人对其进行了重绘壁画和降低地坪等修葺；前部虽有坍塌，但前室仍在使用。

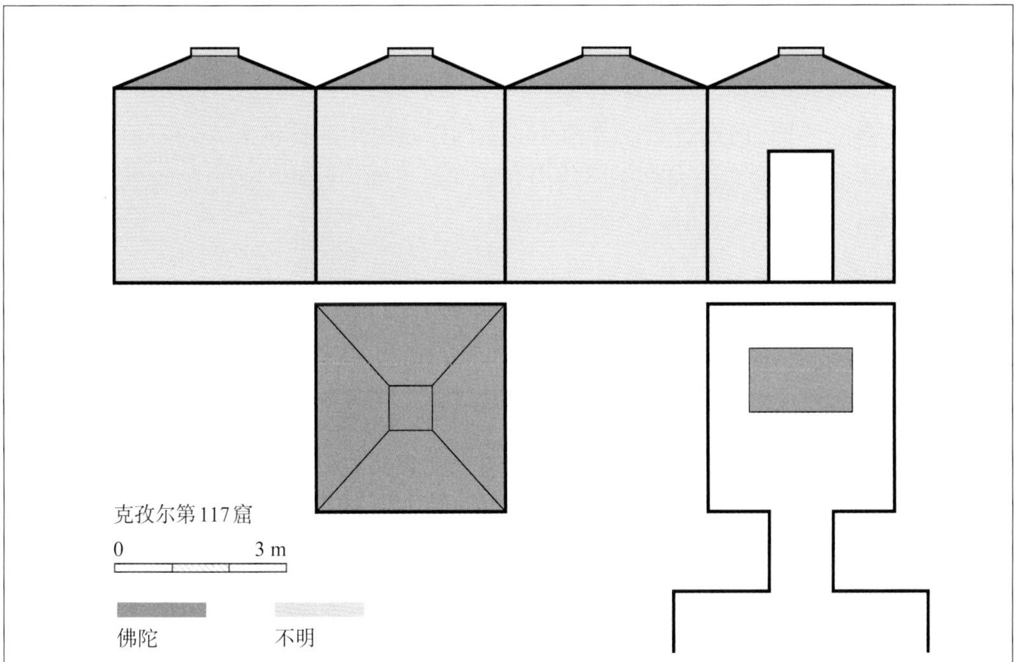

图61　克孜尔第117窟主室装饰内容及布局示意图。上：四壁壁画内容及布局。下左：顶部壁画内容及布局。下右：平面图。

在龟兹石窟中仅有数座洞窟的前室内有壁画残迹。这是目前唯一所知经过重绘的“A传统”洞窟前室；早、晚期壁画都部分可见。壁面上的每层壁画似都绘有坐佛、菩萨及天人，窟顶椽子之间绘坐佛和天人。外层壁画使用的颜料包括B种风格中流行的蓝色，与内层早期壁画保存的以浅绿色和黑色为主色调形成了鲜明对比。

通向主室的门道两侧和门楣上也绘满壁画。门道两侧也可看出重绘壁画的痕迹。门楣上绘一身禅定坐佛，其上有两名有头光、双手捧花环的天人。形体高大的立佛绘于门道上部，莲花上的坐佛占据了下部。

尺寸：高425厘米、面阔450厘米、残存进深250厘米

主室

主室平面呈方形，顶为方形覆斗顶，是“A传统”洞窟中的孤例。其内的礼拜对象很可能最初位于中心像台上。像台后来曾塌毁，但古人用砖进行了修葺。修复后的像台宽度缩短，长度被明显加长，或许暗示出一种不同的图像类型，即其上承放一个或多个较小的雕塑。

主室四壁和顶部可以看到三层壁画。不同层壁画的内容，即每一阶段图像内容的重建，需要深入而系统的研究[1]。四壁上可辨识的形象有檐口面上天宫栏楯中的伎乐，这是绘制A种风格的“A传统”方形窟内常见的题材。门道上方的一幅涅槃图很可能绘于最晚阶段。“Y阶段”的部分洞窟中亦可见到门道上方绘涅槃图[2]。

顶部中心绘一朵莲花，其上有一身坐佛，可观察到重绘的痕迹。顶部四块梯形区域内早期绘三尊立佛像，两侧各有一尊稍小的立佛以及更小的拜佛天人，布局巧妙，充分利用了顶部空间。稍晚重绘时四个区域内各绘两尊坐佛。这些壁画已被煤烟熏黑。

主室：高375厘米、面阔340厘米、进深350厘米

像台：残高5厘米、宽180厘米、进深110厘米

叙事内容

窟内宽敞的空间凸显出主室中心像台上佛塑像的重要性。四壁壁画作为中心佛塑像的背景和烘托。最初窟内装饰布局与其他“A传统”方形窟有相似之处。檐口面绘天宫栏楯及伎乐天人；四壁壁面主要区域很可能绘叙事性场景。三层壁画的重叠使得

---

〔1〕 茨茵（Zin）对德国柏林亚洲艺术博物馆收藏的壁画残块Ⅲ 9102的不同层壁画进行了解读，一排坐佛像被天宫中的伎乐天人像覆盖，见Zin 2015a。雷启兴对保存在原壁面上的三层壁画进行了研究，见雷启兴2017。若将洞窟内保存的和博物馆收藏的壁画结合起来，还需进一步研究。关于此残块上装饰题材的对比研究，见桧山智美2012b。

〔2〕 如克孜尔第161、189[2]窟以及马扎伯哈第24窟，见下文对“Y阶段”洞窟的研究。

复原相当困难。门道上方的涅槃图很可能是在“Y阶段”增绘的，标志着整座洞窟图像内涵的改变。

探险活动与相关资料

1903年：日本大谷探险队第一次探险活动（上原芳太郎1937，318 [7] 页）。

1906年：德国探险队第三次探险活动（格伦威德尔2007，199–200页）。

近期研究

勒柯克、瓦尔德施密特2006，683页；桧山智美2012b，290–291页（檐口面装饰纹样）；Zin 2015a；雷启兴2017。

表14 克孜尔第117窟被揭取的壁画

位置	编号	尺寸（厘米）	出处	内 容	探险活动
柏林	Ⅲ 9102	325 × 154.5	主室正壁	天宫栏楯及伎乐天人和坐佛像	德国第四次

第118窟——方形窟——Hippokampenhöhle（海马窟）（Ⅲ型）

概况

第118窟因壁面上保存了完整清晰的画面而被视为龟兹石窟中最知名的洞窟之一，其独特的建筑特征也值得注意。此窟包括前室和主室，前室的前部在僧人使用期间坍塌，后来被重修。

主室经过精心雕凿，这与前室四壁和顶部粗糙不平的凿痕对比鲜明。主室内的装饰布局也十分独特：四壁壁面装饰简洁，正壁绘一大幅故事画，其周围有简单的边框，其他三壁仅在中部绘装饰带，这与室内上部空间，即窟顶和左右两侧壁上方的半圆端面内复杂的画面形成了鲜明的对比（图62）。窟顶券腹下方以及两个半圆端面的壁画被揭取带至德国，其中部分壁画不幸在“二战”中丢失。

前室

前室开凿于岩体，从前部进入。平面呈纵长方形，顶为覆斗顶。四壁和顶部涂草泥层并刷白灰浆，但不绘壁画。

前室由于岩体的坍塌而被毁，古人通过安装木结构悬臂进行修复，这可通过壁面上仍保存的凹槽和孔洞推知。侧壁高度增加，切断了之前覆斗顶顶部的斜坡，正壁门、窗上方有一排水平凹槽，这些遗迹显示出木结构悬臂的高度，其可能支撑的是一个平顶。

尺寸：高370厘米、面阔445厘米、残存进深220厘米

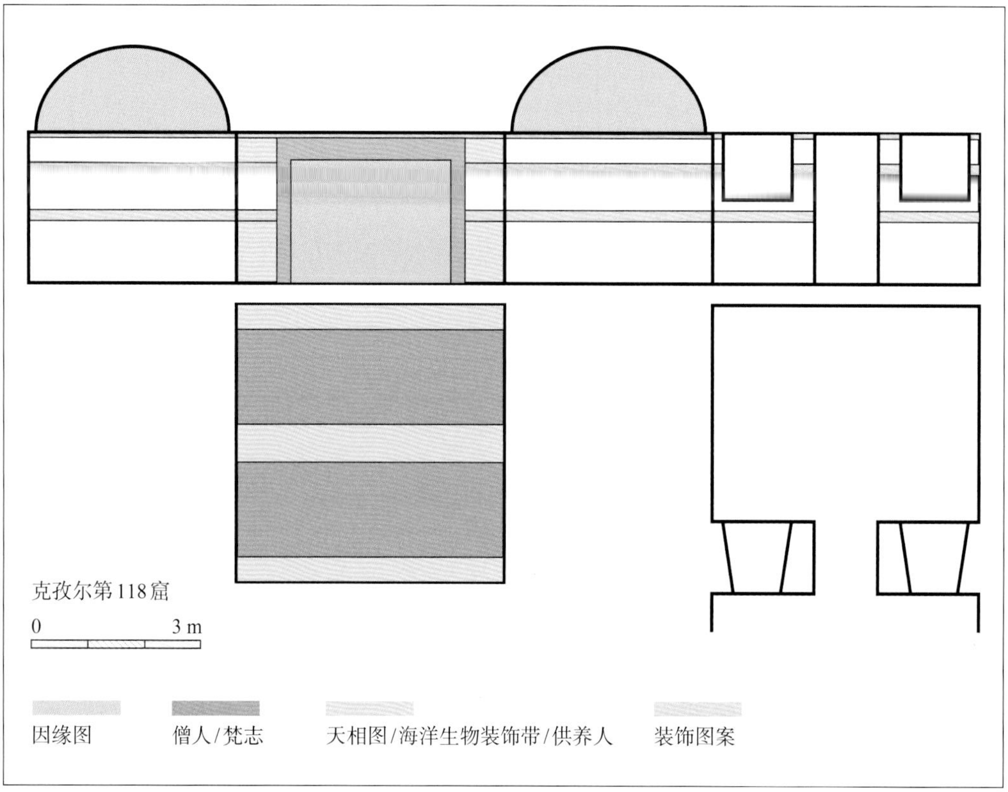

图62 克孜尔第118窟主室装饰内容及布局示意图。上：四壁壁画内容及布局。下左：顶部壁画内容及布局。下右：平面图。

主室

平面呈横长方形，顶为横券顶。前壁正中开一个门道，两侧各有一扇窗户，是龟兹石窟中仅见的一例。门和窗的过梁开凿在同一高度，位于叠涩檐口下方，以近乎相同的角度向外倾斜。这是一项精确且技术要求很高的雕刻技艺。

核心图像是正壁的大幅故事画，四周有装饰边框。画面表现的是富丽堂皇的宫殿场景，一位有头光的国王坐在宝座上[1]。故事画的两侧绘数名供养人，包括一名手持法器的僧人、一名画家[2]，以及三对跪姿世俗信徒[3]。一条装饰带从故事画的边框侧边开始，并沿侧壁和前壁延伸；壁面上其他部分仅刷白灰浆。

---

〔1〕 此块壁画的上方中间部分已被揭取，现藏于德国柏林亚洲艺术博物馆，编号Ⅲ 8659。

〔2〕 格伦威德尔2007，177–179页。

〔3〕 格伦威德尔2007，177–179页，图231–233页。德国柏林亚洲艺术博物馆藏，编号Ⅲ 8658、IB 8478，相当于俄罗斯艾尔米塔什博物馆藏编号ВД 855。

两侧壁上方半圆端面内的画面部分或损毁或丢失，但保存有较完好的照片。券顶绘满壁画。右侧半圆端面内的壁画包括两个纵向排列的场景〔1〕：上方场景表现的是富丽的宫殿，中心是坐在宝座上的带头光男性；下方场景表现的是须弥山，与券腹画面相连。左侧半圆端面内也有两幅纵向排列的场景（图63）：上方同样是一男性形象，与正壁大幅故事画内坐于宝座上的男性相似，但此处的男性没有头光；下方是躺在床上的同样的男性形象〔2〕。

券顶中脊有一条装饰带，两侧券腹绘菱格山岳景观。山岳内有天人、神兽、猎人以及坐禅僧人和梵志；部分壁画已经被揭取〔3〕。

尺寸：高410厘米、面阔490厘米、进深370厘米

图63 克孜尔第118窟主室左壁半圆端面及券顶局部。图片采自法国探险队拍摄的历史照片，巴黎吉美博物馆藏，编号AP 7444 © MNAAG, Paris, Dist. RMN-Grand Palais/image musée Guimet/distributed by AMF。

〔1〕 现藏于德国柏林亚洲艺术博物馆，编号Ⅲ 8412。
〔2〕 现藏于德国柏林亚洲艺术博物馆，编号Ⅲ 8411。
〔3〕 现藏于德国柏林亚洲艺术博物馆，编号Ⅲ 1065、Ⅲ 8477、Ⅲ 9176。

叙事内容

壁画包括了数幅讲述顶生王（Māndhātar）的故事画[1]。正壁大幅故事画内表现的是顶生王的诞生及其在世上的统治，这是整个图像构成中的第一场景。国王的发迹和衰落绘在两侧壁半圆端面内。两个半圆端面内的上方场景表现的是顶生王与忉利天宫的天人帝释天共享天下；左侧半圆端面内的下方场景表现的是顶生王因贪婪想独占天宫宝座而坠落至凡间，随后便走向了死亡。

顶生王故事画表现了关于贪婪的美丽而危险的寓言以及佛教的宇宙观。佛教世界之中心轴须弥山以及环绕须弥山的大海，被描绘在右侧半圆端面内的下方以及券顶周缘，从而在洞窟空间内突出了佛教宇宙；叠涩檐口以下属于地上世间，以上则属于天上佛国。券腹上描绘的山岳景观与位于须弥山顶的忉利天宫有关。此外，壁画中也涉及佛教人类神话的若干细节，这与顶生王有关，在部分佛典记载中，顶生王乃劫初的第六位王[2]。

题记

壁面上保留了大量吐火罗语题记、涂鸦或刻画[3]，其中没有与洞窟使用同时期者。

探险活动和相关资料

1903年：日本大谷探险队第一次探险活动（上原芳太郎 1937，318–319 [8] 页）。

1906年：德国探险队第三次探险活动（格伦威德尔 2007，175–190 页，图 226–244）；照片编号：B 229、B 1701、B 1718；绘图编号：TA 6523、TA 6524，No. 11.701、11.702、11.705[4]。

1907年：法国伯希和探险活动；照片编号：AP 7444、AP 7445、AP 7446、AP 7447。

1913年：德国探险队第四次探险活动（Le Coq 1924b, pp. 5–6, pls. 1–2; Le Coq 1926b, pp. 11–12, pls. 8–9；勒柯克、瓦尔德施密特 2006，455–456 页，插图 89；勒柯克、瓦尔德施密特 2006，681 页）。

---

〔1〕关于图像内容的最新分析，见桧山智美 2010；Hiyama 2012a。早期的解读认为主要表现的是悉达多太子的宫廷生活，见丁明夷、马世长 1985、1989，175、188 页；吴焯 1985；宿白 1989，35–43 页；霍旭初 1992，27–28 页；宫治昭 1992，418–420 页；井上豪 2006，47–61 页；任平山 2012。

〔2〕桧山智美 2010，367–368 页；Hiyama 2012a, pp. 149–150。

〔3〕新疆龟兹石窟研究所 2000，149 页；赵莉、荣新江 2020《题记报告篇》97–99 页，图版 I-220-228。

〔4〕格伦威德尔错误地将他的两幅线描图（编号 TA 6523、TA 6524）归于克孜尔第 212 窟。这些线描图表现的是此窟券顶中脊带上的飞行僧人。编号 11.701、11.702、11.705 的线描图，现保存于慕尼黑国立民族学博物馆，见 Jäger 2010–2011, pp. 200–204。

近期研究

丁明夷、马世长1985、1989，175-176、188页；秦志新1985；吴焯1985；Howard 1986, pp. 6-12；宿白1989；霍旭初1992；宫治昭1992，418-420页；Rhie 2002, pp. 655-658；井上豪2006；Vignato 2006, pp. 392-394；桧山智美2010；廖旸2012，23-64页；任平山2012；Hiyama 2012a；魏正中2013，53-54、112-114页；何恩之、魏正中2017，49、237-240页。

近期图录

《キジル石窟》1983—1985；《克孜尔石窟》1989—1997，第2卷，图版149-154；《中国新疆壁画·龟兹》2008，5-6页，图版1-2；《中国新疆壁画艺术·克孜尔石窟》2009，第1卷，5-14页，图版1-7。

表15 克孜尔第118窟被揭取的壁画

位置	编号	尺寸（厘米）	出处	内容	探险活动
柏林	Ⅲ 8409	17×61	主室，右壁	装饰带	德国第三次
柏林	Ⅲ 1065	31×32	主室，顶部、券腹	山岳景观	德国第四次
丢失	IB 8411	187×297	主室，左侧半圆端面内	顶生王的发迹与衰落	德国第四次
柏林	Ⅲ 8412	172×291	主室，右侧半圆端面内	帝释天在忉利天宫	德国第四次
丢失	IB 8477	195×380	主室，窟顶，前部	山岳景观，水生动物装饰带	德国第四次
圣彼得堡	IB 8478=ВД 855	51×48	主室，正壁	手持法器的僧人	德国第四次
柏林	Ⅲ 8658	59.5×60	主室，正壁	供养人夫妇	德国第四次
柏林	Ⅲ 8659	55×43	主室，正壁	装饰边框	德国第四次
丢失	IB 9176	135×405；30×46	主室，窟顶，正壁	山岳景观，水生动物装饰带	德国第四次

克孜尔第七区段

第七区段包括后山区的所有洞窟，这是一个复杂的区段，其内的洞窟属于不同类

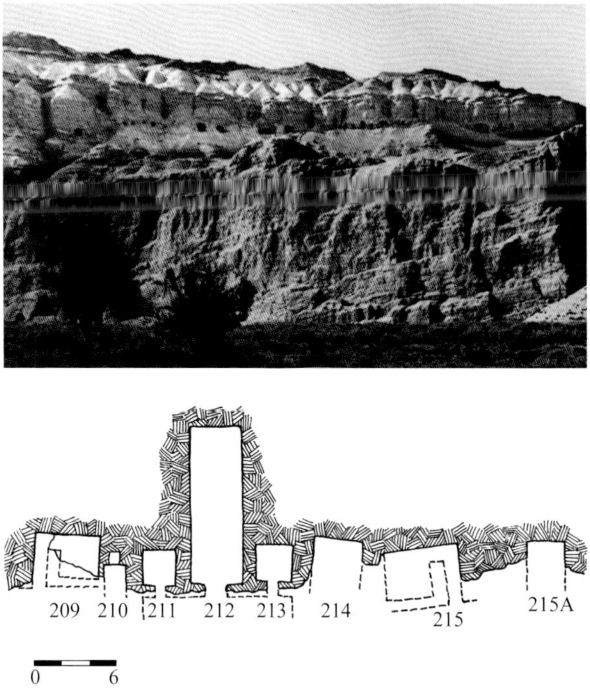

图64 克孜尔第七区段，第201～219窟。上：远景，图片采自德国探险队第三次探险活动期间拍摄的历史照片，编号 B 644 © Museum für Asiatische Kunst, Staatliche Museen zu Berlin, CC BY-NC-SA。下：第209～215A窟联合平面图。

型。此区段还可以被进一步分出前区（第202～219窟）和后区（第220～229窟）。“A传统”洞窟仅见于前区（见图5、图64）。

第209～215窟显然是为“A传统”实践开凿的，其中第212窟最大，两侧各有三座洞窟。根据崖壁的自然特征，推测这些洞窟可能共用一座木结构建筑，其位于地面并斜靠崖壁，代替了开凿于岩体上的前室。第212窟经历了一次重大改建，从一座小型的横长方形窟（第212[1]窟）变成一座深长的纵长方形窟（第212[2]窟）。此窟两侧各有一座无装饰的小方形窟（第211、213窟），紧邻的是两座带装饰的大小不同的方形窟（第210、214窟）。此组合的最外侧还有两座僧房窟（第209、215窟）。

第207、215A、229窟属于“Y阶段”（见本书155-156页）。

第209窟——僧房窟——Höhle 14 und 15 der Ⅱ. Anlage（2区第14、15窟）

概况

此座僧房窟的主室从右侧甬道进入，几乎全部塌毁，充满了沙石堆积（见图64）。

第210窟——壁龛——Höhle 13 der Ⅱ. Anlage（2区第13窟）

概况

此座小窟内满是沙石堆积（见图64）。从现在可观察到的遗存看，这似乎是一处绘有壁画的壁龛，顶为方形覆斗顶。正壁的凹槽很可能是用来安装一尊小型塑像的。

第211窟——方形窟——Höhle 12 der Ⅱ. Anlage（2区第12窟）

概况

此窟主室平面呈方形，顶为纵券顶（见图64）。四壁和顶部涂草泥层，但未刷白灰浆；洞窟的规模以及粗糙不平的草泥层表明窟内不绘壁画；很可能是一座储藏窟。正壁有一幅炭笔涂画的贵族人物头像，并非最初规划的装饰[1]。

主室尺寸：高300厘米、面阔245厘米、进深245厘米

题记

窟内保存有梵语、俗语和吐火罗语题记，此外，还有目前所知篇幅最长的吐火罗B语诗文[2]。

探险活动与相关资料

1906年： 德国探险队第三次探险活动（格伦威德尔2007，256页）；照片编号：B 825、B 1879。

1913年： 德国探险队第四次探险活动。

近期研究

庆昭蓉2013，398-401页；荻原裕敏2013，375页；庆昭蓉2017，109-114页；荻原裕敏2018a；赵莉、荣新江2020《题记报告篇》121-134页，图版Ⅰ-263-316、479-491。

表16 克孜尔第211窟被揭取的壁画

位置	编号	尺寸（厘米）	出 处	内 容	探险活动
柏林	Ⅲ 1047	10.5 × 26.5	主室，正壁	佉卢文题记	德国第四次

〔1〕 德国探险队第三次探险活动期间记录下了这些题记（德国柏林亚洲艺术博物馆藏照片编号 B 825）。题记仍保存在原处，见庆昭蓉2013，398-399页。

〔2〕 贵族人物形象旁边的梵语题记：“这（幅画）献给龟兹国王——伟大的王Kuča Āñṭéśā。”见庆昭蓉2013, 398-399页。Āñṭéśā国王的统治年代并未被证实。吐火罗B语长篇题记发现于右壁。此则题记用诗体写成，包括一些有趣的内容，如第三行提到“他通过寺院的房、舍、窟和经行处满足自己”，见荻原裕敏2018a，155-161页；荻原裕敏2019，43页。

第212窟：两个阶段

窟顶前部遗存显示出此窟是由方形窟改建而成的，第一阶段主室平面呈横长方形，顶为横券顶（第212[1]窟）。

改建的内容主要是加深早期洞窟。早期洞窟的面阔保持不变，进一步凿入岩体内部，深度从2米拓展至11米，从而成为克孜尔石窟中纵深最长的洞窟。早期洞窟的横券顶已无法适合改建后的洞窟。第212[1]窟侧壁上方的半圆端面影响到了第212[2]窟的券腹，清晰显示出洞窟经历的重建。有趣的是，古人没有试图进行修平，而是在早期半圆端面影响券腹的部分简单涂抹地仗层并绘制壁画。改建后的新窟能够容纳相当多的僧众。苏巴什、库木吐喇石窟谷口区以及玛扎伯哈的长条形洞窟用于禅修。这些长条形洞窟比此窟更窄，除苏巴什的数座长条形洞窟绘有壁画外，其他皆无装饰（见本书132页）。

第212[2]窟壁面靠下处仍有壁画残迹，但两侧壁上方的壁画已被揭取带至德国柏林。

第212[1]窟——方形窟（Ⅲ型）

概况

此窟保存状况不佳，但提供了一些关键信息。主室平面呈横长方形，顶为横券顶。门道开凿在前壁正中。根据此窟的类型、规模、位置以及周围的其他洞窟，推测其可能是一座壁画窟。但此阶段的壁画并未保存下来。

主室尺寸：高355厘米、面阔320厘米、进深210厘米

第212[2]窟——方形窟——Höhle 11 der Ⅱ. Anlage/Seefahrerhöhle（2区第11窟/航海者窟）（Ⅲ型）

概况

第212[2]窟保持了与第212[1]窟主室相同的门道和宽度，从正壁凿开，再向岩体内凿9米深（图65）。由于洞窟加深，需要将原来的横券顶改建为纵券顶。在重建的过程中，窟顶并未被加高。

两侧壁绘制的壁画并不常见。壁面下栏只有简单的图像，大部分是空白；上栏绘因缘故事画，属于龟兹石窟壁画中的长卷式叙事场景。正壁画面可能曾是整座洞窟的装饰核心，现已消失不存。

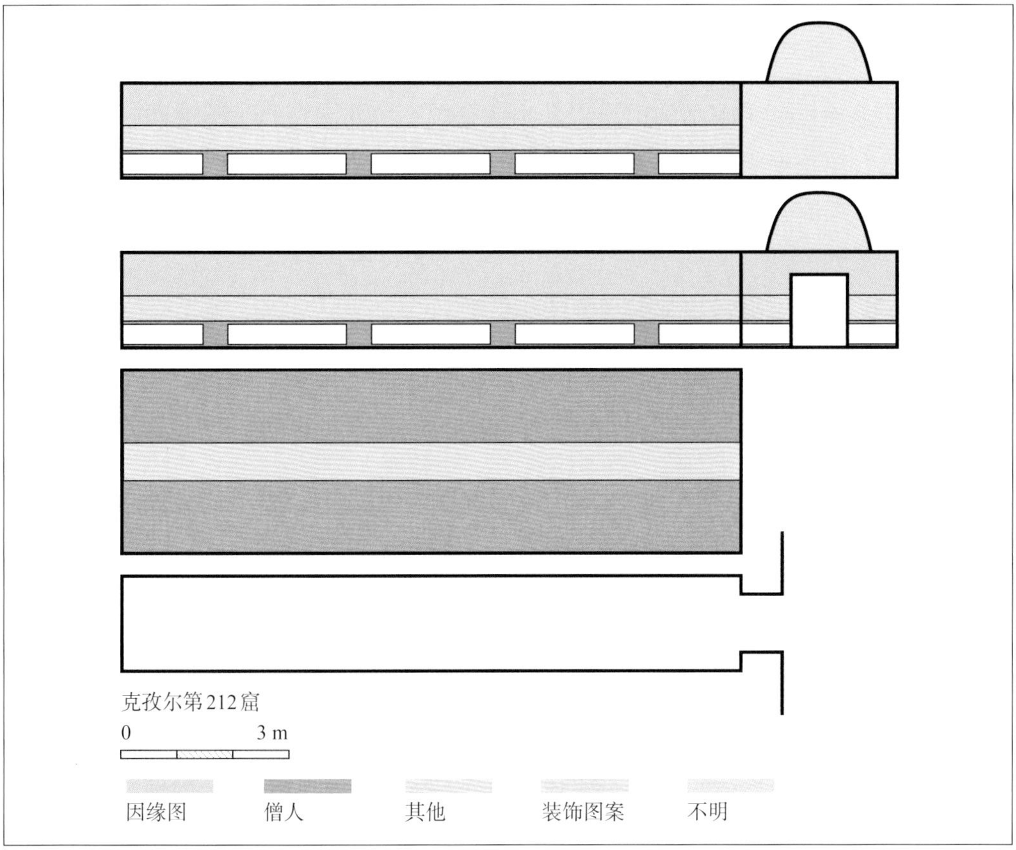

图65 克孜尔第212[2]窟主室装饰内容及布局示意图。上：四壁壁画内容及布局。中：顶部壁画内容及布局。下：平面图。

主室

主室平面呈纵长方形，券顶较低。两侧壁被一条水平装饰带分成上下两栏，装饰带由忍冬纹、几何纹、僧人头像、居士、梵志以及卷草纹中的骷髅头构成[1]。下栏是五个空白的长方框，边框饰棕色植物纹；相连边框之间绘坐禅僧人，各有四尊。这些僧人似乎在对着面前的骷髅头进行禅修观想。此部分壁画基本保留在原处。

两侧壁上栏绘叙事性场景，右壁为弥兰本生故事画，左壁为亿耳因缘故事画。两幅画面皆是超乎常见的长卷式构图，按时间顺序从窟内向窟门处展开[2]。现壁面上只

〔1〕 格伦威德尔（Grünwedel 1920, p. Ⅱ. 30, figs. 33–34）曾用单色线描绘制过这些装饰；而别列佐夫斯基（Berezovsky）画过水彩画，见俄罗斯国立艾尔米塔什博物馆、西北民族大学2018，第2卷，316–319页，图版31–33。

〔2〕 格伦威德尔（Grünwedel 1920, pp. Ⅱ. 29–36）提到此叙事场景的观看顺序是从前向后，而最近东京艺术大学（2017，77–86页）通过分离壁画显示出的壁面上的标记表明应是相反的顺序。格伦威德尔混淆了左右两侧壁的壁画。

有少量壁画残迹，绝大部分壁画被带至德国柏林；弥兰本生故事画在“二战”中消失不存。

坍塌的前壁保留了中间的门道以及小块壁画。早期洞窟的半圆端面内绘一名山中坐禅僧人。窟顶壁画曾有脱落，至少被重修两次，最后一次重修时只是涂抹了白灰浆。中脊饰带大部分脱落，只残存一只大金翅鸟的局部。两侧券腹上绘简单的菱格山峦图。

尺寸：高355厘米、面阔320厘米、进深1100厘米

叙事内容

此窟的装饰及建筑特征十分独特。目前看来窟内没有核心图像。如果主要图像绘于正壁，那么从窟门处很难看到，这是由于随着逐渐往窟内走，光线也会逐渐变暗。此窟的结构也不适合在中间安放一尊佛塑像。由于窟内没有单独的佛像，此窟很可能并未用于礼拜活动。

两侧壁上栏绘两幅知名的故事画，即弥兰本生和亿耳因缘（图66）。主人公都是富有冒险精神的商人，在进行海上航行贸易的过程中通过数例事件了解了因果报应的原理，最后皈依佛门。壁面靠下部卷草纹中的骷髅头似乎强化了世间万物的无常和虚幻，这也是两则故事所要传达的思想。侧壁和券顶上所绘的深入禅定、平静祥和的僧人与两幅画面中传达出的五彩缤纷的感官世界形成了鲜明对比[1]。

探险活动与相关资料

1905～1906年： 俄国别列佐夫斯基探险活动（线描图见俄罗斯国立艾尔米塔什博物馆、西北民族大学2018，第2卷，316-319页，图版31-33）。

1906年： 德国探险队第三次探险活动（格伦威德尔2007，250页；Grünwedel 1920, pp. 29-36; Le Coq 1924b, p. 25, pl. 15m; Waldschmidt 1925, pp. 59-62；勒柯克、瓦尔德施密特2006，683页）。

近期研究

Waldschmidt 1952；井ノ口泰淳1961；Rhie 2002, pp. 681-683；廖旸2012，23-64页；东京艺术大学2017，77-86页。

---

〔1〕 根据格伦威德尔（Grünwedel 1920, p. Ⅱ.31），右壁上曾有一则梵文题记：“来自Rumakama（叙利亚）的画家Manibhadra。”但格伦威德尔1920年代的笔记中，某些部分并不准确。

图66 克孜尔第212[2]窟主室左壁《亿耳因缘》(*Śroṇakoṭikarṇa-avadāna*)。图片采自东京艺术大学2017年基于格伦威德尔1920年拍摄的历史照片(Grünwedel 1920, pls. 15-16)修复的照片© 东京艺术大学。

近期图录

《キジル石窟》1983—1985;《克孜尔石窟》1989—1997,第3卷,图版217-218;《中国新疆壁画·龟兹》2008,98-101页,图版86-88;《中国新疆壁画艺术·克孜尔石窟》2009,第2卷,180-184页,图版159-162[1]。

表17 克孜尔第212窟被揭取的壁画

位置	编　号	尺寸(厘米)	出　处	内　容	探险活动
丢失	IB 8397	54 × 18	主室,侧壁	装饰带,植物纹	德国第三次
丢失	Ⅲ 8400	118 × 570	主室,右壁	弥兰本生	德国第三次
丢失	Ⅲ 8400b	55 × 62	主室,右壁	忍冬纹内的骷髅	德国第三次
柏林	Ⅲ 8401a	75 × 726	主室,左壁	亿耳因缘	德国第三次
柏林	Ⅲ 8401b	74 × 42.5	主室,左壁	忍冬纹内的骷髅头	德国第三次
柏林	Ⅲ 8401c	56.5 × 37	主室,左壁	坐禅僧人与骷髅头	德国第三次
丢失	IB 8688	21 × 30	主室,侧壁	装饰带	德国第三次

① 由于德国探险队第四次探险队的错误记录[2],其他两件壁画残块,即编号Ⅲ 8398、8399,目前也被认为属于第212窟。前者揭取自克孜尔第77窟,后者很可能出在库木吐喇石窟GK第23窟。

〔1〕 图版163的壁画残块被错误地归入此窟,其应是揭取自库木吐喇GK第23窟。

〔2〕 勒柯克、瓦尔德施密特2006,683页。

第213窟——方形窟——Höhle 10 der Ⅱ. Anlage（2区第10窟）

概况

此窟主室平面呈方形，顶为平顶，凿有叠涩线脚（见图64）。壁面涂抹灰色浆，表面粗糙不平，像是用抹刀刮成的，未刷白灰浆。此窟的规模和其他所有特征都与第211窟构成镜像，唯拱形门道和平顶有着显著不同。左壁上绘制的骷髅并非有规划的设计，显然与洞窟的建造不同时。

主室尺寸：高300厘米、面阔245厘米、进深245厘米

题记

此窟左壁和正壁有数行婆罗谜文字题记[1]。正壁的吐火罗语是僧人写的短小诗文，赞美Yurpāṣka（耶婆瑟鸡）寺院的壮观[2]。左壁有炭书的三首吐火罗语韵文以及涂鸦[3]。

探险活动与相关资料

1906年：德国探险队第三次探险活动（格伦威德尔2007，249–250页）；照片编号：B 1876。

近期研究

荻原裕敏2013，375–382、384–385页；庆昭蓉2017，116–117页；荻原裕敏2018a；赵莉、荣新江2020《题记报告篇》134–159页，图版Ⅰ-317–394、492–504。

第214窟——方形窟——Höhle 9 der Ⅱ. Anlage（2区第9窟）（Ⅲ型）

概况

此窟几乎全部坍塌，其内堆满沙石（见图64）。目前仅可见主室正壁、两侧壁局部以及券顶后部。根据两侧壁线脚下方50厘米处残存的装饰带，推测原绘有A种风格壁画，壁画布局很可能包括正壁的大幅故事画以及贯穿其他三壁中上部的装饰带[4]（图67）。

主室尺寸：面阔360厘米、进深260厘米（？）

---

〔1〕这些题记被认为属于古代期的吐火罗B语，见荻原裕敏2013；2018a。

〔2〕庆昭蓉2017，116页。

〔3〕最长的一句是赞扬一名僧人的状态，第二长句有四行，提到了需要克服的各种世俗苦难，见荻原裕敏2018a，161–174页。

〔4〕格伦威德尔（格伦威德尔2007，249页）似乎将两座洞窟的题记混合到一座洞窟中，即方形窟第214窟和僧房窟第215窟。格伦威德尔也注意到壁画中有一名僧侣，其两肩发出火焰，但现已不存。

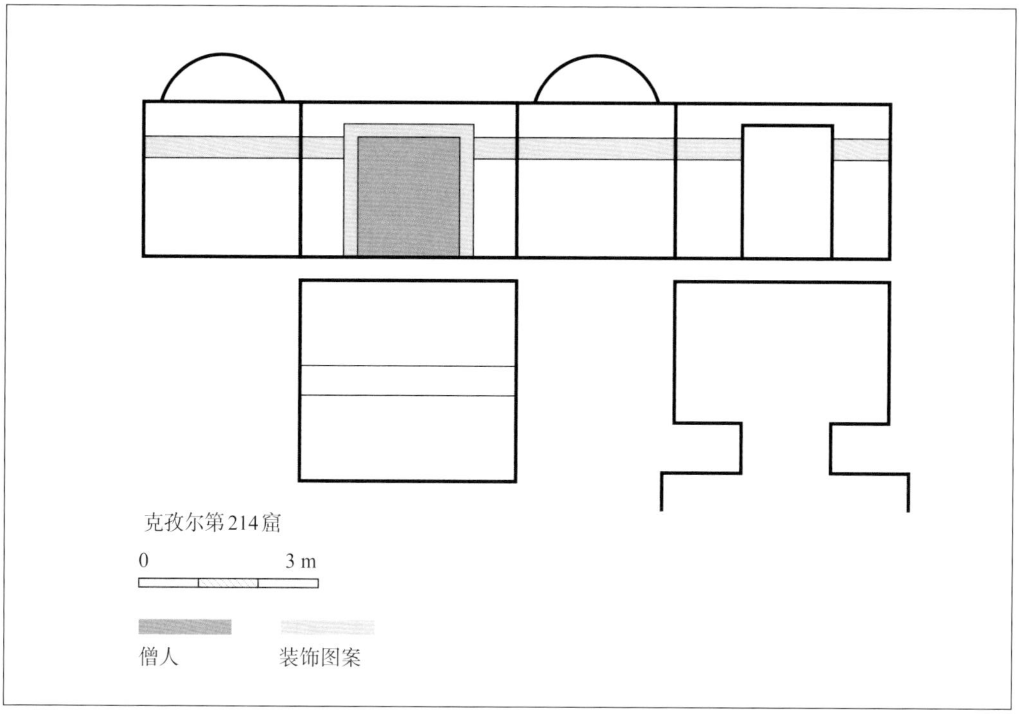

图67 克孜尔第214窟主室装饰内容及布局示意图。上：四壁壁画内容及布局。下左：顶部壁画内容及布局。下右：平面图。

探险活动与相关资料

1906年：德国探险队第三次探险活动（格伦威德尔2007，249页）。

第215窟——僧房窟——Höhle 8 der Ⅱ. Anlage（2区第8窟）

概况

此窟的主室从左侧甬道进入，重修后的状况仍然不佳（见图64）。只有主室入口区域的内侧部分以及正壁仍有保存。主室内堆满沙石，根据现存的纵券顶和横券顶遗迹，推知顶部曾被重修过。

探险活动与相关资料

1906年：德国探险队第三次探险活动（格伦威德尔2007，249页）。

库木吐喇

库木吐喇石窟位于库车西20公里处，库木吐喇事实上包括谷口区和窟群区两座石窟寺院[1]，以及乌什吐尔和夏合吐尔两处地面寺院（图68）。然而，库木吐喇一名通常用来称呼石窟寺院。谷口区洞窟毗邻地面寺院，两者应被视为一个整体。事实上，第一沟的禅定窟和乌什吐尔地面寺院有着清晰的关联。谷口区洞窟是乌什吐尔地面寺院的补充，而非两处独立的寺院。由于传统上对两处寺院的命名不同，我们也将分开讨论。

作为龟兹地区第二大洞窟聚集区，自20世纪初库木吐喇就受到国际学者的重视[2]。“X阶段”之前直至回鹘统治时期的塑像、壁画、文物、写本以及题记都在库木吐喇有所发现。库木吐喇石窟保存了龟兹地区不同阶段的佛教遗存，因此，对它们的研究有助于更全面地理解龟兹佛教文化。

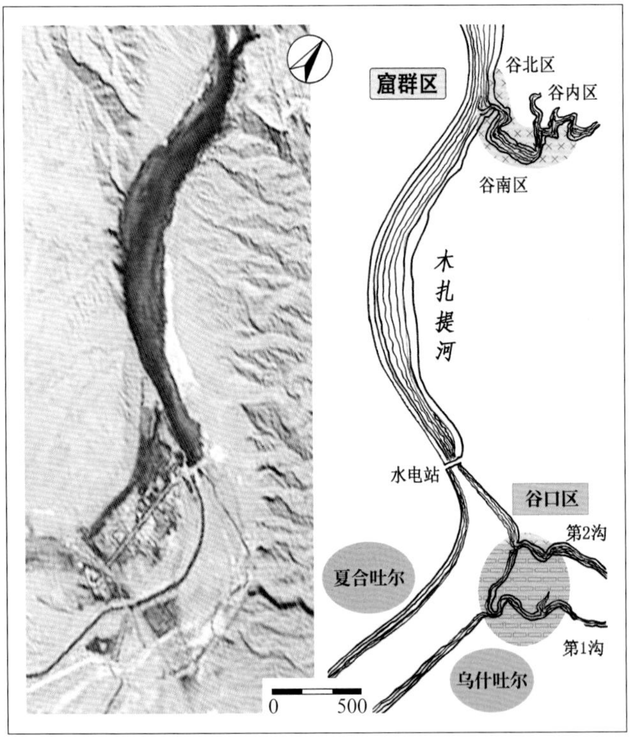

图68 库木吐喇佛寺遗址。左侧地形图采自“天地图”（www.tianditu.cn [2013.3.23]）。

库木吐喇谷口区和窟群区在布局、组合类型、洞窟类型、壁画内容和风格方面全然不同，这表明它们是独立的体系。在库木吐喇窟群区，绝大多数洞窟属于“B传统”以及龟兹佛教发展的第二期，也就是唐代和回鹘时期[3]。与之相反，库木吐喇谷口区则主要是“X阶段”和“A传统”洞窟。乌什吐尔地面寺院以北第一沟内主要是无装饰的长条形洞窟，其中大多数年代早于“A传统”，而第二沟内主要是“A传统”的穹窿顶方形窟。“A传统”特征也可在邻近的乌什吐尔、夏合吐尔地面寺院遗址中见到踪迹（见本书140—145页）。

---

〔1〕库木吐喇窟群区有80座洞窟，谷口区有33座洞窟，见新疆龟兹石窟研究所2008b。

〔2〕关于20世纪初国际探险队在库木吐喇地区进行的考古发掘及记录的最新研究，见庆昭蓉2014b；庆昭蓉2017，64—71页。

〔3〕魏正中2013，76—89页；何恩之、魏正中2017，66—80页。

库木吐喇谷口区

若将库木吐喇谷口区的洞窟和乌什吐尔地面寺院结合起来考虑，将会得到更全面的认识，这是因为它们在功能上是互补的，实为一处寺院[1]。

谷口区的洞窟开凿在木扎提河东岸的崖壁上，分布在两条沟谷中，而地面寺院则修建在它们之上的高处。靠近寺院遗址时最先看到的洞窟是两座大像窟（GK[2]第2、3窟），它们凿建于木扎提河东岸的崖壁上。再往上游走可以看到开凿于第一沟和第二沟的大多数洞窟，两条沟谷与木扎提河东岸近乎垂直相交，分别被视为第一区段和第二区段。洞窟开在崖壁高处，以防洪水冲击。

第一区段

第一区段位于第一沟，包括GK第4～19窟（见图68）。除两座壁龛（GK第4～5窟）及一座“Y阶段”的中心柱窟（GK第17窟）外，其他洞窟皆是长条形洞窟，即GK第6～8、10～15、18、19窟，窟内壁面涂抹草泥和白灰浆。或是由于岩体质量不佳，大多数洞窟彼此相距较远，只有GK第13～15窟构成一个组合。相似的长条形洞窟也见于玛扎伯哈和苏巴什；它们很可能是供僧人们禅修使用的。GK第9窟是未完工的U形洞窟，两侧壁上开凿不规则的小室，亦与禅修有关，且与苏巴什的洞窟十分相似。整个区段的最初功用应是供僧人们进行禅修实践的。僧房窟以及带装饰洞窟的缺乏进一步支撑了这种推断。由于此处远离日常生活的喧嚣，居住在乌什吐尔地面寺院中的僧人很可能会到此处禅修。

绝大多数洞窟结构简单，平面呈长方形，数座洞窟的进深超过了10米，面阔160～300厘米，纵券顶与侧壁连接处没有线脚，壁面和窟顶都只是简单刷白灰浆。此区段还有少数洞窟和壁龛开凿于较晚阶段，其中部分绘B种风格壁画，这些洞窟在“A传统”流行期间并未发挥功用。

由于洞窟结构简单且缺少壁画，它们的年代难以断定。希望未来的科技测年手段能够为龟兹地区“A传统”之前的洞窟提供年代参考。我们将这些洞窟归入“X阶段”。它们可能在后续阶段仍被使用，且在“A传统”流行期间扮演着重要角色，此时很可能在早期洞窟中增建了数座禅定窟。由于信息稀少，这些禅定窟无法被单独讨论。

---

〔1〕 魏正中2013，68-75页；何恩之、魏正中2017，67-71页。
〔2〕 库木吐喇谷口区的洞窟编号前增加GK，以与窟群区的洞窟相区别。

第二区段

第二区段包括GK第20～28窟，大部分洞窟开凿在第二沟北侧崖壁的上方。除一座年代稍晚的中心柱窟（GK第24窟）外，其他洞窟都属于“A传统”（图69）。大部分洞窟属于同一类型，即规模中等的穹窿顶方形窟，通过一条较深的门道进入主室。装饰的都是A种风格壁画，其中部分洞窟还在主室中心设一个像台。

此区段的方形窟有两个显著特征：通向主室的较深门道，以及矮小的穹窿顶。这两个特征是由易于坍塌、胶结不良的角砾岩造成的，而非年代原因。门道较深是为了将主室开凿在深处更结实稳定的岩体上，较矮小的穹窿顶则是为了尽可能减小坍塌的风险。

部分洞窟已完全塌毁。GK第27A窟开凿在较高处，几乎与GK第27窟在同一高度，两窟之间有一定间距，意味着最初可能有更多洞窟，且它们被规划成一个组合。两窟之下是GK第28窟，其所处位置十分关键，可以俯瞰山谷的入口，可能是监控整个区段的看守人的住所。

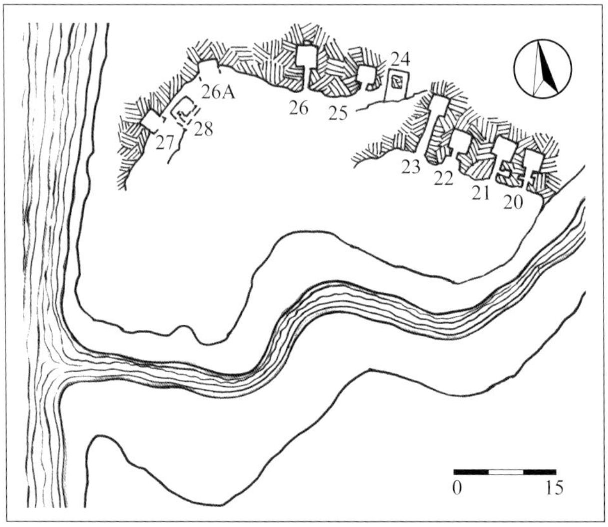

图69 库木吐喇谷口区第二区段。

保存至今的洞窟现都难以抵达，其他洞窟已无法进入。最初在僧人使用期间很可能存在一些连通结构便于洞窟之间的沟通。

组合：GK第20～23窟

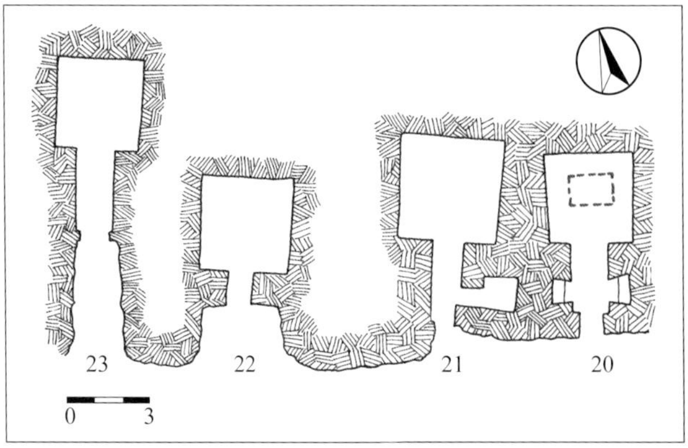

图70 库木吐喇GK第20～23窟组合联合平面图。

组合中的四座方形窟的规模相当，开凿在同一高度，彼此之间的间隔颇有规律。四窟都有较深的门道（图70）。主室平面呈方形，顶为穹窿顶。GK第22窟保存了石凿前室的局部，基于此，可推测最初四座洞窟都有自己独立的前室。

四窟的装饰布局各不相同。GK第20窟的主室中心设一个安放佛塑像的像台，且在门道两侧各开一个壁龛。GK第21窟内没有像台的痕迹，但在门道左壁上开一间小型储藏室。GK第22、23窟主室地坪堆满沙石，壁画布局表明两窟主室中心都曾设有像台。

四窟前面的平坦区域可能是一处共用空间，其用木结构屋顶或顶棚搭建而成，以保护此空间不受天气或掉落石块的影响。

GK第20窟——方形窟（新1窟）（Ⅰa型）

概况

此窟发现于1977年，现存部分包括门道和主室。门道较深，通向主室，两侧各有一个放置坐像的壁龛。右侧壁龛内曾放置一尊坐于宝座上的佛塑像，座前雕刻两头狮子，这是20世纪龟兹石窟中唯一保存完好的佛塑像[1]。整座洞窟的装饰核心位于主室中心，是一尊大型坐佛像，其安放在残存的长方像台上，像台两侧各雕一狮子。主室四壁和顶部绘满壁画。石膏地坪上的磨损痕迹表明信徒曾围绕中心佛像进行礼拜活动（图71）。

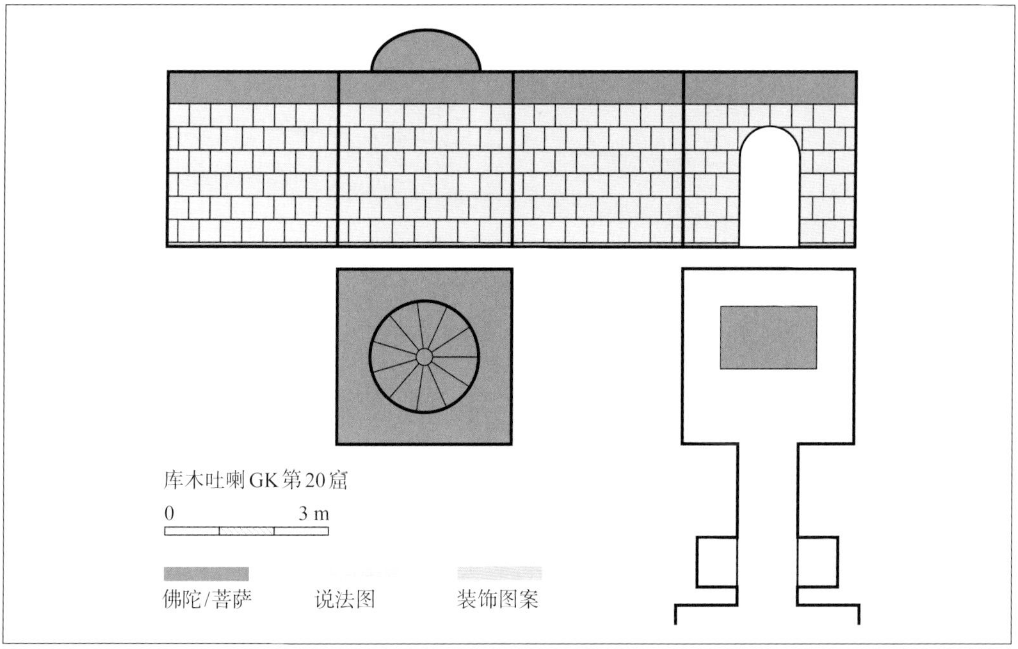

图71 库木吐喇GK第20窟主室装饰内容及布局示意图。上：四壁壁画内容及布局。下左：顶部壁画内容及布局。下右：平面图。

〔1〕 此尊佛像在2006年被盗，但在新疆龟兹石窟研究所2008年出版的《库木吐喇石窟内容总录》中没有提及。

门道

门道为券顶，涂抹地仗层并绘壁画。券顶现已损毁，壁画全部脱落。两侧壁靠下部的壁画保存较好。主要区域绘一排简单的说法图；墙基面右侧绘一排立姿男供养人，左侧绘一排立姿女供养人。这些供养人皆面向主室，似是朝着主室方向行进。

两侧壁前段各开一个壁龛，彼此相对。右壁龛内曾有一尊坐佛像位于长方形宝座上，座前两侧各雕一狮子。龛内的壁画残迹表现的是降魔成道。左壁龛受损，其内也残存一个宝座，但壁画已漫漶不清，无法识读图像内容。

尺寸：高215厘米、宽120厘米、长290厘米

左壁龛：高130厘米、宽80厘米、深75厘米

右壁龛：高145厘米、宽85厘米、深75厘米

主室

主室内部空间呈近乎完美的正方体，顶为小穹窿顶。安放塑像的台座在室内稍靠后处，座两侧各有一泥塑狮子。根据狮子的位置推测像台上应是一尊坐佛像[1]。

图72 库木吐喇GK第20窟主室左壁残存壁画。Klaas Ruitenbeek摄于2014年 © K. Ruitenbeek。

左壁壁画保存完好（图72）。正壁残存数块较大的画面，右壁壁画保存状况较差。左壁主要区域被划分成六栏，每栏又有八或九个方形小画框，错位排列。每个方形画框中心绘一坐佛，两侧各有一或两名胁侍。右壁和前壁的壁画残迹表明四壁壁画有着相同的布局。檐口面绘一排交替分布的圆形拱和梯形拱，每个拱内绘一身坐像，皆有头光和身光。圆拱内绘佛像[2]，梯形

〔1〕 像台上曾发现一块红色僧衣的残块，见新疆龟兹石窟研究所2008b，60页。龟兹地区“A传统”中，红色是常见的佛陀袈裟颜色。

〔2〕 有意思的是，左壁檐口面所绘圆拱内的坐佛像没有肉髻（*uṣṇīṣa*）。

拱内绘一名头束长发、身穿长袍的男性形象[1]。

抹角拱的壁画受损严重，唯内左抹角拱上可辨识出一身交叉双脚而坐的菩萨像。顶部壁画保存完好。中心绘一朵大莲花，其他部分被划分成十一个条幅，其内交替绘佛像和菩萨像，头上皆有华盖，立于莲花上，脚旁有跪拜的较小天人像。

主室：至抹角拱高310厘米、至窟顶中心高435厘米、面阔320厘米、进深310厘米

像台：残高75厘米、宽179厘米、长115厘米

叙事内容

此窟的装饰核心是主室中心稍靠后处的像台上安放的佛塑像。四壁壁画构成中心佛塑像的背景。四壁说法图中只有少数人围绕在说法佛陀的周围。大部分场景缺少特定动作和特征，佛陀头光上方白色边框内的题记或许是画面内容的说明。在部分“A传统”洞窟中，这种画面简单、有时伴有题记说明的说法图被认为与誓愿故事相关[2]。

门道两侧壁的壁龛内原各有一个主要图像，现仅右壁龛残存降魔成道的画面。这提供了与克孜尔第76[2]窟前室侧壁的有趣对比，后者右壁壁画表现的是同一题材[3]，左壁表现的是佛陀初转法轮的场景。据此，或可推测此窟门道左壁龛表现的也是佛陀初转法轮的场景。若不误，那么可能还意味着前室有固定的图像内容。

题记

主室四壁主要区域所绘的每幅说法图的中心，即佛陀肉髻上方皆有一白色边框，内有婆罗谜文字题记，可惜损毁严重，已无法释读。

近期研究

梁志祥、丁明夷1985、1992，250-254、225-227页；盛春寿1991；Rhie 2002, pp. 708-714；王征2009，85-91页；桧山智美2012b，296-297页。

近期图录

《クムトラ石窟》1985；《库木吐喇石窟》1992，图版187-190；《中国新疆壁画・龟

---

〔1〕此形象通常与梵天有关，但在龟兹地区的图像惯例中，梵天一般没有身光。这种表现形式可能与犍陀罗晚期图像传统中表现的以束发苦行的梵志形象代表弥勒菩萨有关，见宫治昭1992，281-320页。

〔2〕可资对比的洞窟有克孜尔第129窟（本书48-50页）和库木吐喇GK第27窟（本书125-127页），也见第四章。

〔3〕两窟的图像特征有所不同。此窟壁画中描绘的四臂魔罗拉弓、托举二天人手持一矛的四臂夜叉形象，以及刻有狮子形象的宝座，皆不见于克孜尔第76[2]窟，或许暗示出“A传统”洞窟内也存在着不同的图像和文本传统。

兹》2008，213–214页，图版187–188；《中国新疆壁画艺术·库木吐喇石窟》2009，第4卷，3–13页，图版1–11。

GK第21窟——方形窟（新2窟）（Ⅰb型）

概况

此窟是1979年清理GK第20窟窟前区域时发现的，亦被称为新2窟，位于GK第20窟的左侧。GK第21窟的主室通过一条较深的门道进入，很可能曾有前室（见图70）。主室中心无像台，现存壁画布局表明窟内的装饰核心是主室正壁的大幅故事画，但已全部剥落（图73）。

窟顶的精美壁画保存较好，它们被揭取、修复，而后安装在钢架结构上，并被固定在原处。

门道

门道较深，券顶保存状况较差。壁画层以及外层角砾岩已经剥落。壁面上方残存一条卷草纹饰带，并且延伸至主室。左侧壁龛的形状和规模表明其可能用作储藏空间，

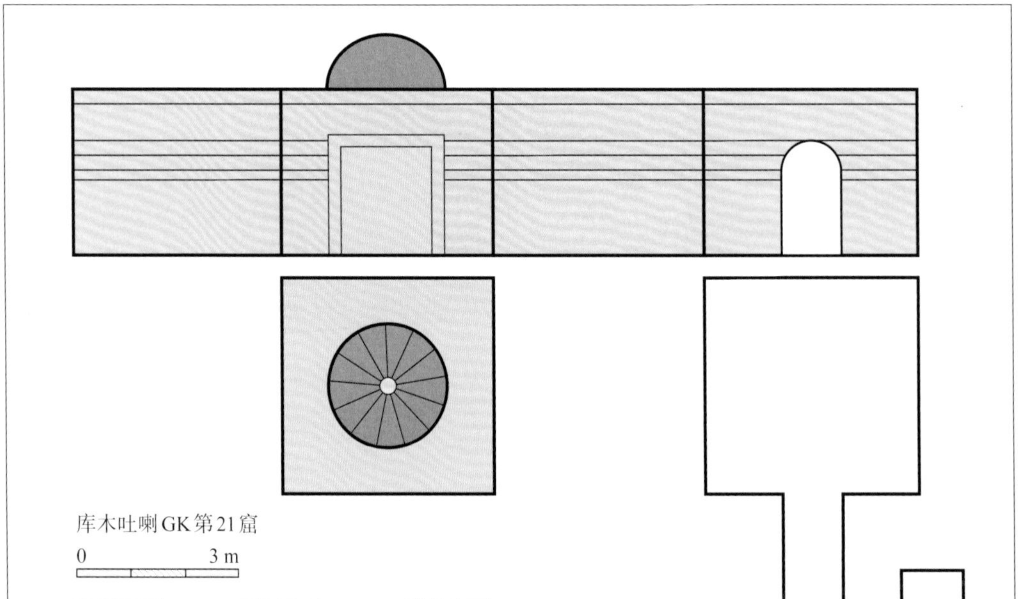

图73 库木吐喇GK第21窟主室装饰内容及布局示意图。上：四壁壁画内容及布局。下左：顶部壁画内容及布局。下右：平面图。

龛内涂草泥层，未绘壁画。右侧壁上无壁龛。

尺寸：现高220厘米、宽115厘米、深290厘米

左壁龛：高130厘米、宽125厘米、深125厘米

主室

主室平面呈方形，顶为穹窿顶。壁画仅有部分保存。正壁壁画几乎全部剥落；左壁壁画保存相对较好（图74），只绘装饰纹样，上部是立柱纹，将壁面划分成若干个长方框，其下和墙基面上绘几何纹、忍冬纹等装饰带，且延伸至前壁和右壁。通过与“A传统”其他布局相似的方形窟的类型对比，推测正壁曾有一大幅故事画。

与其他洞窟相比，此窟穹窿顶的直径显得相对较小。顶部中心绘一朵莲花，其他部分被划分成十三个条幅，每个条幅内绘有精美的、立于莲花上的菩萨或天人像。抹角拱处的壁画已剥落不存。

尺寸：至抹角拱处高285厘米、面阔385厘米、进深380厘米

叙事内容

此窟的装饰核心很可能是正壁的大幅故事画，四周有多重装饰带构成的边框，可惜现已消失不存。根据类型对比，推测大幅故事画表现的是因缘故事，通常国王作为故事

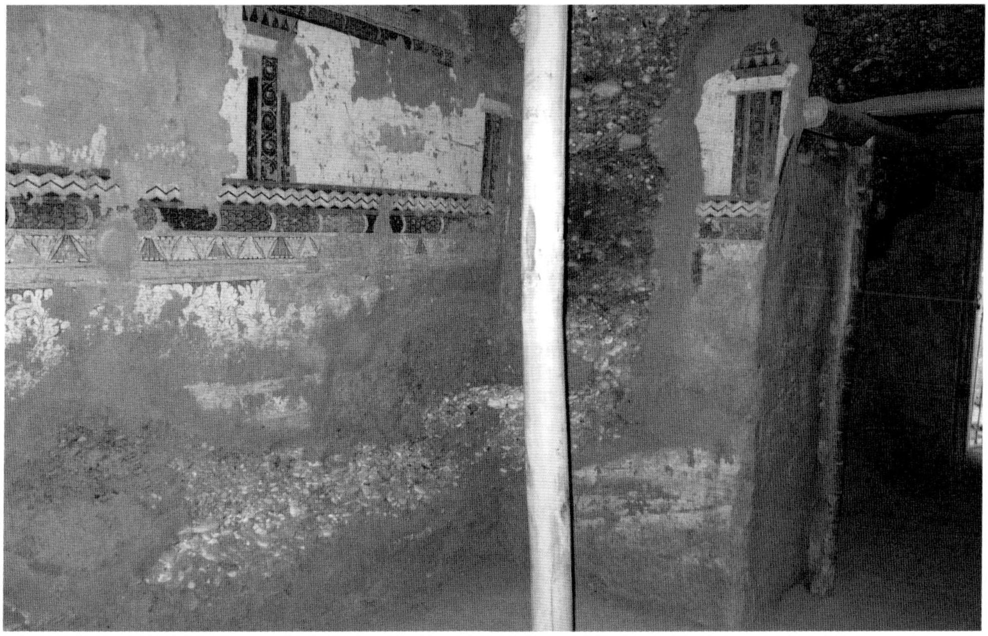

图74 库木吐喇GK第21窟主室左壁与前壁残存壁画。Klaas Ruitenbeek 摄于2014年 © K. Ruitenbeek。

的主角。窟内不见佛像。由于此窟关键图像缺失,无法复原窟内的装饰。

尽管窟顶壁画布局与邻近的GK第20窟相似,仍存在图像差异。此窟顶部所绘的精美的菩萨或天人有头光而无身光,与GK第20窟窟顶所绘有身光的菩萨或天人显然有着不同的尊格。

近期研究

梁志祥、丁明夷1985、1992,250–254、225–227页; Rhie 2002, pp. 714–715; 盛春寿1991。

近期图录

《クムトラ石窟》1985;《库木吐喇石窟》1992,图版191;《中国新疆壁画·龟兹》2008,215–222页,图版189–196;《中国新疆壁画艺术·库木吐喇石窟》2009,第4卷,14–25页,图版12–22。

GK第22窟——方形窟——Zweite Kuppelhöhle, 2. Schlucht(第2沟第二穹窿顶窟)(I a型)

概况

前室和较深门道的靠外部分已坍塌(见图70)。主室现存的壁画残迹表明四壁上曾有大小相等的长方形画幅。根据类型对比,这种壁画布局常见于主室中心有一座像台,其上安放佛塑像的洞窟(图75)。

门道

尽管有部分坍塌,但门道的深度可通过对比邻近洞窟的门道推测得知。此窟已发表的平面图显示门道左右两侧壁各有一个壁龛[1],它们的规模与GK第20窟门道两侧壁的壁龛相当,意味着其内可能同样各有一尊塑像。

主室

主室内部空间呈近乎完美的正方体,顶为穹窿顶。前壁大部分属于现代重修。洞窟的下部填满沙石堆积。四壁皆有损毁。正壁檐口面残存的画面上有两名在天宫栏楯中的伎乐天人;相似的题材延续至左右两侧壁。两侧壁上方的壁画残迹显示出壁画是

[1] 晁华山1985、1992,184、180页。但在《库木吐喇石窟内容总录》(新疆龟兹石窟研究所2008b,68页)发表的平面图中,没有两个壁龛。

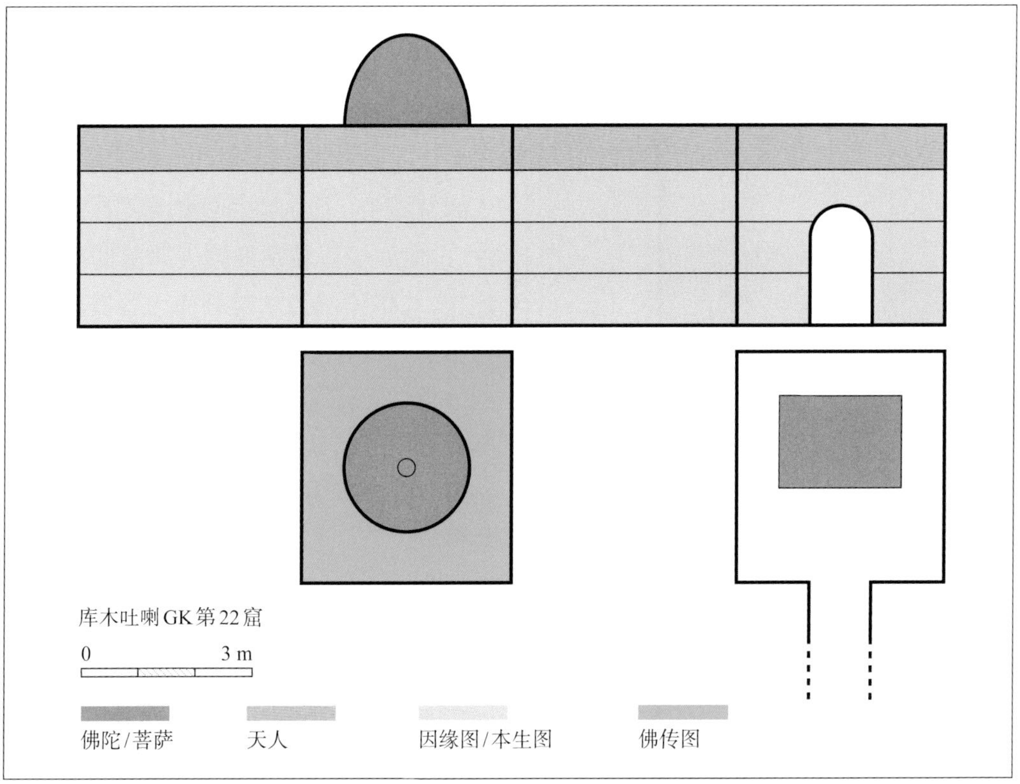

图75 库木吐喇GK第22窟主室装饰内容及布局示意图。上：四壁壁画内容及布局。下左：顶部壁画内容及布局。下右：平面图。

分幅绘制的。紧承檐口面下方绘一排立佛像，再向下绘故事画。前壁的壁画布局和题材与其他壁面相似。

窟顶中心绘一朵莲花，其他区域被划分成若干条幅，其内交替绘立于莲花上的佛像和菩萨像，都有头光和身光，脚旁是较小的天人像。窟顶边缘绘一周坐于莲花上的小佛像，彼此之间以金刚杵间隔。抹角拱的中心各绘一尊坐姿佛或菩萨像，两侧是各色人物。根据被揭取至德国柏林的壁画残块，可知每个抹角拱上绘一幅故事画；抹角拱之间绘飞行的天人。

尺寸：至抹角拱处高340厘米、至窟顶中心高495厘米、面阔370厘米、进深390厘米

叙事内容

根据壁画残迹和探险队记录，可推知主室的装饰布局。檐口面绘栏楯及伎乐天人，四壁壁画分为三栏，上栏绘一列立佛像，中栏和下栏绘叙事场景。由于在其他布局相似的“A传统”洞窟中，主室中心通常有一尊安放在像台上的佛塑像，因此推测此窟的装饰核心是中心像台上的佛塑像，四壁壁画构成其背景。

图76　库木吐喇GK第22窟主室顶部右外抹角拱。图片采自法国探险队拍摄的历史照片，巴黎吉美博物馆藏，编号AP 7017 © MNAAG, Paris, Dist. RMN-Grand Palais/image musée Guimet/distributed by AMF。

由于壁画大多已剥落，难以复原壁面中栏和下栏的故事画内容。右壁上仍可看到模糊的马和大象。格伦威德尔观察到一名怀抱带有头光的幼儿的女性坐在梯台式的宫殿中，上方的拱形窗内还有数名女性[1]。他的描述被别列佐夫斯基的水彩画证实[2]。格伦威德尔对画面内容提出了两种猜想，或是幼年乔达摩，或是某位菩萨的故事。但仔细分析笔记和水彩画，发现其并不符合传统的佛传故事，因此极可能是某一位曾贵为王子的菩萨的本生或因缘故事。

窟顶条幅内交替绘制的佛像和菩萨像皆带有头光和身光。抹角拱处所绘的故事画类似于库木吐喇谷口区的其他洞窟所见。右外抹角拱被揭取的壁画残块上绘佛陀在舍卫城通过神迹使六名外道皈依的故事[3]（图76）。

探险活动与相关资料

1905～1906年：俄国别列佐夫斯基探险活动（线描图见俄罗斯国立艾尔米塔什博物馆、西北民族大学2018，第2卷，344-345页，图版1-2）。

1906年：德国探险队第三次探险活动（格伦威德尔2007，28页）。

1906年：法国伯希和探险活动；照片编号：AP 7016、AP 7017。

1913年：德国探险队第四次探险活动（勒柯克、瓦尔德施密特2006，696页）[4]。

---

〔1〕格伦威德尔2007，28页。

〔2〕俄罗斯国立艾尔米塔什博物馆、西北民族大学2018，第2卷，344-345页，图版1-2。然而水彩画所绘场景的准确出处现已未知，画面内容与格伦威德尔的记述相吻合。

〔3〕壁画中描绘了一尊大型坐佛像，身侧发出一尊小型立佛像。大佛像两侧还有两名或更多婆罗门，其中一人表现出不友好的神情，举起双手做投降姿势，关于此手势，见Schlingloff 2000/2013, vol. 2, p. 135; Hiyama 2012a, p. 145, fn. 4。此画面可被释读为佛陀幻化出自己的一千个化身来教化外道。

〔4〕自德国探险队第四次探险活动起，出自库木吐喇GK第22、23窟的文物就出现了混淆。这是由于两窟的相似性以及库木吐喇GK第22窟较差的记录资料造成的。

近期研究

中野照男1985、1992，266、235-236页[1]；王征 2009，88页；桧山智美2012b，293-294页。

表18 库木吐喇GK第22窟被揭取的壁画

位置	编 号	尺寸（厘米）	出 处	内 容	探险活动
柏林	Ⅲ 9053	79×43	主室，抹角拱	天人礼拜佛或菩萨	德国第四次
柏林	Ⅲ 9054	69×56.5	主室，抹角拱	六名外道在舍卫城皈依	德国第四次
柏林	Ⅲ 9100b①	57×23	主室，正壁	檐口，装饰带	德国第四次

① 此段残片的照片被错误地刊布在战争中丢失的文物图录中[2]，编号IB 9100a。

GK第23窟——方形窟——Kleine Kuppelhöhle, 2. Schlucht（第2沟小穹窿顶窟）（类型不确定）

概况

前室几乎全部坍塌，进入主室的门道保存相对较好（见图70）。主室内只有两侧壁和顶部有少量壁画残迹（图77）。

门道

门道的券顶保存较好。侧壁不开龛，这是其与相邻洞窟的显著差别。壁面上残存的壁画漫漶不清。格伦威德尔记录右壁上绘多个方形画幅，分成三栏，每个方框内绘一坐姿佛像和菩萨像，皆有头光和身光。

尺寸：残高240厘米、面阔110厘米、进深260厘米

主室

主室平面呈方形，顶为小穹窿顶。正壁仅在檐口面有壁画残迹，可以看到简单的红色忍冬纹。两侧壁主要区域的壁画只有部分保存，画面中可看到方形画框内的坐姿佛像和菩萨像；同样的布局和题材延伸到门道的两侧壁[3]。

---

〔1〕 中野照男将格伦威德尔编号的“Zweite Kuppelhöhle, 2. Schlucht”对应于库木吐喇GK第25窟。而格伦威德尔的相关描述实际上清晰地指向GK第22窟。

〔2〕 Dreyer/Sander/Weis 2002, p. 187.

〔3〕 格伦威德尔2007，28页，图24。

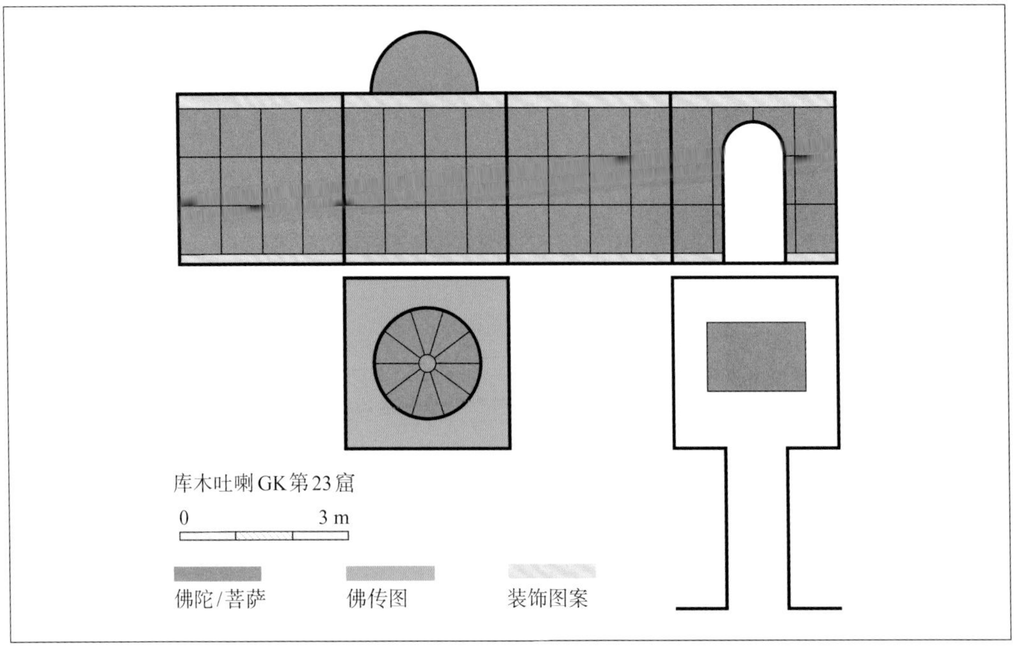

图77 库木吐喇GK第23窟主室装饰内容及布局示意图。上：四壁壁画内容及布局。下左：顶部壁画内容及布局。下右：平面图。

穹窿顶被划分为十个条幅，只有其中五个条幅内的壁画仍有保存，绘交替分布的立于莲花上的佛像和菩萨像，皆有头光和身光，足部绘带头光的龙王供奉火焰宝珠。只有左外抹角拱的壁画保存在原处，其他皆被揭取至德国柏林。

尺寸：至窟顶中心高390厘米、面阔290厘米、进深290厘米

叙事内容

主室四壁的主要区域及门道两侧壁都绘有坐姿佛像和菩萨像，皆带头光和身光。顶部所绘立姿佛像与菩萨像也带头光和身光。由于这些形象既不表现特定故事，也没有突出的、可作为礼拜对象者，因此主室中心很可能有一尊佛塑像，这些壁画作为其背景。

叙事场景仅见于抹角拱处。左外抹角拱上的壁画保留在原处，是三身坐于宝座上的佛像，每身佛像的右手持一个佛钵。中间佛像宝座前有一名裸体男童供奉一块圆形小物，可能是罗睺罗向其父亲供奉甜食（见本书208页）（图78）。另一抹角拱处的壁画被揭取，现保存在德国柏林[1]，描绘的是佛陀在山中洞窟内禅修的场景。根据洞窟旁残留的竖琴一角，推测是帝释窟说法故事。抹角拱之间绘飞行的天人。

〔1〕 德国柏林亚洲艺术博物馆藏，编号Ⅲ 9051。

探险活动与相关资料

1903年：德国探险队第一次探险活动（格伦威德尔2007，28-30页）。

1906年：德国探险队第三次探险活动（格伦威德尔2007，28-30页）。

1907年：法国伯希和探险活动，照片编号：AP 7018。

1913年：德国探险队第四次探险活动（勒柯克、瓦尔德施密特2006，696页）[1]。

近期研究

中野照男1985、1992，266、235页；王征2009，88页；桧山智美2012b，294页（檐口面装饰纹样）。

近期图录

《中国新疆壁画艺术·库木吐喇石窟》2009，第4卷，27-29页，图版25-27。

图78 库木吐喇GK第23窟主室顶部左外抹角拱。图片采自法国探险队拍摄的历史照片，巴黎吉美博物馆藏，编号AP 7018 © MNAAG, Paris, Dist. RMN-Grand Palais/image musée Guimet/distributed by AMF。

表19 库木吐喇GK第23窟被揭取的壁画

位置	编 号	尺寸（厘米）	出 处	内 容	探险活动
丢失（？）	Ⅲ 4447	56×67	主室，穹窿顶	倒三角形纹饰带，下悬挂十字形	德国第一次
柏林	Ⅲ 9050	56.5×11.5	主室，顶部	红色卷草纹装饰带	德国第四次
柏林	Ⅲ 9051	80.0×57.5	主室，抹角拱	窟中的禅定坐佛，帝释窟说法	德国第四次
柏林	Ⅲ 9055a, b	a) 45.5×10 b) 11×9	主室，顶部	红色卷草纹装饰带	德国第四次
圣彼得堡	IB 9158=ВД 900	40×24	主室（？）	佛陀与一名婆罗门	德国第四次
丢失（？）	IB 9183a, b, c①	104.4	主室，穹窿顶	立于莲花上的二佛一菩萨	德国第一次
圣彼得堡	IB 9244=ВД 887	13×19	主室（？）	忍冬纹	德国第四次

① 博物馆的藏品清单中记录此残块来自第四次探险活动，而格伦威德尔1912年的记录证明它们应是在1903年第一次探险活动时被带至德国柏林的。

---

〔1〕 关于博物馆清单中混淆库木吐喇GK第22、23窟出土文物的问题，见本书119页，注释〔1〕。

GK第25窟——方形窟——Mittlere Kuppelhöhle, 2. Schlucht（第2沟中穹窿顶窟）（Ib型）

概况

此窟的前部和上部已坍塌（见图70）。主室平面呈横长方形，与此区段的其他主室平面近乎正方形的方形窟不同。然而，窟顶残存部分以及壁画布局均表明此窟与区段内其他方形窟属于同一类型（图79）。

门道

门道已大部分坍塌，残存部分表明其进深较深，与区段内其他门道深度相似。

尺寸：宽100厘米、残存深度50厘米[1]

主室

主室的主要建筑特征是横长方形平面和穹窿顶，顶已塌毁。

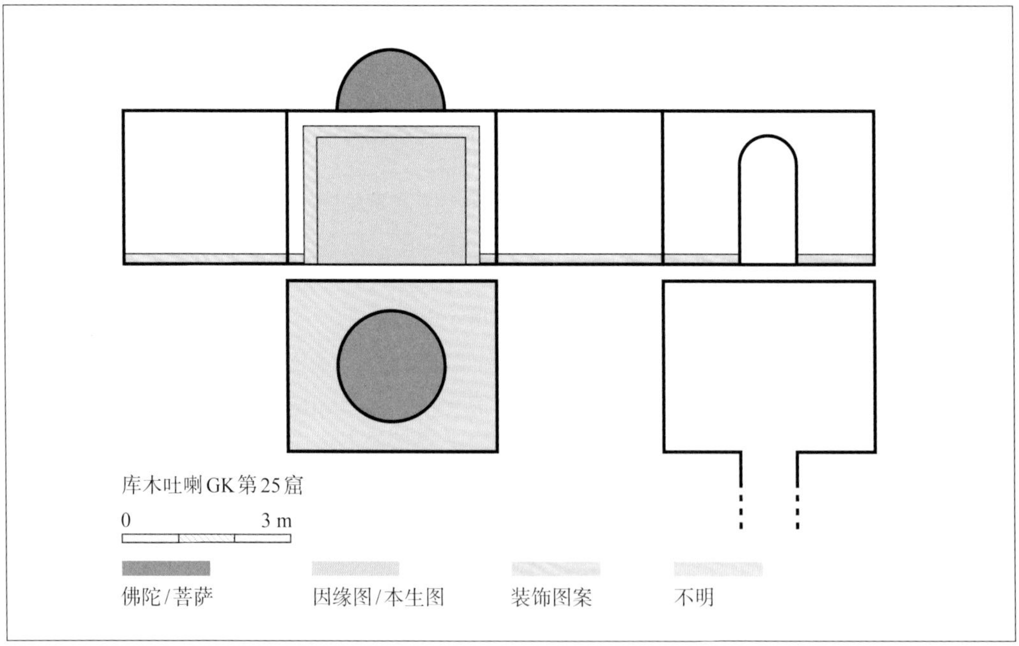

图79 库木吐喇GK第25窟主室装饰内容及布局示意图。上：四壁壁画内容及布局。下左：顶部壁画内容及布局。下右：平面图。

〔1〕 格伦威德尔（2007，31页）记录其深度至少有3米。

正壁上可隐约观察到大幅故事画的装饰边框[1]。主画面漫漶不清。两侧壁也严重损毁，上部坍塌，下部被掩埋在沙石堆积中。

较小的穹窿顶也几乎完全塌毁。在德国探险队考察期间，窟顶的局部壁画跌落在地面，其上交替绘佛像和菩萨像，立于被有胡子的天人托举的莲花上。

尺寸：至抹角拱处高260厘米、面阔370厘米、进深280厘米

叙事内容

正壁装饰边框围成的大幅故事画显然是此窟的装饰核心，但已漫漶不清，难以辨识。根据格伦威德尔的记录[2]，画面内容是一名体形高大的类似国王的人物坐在宝座上，周围是较小的人物，包括一名将死之人、痛苦的女子、僧侣以及手持宝剑的勇士。整个画面表现的似是某一国王或王子的本生或因缘故事，女子被手持宝剑的勇士刺伤或杀死。

探险活动与相关资料

1906年：德国探险队第三次探险活动（格伦威德尔2007，28–32页）。

近期研究

中野照男1985、1992，266–267、236页[3]。

被揭取的壁画

格伦威德尔提到从坍塌的穹窿顶上揭取了一块壁画，其上绘一名有胡子的天人托举莲花，其上交替绘立佛像或菩萨像[4]。但在德国柏林藏品中此件残块尚未被辨识出来。

GK第26窟——方形窟（类型不确定）

概况

此窟与GK第25窟相距不远，两窟开凿在同一高度（见图70）。前室和门道的大部分已坍塌。门道仅存靠内部分。主室内未发现壁画，但根据类型学对比，此窟曾绘有壁画，且属于"A传统"（图80）。

---

〔1〕 格伦威德尔（2007，30–32页，图25–27）记录右壁上残存一大幅故事画，但根据仍可见到的装饰边框，我们推测他可能记录的是正壁，而边框并没有被格伦威德尔记录下来。右壁上的壁画也与库木吐喇此类画面布局不同，大幅故事画通常绘于正壁。

〔2〕 格伦威德尔2007，30–32页。

〔3〕 中野照男将格伦威德尔编号的"Dritte Kuppelhöhle, 2. Schlucht"对应于库木吐喇GK第27窟。而格伦威德尔的描述显然是指代库木吐喇GK第25窟。

〔4〕 格伦威德尔2007，30页。

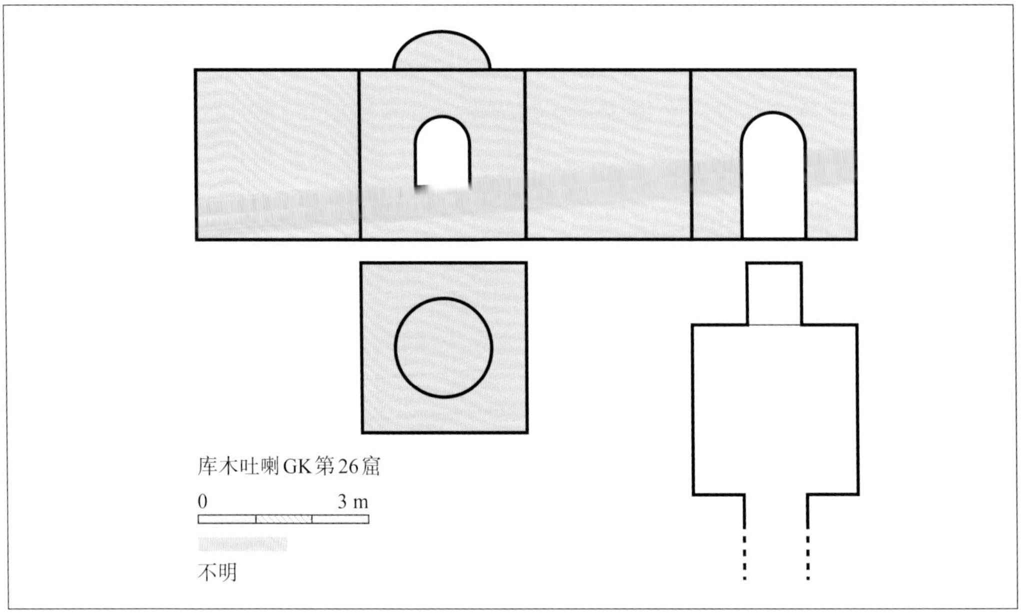

图80 库木吐喇GK第26窟主室装饰内容及布局示意图。上：四壁壁画内容及布局。下左：顶部壁画内容及布局。下右：平面图。

门道

尽管大部分被沙石堆积掩埋，但仍有部分遗存可见。坍塌的顶部可能曾是券顶，与邻近的洞窟相似。

尺寸：宽90厘米、深270厘米

主室

主室保存完好，平面呈方形，顶为穹窿顶。正壁中心开一个壁龛的做法颇为特殊，尚无法判断是否属于最初规划。两侧壁开凿于开裂的角砾岩上，修建时用泥砖加固。残存的壁画被煤烟熏黑。顶为小穹窿顶，尽管有壁画残迹，但过于分散，无法识别出任何图像元素。

主室：高380厘米、面阔290、进深290厘米

壁龛：高120厘米、宽90厘米、深110厘米

组合：GK第27～27A窟

此组合现包括两座洞窟：其中一座洞窟（GK第27A窟）只有部分保存，而另一座方形窟（GK第27窟）保存较好，其内还有壁画残迹。两窟之间的同一高度处还有其他

洞窟，它们也属于此组合。该组合最初很可能包括更多洞窟，现存两窟之间坍塌的崖壁上足够开凿出其他洞窟。此区域现已无法抵达，需要更深入的调查。组合内很可能有四座洞窟，与GK第20～23窟构成的组合相似，同时也显示出此区段内组合的类型。

GK第27窟——方形窟——Große Kuppelhöhle, 2. Schlucht（第2沟大穹窿顶窟）（类型不确定）

概况

此窟位置较高，位于GK第28窟上方10米处（见图69）。现已无法抵达，但残存的部分壁画可从地面上看到。此窟的结构、规模、装饰皆与区段内的其他方形窟类似（图81）。

德国探险队没有登临此窟，俄国别列佐夫斯基和奥登堡以及法国伯希和均参观过此窟，并拍摄了照片（图82）。

俄国和法国探险队记录的资料有助于对主室壁画的认识。四壁的方框故事画错位排列，部分画面跨越壁面转角[1]。檐口面绘植物纹饰带，其下绘一排天宫栏楯及拱形龛，其内绘

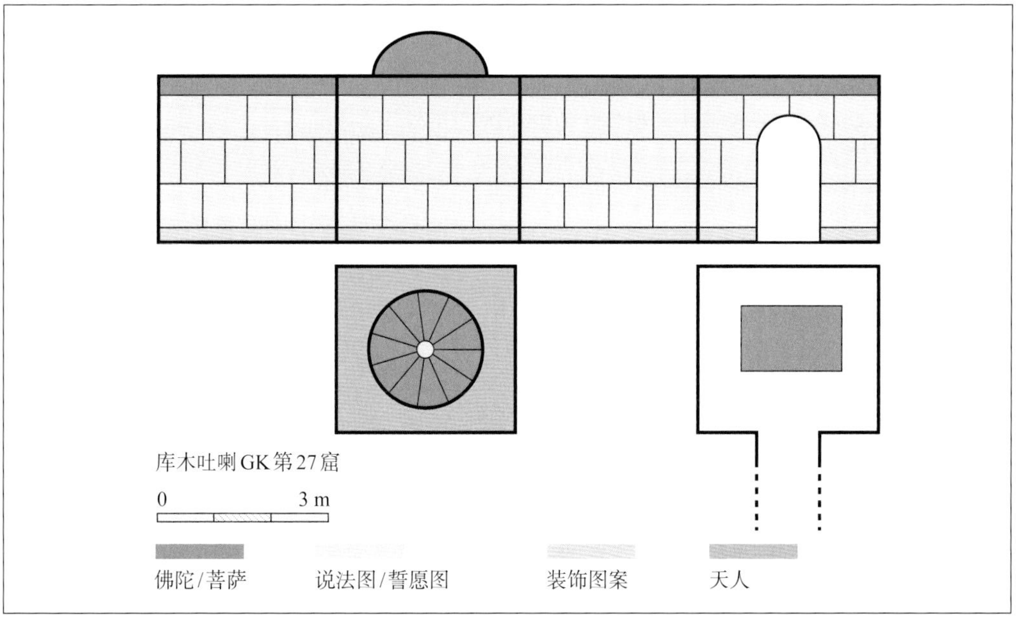

图81 库木吐喇GK第27窟主室装饰内容及布局示意图。上：四壁壁画内容及布局。下左：顶部壁画内容及布局。下右：平面图。

〔1〕 俄罗斯国立艾尔米塔什博物馆收藏的绝大部分A种风格壁画都属于此窟。

图82　库木吐喇GK第27窟（Große Kuppelhöhle, 2. Schlucht）主室侧壁。图片采自法国探险队拍摄的历史照片，巴黎吉美博物馆藏，编号AP 7020 © MNAAG, Paris, Dist. RMN-Grand Palais/image musée Guimet/distributed by AMF。

坐姿佛、菩萨或天人像[1]。穹窿顶边缘绘一排坐于莲花上的佛像，这亦见于GK第22、23窟。抹角拱处的壁画大多已消失，残存部分表现的是飞向抹角拱的天人。

叙事内容

主室四壁的壁画布局与GK第20窟相似。这种相似性或许表明，主室中心也有一个像台，其上安放一尊坐佛像，此尊塑像是窟内的礼拜核心。

窟内的说法图颇为复杂，人物形象有特定的属性或动作以及独特的建筑背景。尽管如此，说法图的内容仍未被识别出来。其中一则题记表明它们可能是誓愿故事。

题记

现藏于俄罗斯国立艾尔米塔什博物馆的一幅说法图（Ky-614）旁有边框，其内吐火罗语题记的意思是“（向）佛（果）”。这是誓愿故事中常见的表述方式[2]。

探险活动与相关资料

1905～1906年：俄国别列佐夫斯基探险活动（俄罗斯国立艾尔米塔什博物馆、西北民族大学2018，第1卷，15-25页）。

1906年：德国探险队第三次探险活动（格伦威德尔2007，28页）。

1907年：法国伯希和探险活动；照片编号：AP 7019、AP 7020。

1909～1910年：俄国奥登堡探险队第一次探险活动（俄罗斯国立艾尔米塔什博物馆、西北民族大学2018，15-25页，图版14）；照片编号：1969-96。

---

〔1〕 伯希和探险队拍摄的历史照片中（巴黎吉美博物馆藏，编号AP 7019），可以辨识出至少一身佛像和一名戴有配饰的人物，后者有头光，但没有身光。

〔2〕 荻原裕敏2015，36页；荻原裕敏2017，117页。

近期研究

荻原裕敏2015，36页（对吐火罗语题记Ky-613、Ky-614的讨论）。

近期图录

《中国新疆壁画艺术·库木吐喇石窟》2009，第4卷，30页，图版28；《俄藏龟兹艺术品》2018，第1卷，图版1-4、13-14、16-18、41[1]。

表20 库木吐喇GK第27窟被揭取的壁画

位置	编号	尺寸（厘米）	出处	内 容	探险活动
圣彼得堡	Ky-613	75×78	主室	说法图与题记残块	别列佐夫斯基
圣彼得堡	Ky-614	74×73	主室	说法图与题记残块	别列佐夫斯基
圣彼得堡	Ky-615	78×60	主室	说法图	别列佐夫斯基
圣彼得堡	Ky-616	35×24	主室	天人，说法图局部	别列佐夫斯基
圣彼得堡	Ky-617	13×13	主室	天人头部，说法图局部	别列佐夫斯基
圣彼得堡	Ky-618	55×23	主室，前壁	金刚手菩萨，说法图局部	别列佐夫斯基
圣彼得堡	Ky-619	48×23	主室	金刚手菩萨，说法图局部	别列佐夫斯基
圣彼得堡	Ky-620	83×26	主室	两名天人，说法图局部	别列佐夫斯基
圣彼得堡	Ky-621	65×48	主室	建筑前的裸体男孩，说法图局部	别列佐夫斯基
圣彼得堡	Ky-623	7×21	主室	天人头部，说法图局部	别列佐夫斯基

GK第27A窟——方形窟

此窟残存部分是主室正壁的局部和左壁的一小段（见图69），但不见于龟兹研究院刊布的资料中。因其无编号，本书称其为GK第27A窟。这些遗存十分重要，表明可能存在着一个大型组合，从此窟延伸至GK第27窟，且包括两窟之间其他现已坍塌、消失的洞窟。残存部分还显示出GK第27A窟是一座穹窿顶方形窟，与第二区段内其他方形窟属于同一类型。

---

〔1〕 除表20中列举的壁画残块外，别列佐夫斯基还揭取了其他A种风格的壁画残块，编号为Ky-565、Ky-567、Ky-585、Ky-601。这些壁画残块的出处尚未确定，见俄罗斯国立艾尔米塔什博物馆、西北民族大学2018，第1卷，图版12、38、58、59。

GK第28窟——僧房窟

概况

此窟的主室从右侧甬道进入，开凿在GK第27窟下方脆弱的角砾岩上（见图69）。前部已坍塌。该窟是库木吐喇谷口区第二区段唯一一座僧房窟，表现出克孜尔“A传统”僧房窟的典型特征（见本书190−192页）。此窟所处的位置可以俯瞰进入山谷的入口，很可能是负责监管整个区段的看守人的住处。

主室尺寸：高285厘米、面阔255厘米、进深260厘米

苏巴什

苏巴什遗址位于库车北20公里，包括多座彼此毗邻的寺院。数个世纪以来寺院沿着库车河两岸修建，它们通常被统称为东寺和西寺（见本书2页图4，图83、84）。

俄国、日本和法国早期探险家相信此遗址为史籍中的昭怙厘大寺，玄奘记载了龟兹都城以北库车河东西两岸的两座寺院[1]。这种推测目前得到了广泛认同。根据汉文史料，昭怙厘大寺早在公元4世纪已十分兴盛[2]。

标志性建筑通常是某一地区的象征。山崖上的大佛塔（见图83中的H）无疑是指引信徒朝拜此处佛教圣地的地标。寺院所在地风景壮丽，崎岖的却勒塔格山是整处寺院的北部屏障，而河流带来了勃勃生机。高耸的佛塔、坚不可摧的墙体、壮美的景观，定会给朝圣的信徒带来敬畏之感。除壮观的建筑，还有与苏巴什西寺和东寺相关的数座洞窟。其中部分洞窟内装饰着不同风格的塑像和壁画。

---

〔1〕 玄奘详细描述了寺院的壮丽景观：“荒城北四十余里，接山阿隔一河水，有二伽蓝，同名昭怙厘，而东西相称。佛像庄饰，殆越人工。僧徒清肃，诚为勤励。东昭怙厘佛堂中有玉石，面广二尺余，色带黄白，状如海蛤。其上有佛足履迹，长尺有八寸，广余六寸矣。或有斋日，照烛光明。”《大唐西域记》T51, no. 2087, p. 870b8−13。

关于苏巴什的报告包括：Oldenburg 1914, pp. 60−62；上原芳太郎1937，346−349页（1903年7月4日至11日，日本大谷探险队第三次探险活动中渡边哲信的记录）、656−657页（1913年5月11日至16日，日本大谷探险队第三次探险活动中吉川小一郎的记录）；Le Coq 1928, pp. 79−84, pls. 17−19, fig. 14（记录了参观此遗址的数天，将遗址称为Subaschi-Länger，1913年8月德国探险队第四次探险活动）；堀贤雄1962，350−354页（1903年7月4日至11日第一次探险活动中堀贤雄的记录）；黄文弼1958，28−30页；Hambis *et al*. 1982, pp. 50−59（1907年法国伯希和探险队的记录）；黄文弼1983；新疆维吾尔自治区博物馆、库车县文物管理所1987；Pelliot 2008, no. 144−147；林立2018，47−67页。关于早期探险活动记录的总结，见Rhie 2002, pp. 627−644。

〔2〕 公元6世纪早期慧皎编写的《高僧传》（T50, no. 2059, p. 330a19−21）中记载鸠摩罗什尚在母亲腹中之时，他的母亲识悟明敏，听说雀梨大寺（即苏巴什）有众多高僧大德，便与其他贵族女性和比丘尼前往大寺设供听法。郦道元写成于公元515年左右的《水经注》中也提到了雀离大清净寺。

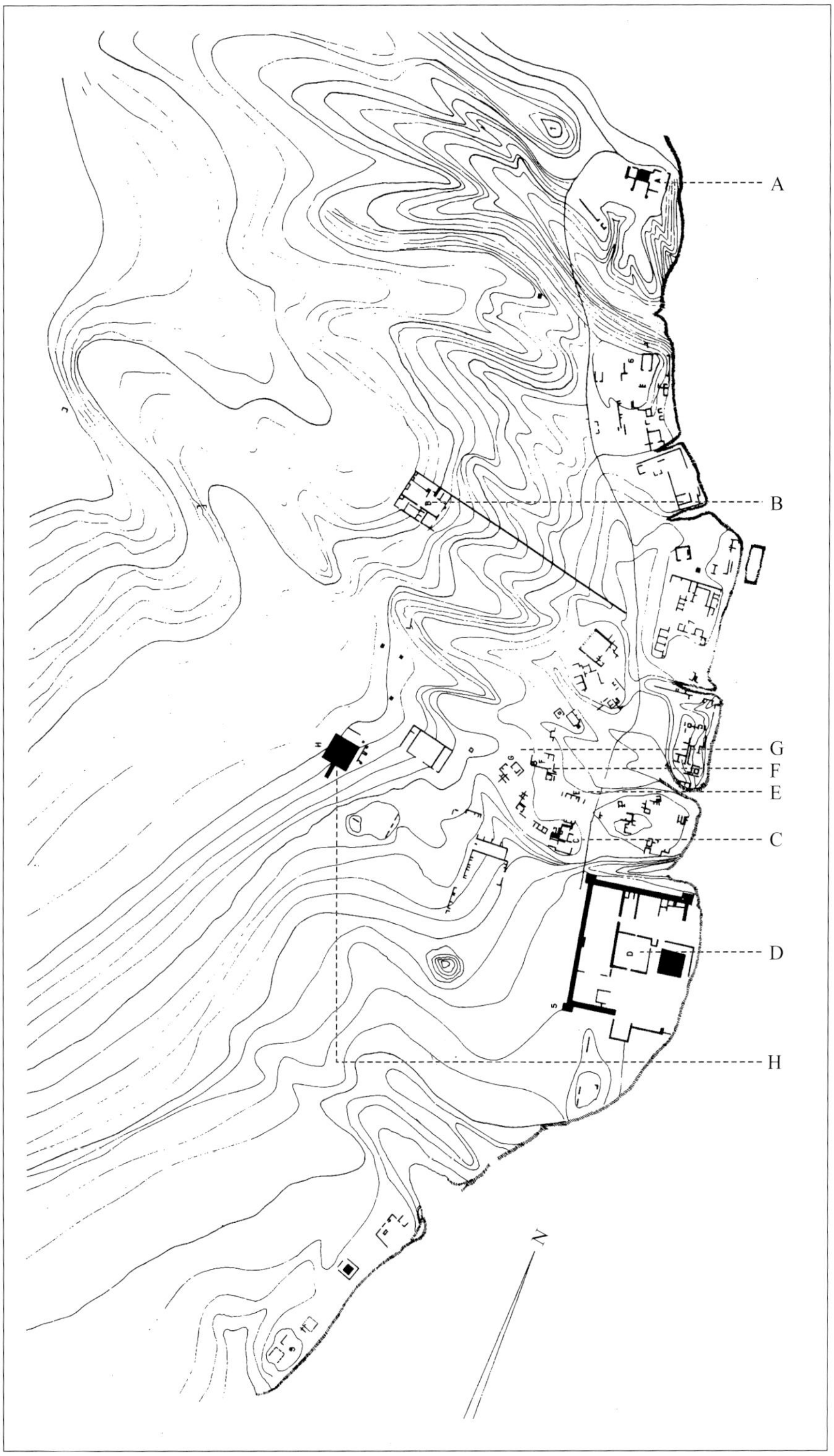

图83 苏巴什西寺。图片采自Hambis *et al*. 1982, A 15。

图84 苏巴什东寺。图片采自 Hambis *et al*. 1982, A 16。

这些遗址中还出土了大量遗物，包括婆罗谜文、汉文以及回鹘文的佛教与世俗写本[1]，陶瓷器、雕像、钱币和纺织品等。这些物质遗存清晰地表明此处文化中心的悠久历史。

如今，苏巴什遗址受到洪水的严重冲蚀，河岸两侧的部分重要遗迹已被冲走。现在所见只是其曾经辉煌景观的残壁断垣。下文主要基于伯希和探险队收集的大量资料，重点介绍遗址内属于“A传统”的要素。

苏巴什西寺

苏巴什西寺的保存状况好于东寺（见图83）。西寺可以粗略划分出两区：南区由数个建筑单元构成，包括高大墙体包围的小型建筑和大庭院，中心耸立一座佛塔；而北区主要用于禅修，大部分是开凿于崖壁上的禅定窟。

佛塔

此遗址内的佛塔大致可分为两种类型：一为犍陀罗式，有较高的方形基座，圆柱形鼓座和半球形覆钵。最典型的是大佛塔H，也是遗址中最高的佛塔。其基座为方形，边长超过20米，原高可能超过22米，有一段阶梯可通向平台，其上可进行右绕礼拜活动（*pradakṣiṇa*）[2]。另一为中原式，类似于多层塔，如同伯希和所理解的，这是晚期的类型。现已受损的佛塔A，最初为犍陀罗式，后被改建成中原式[3]。两类佛塔的存在表明寺院的悠久历史以及可能意味着不同佛教传统的相继存在。

居住区

大多数僧房建筑可能位于僧院之内，也有部分建在僧院之外。僧院B位于西大佛塔H北200米处，包括数座僧房，其形制为甬道式入口，主室内有壁炉和窗户（图85）。这些僧房建筑的平面类似于“A传统”僧房窟。结构的相似性表明它们应属于同一类型。此区内保存不甚完好的相似建筑，也被伯希和记录下来，分别用字母C、E和G标识。对这些地面僧房建筑的考察可能有助于更好理解寺院内“A传统”的实践。

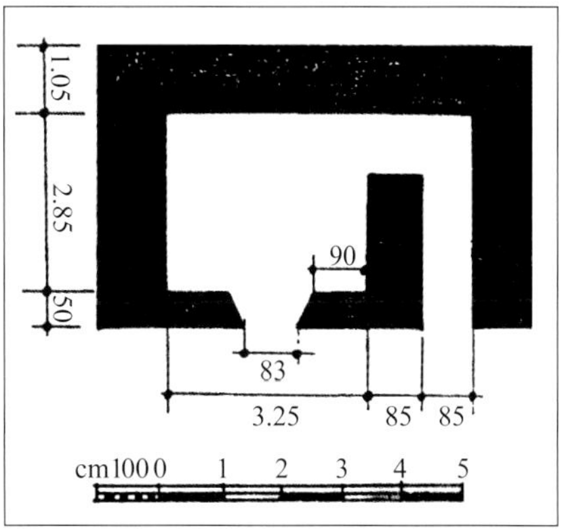

图85 苏巴什西寺僧房建筑平面图。底图根据Hambis *et al*. 1967, pl. 10绘制。

〔1〕 关于苏巴什出土佛教写本的全面研究，见庆昭蓉2017，71–74页。

〔2〕 Hambis *et al*. 1982, p. 55.

〔3〕 Hambis *et al*. 1982, pp. 52–53.

禅修区

北区主要用于禅修，在洞窟中进行。学者最近发表了对此区的全面调查资料，西寺有14座禅定窟，东寺有3座禅定窟[1]。洞窟为长条形（如第2窟），有些进深超过了10米。某些洞窟中（如第3窟）两侧壁上开凿有边长近1米的小室。其他洞窟或呈十字形（第1、4窟），或呈U形（第8窟），皆在甬道内、外壁上开凿小室。崖壁上也开凿有独立的小型禅定窟[2]。

大多数禅定窟损毁严重，部分坍塌，部分充满沙石堆积。许多洞窟内涂抹草泥层并刷白灰浆，不绘壁画。少数禅定窟内绘壁画，但并不常见，不能排除壁画的绘制晚于洞窟的修凿。禅定窟较差的保存状况，尤其是壁画几乎无存，阻碍了对一手资料的系统收集。可获得的信息表明壁画可能属于A种风格。部分洞窟内有吐火罗语及“印度俗语龟兹方言（Kucha-Prākrit）”题记和涂鸦[3]。

佛堂

伯希和拍摄过壁画屋（*Maison aux fresques*，佛堂）的照片（图86、图90），壁画屋之前也被别列佐夫斯基记录过[4]。其位置已无法确定，但带有两间装饰壁画房间的建筑很可能位于G之西，近乎居中处（见图83）。相关信息仅限于照片所见，可用的线索颇为有限。照片展示了佛堂的正壁、左壁及转角，可能是仅存的部分[5]。照片中佛堂Ⅰ的转角处有一把折叠量尺（见图86），据之推测该佛堂的规模与绘有同类型壁画的方形窟相当。壁画布局、风格与内容皆表明两间佛堂属于“A传统”。佛堂正壁中心是一个被装饰边框围合起来的大幅故事画。装饰边框和内有较小人物的绘画区也见于左壁。

佛堂顶部已塌毁不存，但根据布局相似的方形窟通常有穹窿顶，推测佛堂原为穹窿顶[6]。照片中看不到抹角拱。不过穹窿顶直接立于四壁上，没有抹角拱的支撑，可见于柏孜克里克的佛堂。虽然它们的年代较晚，但足以说明此种类型的存在[7]。

从可获得的少量材料分析中发现，苏巴什佛堂的规模、建筑特征、壁画布局和内容

---

〔1〕 冉万里2020；早期记录，见Le Coq 1928, pp. 79–84, pls. 17–19, fig. 14；黄文弼1958，28–30页。
〔2〕 第5、6、7、9、10、11、12、13窟；也见Howard/Vignato 2015, pp. 87–97, fig.102。
〔3〕 Pinault 1987, pp. 134–158；赵莉、荣新江2020《题记报告篇》304–329页，图版Ⅳ-1-161。
〔4〕 Hambis *et al*. 1982, p. 58.
〔5〕 Hambis *et al*. 1982, pp. 58–59; 71–76.
〔6〕 唯一的例外是克孜尔第118窟，见本书95–99页。
〔7〕 抹角拱的缺失可能会引发是否有穹窿顶的疑惑，但穹窿顶佛堂通常巧妙地最小化了抹角拱，甚至不使用抹角拱。先例可能见于犍陀罗地区，尽管当地使用的建材为石头，如塔拉里佛寺（Thareli）。

图86 苏巴什西寺佛堂I主室正壁和左壁。图片采自法国探险队拍摄的历史照片，巴黎吉美博物馆藏，编号AP 7184 © MNAAG, Paris, Dist. RMN-Grand Palais/image musée Guimet/distributed by AMF。

都与石窟寺院中具有相同特征的方形窟相似。建筑规模和体量对于图像的安排和空间的功能十分重要。仍然有待解决的重要问题之一是，苏巴什佛堂中是否存在与方形窟的前室功能相同的前部空间。

佛堂 I（I b型）

概况

两间壁画屋中的一间。关于佛堂 I，可获取的资料包括法国探险队拍摄的照片和绘制的线图（见图86、图87、图88、图89）。没有迹象表明是否存在前室。基于照片中佛堂左内角放置的测量尺，可推测出主室的规模。装饰核心是正壁的大幅故事画，四周有装饰边框。左壁壁画分为三栏（见图89）。

主室

主室残存正壁和左壁的大部分，这为重建装饰布局提供了充足的信息。正壁大幅故事画的画幅近似方形，四周是多层装饰边框。画面以国王为中心，周围有20多名侍从。

图87 苏巴什西寺佛堂I主室左壁中、下栏壁画。图片采自法国探险队拍摄的历史照片，巴黎吉美博物馆藏，编号AP 7183 © MNAAG, Paris, Dist. RMN-Grand Palais/image musée Guimet/distributed by AMF。

左壁被横向装饰带划分成上、中、下三栏。上栏绘立柱纹分隔的长方形空白边框；横向装饰带由卷草纹及其内的一组伎乐天人构成，其中有一人是三角形耳朵的男性半神。下栏绘一组身穿中亚服装的伎乐人物，是此地区佛教艺术中独特的题材[1]（见图88）。右壁可能是相似的布局和内容，且延续至前壁。

尺寸：面阔300多厘米、进深300多厘米（数据根据照片AP 7183中折叠量尺推测）

叙事内容

装饰核心是正壁的大幅故事画，其位置和巨大幅面可立即吸引进入之人的注意力。

〔1〕 库尔图瓦（Courtois）认为最左侧站立的是一名优雅的女性，用面纱遮住头部，并将整个画面解释为史诗或音乐场景，可与粟特宫殿壁画相比，见Hambis *et al*. 1982, pp. 58–59, 75–76。这种解读见于已出版的伯希和探险报告中，见Hambis *et al*. 1982, p. 106, fig.Ca。然而最左侧的人物，既不是女性，也没有戴面纱，而是一名身穿中亚宽松长袍的男性。

图88 苏巴什西寺佛堂I主室左壁下栏壁画线图。Monika Zin 绘 © M. Zin。

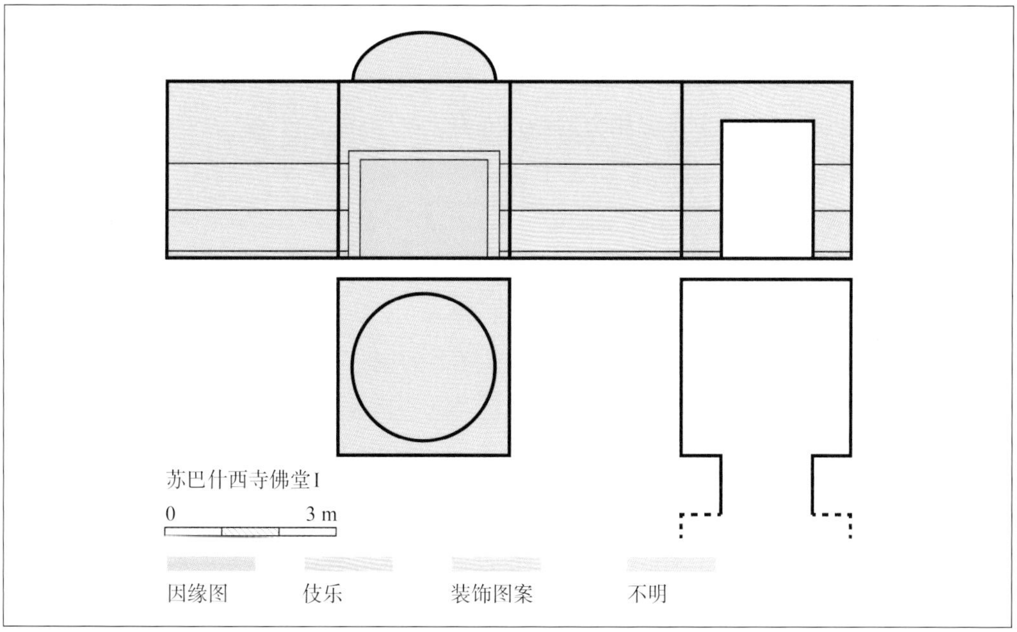

图89 苏巴什西寺佛堂I主室装饰内容及布局示意图。上：四壁壁画内容及布局。下左：顶部壁画内容及布局。下右：平面图。

画面描绘的场景展开于一座装饰华丽的宫殿。一名国王放松地坐在宝座上，头顶有悬挂在拱形结构上的华盖。他是唯一带有头光的人物，且比周围人物高大两倍。残存人物形象中有一半是他的侍从，包括一名手持扇子的侍女，优雅的女性伎乐，一名贵族人物与大臣（二者做交谈状）[1]；最清晰的是一名手托佛钵的僧人，现身于宫殿中漂浮的圆盘上。根据这一细节，推测可能表现的是净饭王归佛（见本书214-217页）。

题记

伯希和拍摄的一张照片（见图87）中，左壁下栏右上方的伎乐人物场景中可以看到婆罗谜文字题记[2]。

探险活动与相关资料

1905～1906年： 俄国别列佐夫斯基探险活动（在Hallade 1982, p. 58中提到）。

1907年： 法国伯希和探险活动（Hallade 1982, pp. 58-59, 71-76）。

佛堂Ⅱ（Ⅰb型）

概况

两间壁画屋中的另一间。佛堂Ⅱ与佛堂Ⅰ毗邻，且规模可能与之相当，关于此间佛堂的资料只有伯希和探险队在1907年拍摄的两张照片[3]（图90、图92）。照片中可见的部分壁画表明其与佛堂Ⅰ有着相似的装饰布局。

主室

主室平面很可能呈方形，顶为穹窿顶。这一推测是基于类型学对比，因为正壁中心绘大幅故事画以及壁面其他部位绘装饰边框的洞窟，大多为穹窿顶（图93）。

主室正壁大幅故事画的核心是一名体形高大的国王（见图90、图91）。左壁被横向装饰带划分为上、中、下三栏（见图92）。上栏绘三名带头光的菩萨，坐在华丽的宝座上，每名菩萨都有侍从，最右侧是金刚手。中栏、下栏仅绘植物纹饰带。

尺寸：面阔300多厘米、进深300多厘米

叙事内容

主室的核心图像是正壁的大幅故事画。一名体形高大、肤色较黑的国王坐在宝

---

〔1〕 关于大臣的图像特征见Arlt/Hiyama 2015；桧山智美/ロベルト・アールト2016。

〔2〕 庆昭蓉和荻原裕敏将之释读为///a [cch]a r[ā ja]///。*rāja*可能指代一名国王，但对这则部分保存下来的题记的解读及其与壁画的关系问题仍悬而未决。

〔3〕 在历史照片中，坍塌的正壁后方可以看到部分建筑遗存。未来通过系统对比历史照片和整个考古区域与此遗址的平面图，有可能确定确切的位置。

图90 苏巴什西寺佛堂Ⅱ主室正壁和左壁。图片采自法国探险队拍摄的历史照片，巴黎吉美博物馆藏，编号AP 7187 © MNAAG, Paris, Dist. RMN-Grand Palais/image musée Guimet/distributed by AMF。

图91 苏巴什西寺佛堂Ⅱ主室正壁壁画线图。Monika Zin 绘 © M. Zin。

图92 苏巴什西寺佛堂Ⅱ主室左壁上、中栏壁画。图片采自法国探险队拍摄的历史照片，巴黎吉美博物馆藏，编号AP 7186 © MNAAG, Paris, Dist. RMN-Grand Palais/image musée Guimet/distributed by AMF。

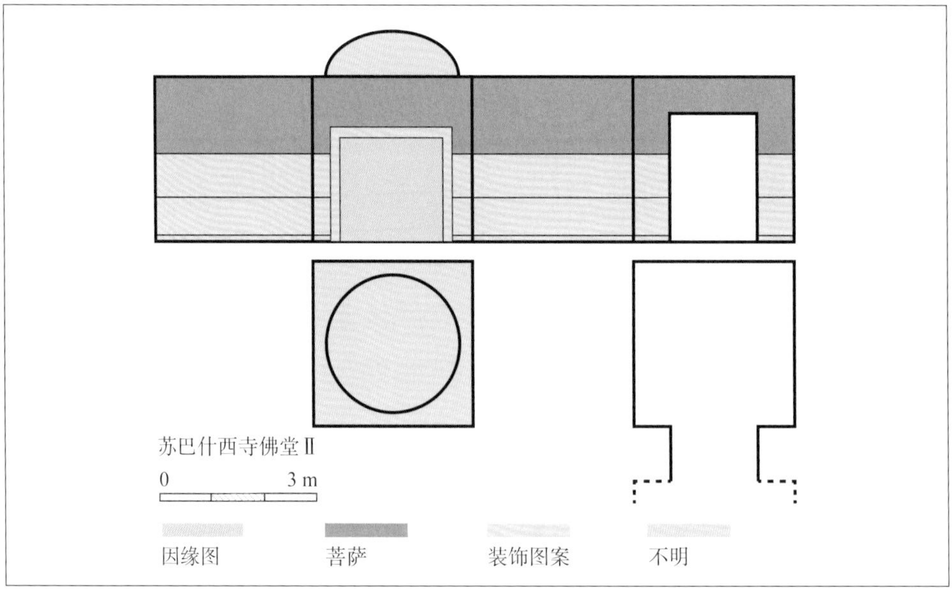

图93 苏巴什西寺佛堂Ⅱ主室装饰内容及布局示意图。上：四壁壁画内容及布局。下左：顶部壁画内容及布局。下右：平面图。

座上,呈右舒游戏坐姿。国王旁边的宝座上坐一名体形稍小的人物[1]。另有一名人物躺在宝座前。根据中心宝座周围的所有人物都有头光,推测表现的可能是忉利天宫的帝释天,亦见于"A传统"其他洞窟。目前尚无更多的信息可供解读出更具体的内容。

探险活动与相关资料

1905～1906年: 俄国别列佐夫斯基探险活动(Hambis *et al.* 1982, p. 58中提到)。

1907年: 法国伯希和探险活动(Hambis *et al.* 1982, pp. 58–59, 71–76);照片编号:AP 7186、AP 7187。

苏巴什东寺

苏巴什东寺坐落在库车河东岸,比西寺稍小,保存现状更差。遗址的大部分可能已被泛滥的洪水冲走(见图84)。与西寺相似,东寺也有数间佛堂和数座佛塔。

现存大佛塔外有一周围墙,厚重的墙体上开凿有规模相当大的壁龛。早期探险队考察期间仍然存在数尊立姿塑像,受到了探险队的关注[2]。

苏巴什东寺保存的壁画极少。日本大谷探险队第一次探险活动期间记录一间绘有地狱场景的方形房间[3],本书将其归入绘制B种风格壁画的"Y阶段"。奥登堡见到一座洞窟,其正壁装饰浮雕山岳场景,以及一尊坐佛像[4]。这些稀少的信息使人联想到"B传统"中心柱窟的典型装饰。第三幅壁画发现于一座禅定窟,表现的是一名树下坐禅僧人,也属于B种风格[5]。

此外,还有三座僧房窟。学者最近对它们进行了调查并发表了相关资料[6]。三窟都被归入长条形洞窟类型。报告中的描述十分简略,无法据之对窟内的壁画布局和绘画风格做更深入分析。

---

〔1〕 壁画布局被误认为与佛堂Ⅰ有关,只有一个人物坐在宝座上,见Hambis *et al.* 1982, pp. 58–59、75。

〔2〕 如同1903年渡边哲信在日记中所描述的(上原芳太郎1937,347页);也见于勒柯克的记载(Le Coq 1928, pp. 81–82);还见于Hambis *et al.* 1982, p. 56(对西南佛塔的描述)。

〔3〕 见编入上原芳太郎(1937,348页)著作中的渡边哲信日记。关于地狱场景,橘堂晃一和桧山智美(2022)最近对其进行了图像学研究,指出描绘的是根据《根本说一切有部毗奈耶》的难陀地狱之旅。橘堂晃一、桧山智美《大谷第一次探险记录的苏巴什东寺地狱场景解读》(2022年8月18日第十九届国际佛学协会大会口头报告)。

〔4〕 Oldenburg 1914/1999, p. 61.

〔5〕 何恩之、魏正中2017,242页,图163。

〔6〕 冉万里2020,88–101页。

乌什吐尔、夏合吐尔

乌什吐尔—夏合吐尔(Duldur-Akur,也译作都勒都尔—阿乎尔)指的是坐落于木扎提河两岸关键位置的两处寺院,高于地面,可以俯瞰周边地区(见本书2页图4,本书108页图68,图94)。日本和法国探险队推断此遗址为玄奘曾提及的阿奢理贰伽蓝[1]。伯希和探险队编写了详细的报告[2]。

本书将东、西两座寺院分别称为乌什吐尔地面寺院和夏合吐尔地面寺院。乌什吐尔寺院有部分保存,但即使早在探险活动兴盛的时代,其塌毁程度也阻碍了发掘工作的展开,信息的缺乏使我们难以清晰地复原其布局[3]。夏合吐尔寺院的研究可以参考伯希和的记录以及后来的出版物。

夏合吐尔地面寺院

伯希和根据其考察期间对遗址的发掘,详细地描述了夏合吐尔寺院,但并未对遗址进行分期。遗址内似乎存在两个不同区域,主要区域围绕长方形庭院修建,带独立围墙的佛堂北侧100多米处有一座大佛塔(见图94)。在伯希和绘制的平面图上,寺院主要建筑被厚重的泥砖墙包围,并配有防御工事。这些设施似乎是此处不再用作佛教寺院后修建的。通向中心庭院的南侧大门,周围是类型不同的建筑,应属于较晚阶段。围绕庭院的数座建筑似乎并不属于最初规划。寺院内的部分建筑可能已被拆毁,其他的显然是在后续阶段中修建的。

寺院最初或是从长方形庭院的东侧大门进入的。正对着此门有一段通向庭院的通道,庭院中心伫立一座犍陀罗风格的佛塔。寺院的中轴线由东侧的正门、两座庭院之间

---

〔1〕上原芳太郎1937,336页;Hambis *et al.* 1982, p. 43。玄奘曾如此描述阿奢理贰伽蓝:“会场西北,渡河至阿奢理贰伽蓝。庭宇显敞,佛像工饰。僧徒肃穆,精勤匪怠,并是耆艾宿德,硕学高才,远方俊彦,慕义至止。国王、大臣、士庶、豪右四事供养,久而弥敬。”《大唐西域记》T51, no. 2087, p. 870b22–26。阿奢理贰伽蓝,玄奘将之意译“奇特众园”(T51, no. 2087, p. 870b22)。

最近吐火罗语研究者指出此寺院在吐火罗语中称为*Samantatir*,至迟修建于唐代,见Pinault 2008, p. 384;庆昭蓉2011;庆昭蓉2014b,544–548页;庆昭蓉2017,67–69页。

〔2〕数次探险活动的报告中提到了此遗址。如日本大谷探险队第一次探险活动(1903年5月,上原芳太郎1937,336–337页;堀贤雄1959,44页);德国探险队第三次探险活动(1906年1月,格伦威德尔2007,17–20页);俄国别列佐夫斯基探险活动(1906年,Oldenburg 1914, p. 70);法国伯希和探险活动(1907年4月至5月,Hambis *et al.* 1982;Pelliot 2008, pp. 119, 130);日本大谷探险队第二次探险活动(1909年3月,上原芳太郎1937,520–521页);黄文弼考察(1928年9月,黄文弼1958,17–18页);林立2018,31–46页。此外,英国斯坦因(Stein 1928, vol. 1, p. 69)曾在信件中提到Duldur Akhur,但用的名字是Kone Shahr,见庆昭蓉2014b,545–546页。关于伯希和发掘报告的概述,见Rhi 2002, pp. 600–627。

〔3〕林立复原的布局缺乏可信的证据,见林立2018,5–36页,图3–3a。

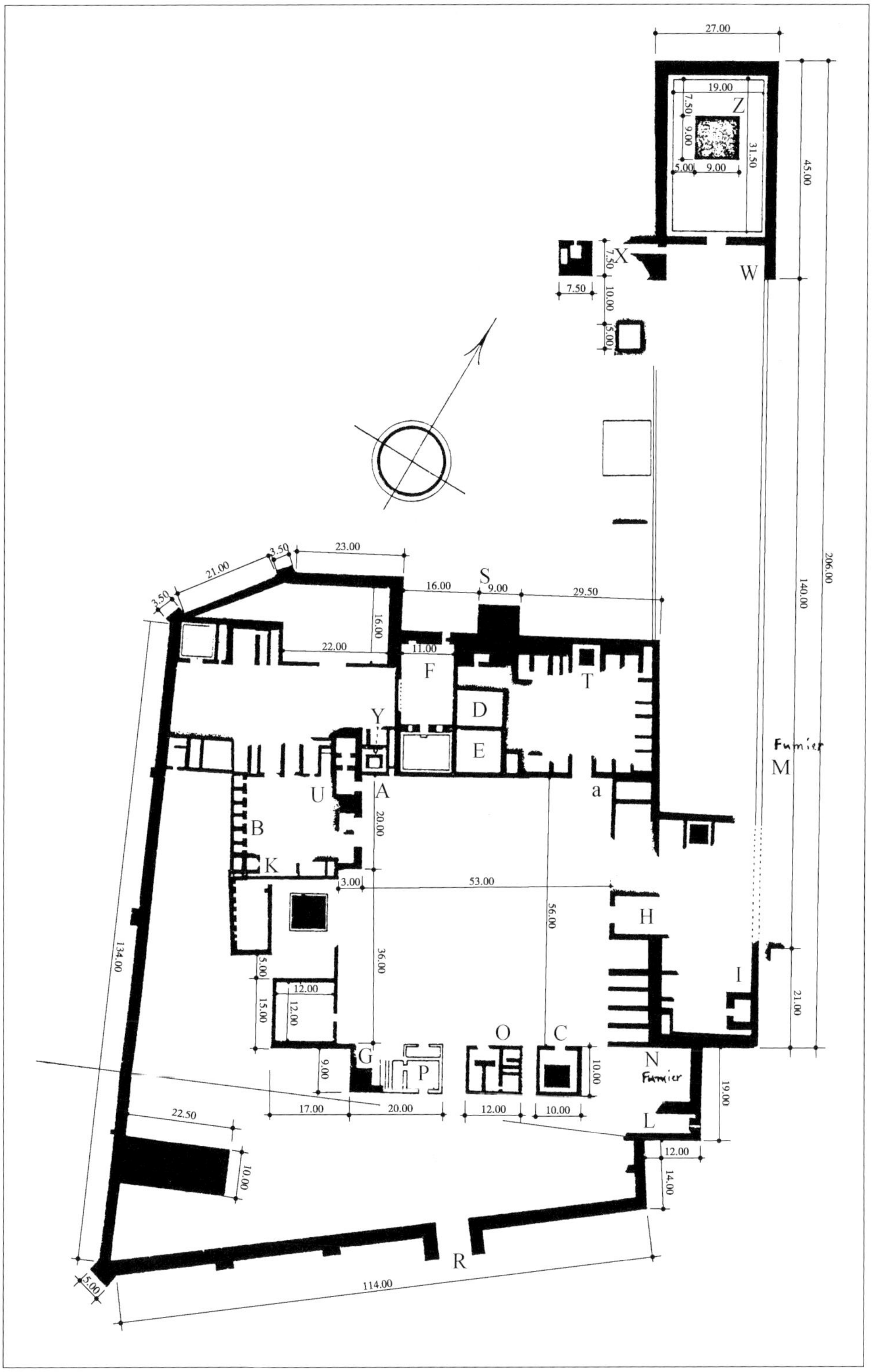

图94 夏合吐尔寺院平面图。图片采自Hambis *et al*. 1982, A 2。

的通道，以及西侧的佛塔构成。因此，这座佛塔应是整座寺院的核心，其基座上的壁龛内有坐于莲花上的佛像[1]。

长方形庭院周围有数座建筑。最大的一处是僧院（见图94中编号T）。僧院内北侧居中的一间房比其他僧房大，平面呈方形，内有像台，其上可能原有佛塑像。此处的发掘记录中记载发现有塑像残块。这种布局使人联想到“香室”（*gandhakuṭī*），即在僧院中专设一间安放佛像的房间。

部分建筑内有装饰，很可能是礼拜场所，属于“A传统”。佛堂C位于庭院的东南角，与僧院T相对，其内有一个大像台，可能用于右绕礼拜，发掘时台座周围出土有塑像残块。这些残块可能属于同一尊大型佛塑像。残块包括佛像头部以及可能属于背光装饰的数块小型贴金坐佛像，这表明主尊佛塑像的形态似是佛陀在散发出许多小佛像。像台上绘一身金刚手菩萨。佛堂Y内也有壁画，中心处同样有一个像台。与佛堂Y相连的一间房内发现有数则婆罗谜文字题记，伯希和据此称此间房为“藏书室”。

北佛塔亦为犍陀罗风格，建于一座边长9米的方体基座上。基座上方为圆柱体鼓状结构，其外有一周厚重的墙体，墙上设置长条形平台，可能用于安放大型佛像和菩萨像。伯希和记录了若干大型木构件，或是围绕佛塔右绕礼拜的通道上方架设的木棚。

除这些地面建筑外，格伦威德尔也记录了面向木扎提河的崖壁上开凿的数座洞窟，但伯希和的报告中并未提及。这些洞窟可能构成与寺院相关的禅修区[2]。

遗址内佛堂形制布局与“A传统”方形窟的相似性尤其值得注意，特别是那些平面呈方形，中心有一个安放佛像台座的佛堂。北佛塔周围壁面的平台上立有塑像，这种布局与克孜尔的套斗顶洞窟有相似之处，其内同样在四壁上安置塑像。

A种风格的壁画残块也发现于夏合吐尔遗址，但画面的确切内容未被记录，致使无法判断出自哪一建筑[3]。它们在法国巴黎吉美博物馆被独立展陈。这些壁画残块有着明显不同的红、蓝两种背景色，因此它们至少属于两个场景[4]。此处暂时称之为Ⅰ组壁画和Ⅱ组壁画。根据Ⅰ组壁画和Ⅱ组壁画所绘人物形象的尺寸和动作，推测它们曾属于两个大幅故事画，画面的核心是坐在宝座上的佛像，周围有众多人物。至少一幅场景

---

〔1〕 魏正中2021。

〔2〕 格伦威德尔2007，17页。河岸西侧现只有一座洞窟，即GK第33窟，这是库木吐喇谷口区的一座大像窟。格伦威德尔提到的其他洞窟，使我们思考可能存在一个专门供僧人禅修的区段。如果这种假设不误，那么乌什吐尔和苏巴什就有很强的相似性。

〔3〕 据记录，这些残块发现于法国探险队绘制的平面图上标为H的佛寺（图94），其内还发现了若干婆罗谜文字写本、塑像以及木栏杆，见Hambis *et al*. 1982, pp. 43-49。此区被高墙环绕，且可能形成了通向主庭院的入口。这些壁画发现时已经是从壁面上脱落的碎块状态，无法复原它们的原初布局。

〔4〕 尽管它们被一同展示，但在学术出版物中从未被认为属于同一画面，如秋山光和、Giès Jacque 1994，图152-164。

表现的重点是献钵；其他残块中有魔众形象。两组壁画均残缺严重，无法据之进行复原。当然也不能排除这些残块属于两个以上的场景。

Ⅰ组壁画

特点是红色背景，画面上有一名世俗信徒，没有头光，双手捧一钵，内有白色物体（米？），还有其他几件钵[1]。许多故事中提到向佛献钵。这些残块上缺乏明确的信息，无法确定画面所表现的具体故事。

Ⅱ组壁画

特点是蓝色背景，似乎表现的是坐佛面对一名老年婆罗门。佛陀表情严肃，坐在有垫子的椅子上[2]。还有其他几位带有头光的男、女形象，似乎也属于此场景，皆在礼拜佛陀。其中有一对夫妇，男性人物戴一顶蓝色假发，这种发式常见于A种风格壁画中的供养人；女性人物黑色头发上装饰小白花，佩戴华丽的头饰，刘海上有两条镶嵌宝石的饰带，给人强烈的个性化印象。二人的头光表明其应是王室夫妇[3]，被插入叙事场景中，但画面内容无法辨识。

题记

与这些壁画残块一起被发掘出土的一件残块上（EO 3677）有婆罗谜文字题记，尚未得到研究，唯一可被释读的吐火罗语单词的意思是阿波陀那或因缘（*avadāna*），或表明其中至少有一个场景表现的是阿波陀那的故事（因缘谭）[4]。

探险活动与相关资料

1907年：法国伯希和探险活动（Hambis *et al*. 1982, pp. 31–36、43–49、179–191; Pelliot 2008, no. 131）；照片编号：AP 7236、AP 7237、AP 7238、AP 7239、AP 7240、AP 7258、AP 7260、AP 7261、AP 7262、AP 7263、AP 7264、AP 7265。

近期图录

秋山光和、Giès Jacque 1994，图152–164。

---

〔1〕巴黎吉美博物馆收藏的以下壁画残块属于Ⅰ组壁画：EO 1121a、1121b、1122a、1122b、3666、3673、MG 23800。

〔2〕巴黎吉美博物馆收藏的以下壁画残块属于Ⅱ组壁画：EO 3665、3669/1、3669/2、3671a、3671b、3674、3675a、3675b、3676a、3676b、3676c。

〔3〕Hiyama 2016–17, pp. 42–43.

〔4〕荻原裕敏和庆昭蓉慷慨地为本书提供了尝试性解读 *///avadāṃ lipa[ṟ]\ [bha v]* · *ñc* · *–///*。

表21　夏合吐尔佛寺遗址被揭取的壁画

位置	编　号	尺寸(厘米)	出处	内　容	探险活动
巴黎	EO 1121 a	23×26	靠近 H	叙事场景中的佛钵	伯希和
巴黎	EO 1121 b	15×26	靠近 H	叙事场景中的佛钵	伯希和
巴黎	EO 1122 a	41×37	靠近 H	女性躯体和男性头部,都有头光	伯希和
巴黎	EO 3665	34×45	靠近 H	供养人夫妇	伯希和
巴黎	EO 3666	37×45	靠近 H	叙事场景中的佛钵	伯希和
巴黎	EO 3669/1	17×24	靠近 H	梵志头部	伯希和
巴黎	EO 3669/2	13×10	靠近 H	夜叉头部	伯希和
巴黎	EO 3671a	17×19	靠近 H	梵志的身体	伯希和
巴黎	EO 3671b	24×20	靠近 H	梵志的身体	伯希和
巴黎	EO 3673	20×16	靠近 H	菩萨的身体	伯希和
巴黎	EO 3674	27×19	靠近 H	年老僧人的身体	伯希和
巴黎	EO 3675 a	27×27	靠近 H	一对立姿夫妇,都有头光	伯希和
巴黎	EO 3675 b	21×16	靠近 H	一对立姿夫妇,都有头光	伯希和
巴黎	EO 3676 a	76×86	靠近 H	佛陀说法图	伯希和
巴黎	EO 3676 b	25×31	靠近 H	佛陀说法图	伯希和
巴黎	EO 3676 c	20×26 & 10×11	靠近 H	佛陀说法图	伯希和
巴黎	EO 3677	13×16	靠近 H	边框及其内的婆罗谜文字题记	伯希和
巴黎	MG 23800	17×14	靠近 H	菩萨的身体	伯希和

乌什吐尔地面寺院

乌什吐尔地面寺院坐落于木扎提河的东岸。现存遗址坍塌严重,仅能揭示出寺院原初布局的极少信息,加之早期探险者的相关记录有限,尚无法对此寺院做出更准确的推测。

此座寺院的布局容易使人想到苏巴什西寺(见本书131页),居住和生活区为地面建筑,而禅修区为开凿在崖壁上的洞窟。乌什吐尔地面寺院北侧第一沟内分布着库木吐喇谷口区第一区段的洞窟,该区段由无装饰的、用作禅定修行的长条形洞窟构成。这些洞窟应是地面寺院的补充，僧房窟的缺失也使此推测得以加强，乌什吐尔寺院的僧人或许居住在地面修建的僧房中，步行较短的距离便可抵达禅定窟[1]。

佛堂（Ib型）

概况

1906年冬德国探险队第三次探险，他们在进入库木吐喇谷口区的路上，注意到木扎提河两岸分布着数座佛教遗址。格伦威德尔记录了乌什吐尔寺院一座佛塔的清理，其内发现一件舍利盒[2]。佛塔修建在绘满壁画的房间（佛堂）之上，还有一条通向河流的道路。佛堂的大幅故事画为A种风格，画幅宽2米多，损毁严重。此画面的核心是身形高大的国王形象，坐在宝座上，周围是稍小的人物，其中还有数名女性。中心人物的左侧有一名男性贵族，将其右臂伸向一名有胡子的士兵，并给他一件类似王冠的物品。由于壁画已剥落，难以获得更多信息。伯希和来到此处时未做任何记录。壁画内容已无法复原。

叙事内容

根据格伦威德尔的记述，可知佛堂内有大幅故事画，画面中心是一名坐在宝座上的国王。这使人想到部分“A传统”方形窟，其正壁的大幅故事画描绘以男性王室贵族为中心的因缘故事。

探险活动与相关资料

1906年：德国探险队第三次探险活动（格伦威德尔2007，17-20页）。

“Y阶段”

龟兹石窟中有相当多的洞窟以不同方式和程度将“A传统”和“B传统”特征融合起来。它们在本书中被归入“Y阶段”[3]。这种现象相当普遍，不仅存在于有“A传统”的

〔1〕 魏正中2013，71-75页；何恩之、魏正中2017，67-71，132-137页。
〔2〕 格伦威德尔2007，65页，注释〔1〕。此件舍利盒的下落不明。
〔3〕 目前我们对此阶段洞窟的范围、绝对年代、图像和文本依据缺乏全面了解。这一问题需要对上述各个方面展开详细研究，以确定这些洞窟是有连贯的传统，抑或是对早期元素和新理念的随意糅合。

遗址中，也见于没有“A传统”的遗址，诸如玛扎伯哈[1]、森木塞姆、台台尔、托乎拉克艾肯以及其他佛寺遗址。

下文仅对克孜尔的“Y阶段”洞窟进行简要介绍。之所以涉及这些洞窟，是因为它们有助于深化理解“A传统”寺院，且有助于更确切地界定其范围。

“Y阶段”中“A传统”和“B传统”建筑结构、图像和风格特征的融合方式较之前更为丰富。“Y阶段”洞窟是一种极其复杂而有趣的现象[2]。部分“Y阶段”洞窟是通过改建早期的“A传统”洞窟形成的，这一事实清楚地表明“Y阶段”的年代晚于“A传统”。此外，绝大多数“Y阶段”洞窟的相对位置显示出它们开凿在早期未被利用的地方[3]，或早期洞窟之间，这表明龟兹地区“Y阶段”是在“B传统”开始之后流行的。值得注意的是，此阶段只有带装饰洞窟，它们周围没有僧房窟，似乎暗示出此阶段营建重点是建造礼仪性空间。

“Y阶段”洞窟包括中心柱窟、大像窟和方形窟三类。“B传统”中，中心柱窟具有相当稳定的建筑形制和装饰。就建筑形制而言，主室和甬道的券顶十分常见。装饰通常有两个焦点，其一在主室，大多是雕塑的帝释窟说法故事，佛陀坐在壁龛中；另一是或绘或塑的涅槃故事，占据后室或后甬道的外壁，是窟内最大的图像。这些洞窟内绘B种风格的壁画。与之相对，“Y阶段”中心柱窟包括了“A传统”洞窟的建筑元素，如主室的穹窿顶或套斗顶。非典型的建筑结构导致了装饰布局的改变，如窟内较高的侧壁、穹窿顶或套斗顶均需要更大的绘画区，而主室内新的图像，或主室侧壁的装饰则使用塑像。壁画用A或B种风格绘制，或是兼容A、B两种风格的元素[4]。两种传统中的装饰题材、颜料和技法也被糅合在一起。所有这些变化深刻地影响了窟内的“场域感”（见第二章）。“Y阶段”洞窟内为礼拜者提供了与“B传统”中心柱窟完全不同的“场域感”。

大像窟也与“B传统”有关[5]。就建筑结构而言，此类洞窟与大型中心柱窟类似，窟内也有两个装饰焦点，其一是立柱前的一尊高大立佛像，另一是后部区域的大型涅槃佛像。两个焦点均与“B传统”中心柱窟密切相关，尤其是当考虑到涅槃场景扮演的角色时，因此大多数大像窟的壁画属于B种风格，也就不足为奇。但在克孜尔也有数座大像窟绘A种风格壁画，或至少重层壁画中的一层是A种风格。这些洞窟也被归入

---

〔1〕玛扎伯哈“Y阶段”洞窟所绘壁画与A种风格密切相关，如第1、10、24窟。

〔2〕少数“Y阶段”洞窟，如克孜尔第77、207窟绘A种风格的壁画。关于这两座洞窟以及其他两座“A传统”洞窟（克孜尔第76、84窟）壁画中部分特定题材的分析，见桧山智美2013；Hiyama 2015b；Hiyama 2016a, Chapter Ⅲ；Hiyama 2018。

〔3〕岩体质量不佳或是光照量有限。

〔4〕这种融合见于装饰布局、单个题材、绘画技法、选用颜料等方面。

〔5〕关于龟兹大像窟的研究，见魏正中2013，130–151页；何恩之、魏正中2017，108–122页。

“Y阶段”。

部分方形窟内也兼有“A传统”和“B传统”的元素。这些洞窟并不占据中心位置，它们的年代当在“B传统”确立之后。

“Y阶段”类别的确立或为龟兹佛教的研究开辟新的视野。这需要进行更系统的研究，超出了本书的讨论范围。要确立“Y阶段”洞窟的完整清单，需要对“B传统”有明确的认知，清晰定义“Y阶段”的建筑和图像特征，以及整个龟兹地区此阶段洞窟的分布位置。下文将介绍克孜尔石窟寺院中与“A传统”元素相关的数座“Y阶段”洞窟，以深化对“A传统”的理解。

克孜尔新1[2]窟——中心柱窟

概况

此窟是由第二区段早期坍塌的方形窟（新1[1]窟，见本书85-87页）改建而成的（见图50、54）。前室稍宽于主室。

主室重新利用了早期方形窟的主室，平面呈方形，顶为套斗顶。侧壁的装饰包括两排塑像，每排七尊，塑像之间绘跪拜天人像。相同的布局一直延续至前壁，门道两侧还各有两尊塑像[1]。正壁是重新修凿的，现被一个大型壁龛占据，龛内表现帝释窟说法故事，上方和两侧残存安装泥塑菱形山峦的孔洞。

图95 克孜尔新1[2]窟右甬道外壁塑像残存部分。谷口阳子 摄于2008年© 谷口阳子。

正壁两侧各有一个券顶甬道，它们与后部大壁龛连通。甬道外壁设石台，其上可能曾安放一排塑像。其中三尊立像的部分泥塑腿部仍保存在左侧甬道的像台上（图95）。立像之间绘天人、金刚手菩萨。后部区域的图像核心是涅槃佛像，体量较大，横卧于石台上，头光后绘四天王。后甬道内壁的八王分舍利场景可被辨识出来，

〔1〕 左侧门道供养人像上方边框内的题记可能是该供养人的名字，见赵莉、荣新江2020《题记报告篇》，76-77页，图版I-100。

但保存状况很差[1]。顶部绘三名体形较大的天人。

主室四壁和甬道外壁主要装饰塑像，窟内壁画融合了A、B两种风格。

主室：面阔490厘米、进深490厘米

两侧甬道：宽140厘米、长260厘米

后室：高230厘米、面阔260厘米、进深560厘米

克孜尔第69[2]窟——中心柱窟

概况

此窟是由第二区段的“A传统”方形窟（第69[1]窟，见本书88–89页）严重坍塌之后改建而成的（见图50、图54）。早期洞窟残存的主室部分被用作现洞窟的前室；前室壁面上仍保存的装饰属于“A传统”。

前室正壁开凿一个门道，通向主室。主室平面呈方形，顶为券顶。主尊佛像安放在正壁中心处开凿的壁龛内，很可能表现的是帝释窟说法，壁龛周边有三维立体的泥塑山岳景观。两侧壁上各有一排五尊立于石台上的塑像，它们很可能是从早期洞窟的前室挪入的。塑像之间的壁面上部绘金刚手菩萨，下部绘僧俗供养人。同样的装饰延续至前壁。侧壁靠内部分壁面上早期A种风格壁画层上又绘一层壁画，画面中包括B种风格绘成的燃灯佛誓愿图[2]。目前还没有将晚期装饰与早期装饰分别进行系统研究的尝试。佛陀初转法轮图绘于前壁上方的半圆端面内[3]。画面中还有一对王室夫妇和数名年轻僧人[4]。顶部绘菱格本生图和因缘图。

后部区域包括两侧甬道和后室。两侧甬道的布局并不对称，它们很可能是晚期改建的。涅槃图是后部区域的核心，画面延伸至两侧甬道外壁，右外壁绘两名立姿僧人，左外壁绘悲恸的金刚手菩萨。内壁壁画残损严重，无法辨识其内容。窟顶绘天人以及金翅鸟[5]。

窟内保存了许多梵语和吐火罗语题记，书写在方框内，意指壁画中人物的姓名和身份[6]。

---

〔1〕 内壁保存了一幅八王分舍利的画面，背景是华丽的宫殿，木椽上装饰着兽面，与苏巴什西寺佛堂Ⅰ相似。

〔2〕 Konczak 2014, pp. 197–200; Mori 2015, p. 13.

〔3〕 克孜尔第123窟，亦是“Y阶段”洞窟，其主室门道上方区域同样绘初转法轮的画面，见《キジル石窟》1983—1985；《克孜尔石窟》1989—1997，第3卷，图版201。

〔4〕 半圆端面内所绘国王头光上的婆罗谜文字题记中包括一名龟兹国王的名号。关于此题记的最新研究，见庆昭蓉 2013，395–396页；Sander 2015, pp. 235–238；庆昭蓉2017，108–109页；赵莉、荣新江2020《题记报告篇》，77–80页。

〔5〕 Zin 2020a, pp. 159–162.

〔6〕 赵莉、荣新江2020《题记报告篇》77–80页，图版Ⅰ-103-106。

主室两侧壁早期绘典型的A种风格壁画。两侧壁靠内部分年代较晚的壁画属B种风格。窟顶、半圆端面以及后部区域所绘壁画与窟内其他部分的壁画在风格上明显不同[1]。

前室：面阔590厘米、进深510厘米

主室：高450厘米、面阔430厘米、进深470厘米

后部区域：高225厘米、面阔170厘米、进深450厘米

克孜尔第77窟——大像窟——Statuenhöhle, Figurentempel（塑像窟）

概况

此窟开凿在第一区段崖壁上岩体质量不佳的位置（见图6），从而导致窟前部分塌毁不存[2]。主室仅存正壁和两侧壁靠内部分。残存的遗迹表明主室原为纵券顶。

由于此窟所在的岩体质量较差，在高至近6米处不得不停工。这影响了主室的结构和装饰。在其他所有大像窟中，正壁皆立单独一尊大型佛塑像；但此窟无法安放类似的大型佛塑像，而较低的单尊佛塑像又与较宽的壁面不相称，影响视觉观感。为弥补这一缺陷，主尊佛塑像的两侧各增加了一身胁侍像[3]，此正壁三尊塑像的布局便成为龟兹地区大像窟中仅见的一例。根据两侧壁保存的安装木结构的凹槽和孔洞，推测壁面上原有三排真人大小的立像，每排八尊，这些立像的最上方是一排半身像[4]。

后部区域包括两侧的券顶甬道和宽大的覆斗顶后室。甬道外壁有一周开凿于岩体的石像台，其上可能安放真人大小的立像，立像之间的壁面上绘天人像，甬道内壁绘两排佛陀说法图[5]。两侧甬道内、外壁檐口面绘天宫栏楯，其上各绘九人，分别是坐于莲花上带头光和身光的菩萨、帝释天、梵天以及天人。券腹绘山岳景观，其内充满了自然的和超自然的生物。

宽敞的后室内有一个石凿像台，其上安放一尊大型涅槃佛塑像，石台两端雕刻出娑

---

〔1〕 对此窟壁画的分析将揭示出关键的年代信息（见本书附录二），但遗憾的是第69[1]窟内最早的壁面尚未得到检测分析。

〔2〕 这座非凡的洞窟吸引了早期探险者的注意，如1903年日本大谷探险队第一次探险活动（上原芳太郎1937 [I]，323 [14]页）；1906年德国探险队第三次探险活动（格伦威德尔2007，156–163页，照片编号 B 702）；1907年法国伯希和探险活动（照片编号AP 7448、AP 7449、AP 7450）以及1913年德国探险队第四次探险活动。

〔3〕 格伦威德尔2007，156–158页，图207a。

〔4〕 格伦威德尔对此窟的记录存在若干问题和矛盾之处。他对主室侧壁壁画的记录与壁面上保存的安装塑像的痕迹相冲突。无法确定揭取自此窟的一幅说法图（德国柏林亚洲艺术博物馆保藏，编号Ⅲ 8838）是出自主室还是甬道。值得注意的是，他绘制的此窟平面图是左右相反的，见格伦威德尔2007，157页，图207a。

〔5〕 此窟内约有二十件塑像残块（主要是塑像头部）被带至柏林，其中十三件仍保存在柏林亚洲艺术博物馆，另外七件已丢失。此信息由施密特（Birgit Schmidt）告知。

罗树。涅槃佛的身后绘天人和飞行的僧人；其中部分画面被德国探险队揭走[1]。安装在壁面上部的台架可能用来放置一排半身塑像，他们很可能是悼念佛陀的天人。台架延伸至后室的左右外壁；壁面下部同样安放有真人大小的塑像。沿后室内壁开凿的像台上有三尊比真人还大的坐像[2]。覆斗顶部的壁画保存完好，中心处被分成两排十格，每格绘一身伎乐天人，相同的布局和题材延续至四披。

图96 克孜尔第110窟主室正壁和后半圆端面局部。图片采自德国探险队第三次探险活动期间拍摄的历史照片，编号B 605 © Museum für Asiatische Kunst, Staatliche Museen zu Berlin, CC BY-NC-SA。

此窟内曾记录绘有数名供养人形象，但皆未保存下来[3]。

主室：约高600厘米、面阔610厘米、进深590厘米

两侧甬道：高355厘米、宽150厘米、长255厘米

后室：高485厘米、面阔890厘米、进深475厘米

克孜尔第110窟——方形窟——Treppenhöhle（阶梯窟）

概况

此窟位于第六区段靠内部分，通过开凿于岩体内部的梯道进入。主室平面呈长方形，顶为纵券顶。主室前壁和正壁上方的半圆端面内绘两幅故事画。正壁上方的半圆端面内绘降魔成道图（图96），

---

〔1〕 这些被揭取的壁画现藏于德国柏林亚洲艺术博物馆，编号Ⅲ 8841a、Ⅲ 8841b。

〔2〕 格伦威德尔（2007，161页，图207a）记述了壁面左侧一尊坐像的腿部。据此他推测原初有三尊塑像，他们很可能是坐禅僧人。茨因（Zin 2020b, pp. 124–128）将部分中心柱窟后甬道内壁绘或塑的坐禅僧人形象与佛法（*dharma*）联系了起来。

〔3〕 格伦威德尔（2007，158页）曾见到左甬道内壁上有一类似画家的人物，现保存在俄罗斯圣彼得堡的国立艾尔米塔什博物馆（IB 9044=ВД 695）。此外，他还记录了放置涅槃佛像的平台正面两端各有一身供养人像（同上，94页），穿着与克孜尔第207窟所绘画家相同（同上，图336–338）；现已全部消失。由于他们手中都没有画笔，通常被视为供养人形象。

而前壁上方的半圆端面内表现的是宫殿中的菩萨，周围有天人。正壁和两侧壁壁面上分成三栏，共60个方形画幅，每个方形框内绘一幅佛传图[1]。前壁上有两个壁龛，分别位于门道两侧。壁龛内可能曾安放小型塑像。窟顶装饰与中心柱窟主室顶部类似，中脊绘天相图，两侧券腹各绘四列菱格山峦图，每格有一身坐于宝座上的佛像，周围有禽鸟，还有一列半菱格，内绘坐禅僧人、梵志和动物等。

前室：高350厘米、进深残300～450厘米、面阔950厘米

主室：高435厘米、面阔485厘米、进深550厘米

克孜尔第123窟——中心柱窟—— Höhle mit den ringtragenden Tauben（带花环的鸽子窟）

概况

此窟位于谷内东侧崖壁较高处。开凿于岩体的前室前部已坍塌。主室可能通过开在前室前壁中心的门道进入。

主室平面近方形，穹窿顶的形制并不常见（图97）。正壁中心开一个安放主尊坐像的壁龛。正壁其他壁面绘华盖、带头光和身光的思惟菩萨[2]、龙王及其眷属、坐禅梵志以及天人。壁龛两侧各绘一名跪姿鞠躬状的年轻婆罗门。格伦威德尔将这一场景释读为帝释窟说法，但有待商榷[3]。

两侧高耸的壁面上各绘一身大型立佛像，头光和身光内满是发射出的小佛像[4]。佛像周围是体量较小的僧人、梵志、天人。这些画面被解读为舍卫城大神变[5]或誓愿图[6]。

---

〔1〕德国探险队第三次探险活动（格伦威德尔2007，200-204页，照片编号 B 605、B 1081-1089）和法国伯希和探险活动（照片编号AP 7476、AP 7477）都记录了此窟壁画在20世纪初的保存状况。先前关于此窟壁画以及佛传图上方吐火罗语题记的研究包括中川原育子1994；中川原育子1997b；Pinault 2000, pp. 149-168；Schmidt 2010, pp. 835-866；Zin 2020a, pp. 178-181；赵莉、荣新江2020《题记报告篇》，87-95页，图版Ⅰ-145-214。王芳（慕尼黑大学）正在撰写的博士学位论文将为此窟的图像内容提供更全面的解读。

〔2〕两名菩萨都在对着食物链观想：孔雀、蛇和青蛙。

〔3〕格伦威德尔2007，208页。

〔4〕关于散发佛像的图像学研究，见Schlingloff 1997；Howard 2010；Schlingloff 2015, pp. 60-68；Zhu Tianshu 2019。根据朱天舒的分类，第123窟侧壁上所绘的两身立佛像属于散发佛像的“网状类型”，见Zhu Tianshu 2019, p. 63。

〔5〕相关讨论，见Gaulier/Jera-Bezard/Maillard 1976, pp. 8-9；何恩之、魏正中2017，184-185页；Schlingloff 1997。

〔6〕格伦威德尔2007，79页；Zhu Tianshu 2019, pp. 250-261.这种解释与龟兹壁画中目前所见的相似画面并不吻合。孔扎克（Konczak 2014, pp. 203-206）指出因缺乏特定的图像特征而难以将这些画面与特定的誓愿故事联系起来；朱天舒（Zhu Tianshu 2019, pp. 258-261）则将它们解释为用新图像类型表现中燃灯佛故事和大光本生（Bṛhaddyuti-jataka）故事。

图97　克孜尔第123窟。德国柏林亚洲艺术博物馆复原的主室。图片采自Ⅲ 9061–9066 © Museum für Asiatische Kunst, Staatliche Museen zu Berlin/Iris Papadopoulos, CC BY-NC-SA。

前壁上有相似的画面，门道两侧各绘一尊立佛像，发射出较小的佛像。门道上方的长方形区域绘三幅佛传图，初转法轮画面居中。

顶为穹窿顶，中心绘一朵盛开的莲花，其他部分被划分成八个条幅，交替绘制立于莲花上的佛像和菩萨像，都有头光和身光。佛陀的莲花座被一对龙王托举，而菩萨的莲花座则由一对有胡子的夜叉托举。抹角拱上绘水生动物题材，每个拐角处绘一朵盛开的莲花[1]。

后部区域包括三个相连的券顶甬道。壁画内容包括甬道内、外壁的立佛像。这也被格伦威德尔解释为誓愿图[2]，但画面残损严重，无法核证其观点[3]。后甬道券顶上所绘转轮圣王的七宝是龟兹地区罕见的题材。

尽管壁画为B种风格，但若干细节表现出了A种风格的元素[4]。此窟内近乎一半壁画被揭取，现藏于德国柏林[5]。

前室：高340厘米、进深残160厘米、面阔340厘米

主室：至窟顶中心高430厘米、至抹角拱高330厘米、面阔335厘米、进深335厘米

两侧甬道：高190厘米、宽85厘米、长150厘米

后甬道：高190厘米、宽130厘米、长385厘米

克孜尔第161窟——方形窟

概况

此窟开凿在第五区段，此区段内皆为“B传统”的洞窟及组合。洞窟位置表明其于晚期开凿在崖壁上的一片空地内（见图24）。

在崖壁的一次坍塌中，前室损毁。前室包括一个大型木结构，这属于原初规划。由于在克孜尔，木结构通常用于重建受损的洞窟，因此第161窟的这种原初规划并不常见。根据壁面上的成组凹槽和孔洞，推测前室原有高大的多层平顶，这是龟兹地区最精细的木结构之一[6]。

---

〔1〕穹窿顶抹角拱上绘制的水生动物题材在“Y阶段”的其他洞窟中也有发现，如库木吐喇GK第17窟和窟群区第34窟。

〔2〕格伦威德尔2007，79页。

〔3〕Konczak 2014, pp. 203–206.

〔4〕如檐口面所绘装饰图案包括连续反向S纹。相似的纹样也发现于“A传统”的数座洞窟，见桧山智美2012b，295–297页。

〔5〕如今在柏林洪堡论坛（Humboldt Forum）布置的展览中，它们被安放在重建的洞窟中。德国学者对此窟壁画进行了复原和重建，见Palitza/Haussmann 2012。

〔6〕Vignato 2006, pp. 13–14.

主室平面近方形，且面阔、进深几乎与壁面高度相同，构成了一个近乎完美的正方体空间，穹窿顶被一个低矮的鼓状结构支撑。正壁和侧壁绘佛陀说法图，分成四栏，每栏又有四个方形画幅[1]。同样的构图延伸至前壁，门道两侧各有三排方形画幅。门道上方的整个区域用于表现涅槃场景[2]。

窟顶已被煤烟熏黑，分成十二条幅，每一条幅内绘一身大人像。每个抹角拱上绘一朵盛开的莲花。

主室的建筑结构与“A传统”方形窟相似，而壁画则是龟兹地区最精美的B种风格。此外，周围不见僧房窟以及结构独特的前室，这都是不见于“A传统”的元素。

主室：至抹角拱处高430厘米、至窟顶中心高520厘米、面阔430厘米、进深440厘米

克孜尔第189[2]窟——方形窟—— Zweite Höhle von vorn（正数第2窟）

概况

第189窟由一座早期僧房窟的主室改建而成。此窟有独立的木结构前室，其正对主室门道，在规模上小于其他僧房窟的石凿前室。

主室平面呈正方形，古人用最小的改动将横券顶改建成穹窿顶，且展示出之前券顶的清晰痕迹。门道开凿在前壁中心，这是通过改建第189[1]窟的窗户完成的，而最初的门道被封堵。

侧壁壁画现仅存两幅佛陀说法图。画面很可能延续至正壁，但正壁壁画已全部剥落。前壁门道两侧各绘一幅故事画，画面以立佛像及两侧的数排人物形象为主。左侧画面被解读为佛陀从忉利天宫降临，而右侧被解读为佛陀跨越恒河[3]。这些画面的下方是一排供养人像。门道上方的长方形区域绘涅槃场景[4]。

穹窿顶上绘千佛像，每身佛像位于不规则四边形内，充分利用了窟顶空间。窟顶中心有一个大圆形区域，核心绘一尊大佛像，右手托钵，钵内出一条龙。此尊佛像的周围满是水生动物。

主室：高315厘米、面阔325厘米、进深325厘米

---

〔1〕 窟内的若干说法图已被识别出来，如波斯匿王拜访佛陀（Arlt/Hiyama 2013, pp. 16–21）、Muktikā王女的前世（Arlt/Hiyamai 2014, pp. 21–24；井上豪2014，58–62页）、须弥山世界的开端（Hiyama 2016a, p. 138, fig. Ⅳ–37）。此外，在2011年的田野工作中，桧山智美确认了一幅场景，表现的是海中盲龟的故事。

〔2〕 关于此画面的图像学研究，见Zin 2020a, pp. 186–188。

〔3〕 茨因（Zin 2013）如此解读。这两则故事也绘于库木吐喇GK第23窟前壁门道两侧以及克孜尔第184窟，两窟都属于“B传统”。

〔4〕 Zin 2020a, pp. 211–212.

克孜尔第207窟——中心柱窟—— Höhle 17 der Ⅱ. Anlage/Malerhöhle（2区第17窟或画家窟）

概况

此窟是位于第七区段的中心柱窟，其前室是龟兹地区最大的独立前室之一。前室曾绘壁画，但已无法复原。

主室平面近似正方形，顶是五重套斗顶，绘满了精美的A种风格壁画。正壁上安装有塑像[1]。正壁中心被一个大型壁龛占据，这是龟兹地区中心柱窟中所见的最大壁龛。壁龛内孔洞的位置表明有三尊立像固定在壁面上，它们无法被移动。甬道上方的小型台架上还立有体量较大的塑像。正壁的叙事题材已无从得知。

高且宽的侧壁上绘佛陀说法图，分成三栏，每栏又有三个方形画幅（图98）。这是龟兹所见最详细的说法图，且它们的题材几乎是无与伦比的。画面的内容表现的是外道的皈依、不同社会地位的人礼拜佛陀、佛教宇宙观等，是说一切有部阿含经中多种经文的图像表现[2]。侧壁壁画似延伸至前壁，门道上方的壁画已全部剥落。主室侧壁靠内部分绘四名画家的肖像，成为此窟的代表形象[3]。此外，说法图中不起眼位置处可以看到数名僧人，他们身穿当地丝织品制成的僧衣，很可能是实际人物[4]。

套斗顶只保存有少量壁画残迹，中心绘一朵盛开的大莲花。其他部分绘类似翼形的图案、天人手捧花环[5]以及各种不同的装饰图案。檐口和线脚面绘纹饰带。

后部区域包括三个相连的券顶甬道。图像主题是佛陀涅槃。右甬道表现涅槃之前的故事，外壁所绘场景可能是在吠舍黎国创造一条河流的神迹[6]，内壁绘阿难向末

---

〔1〕此窟精美的壁画吸引了德国探险队的注意，他们在1906年对此窟进行了详细的记录，可以据之复原此窟。这些资料包括格伦威德尔细致而全面的笔记（格伦威德尔2007，252-267页）；1906年德国探险队第三次考察期间在窟内拍摄的7张照片［编号分别为B 240（=Ⅲ 9148a）、B 548、B 807、B 808、B 810、B 811、B 812］；格伦威德尔原大的彩绘和素描图（编号分别为TA 6430、TA 6433、TA 6494、TA 6495、TA 6500、TA 6560、TA 6569、TA 6570、TA 6580、TA 6605、TA 6609、TA 6630、TA 6633、TA 6634、TA 6637、TA 6638、TA 6639、TA 6745、TA 6749）。此外，德国慕尼黑国立民族学博物馆也收藏了数幅素描图（Jäger 2010-2011, pp. 204-218）。对此窟的系统研究，见Hiyama 2016a，文中作者提供了所有可用资料的完整列表。目前有10多幅壁画残块保存在德国柏林，还有7块保存在俄罗斯圣彼得堡。

〔2〕Hiyama 2016a；本书第四章；桧山智美2017。

〔3〕格伦威德尔2007，257-262页，图334。另外一身画家像为B种风格，绘于右甬道入口处，显然是晚期阶段修复时绘成的。

〔4〕Hiyama 2018; Hiyama (forthcoming)，本书第四章。

〔5〕格伦威德尔2007，256页，图333。相似的手持花环的天人像见于克孜尔第132窟套斗顶上，本书53-54页。

〔6〕故事是关于佛陀创造出一条河以阻碍吠舍黎国的民众跟随他去拘尸那国。这一题材常见绘于“B传统”中心柱窟内相同的位置。这一新观点由慕尼黑大学的王芳在博士学位论文中（转下页）

图98 克孜尔第207窟主室右壁。图片采自德国探险队第三次探险活动期间拍摄的历史照片，编号B 811© Museum für Asiatische Kunst, Staatliche Museen zu Berlin, CC BY-NC-SA。

罗部族的宣告[1]。后甬道外壁绘佛陀涅槃，内壁绘一名高大的坐禅僧人，被其他僧人礼拜[2]。左甬道表现涅槃之后的分舍利，外壁绘八王争舍利，内壁绘香姓婆罗门分舍利[3]。

只有少量壁画残存在原处。装饰布局与“B传统”中心柱窟相似，但叙事内容不同。

前室：进深460厘米、面阔750厘米

主室：高520厘米、面阔480厘米、进深440厘米

两侧甬道：高195厘米、宽95厘米、长85厘米

后甬道：高195厘米、宽115厘米、长90厘米

（接上页）提出，更正了早期瓦尔德施密特的解释，即将这些场景与跨域恒河相联系的解释（勒柯克、瓦尔德施密特2006，569页）。由于格伦威德尔的记录（格伦威德尔2007，264–266页）和壁面上保存的画面均无法使我们复原整体构图，这一解释目前仍只是假设，见Zin 2020a, p. 227, fn. 678。

〔1〕如艾伯特（Ebert 1985, p. 246）所辨识的；也见Hiyama 2016a, p. 199；Zin 2020a, p. 229。这一题材不见于“B传统”洞窟。

〔2〕线描图见Hiyama 2016a, fig. Ⅳ-108b；图像解读见Zin 2020b, pp. 131–161。

〔3〕“B传统”中心柱窟中这两个情节通常被融合在一个场景中，见Ebert 1985, pp. 224–226；宫治昭1992，503–507页；Hiyama 2016a, pp. 207–209；Zin 2020a, pp. 230–232。

第二章 “A传统”洞窟的类型分析

目前研究龟兹石窟的大多数学者很难亲自考察遗址。早年研究很大程度上基于被揭取的壁画、历史照片以及调查、发掘报告，难以想象遗址所遭受的破坏程度。地面建筑以及大量洞窟的塌毁致使解读遗址的整体布局变成一项艰巨的任务[1]。单体洞窟亦有不同程度的损毁。大多数情况下，洞窟只有部分保存，装饰也仅剩断片残块。大多数遗址的损毁状态阻碍了全面调查的展开，因此大量研究集中于特定类型洞窟的特定图像解读。近数十年来，将龟兹石窟寺院整体视为复杂的人类活动场域才成为学界研究的焦点。学者通过采用恰当的考古学方法研究石窟寺院的布局，已初步把握了寺院的结构；通过关注寺院内所有组成单元如何构成有机整体的方式，以及对尽可能多的要素进行分期，逐渐认识到这些遗址曾经是供佛教实践开展的、功能结构复杂的聚落。这要求对每处遗址的不同发展阶段以及遗址内出现特定变化的原因有清晰的认识。如果将艺术史研究及相关文本解读中获取的信息纳入已构建起来的年代学框架中，就有可能更深入地理解每个单元在整体布局中的角色，及其对推动寺院运转所作的贡献。关注不同遗址以及同一遗址内不同区段的相似性和差异性，就有可能辨识出不同的“阶段”和“传统”。其中最清楚的是“A传统”[2]。

龟兹佛教研究面临的更大难题是方法论。洞窟残缺的现状阻碍了对它们最初外观和功能的准确评估。为解决这些问题，洞窟需要被重建、复原至原初状态。第一章对单体洞窟进行的细致描述是为了尽可能搜集所有属于“A传统”洞窟的空间信息。

本研究始于对属于“A传统”的寺院、区段、组合和洞窟、地面建筑的辨识。这些辨识是基于现存的实物证据。在识别和定位这些遗存以及将它们与属于其他传统的遗存区别开来之后，我们的目的是通过跨学科的方法，提供综合信息以辨识它们所属传统的特征，关注的重点是带装饰方形窟。这是由于对装饰布局的系统研究，将会为佛教学者和艺术史学者提供更深入分析的基础。

---

〔1〕 石窟寺院的边界是被学者们忽视的关键问题，其对于研究寺院布局至关重要，见魏正中2021。

〔2〕 魏正中已将龟兹石窟划分出第一类组合和第二类组合，其中第一类组合对应于“A传统”，见Vignato 2006。

通过对比装饰A种风格的方形窟和地面佛堂，发现两者在内容、布局、绘画风格以及空间结构方面存在许多相似性。这表明我们所称的“A传统”并不局限于石窟寺院，也存在于苏巴什、乌什吐尔、夏合吐尔地面寺院。两类建筑内所绘A种风格壁画之间的相似性，在早期研究中已被注意到，但“A传统”也见于地面寺院的事实却没有受到关注。结构上的相似性进一步表明，石窟寺院践行的佛教模式也见于都城内外的地面寺院，且很可能亦见于龟兹国境内的其他佛刹伽蓝中。地面寺院中仍可辨识的少数几座佛堂，表明在某一特定时期“A传统”可能遍及整个龟兹国（图99）。

“A传统”洞窟中最具特色的是主室平面呈方形，顶为穹窿顶或套斗顶的方形窟。其他独特的类型包括无储藏室、且主室内无石台的僧房窟（见本书164页）。在克孜尔，这两类洞窟通常构成一个组合。此外，也存在由无装饰、主室平面呈长方形的券顶方形窟和僧房窟构成的组合。“A传统”组合在其他遗址有不同的形式。在“A传统”佛教实践中可能也存在禅定窟、储藏窟以及窟前地面建筑。本章重点关注典型的方形窟和僧房窟。最后简要介绍“Y阶段”洞窟，它们属于独立的传统，与之对比将有助于更好地理解“A传统”。

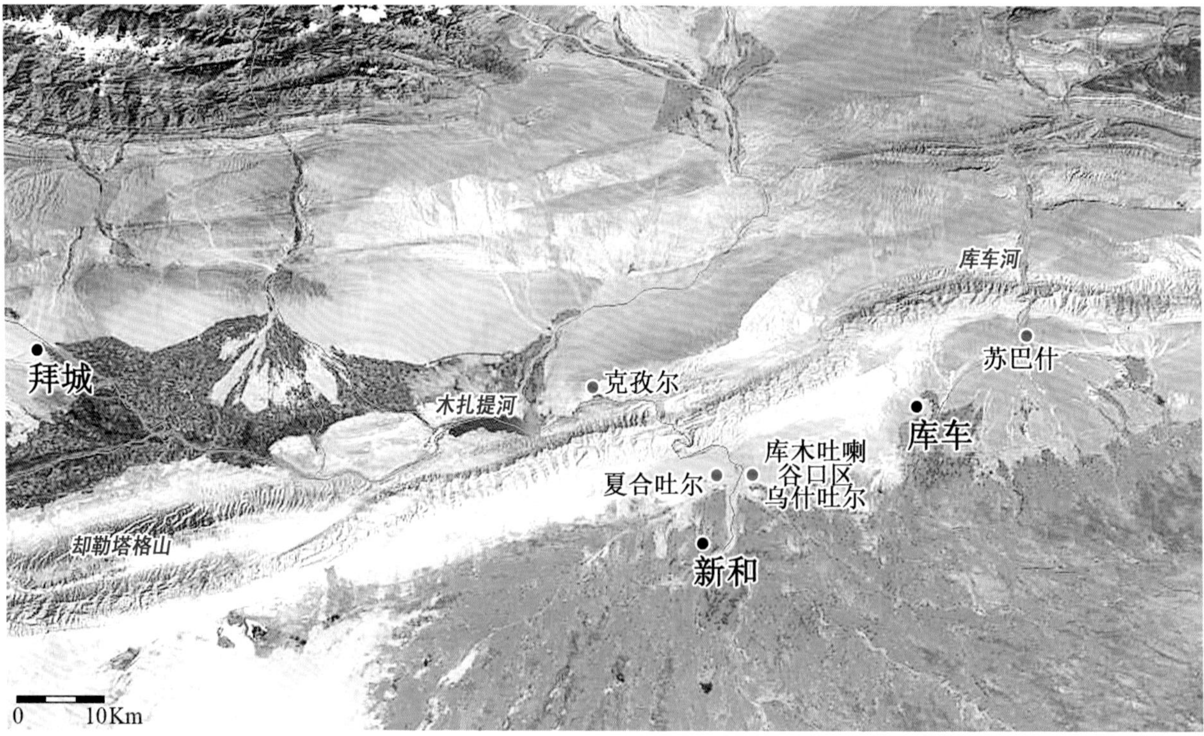

图99 有“A传统”洞窟和地面建筑的寺院遗址分布示意图。底图采自“天地图”（www.tianditu.cn [2013.3.23]）。

方形窟

“A传统”方形窟尚未得到系统全面的研究。目前根据建筑元素的考古类型划分以及对个别壁画的艺术史分析，并未展示出此类洞窟的全貌[1]。本章采用的类型学方法是为了划分考古材料，并构建起可行的年代序列。在典型的类型学分析中，具有共同特征的所有方形窟会被划入同一时段，而后假设一个单一的、线性发展趋势，它们便被置入一个特定的年代序列[2]。

然而，本书的目的是强调带装饰方形窟之间的差异并非仅是年代变化所致，事实上许多可见的差异更多是功能因素造成的。“A传统”方形窟可被划分出亚型，这种方法仍是传统类型划分的范畴，但除这些洞窟在外形特征上发生的变化外，本书还试图尽可能还原洞窟如何“回应”使用它们的群体。这种尝试的创新之处在于考虑到了常被忽略的若干新元素，包括洞窟的外部特征在内，诸如：

- 洞窟在遗址内的位置——处于中心抑或边缘？
- 可抵达性——窟前是否为平坦地面，可供信徒毫不费力地走进去？抑或需要攀爬狭长且黑暗的内部梯道才能进入？
- 前室类型——是否有独立前室，抑或与相邻洞窟共用同一前室，从而构成一个清晰的组合？
- 窟前活动区域的范围。
- 抵达或离开洞窟时所见景观，以及从多远处可以看到洞窟[3]。

此外，下列特征也考虑在内，这些特征只有在进入洞窟后才可观察到，诸如：

- 洞窟内不同空间的规模。
- 进入洞窟的光线时长和质量。这会产生重要影响，光线可通过以下几种方式来控制：通过增大门洞，或在主室前壁增开一或两扇窗户，抑或通过点灯照亮——这种方式在部分洞窟中可以见到[4]。
- 前室的形制和图像内容。某些洞窟中，前室显然是主室礼仪空间的延伸，而在另外一些洞窟中，前室是数座洞窟共享的活动空间。

---

〔1〕对“A传统”方形窟的描述见本书第一章。这是首次将此类洞窟视为整体的研究。
〔2〕魏正中（Vignato 2006, pp. 412-414）已对克孜尔所有方形窟进行了类型划分，以构建年代发展序列。尽管这项研究已过去15年，分期成果仍未被新材料改变。其他石窟寺院中方形窟的年代分期以克孜尔为参照。
〔3〕Monteith 2017, p. 359.
〔4〕Vignato 2016, pp. 167-168.

- 主室内主要图像和辅助图像的布局及规模。
- 装饰种类、塑像抑或壁画。这将会对窟内的感官认知，以及使用洞窟时在窟内可移动的范围产生重要影响。
- 窟内的礼仪性陈设。无论个人还是团体礼拜都至少需要一个供桌，其上摆放供品、灯具、香炉，以及主礼人用来放置仪式用具的承具、参与者的坐垫等等[1]。

考虑到以上因素，便有可能复原洞窟之间的仪式活动，以及窟内仪式展开的方式。文献记载和现在的寺院实践——可能保存了若干源于早期佛教的元素，也被纳入考虑范围，以便更全面地理解洞窟是如何发挥功用的。

设计、建造和装饰这些洞窟的群体应该意识到了所有这些有形的、无形的元素。上文列举的每个特征共同为进入洞窟的礼拜者营造出独特的"场域感"。通过关注所有元素才能把握洞窟的全貌，且只有将它们整合在一起考虑，才有可能对洞窟的功能做出恰当的解释。

在某些洞窟中，上文列举的所有元素集中出现，可能表明一种有意创造出特定"场域感"的努力。这些洞窟可能用于相似的目的。因此，本研究中被划分成亚型的洞窟是基于洞窟所能唤起的"场域感"。

尽管类型分析考虑到了以上列举的所有要素，我们讨论的核心仍是带装饰方形窟的主室。此处不包括前室，因只有个别前室保存至今，无法对它们的形制和功能做出准确推断[2]。表22是基于主室中的四类要素对洞窟进行的类型划分，其中两类是建筑，两类是装饰。建筑主要包括主室平面和顶部形制。方形窟的主室平面绝大多数呈方形，亦有少数为长方形。顶部可划分出三类：穹窿顶、套斗顶以及券顶。装饰包括主要图像和辅助图像；前者在洞窟中占据核心位置，意在即刻吸引进入窟内的信徒的目光，而后者是作为主要图像的补充，自身没有任何焦点（深入讨论见本书第四章）。主要图像和辅助图像的划分是通过分析窟内壁画和塑像布局完成的。基于此便可发现装饰布局比图像内容更有助于洞窟的分类。根据这些标准，"A传统"方形窟可以分成三类。受损严重无法复原的方形窟被列入"类型不确定"，此类也包括那些无核心图像的方形窟。这些方形窟之所以没有被列为不同类型，是因为它们在晚期被增建入之前已存在的洞窟组合中，不再需要独立的图像核心。

---

〔1〕 关于克孜尔第76[2]窟出土的木质家具的礼仪功能的复原研究，见魏正中2020，41-42页。若不考虑洞窟内这些可移动的、现已消失的设施，对窟内的空间认知将会失之偏颇。

〔2〕 前室与主室关系，见本书第三章。

表22 “A传统”洞窟主室的类型划分

类型	建筑					装饰布局					
	平面		窟顶			主要图像				辅助图像	
	方形	长方形	穹窿顶	套斗顶	券顶	中心佛塑像	大幅故事画像区	无	不明	壁画	塑像
Ⅰa型	●		●			●				装饰区	
Ⅰb型	●		●				●			装饰带	
Ⅱa型	●			●		●					●
Ⅱb型	●			●					●①	装饰带	
Ⅲ型		●			●		●②	●②		多元布局	
类型不确定	●		●			●②		●②		多元布局	

① 地坪遭到破坏,中心像台存在与否无法确定。
② 其中之一。

表23 “A传统”方形窟的分布(见图103)

	石窟寺院		地面寺院		总计(40)
	克孜尔	库木吐喇谷口区	苏巴什	乌什吐尔夏合吐尔	
Ⅰa型	76[2]、81、133、149A、174B	20、22、27			8
Ⅰb型	67、83	21、25	Ⅰ、Ⅱ	乌Ⅰ	7
Ⅱa型	新1[1]、69[1]、90-13、156				4
Ⅱb型	131、132、165、166、167				5
Ⅲ型	60[3]、75[1]、92、116、118、212[1]、212[2]、214				8
不确定	84、117、129	23、26、27A		夏Ⅰ、Ⅱ	8

表23胪列属于每种类型的洞窟,及它们所在的石窟寺院或地面寺院。

表22、23显示出40座主流的“A传统”方形窟的类型和位置。就它们的建筑特征而言,绝大多数洞窟,即32座,主室平面呈方形。其中22座为穹窿顶(Ⅰ型和部分类型不确定洞窟),9座为套斗顶(Ⅱ型)。只有8座方形窟的主室平面呈长方形,皆为券顶(Ⅲ型)。穹窿顶或套斗顶方形窟内营造出强烈的中心效应,地坪中心和窟顶中心在一条垂直线上。这种中心效应被高耸的壁面进一步强化,壁面高度通常与地坪边长相当,

意味着窟内的主体空间是正方体。穹窿顶或套斗顶显然是为衬托中心人物，穹窿顶相当于立体的光轮。某些洞窟中，主室中心还可发现像台或塑像残块。部分洞窟损毁严重，无法判断是否曾有像台。

这种垂直感在主室平面呈长方形的券顶方形窟中缺失；这些洞窟中，建筑特征凸显出与门道相对的正壁的重要性，为进入洞窟的礼拜者营造出完全不同的“场域感”。

本研究关注的重点之一是装饰布局，尤其是核心图像及其位置。是否存在核心图像会影响对整个图像内容的解读[1]。有大幅故事画的方形窟（Ⅰb型7座、Ⅲ型5座），叙事图像的核心不证自明。曾在主室中心像台上安置大型佛塑像的洞窟中，核心图像也是明确的（Ⅰa型8座、Ⅱa型4座、Ⅱb型5座）。尽管没有完好的像台或佛塑像保存至今，但基于类型学分析，少量遗存便可供我们进行复原。被安放在近1米高的像台上的坐佛像总高度可达2.5米。如此高大的佛塑像无疑是整个主室内不容忽视的存在。部分洞窟中没有供礼拜的核心图像，四壁壁画的画幅相近，主室中心无像台及佛塑像。

“A传统”方形窟大多在主室四壁绘壁画。Ⅰb型穹窿顶方形窟中，主室正壁绘一大幅故事画，其他壁面仅涂抹白灰浆并绘纹饰带，或在纹饰带上下绘小型人物形象。Ⅰa型穹窿顶方形窟中，主室四壁分栏绘多幅画面，或错位排布，或呈长卷式布局。Ⅱb型套斗顶方形窟中，主室檐口面和顶部绘壁画，四壁主要区域仅涂抹白灰浆。Ⅱa型套斗顶方形窟中，主室四壁安置成排塑像。Ⅲ型主室平面呈长方形的券顶方形窟中，壁画布局颇为多元，似乎没有固定模式，这种情况也见于类型不确定的方形窟中。

通过同时考察洞窟主室的建筑结构和装饰布局，可以观察到之前被忽略的同类型洞窟之间的共性和一致性。这些特征将在第三章中被详细探讨。

此外，这些洞窟被精心规划以创造不同的“场域感”，表明不同洞窟应有不同的仪式或功能。例如在克孜尔，主室正壁绘大幅故事画的方形窟明亮且舒适，前壁上开凿的一或两扇窗户增加了光线的亮度[2]。仅涂抹白灰浆的前室有意不加彩绘，以增强进入主室内的光线。相反，有中心佛塑像的方形窟主室内光线昏暗，致使无法看清四壁的辅助图像。不难想象大佛像在阴影中隐现出来，信众围绕着佛像进行右绕礼拜时的庄严氛围。套斗顶、四壁安置塑像的方形窟中，主室门道较为窄小，进入的光线也十分昏暗。密集的塑像可能营造出一种令人敬畏的气氛。那些套斗顶、主室四壁上方和顶部绘壁画、中心有或无佛塑像的方形窟，相较于那些主室中心以及四壁皆安置塑像的方形窟，更加明亮，而且可能营造出更开放的“场域感”。本章阐释的类型分析鲜明地展示出不

〔1〕 由于大多数窟内中心塑像已消失不存，过去的图像研究通常仅关注壁画，而未考虑它们与主要图像的关系。

〔2〕 基于这些建筑特征，夏复（Sharf 2013）提出：“许多洞窟内曾是如此黑暗，精美的壁画和塑像几乎无法被看清”（同上，p. 46），它们可能与丧葬相关。此观点值得质疑，至少对龟兹石窟而言。

同的“场域感”。一旦这些要素被系统解读,加之遗址内洞窟的相对位置、洞窟抵达的方式、前室类型、窟前活动区域的规模、抵达或离开洞窟时所见景观,以及从多远处可以看到洞窟等信息,可实现对洞窟类型的更深入理解。

不同石窟寺院中,这些洞窟所在位置不同,亦是颇为有趣的问题。Ⅰ型穹窿顶方形窟是所有“A传统”寺院遗址中均可发现的唯一类型,其他类型的方形窟则只见于克孜尔。穹窿顶方形窟的普遍存在,也显示出其为“A传统”最典型的洞窟,意味着此类洞窟最能代表“A传统”的理念。

不同遗址中穹窿顶方形窟在建筑结构方面的细微差别,似乎与它们所在崖壁的岩体质量有关,而非代表不同功能。克孜尔的岩体质量是龟兹地区最佳者,洞窟前壁的厚度可超过1米,从而能够支撑高大的穹窿顶。库木吐喇岩体质量较差,需要开凿出更深的门道,门道深度有时超过了3米,且只允许建造较小的穹窿顶。

第二种常见的类型是Ⅱ型套斗顶方形窟。其中Ⅱa型,即主室四壁安置塑像的套斗顶方形窟位于石窟寺院的近中心处,面向木扎提河,周围无僧房窟。而Ⅱb型,即主室内仅檐口面和顶部绘壁画的套斗顶方形窟,或是在谷内区,或是在第五区段的东部,位于穹窿顶方形窟所在区域的边缘位置。除两种不同装饰布局营造的不同“场域感”,这些洞窟所处不同位置,似乎表明它们也有不同功能。事实上,在克孜尔,所有套斗顶方形窟都开凿于近地面处,易于抵达,而穹窿顶方形窟则大多开凿在崖壁的较高处。

Ⅲ型主室平面呈长方形的券顶方形窟通常远离寺院的核心。它们的建筑特征将注意力引向主室正壁,与穹窿顶或套斗顶方形窟以主室中心为焦点相比,营造出完全不同的“场域感”。券顶方形窟无论在建筑规模还是装饰布局方面都缺乏固定模式。这些洞窟通常没有僧房窟伴随。其中至少两座洞窟是改建而成的(第60[3]、212[2]窟)。综合考虑它们位于克孜尔石窟寺院的边缘处,推测此类洞窟与其他类型相比,年代较晚。很可能是“A传统”主流带装饰方形窟的最晚发展。

龟兹地区早在“A传统”之前就已经出现了券顶。券顶见于方形窟、僧房窟和储藏窟,这些洞窟内都涂抹草泥层并刷白灰浆。券顶也是中亚建筑中最常见的屋顶形式,广泛见于民居建筑。不能排除的是,如此简单且普通的顶部类型被认为不值得进行装饰或安放佛像。这一推测不能被排除,且被最早的带装饰洞窟采用新的窟顶类型,即穹窿顶所支持。只有在晚期阶段,券顶才被绘满壁画,并成为典型的“B传统”窟顶。

综上,克孜尔不仅囊括了最多数量的“A传统”洞窟,而且是唯一见证它们所有的建筑和图像如何发展,以及如何影响或受到其他传统影响的遗址。与龟兹其他寺院相比,“A传统”很可能在此寺院内存续的时间最长。

以上分析了方形窟中的不同“场域感”,并展示出不同洞窟“场域感”的不同是如何对它们的礼仪功能产生影响的。与此同时,也要考虑到古代或许如同当今,同一洞窟在图像内容上无须做任何改变，便可用于举行其他仪式。尽管这些洞窟当是为不同仪式目的而设计的，但在假设某类洞窟或图像内容是专门为某一特定仪式活动或功能而营造的“场域感”时，需要谨慎。对洞窟可能功用的任何解读都需要平衡这两种极端。然而，这些洞窟的确在可抵达性、规模、光线质量、装饰类型、主要与辅助图像的布局等方面存在重要差别。每类洞窟都营造出对洞窟功能产生重要影响的“场域感”。

僧房窟

“A传统”僧房窟的数量几乎与带装饰方形窟相当。这是保守估计的数量，因绝大多数僧房窟已塌毁，部分很难识别，还有一些已完全消失。此外，龟兹地区“A传统”出现之前的部分僧房窟，也有可能在“A传统”时期被沿用。绝大多数僧房窟见于克孜尔，然而与之有相似布局和规模的地面僧房建筑也见于苏巴什（见本书131页）。此外，地面寺院中还应存在更大型的居住区（见本书131-132页）。

“A传统”僧房窟拥有若干独特的建筑特征，使它们有别于最早阶段没有固定平面形制的僧房窟[1]以及“B传统”僧房窟。主要差别在于前室结构，前室是洞窟中通风性更好、更明亮的空间，也是日常活动的理想场所。“B传统”僧房窟多与组合内其他洞窟共用同一前室，而“A传统”僧房窟大多有独立前室。这种区别意味着功能的不同，或者至少表明同一组合内洞窟之间的互动不同。在克孜尔，“A传统”僧房窟通常与带装饰方形窟构成组合。每座僧房窟有独立前室，生活与礼拜场所被有意分开。

僧房窟主室入口区域包括一条长甬道，从前室正壁的左侧或右侧延伸至主室。甬道的末端向左侧或右侧转入主室的门道（见图1）。“B传统”僧房窟中，甬道末端通常有一间储藏室。储藏室的规模小，雕凿粗糙，室内没有光线，安装一扇木门，显示其功能是储藏物资。它们似乎是“B传统”僧房窟的关键组成。以僧房窟高度集中的克孜尔第四区段为例，其中绝大多数僧房窟甬道末端皆有一间储藏室；只有少数僧房窟没有储藏室，但与之毗邻处会开凿一间小窟，可能用于储藏（如僧房窟第10、29、36、40窟，以及对应的第11、30A、37、41窟）[2]。“A传统”僧房窟中皆不见储藏室[3]。

僧房窟的主室是为僧人提供休息空间的，但也用于开展其他活动，比如禅修。主室最显著的特征是侧壁中心处的壁炉。由于没有烟囱，某些僧房窟的主室被厚厚的煤烟

---

〔1〕在克孜尔年代最早的洞窟集中于第一区段，如第90-17、90-19窟。

〔2〕关于“B传统”僧房窟的描述，见Vignato 2005。

〔3〕需要注意的是，部分“A传统”僧房窟内甬道末端的储藏室（如克孜尔第80、164窟）开凿于晚期。

层覆盖。前壁中心开凿一扇窗户。“A传统”和“B传统”僧房窟主室的关键不同在于，绝大多数“B传统”僧房窟主室门道的相对壁面处有一个长条形平台，大多数平台是由预留岩体凿成的，少数由泥砖或木板搭建而成[1]。这种平台不见于“A传统”僧房窟。

综上，相较于“B传统”，“A传统”僧房窟缺少储藏室和主室内的平台。两种要素的缺失表明两类传统中规划僧人生活场所的理念不同。这种差别或可为确定每类传统提供更多线索。

组合

洞窟组合是龟兹地区石窟寺院中的重要元素。如前文提及的，组合中是否有中心柱窟是判断“A传统”和“B传统”的关键。

考察“A传统”洞窟组合类型时，发现龟兹地区不同石窟寺院中“A传统”组合类型存在着显著不同。在克孜尔，主室平面呈方形、顶为穹窿顶或套斗顶的带装饰方形窟（Ⅰa、Ⅰb、Ⅱb型），通常伴随一座僧房窟，两窟构成一个组合。目前已识别出10组此类组合。更多复杂的组合从此类原初核心组合发展而来[2]。大多数情况下，僧房窟和方形窟毗邻开凿，朝同一方向，各有独立的前室，也有两窟共用同一前室，两窟或方向相同，或呈直角，这是开凿在陡峭崖壁高处的洞窟组合理想的解决方案。

然而，主室平面呈长方形的券顶方形窟（Ⅲ型）旁没有僧房窟，且两类洞窟不构成组合。这种特征进一步将此类方形窟与“A传统”其他方形窟区别开来。不过需要提及的是，某些情况下此类方形窟的装饰布局和内容与那些和僧房窟构成组合的方形窟相似。

库木吐喇谷口区的洞窟组合不同。在“A传统”带装饰方形窟高度集中的第二区段，只有一座僧房窟（GK第28窟），其可能供看守此区段的负责人居住[3]。因此第二区段内的洞窟组合与克孜尔所见组合不同。此处典型的组合由毗邻的数座带装饰方形窟构成，最佳例证如GK第20～23窟。这一保存较好的组合中，洞窟的建筑结构相似，但

---

〔1〕这种平台常被称作僧床，宽不超过1米，距离地面40厘米高。

〔2〕被识别出来的洞窟组合包括：第67～68、90-12～76[2]、82～83、127～128、130A～131、134～135[1]、144～149A、164～165、167～169、174A～174B窟。组合的扩展通常包括增建一座带装饰洞窟，如第84、129、132、166窟。后来在增建带装饰洞窟的组合中还增加了僧房窟，如第131窟；或者增建僧房窟的组合中没有带装饰方形窟，如第79、80窟；或重新改建早期洞窟，如第75[2]窟。事实上，克孜尔还有一类洞窟组合，集中在第三区段：即一座无装饰、主室平面呈长方形的券顶方形窟与一座僧房窟构成的组合。大多数情况下它们受损严重（第94～95、124～125、141～142、145～146、189+190～191、194A～194B窟）。相同的组合也扩展至第四区段（第28～29、30～31、33～34窟）。

〔3〕何恩之、魏正中2017，70页。

装饰各不相同。这些洞窟内装饰的差异表明每座洞窟有着不同的功能。洞窟彼此毗邻,意味着它们的前部可能有一座木结构建筑,或是简单的带有屋顶的门廊,或是复杂的、可以创造出一片公共活动区域的大型室屋。遗址内还有其他相似的组合。其中一组开凿在崖壁上现无法抵达的地方,已完全塌毁,根据GK第27、27A窟的相对位置推测其曾经存在;两窟之间的洞窟已在坍塌中消失。GK第25、26窟可能构成一个相似组合,此组合内某些洞窟或已消失不存,或本为少于四座洞窟的组合。

库木吐喇谷口区和克孜尔洞窟组合之间的显著差别,促使我们进一步思考库木吐喇谷口区洞窟与乌什吐尔地面寺院的关系。带装饰方形窟附近没有居住空间,或许表明礼拜洞窟的僧人很可能来自邻近的乌什吐尔地面寺院。仪式活动结束后,僧人们返回住处,只有看守者留住在GK第28窟。“A 传统”组合类型相对简单。在克孜尔,由一座僧房窟和一座带装饰方形窟构成的组合反复出现,似乎是为了满足佛典中规定的居住与礼拜的要求。由一座无装饰方形窟和一座僧房窟构成的组合的功能尚待深入考察。库木吐喇谷口区的情况颇为不同,信徒们来到“佛堂谷”的洞窟中礼拜,其中不设居住场所。

“Y 阶段”

融合“A传统”和“B传统”建筑与装饰元素的所有洞窟在此本书中被称为“Y阶段”,已在第一章最后进行了简要概述。这些洞窟与上述传统之间的相对年代关系十分重要。最清楚的例子是新1[2]窟和第69[2]窟,两窟是坍塌后重建而成的,因此晚于“A传统”,以及方形窟新1[1]窟和第69[1]窟。某些情况下相对年代的早晚是通过遗址内所有属于此传统的洞窟的相对位置关系推知的。可以确定的是,所有这些洞窟都晚于“A传统”洞窟,部分洞窟可能与“B传统”洞窟年代相当,且在“B传统”结束后被沿用。“Y阶段”融合“A传统”和“B传统”,从而形成新的装饰布局和内容,暗示出此时期的折中性。对这些年代晚于“A传统”和“B传统”洞窟的研究,将会为理解龟兹佛教的发展提供新的线索。

结语

本章归纳了第一章描述的“A传统”洞窟的关键特征。通过对带装饰方形窟的分类、“A传统”僧房窟主要特征的梳理,以及洞窟组合的分析,已为探讨龟兹地区佛教寺院中“A传统”的性质和功能奠定了坚实基础。

部分属于“A传统”的洞窟因受损严重而无法在本书下编展开深入分析，但我们认为它们对把握“A传统”洞窟的全貌至关重要，第一章对“A传统”洞窟的完整描述有助于更全面理解龟兹国境内“A传统”盛行时这些佛教寺院的面貌。我们希望这些材料能够最终激发更深入的研究。

“Y阶段”洞窟与其他传统洞窟分开；接下来的讨论不涉及“Y阶段”洞窟，除非它们有助于进一步厘清主流“A传统”的性质，尤其在图像方面。

目前我们所知以及可获得的资料尚不足以确定哪些洞窟曾属于“A传统”，但可以肯定的是还有部分洞窟曾属于“A传统”。尤其是，克孜尔第二区段的部分储藏窟很可能会被“A传统”僧团使用。这一推测的可靠性被“A传统”僧房窟内甬道尽头缺乏储藏室的事实加强。此外，年代最早的“A传统”洞窟靠近第二区段，似乎是出于实际需要。“A传统”僧团肯定也使用禅定窟，它们在“A传统”之前就已见于龟兹。由于禅定窟结构简单且受损严重，难以被归入某一传统，但它们无疑是“A传统”寺院的重要构成。最后，石窟寺院中存在地面建筑以及佛塔的可能性也需要考虑。对这些问题的分析将在下编的章节中展开。

下　编

下编包括三章。第三章是对上编揭示的“A传统”物质遗存的主要特征和问题的考古学探讨。第四章聚焦于“A传统”带装饰方形窟的图像学解读。第五章根据前面章节涉及的关键问题,尝试从原境视角重建“A传统”寺院是如何运作的。

第三章,对所收集的考古信息的分析将关注点从大环境,如“A传统”在整个地区的位置,转移至其在寺院中的位置,进而在组合中与其他洞窟的相对位置,最后考察单座洞窟类型和装饰布局,具体探讨“A传统”洞窟的主要特征。对现有材料进行系统分析后得出的整体观点,强化了“A传统”相较于龟兹佛教其他传统的独特性。本章也将讨论棘手的年代问题,旨在将“A传统”置于龟兹地区佛教发展史的大背景中进行理解。

第四章,拟从两方面对图像问题展开讨论。一方面,根据主室的主要图像将洞窟划分为三组:中心佛塑像、大幅故事画,以及无核心图像。辅助图像作为主要图像的补充和陪衬来展开研究。此外,还详细检索并列举了图像所依据的文本。另一方面,通过与“B传统”数种叙事题材进行对比,分析“A传统”壁画的叙事内容:如佛传图、佛陀事迹画、本生图和因缘图、说法图以及天界图。通过分析发现,“A传统”洞窟表现的叙事内容与“B传统”相比,属于说一切有部传播的早期阶段。

第五章,试图重建“A传统”兴盛之时的寺院原貌。这一重建主要基于现有的物质遗存,也有赖于相关文献资料以及与其他地区佛教寺院的对比。显然这些寺院曾经过精心规划,以实现当时寺院被期待的功能,也展示出不同于“B传统”的特征。

通过以上章节的分析,可探明“A传统”寺院中佛教生活的独特性。

第三章 “A传统”的考古学考察

本章将助力于从考古学角度更好理解“A传统”的相关问题。通过在古龟兹国内定位“A传统”遗址，其范围的有限性与“B传统”相比显而易见。同时，通过考察单座寺院遗址中“A传统”区段、组合和洞窟的相对位置，也可以得出相似的结论。若同时考虑地理因素和年代序列，很容易识别出“A传统”在龟兹的存在，如此便可追踪佛教物质文化在龟兹的发展脉络。最后，对“A传统”洞窟，即方形窟、僧房窟和禅定窟的主要特征进行探讨。

“A传统”寺院的位置和范围

龟兹地区与“A传统”相关的所有资料在上编中已被详细罗列，展示出此传统主要发展于克孜尔石窟寺院和库木吐喇谷口区，以及苏巴什、乌什吐尔、夏合吐尔地面寺院[1]。开凿在崖壁上的洞窟构成了主体，它们虽受损严重，但仍提供了重要信息。“A传统”的地面建筑现已全部消失；目前所知仅限于早期西方探险家的记录，只有少数清晰可辨识的例证[2]。尽管有关“A传统”地面寺院的资料并不充分，但仅存的遗迹已表明“A传统”并不局限于古龟兹国境内的石窟寺院，也在地面寺院中发展[3]。

“A传统”寺院通常坐落于贸易路线的关键位置。最早的地点之一是苏巴什佛寺，后逐渐发展成龟兹地区一处重要的宗教活动中心（见图99）。苏巴什佛寺位于库车河两岸，北枕却勒塔格山，修建在通往天山的关口附近，但距离首都不足一天的步行路程。

---

〔1〕库木吐喇遗址包括乌什吐尔、夏合吐尔地面寺院以及库木吐喇窟群区与谷口区石窟。事实上，库木吐喇谷口区两个区段的洞窟和乌什吐尔地面寺院不可能独立于彼此而存在。木扎提河东岸南区的地面建筑和开凿于崖壁上的洞窟应属于同一寺院。尽管我们采用传统名称，但对寺院结构和布局的认识与传统并不相同，即库木吐喇谷口区与乌什吐尔地面寺院功能互补，实为一处寺院。

〔2〕见本书128–145页。

〔3〕主要讨论保存状况较好的地面寺院，即苏巴什、乌什吐尔、夏合吐尔。尽管古龟兹国境内还分布着其他地面寺院，但没有提供与本研究相关的材料，见张平2010，189–328页。

克孜尔石窟寺院、乌什吐尔地面寺院（包括库木吐喇谷口区洞窟）以及夏合吐尔地面寺院分别位于却勒塔格山北麓和南麓、木扎提河两岸。三处佛教寺院的选址主要缘于独特的自然条件。克孜尔拥有高耸且连续的朝南崖壁，以及崖壁前广阔的空地，是整个龟兹地区最理想的开窟之处。其位置的重要性被关口的存在进一步强化。此关口距离克孜尔北部只有数公里，自古代起已经存在，可经此穿越天山山脉，进入伊犁山谷[1]。从古代都城步行不到一天即可抵达却勒塔格山南麓的乌什吐尔和夏合吐尔寺院，它们修建在进入关口的高地上，占据优势地位，可以俯瞰延伸至塔克拉玛干沙漠的大片区域。

被归入“X阶段”的寺院，年代早于“A传统”。我们对此阶段所知甚少，其本身值得深入研究。在克孜尔，对此阶段的确认依赖于方形窟、僧房窟和禅定窟的类型分析，其时似乎不存在固定的洞窟组合。方形窟表现出颇为简单的建筑特征：主室平面大多呈长方形，顶为券顶，仅个别为套斗顶，没有线脚或只有类型简单的线脚，均无装饰。僧房窟主室的入口处有不同布局，缺乏固定形制。作为寺院重要组成的禅定窟，距寺院的中心区有一小段路程，它们的平面仅见长条形。克孜尔、苏巴什、乌什吐尔、夏合吐尔和马扎伯哈是此阶段仅有的寺院，主要包括僧房窟和禅定窟。“A传统”出现后，没有试图开辟新地创建新的寺院，而是在已有的寺院中进行融合。现有资料表明“A传统”初始阶段较为缓慢，在石窟寺院和地面寺院中很少见到，后来才逐渐发展成此地区的主流佛教传统。现存的龟兹石窟中约有15%～20%的洞窟可被肯定地归入“A传统”，数量更多、分布范围更广的“B传统”洞窟占比超过了40%[2]。

石窟寺院中的位置：区段

每处寺院内，“A传统”洞窟和建筑通常集中于专门规划的区段内。区段的功能在之前已被探讨，学者指出这些差异可能是由不同传统造成的，但并未深入探讨[3]。

“A传统”洞窟集中于克孜尔第一、三区段的核心位置（见本书14页图5）。对遗址的实地考察发现，这两个区段内崖壁上所有可用崖面都被充分利用，开凿出成排洞窟[4]。首先选用的是崖壁靠地面处，而后向上逐渐开发更高处的崖面[5]。随着时间的推移，崖

〔1〕 朱玉麒2015，48-69页；朱玉麒2017，79-99页。
〔2〕 另外约40%的洞窟可被归入“X阶段”“Y阶段”以及唐和回鹘时期。
〔3〕 Vignato 2006.
〔4〕 这不仅是有意选择，成排的洞窟也是为了充分利用岩体质量更好的崖面（此部分为水平状岩层）。
〔5〕 两个区段内，崖壁靠地面处的无装饰方形窟和僧房窟属于“X阶段”。

面上的绝佳空间用完，新洞窟开凿在外围区域。第一、三区段的核心位置被充分开发后，谷内区的大部分空间也已被占用，在第四区段开凿了三组由一座方形窟和一座僧房窟构成的组合，即第28～29、30～31、33～34窟，避开了当时专门用来储藏物资的第二区段。第四区段的“A传统”组合是此区段内年代最早的洞窟（见本书73–75页）。后来，第四区段完全被“B传统”洞窟组合占用，此类组合通常包括一座中心柱窟、一座方形窟和一座僧房窟；早期的“A传统”组合也被改造成“B传统”组合。改造的方式包括增建一座中心柱窟，或重新利用早期洞窟（如第27[2] 和34[2]窟），或在早期洞窟旁增开一窟（如第32窟）。更晚阶段，“B传统”发展超出了边界，挤占了“A传统”所在的区段[1]。换言之，克孜尔清晰地见证了“A传统”和“B传统”在某一时段内的共存，以及“B传统”最终发展成主流的历程。这可从属于“A传统”的洞窟和洞窟组合的转变，以及之前未开发区域被占用的现象得到证明。此外，“B传统”影响的增长也可从“A传统”建筑和装饰（Ⅲ型）的晚期演变中看出（图100）。

苏巴什寺院遗址现损毁严重，无法根据法国探险队当时在西寺拍摄的照片确定“A传统”建筑的具体位置。伯希和的记录指出拍摄的两张A风格壁画的房间属于同一建筑，并称之为“壁画屋”。寺院中是否还存在其他类似建筑，已无从知晓。值得注意的还有，部分建筑[2]与“A传统”僧房窟有着相似的布局（见本书131页图85）。它们位于远离“壁画屋”推定位置的边缘，可能意味着礼拜场所和生活场所的有意分隔。

库木吐喇谷口区对乌什吐尔寺院的依赖性，可从谷口区两个区段现存30多座洞窟中只有1座僧房窟（GK第28窟）推知[3]。库木吐喇谷口区洞窟与乌什吐尔地面寺院的功能互为补充，两者实为一处寺院：禅定窟位于第一区段，更靠近地面寺院，而“A传统”的所有带装饰、主室平面呈方形的穹窿顶洞窟都位于第二区段。

伯希和的记录[4]表明夏合吐尔是一处独立的地面寺院。他在发掘时对遗存分期问题的忽视，使我们现无法将遗址内的建筑划入特定传统。不同壁画风格的存在，以及至少两个大幅故事画可见到A种风格，表明此处寺院曾被不同传统的僧团沿用。

---

〔1〕 典型的例子是第一区段内的僧房窟第80[1]窟被改建成中心柱窟第80[2]窟，见本书32页。

〔2〕 Hambis *et al*. 1982, pls. 5, 6, 10, 分别对应于图83中的B、C、G。

〔3〕 唯一一座僧房窟，即GK第28窟，其位置表明该窟是监管谷口区的看守人的住所。GK第24窟是晚期开凿在此区段的中心柱窟，它可能标志着“B传统”在库木吐喇谷口区的普遍存在。“Y阶段”中心柱窟GK第17窟开凿在第一区段，亦可被视为晚期发展。

〔4〕 Hambis *et al*. 1982, pp. 43–49.

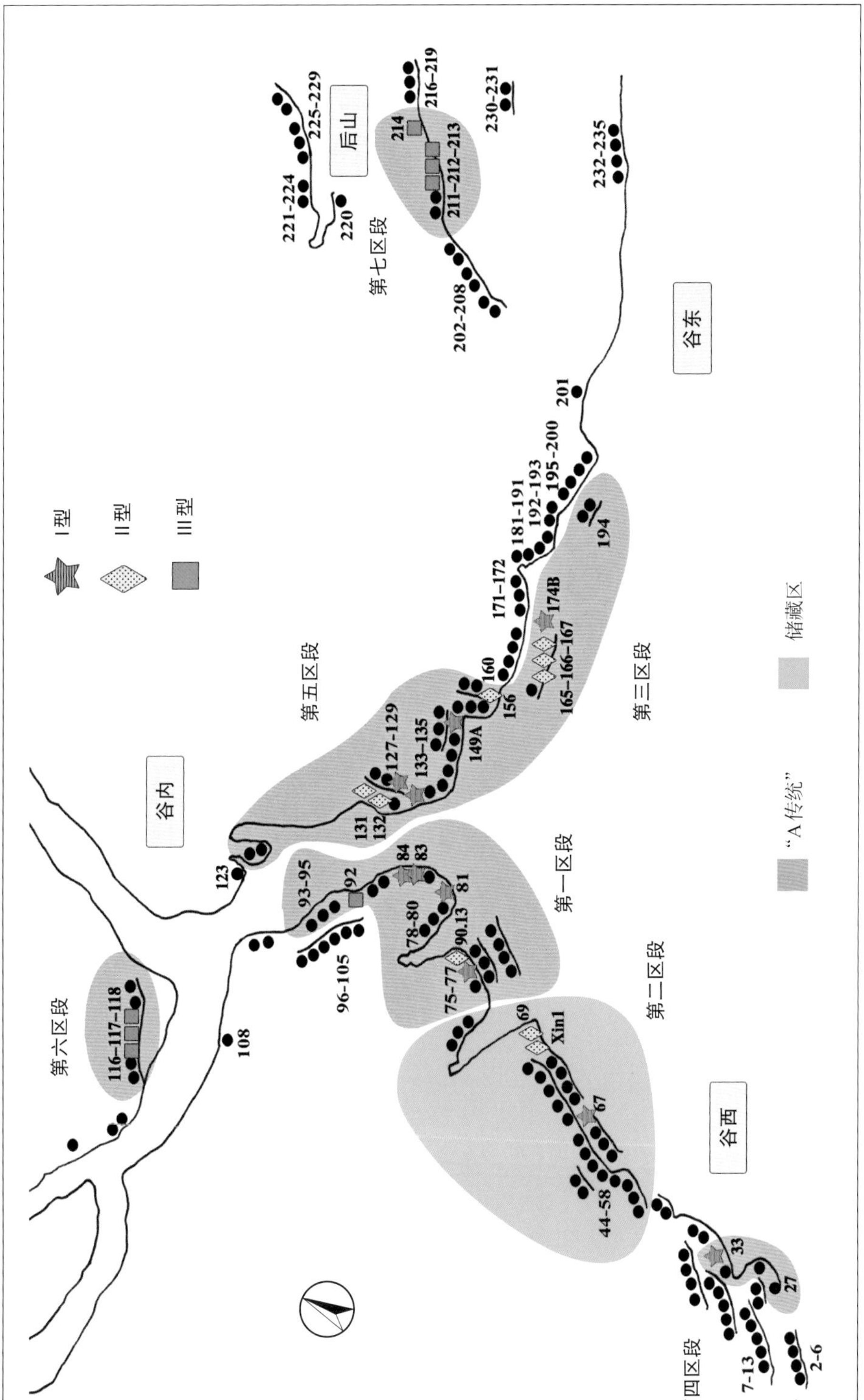

图100 克孜尔“A传统”带装饰方形窟的类型及其分布位置示意图。

区段中的组合

大多数“A传统”洞窟构成有意义的、功能性的组合。“A传统”中无论是洞窟组合还是单体洞窟，皆是满足洞窟功能需求的选择，因此对洞窟组合以及数座单体洞窟的研究，可为探讨此传统提供独特的视角。

对洞窟组合的辨识基于以下几个要素：同一组合内洞窟的毗邻程度以及与不属于此组合的洞窟的距离、是否开凿在同一高度、是否用同一建筑结构抵达或连通、组合类型的反复出现〔1〕。使用洞窟时，组合的辨别是显而易见的；但如今洞窟受损严重，识别组合就成为复杂的问题。

辨别组合时能够提供最有效信息的是前室。目前没有一处前室得到了完整保存，它们受损程度不一，或全部坍塌，或失去部分。某些情况下，损毁发生在最近十数年，故前室的存在可以从早期的记录中得到确认。

前室可被划分出两种：一是独立前室，即只供一个主室使用；另一是共用前室，即供两个或多个主室使用。“A传统”绝大多数洞窟拥有独立前室。尽管规模不同，它们通常比主室稍宽，从复原的几处前室来看，不及主室深。带装饰方形窟的前室地坪通常畅通无阻，较之主室可提供更多空间，尤其是那些中心有一个大像台的主室，像台占据了地坪大部分区域，仅留下有限的空间供单列队信众的右绕礼拜仪式。个别洞窟残存了前室顶部，相当高且类型各异，包括平顶（如克孜尔第76窟）、覆斗顶（克孜尔第118、132窟），以及向主室倾斜的顶部上雕刻出椽子的仿木构顶（克孜尔第117窟）。现存的“A传统”前室中尚未发现线脚的遗迹。

大多洞窟有独立前室，但这并不意味着它们不构成组合。事实上，克孜尔最典型的“A传统”组合就是由各有独立前室的一座带装饰方形窟和一座僧房窟构成。带装饰方形窟或为穹窿顶（Ⅰa型和Ⅰb型，如第90-12、76窟，见图6；第133、135窟，见图33；第144、149A窟，见图38；第174A、174B窟，见图47），或为套斗顶，装饰仅限于檐口和顶部（Ⅱb型，第130、131窟，见图29；第164、165窟以及第167、169窟，见图42）〔2〕。这些组合或靠近地面，毫不费力即可抵达，或位于高处，需要爬上陡峭的崖壁方可进入。

共用前室的洞窟构成的组合更容易辨识出来。在克孜尔，拥有共用前室的洞窟组合都开凿在崖壁的较高处（如第67～68窟，见图52；第82～83窟，见图18；第134～135[1]窟，见图33）。它们可能需要连通建筑，如最常见的开凿在岩体内的梯道才

〔1〕关于洞窟组合的研究，见Vignato 2006, pp. 369-382；魏正中2013，25-67页；何恩之、魏正中2017，138-141页。关于连通建筑的研究，见Vignato 2018；魏正中2018，22-33页。

〔2〕这一解释重新评估了魏正中于2006年提出的第一类洞窟组合。

可进入。相较于洞窟本身，连通建筑的设计和建造耗费更多的劳力。选择使用共用前室可能是基于实用目的，因为同一连通建筑可被共用前室的两座或更多洞窟使用。此外，在陡峭崖壁上开凿洞窟时，前面需有一处公共空间，这很可能由共用前室提供。共用前室的数座洞窟构成的组合通过增加一座带装饰方形窟或一座僧房窟得以扩展[1]。

选用何种前室可能受制于洞窟组合在崖面上的相对位置，而选择的结果将会产生重要影响。在第76[2]和90-12窟构成的组合中，两窟各有独立前室，可以单独出入，如此，两窟中进行的仪式活动不会彼此影响。第76[2]窟前室和主室的图像内容表明两室是连续的仪式空间。相反，在第82和83窟组合中，共用前室构成了僧房窟和带装饰方形窟前面的公共空间。尽管此共用前室的所有壁画已剥落，但其在建筑结构上表现出的不对称性，表明前室应不会有连续的叙事图像。后来组合内增建了第84窟，这进一步降低了前室描绘连贯叙事图像的可能性，因其不可能同时满足两个主室内图像内容以及僧房窟的需求。前室无装饰的现象也见于其他洞窟，如第83窟（以及第116、118窟）等洞窟因主室绘大幅故事画，前室壁面仅简单涂抹白灰浆。

克孜尔“A传统”组合的设计很可能是为满足一名或数名僧人居住在带装饰方形窟附近的需求。这便于他们进行日常的礼拜，以及更为庄严的仪式活动。带装饰方形窟内不同装饰类型营造的“场域感”表明，不同的洞窟组合应是为了满足不同的仪式需求。

克孜尔的另一类洞窟组合，即由一座无装饰、主室平面呈长方形的券顶方形窟和一座僧房窟构成。之所以被归入“A传统”，一方面是因为组合内包括典型的“A传统”僧房窟，另一方面它们所在的区段内绝大多数洞窟属于“A传统”。尽管在克孜尔，此类组合的数量较多（自东至西：第28～29、30～31、94～95、124～125窟，见图25；第141～142窟，见图37；第145～146窟，见图38；第189+190～191、194A～194B窟），但因为它们的功能难以界定，且没有任何图像遗存，暂无法对它们进行充分探讨。个别情况下，此类组合中还会增加一座穹窿顶洞窟（如第93窟增建入第94～95窟组合）。

克孜尔还有两类“A传统”洞窟，其附近不存在僧房窟。其一是Ⅱa型套斗顶、四壁放置塑像的方形窟，它们均开凿在面向木扎提河的崖壁上，没有一座洞窟与其他洞窟相关以构成组合。另一是Ⅲ型主室平面呈长方形的券顶洞窟（如克孜尔第60[3]、92、116、118、212[1]、212[2]、214窟），它们通常单独开凿，位于边缘位置，本书将之归入“A传统”的晚期阶段。

---

〔1〕 第84窟增建入第82、83窟构成的组合中。在第67、68窟构成的组合中，晚期又增建了一座僧房窟第66窟。僧房窟第135[1]窟最初与方形窟第133窟构成组合，后来被改建成带装饰方形窟第135[2]窟，见本书56-57页。

库木吐喇谷口区有一类特殊的“A传统”组合。此处的洞窟开凿在胶结不良的角砾岩上。每座洞窟有独自的小前室，且有通向主室的较深门道。该类组合包括崖面上开凿的一排相连的方形窟，它们位于同一高度，且彼此间隔相同。这些洞窟开凿在崖壁的高处，光线充足，且可避免洪水的冲蚀。最典型的组合如GK第20～23窟（见本书110页图70），可能也包括GK第27～27A窟（见本书110页图69），其他洞窟可能属于相似的组合。小型前室和质量较差的岩体意味着，若每排洞窟前还应存在共同的活动空间，这一空间很可能是木结构建筑，其或为一小众僧人进入洞窟之前的聚集之地。

库木吐喇谷口区的组合类型不同于克孜尔的两类组合。值得注意的是，库木吐喇谷口区第二区段最初有10多座洞窟，其中只有1座是“A传统”僧房窟（GK第28窟）。然而在克孜尔，大多数方形窟旁边都有供僧人居住的僧房窟，库木吐喇谷口区第二区段除唯一一座僧房窟供看守山谷者居住之外，大部分时间似乎都无人居住。只有当信徒来参观礼拜时，这些洞窟才有生机。乌什吐尔地面寺院与之相距约15分钟的步行路程，其内可能居住着大量前往山谷洞窟礼拜的僧人。根据洞窟成排开凿的现象，推测僧人们是按顺序依次进入的。如此看来，克孜尔和库木吐喇谷口区不同的洞窟组合类型可能暗示着对洞窟的不同使用方式，也表明建筑和图像相似的洞窟可以拥有不同功能。

地面寺院的考古工作并不充分；根据已发表的资料，尚无法明确“A传统”建筑的确切位置，以及它们是否构成组合。苏巴什发现的两间佛堂属于同一建筑，它们很可能构成了一个组合。

以上对“A传统”组合的简要分析已经证明了组合类型及其位置的差异。这些差异可能是区域因素造成的。由一座僧房窟和一座带装饰或无装饰方形窟构成的组合仅见于克孜尔。库木吐喇谷口区所见的一排带装饰方形窟的设计，很可能由于距离生活区较远，它们似乎并不用于日常的礼拜活动。

根据石窟寺院在古龟兹国内的分布位置，“A传统”洞窟在寺院内边界清晰的区段中的集中分布，以及与邻近洞窟构成组合等提供的一系列信息，我们对龟兹“A传统”有了更全面的认识。这些信息也有助于为龟兹地区“A传统”遗存构建起相对年代序列。

年代问题

数十年来，龟兹佛教遗存的年代一直是学界讨论的焦点，至今仍未有定论，且达成共识的前景尚远。年代是十分复杂的问题，需从各个视角，利用掌握的所有手段，在考古学语境下对所有材料进行全面审查。不同学科之间的合作是必要的，因片面单一的方法已无法达成其他学科的共识。

与此同时，要将“A传统”置于龟兹佛教的年代框架之内。接下来论述第一期不同阶段和传统的发展演变脉络，此期从龟兹佛教的发端持续至唐代大乘佛教的进入[1]。过去很少被系统考虑的具体信息，如洞窟位置等，将会予以强调。位置本身显然不足以构建年代序列，但与其他信息整合起来，就能提供重要线索。

简言之，通过考察，我们梳理出一条大致的发展脉络。龟兹最早的无装饰方形窟和僧房窟在本研究中被归入“X阶段”。此后出现了一种新的传统，本研究称之为“A传统”，开始在龟兹地区被践行。这种新传统将自身融入先前的、已经建立起“X阶段”实践的寺院中。在之后的某段时期内，“A传统”发展成为龟兹国的主流佛教传统。后来“B传统”出现，带来了新的图像内容和仪式，丰富了龟兹地区的佛教实践。不同传统可能共存过一段时间，“A传统”最终衰落直至完全终止：不再开凿新的洞窟，亦不再修复破损的洞窟。曾属于“A传统”的部分洞窟被改建，重新用作“B传统”洞窟，“B传统”逐渐发展成为主流，甚至可以说是龟兹国历史上最具影响力的佛教传统。最后阶段本研究称为“Y阶段”，其特点是融合了“A传统”和“B传统”的某些元素，也引入了新的内容[2]。

以上概述了古龟兹国早期佛教不同传统的演变序列。这是本文构建的相对年代框架的主干。下文展开更详细的论述。宏观层面的分析已揭示出“A传统”仅见于龟兹地区的少数几处寺院中，位于“X阶段”占用的重要地段，不断发展并被后来兴起的传统沿用[3]。

克孜尔的“A传统”洞窟集中于第一、三区段，位于“X阶段”洞窟的正上方，也是整个寺院的核心位置。两个区段内核心区域的可抵达崖面完全被占用之后，新洞窟被开凿在远处。库木吐喇谷口区的“A传统”带装饰方形窟均开凿于第二区段。“A传统”也见于伯希和记录的苏巴什和乌什吐尔地面寺院，以及格伦威德尔记录的夏合吐尔地面寺院。在可辨识的情况下，石窟、地面寺院中的“A传统”洞窟和地面建筑的年代都相对较早。

以上大致梳理了佛教在整个龟兹国，或者寺院中不同区段的发展历程。就年代关系而言，遗址中还存在更令人信服的实物证据。在分析之前，有必要解释若干考古学基

---

〔1〕 此处指的是洞窟开凿的时间，它们也可能被后续时段沿用。我们参考了目前唯一所知进行了全面的类型分析以尝试构建克孜尔整个遗址年代框架的研究，见Vignato 2006。

〔2〕 “Y阶段”的内涵有待深入研究。目前被划定为“A传统”或“B传统”的部分洞窟很可能属于“Y阶段”。对此阶段洞窟全面的解读，将有助于深化对龟兹佛教的认知，但不会改变本研究中提出的观点。

〔3〕 除这些遗址外，玛扎伯哈似乎是始于“X阶段”的寺院。其在“A传统”和“B传统”期间并未发展，然而几座带装饰洞窟的壁画题材以及不构成洞窟组合的事实，表明它们开凿于“Y阶段”。

本概念。单座洞窟、一个洞窟组合，或是一个区段都可以被视为一个考古学单元；对某一单元的任何干扰，无论是破坏还是改建，都可称为打破关系。打破关系必然存在于考古学单元的建造时段，它们为遗址内不同单元的相对年代关系提供了唯一可靠的信息。

我们将从克孜尔展开分析，因为此遗址包含有数量最多、类型最广的“A传统”洞窟。克孜尔年代最早的佛教遗存属于“X阶段”，它们是无装饰方形窟和僧房窟，有时两类洞窟构成组合。这些最早的洞窟开凿在第一、三区段崖面的靠地面处。属于此阶段的数座洞窟于1990年被发掘清理出来（第90-14～90-24窟），部分洞窟尚未清理，只有局部从堆积中出露，还有部分洞窟已坍塌而未被记录[1]。这些洞窟的年代尚未确定，但参照之前关于克孜尔洞窟类型的年代序列研究，它们很可能是最早开凿的一批洞窟[2]。

“X阶段”与“A传统”年代序列的确立很大程度上依赖于第76窟提供的信息。此窟经历了两个建造阶段，清晰地显示出“X阶段”早于“A传统”。最初主室平面呈长方形，顶为覆斗顶，涂草泥层和白灰浆（第76[1]窟）。后来便被放弃了，原因是为建造更大的带装饰洞窟（第76[2]窟）。这可从第76[2]窟左壁上残存的第76[1]窟部分看出。第76[1]窟的部分包含在第76[2]窟中，然而明显的部分，即左壁上深入岩体的部分被泥砖封闭起来。第76[2]窟是规整的方形窟，涂抹白灰浆并绘制壁画后，看不出其改造于早期洞窟的任何迹象。只有在泥砖墙坍塌之后，也就是被弃用之后，第76[1]窟残存部分才显露出来[3]（见本书21页图9）。这两座洞窟的年代序列简单明了：无装饰、属于“X阶段”的第76[1]窟年代早于带装饰、属于“A传统”的第76[2]窟。基于此，我们推测崖壁靠地面处开凿的无装饰洞窟（第90-14～90-24窟），以及第三区段的大量洞窟（其中部分洞窟内堆满沙石）属于“X阶段”[4]。

洞窟组合中同样可见到“A传统”早于“B传统”的证据。克孜尔第一区段的第78～80窟组合是很好的例证。“A传统”僧房窟第79～80[1]窟最初构成一个组合，可根据它们开凿于同一高度，且远离其他洞窟推知（见本书31页图16）。此组合并不典型，因其不包括带装饰洞窟，或许表明某个时段内第一区段的生活设施不充足，需要更多的居住空间。这种现象也见于其他洞窟，如僧房窟第75[2]窟，此窟通过改建受损的带装饰方形窟第75[1]窟而成（见本书19-20页）。再如第三区段第139～153窟似乎有类似

---

〔1〕 感谢新疆龟兹研究院的陈世良和李丽在私下交流中告知这些洞窟的存在。

〔2〕 Vignato 2006, pp. 359-416. 属于“X阶段”的无装饰洞窟也见于库木吐喇谷口区和玛扎伯哈。

〔3〕 全面描述见本书21-28页。早期洞窟的进入方式尚不确定，因为格伦威德尔的线图和记录并不清晰，且近年的修复也遮蔽了一些关键线索。

〔4〕 “X阶段”的洞窟数量应多于目前的推测。克孜尔第三区段内有数座洞窟只能看到局部，大部分被沙石堆积掩埋。克孜尔还有大量储藏窟属于此阶段。在苏巴什和乌什吐尔、夏合吐尔，至少禅定区段的部分洞窟可归入此阶段；另外，玛扎伯哈的大多数长条形窟和僧房窟也可划入此阶段。

的考量,此处僧房窟所占比重很大,于已存在的组合中增建数座僧房窟[1]。

僧房窟第80[1]窟最终被改建成中心柱窟第80[2]窟。即使在这种情况下,洞窟凿建的顺序也没有任何疑问:较早的“A传统”僧房窟被改建成“B传统”中心柱窟[2]。一座洞窟类型和功能的改变,标志着整个组合从“A传统”转向“B传统”。

上述例子极其重要,鲜明地展示出第一区段内洞窟和组合的年代序列,即“X阶段”最早出现,“A传统”继之发展壮大,之后是“B传统”“Y阶段”[3]。第四区段内也可以看到原属于“A传统”的洞窟、洞窟组合和区段被改成“B传统”[4]。

“A传统”组合转变成“B传统”组合的一个令人信服的例子是第33～35窟组合。最初第34[1]窟是一座“A传统”僧房窟,其与一座穹窿顶方形窟(第33窟)构成组合。这座僧房窟后来被改建成中心柱窟第34[2]窟。此组合在后期因增建一座“B传统”僧房窟(第35窟)而得以扩展。

以上例子证明“A传统”早于“B传统”,与此同时,显示出一座洞窟的改建事实上是整个组合,有时甚至是整个区段从“A传统”转变成了“B传统”。目前从考古遗存中观察到的所有转变序列都是从“A传统”到“B传统”,而没有相反者,克孜尔两个传统的年代序列就此可以基本确定。

克孜尔谷东区存在一处重要线索,提示出“A传统”较之“B传统”结束得早(见本书14页图5)。第165～168窟属于第三区段的两个“A传统”组合,第171～172窟是第五区段典型的“B传统”组合。这些组合位于崖壁上的相同区域,前者位置稍低,后者在其正上方(见本书65页图42)。崖壁的形态表明其在某次斜向坍塌中遭到了大面积损毁。上述组合中的洞窟失去了它们开凿于岩体的前室,靠近地面处的洞窟受损更严重。特别是方形窟第165、166和167窟不仅失去了各自的前室,而且主室的前部也遭到破坏。根据崖面上现存的凹槽和孔洞推知,组合中的中心柱窟[5]通过安装坚固的木结构台架得以修葺和持续使用。这种修葺方式无疑需要耗费大量的人力和物力。令人不解的是,位于下方的方形窟没有被修复,若它们先得到修复,就会为上方洞窟提供结构支撑,从而使修葺变得更容易、省时[6],但这些“A传统”洞窟却被放任损毁、废弃,丧失其

---

〔1〕 僧房窟第142窟开凿于之前的券顶洞窟坍塌之后,僧房窟第153窟改建自早期的穹窿顶方形窟。

〔2〕 值得注意的是,第80[2]窟是第69[2]窟以东、第155窟以西之间唯一的一座中心柱窟,此区是面向木扎提河的核心部分,高达数百米。

〔3〕 还需要提及一组遭到严重破坏的组合,其包括三座僧房窟(第86～88窟)和一座中心柱窟(第91窟),单独开凿在谷内西侧崖壁上,最初可能属于“A传统”。

〔4〕 三个组合,即第27～29、30～31、33～35窟,见本书74-75页。

〔5〕 关于僧房窟第172[1]窟改建为中心柱窟第172[2]窟的研究,见魏正中2013,40-42页。

〔6〕 例如可通过修建一堵泥砖墙来修复,类似于库木吐喇窟群区大型洞窟第63窟的做法,见何恩之、魏正中2017,118-120页。

原初功能。这种现象表明，在某个特定时段"B传统"蓬勃发展，新洞窟被凿建且受损洞窟被修葺，而"A传统"却处于没落阶段，甚至已经结束了。

"A传统"中仅个别带装饰方形窟在后续时段被重绘，这一事实也暗示出"A传统"的衰落，尽管并非结论性的事实，但进一步证明了上述认识。

最后，还有几点线索有助于判断"Y阶段"的年代。由于"Y阶段"融合了"A传统"和"B传统"的元素，可以合理推测其始于寺院中两种传统共存之后。考古遗存中有明确现象显示出此阶段的大多数洞窟出现于两种传统之后。最典型的例子是第69窟。第69[1]窟最初为方形窟，主室内沿四壁安置塑像（Ⅱa型）。坍塌之后，主室正壁中间开一个门道，继续向岩体深处凿出中心柱窟第69[2]窟的主室（见本书84页图54）。第69[1]窟主室的残存部分被用作中心柱窟的前室〔1〕。显然，属于"Y阶段"的第69[2]窟晚于"A传统"时期的第69[1]窟〔2〕。

洞窟在克孜尔寺院中的位置也是表明不同阶段与传统年代序列的线索之一。最早的"X阶段"洞窟位于第一、三区段内靠近地面处。它们是僧房窟和无装饰、主室平面呈长方形的券顶方形窟。"A传统"最早的洞窟开凿于同一区段，位置相对较高，并在崖面上的空间被全部占用后，向东西两侧扩展。"B传统"主要发展于之前利用不足或完全没有利用的区域，即第四、五区段。在某个时段，"A传统"和"B传统"似乎同时存在，但最终"B传统"扩展至所有区段，完全占据"A传统"的区段。这一扩张受益于"A传统"的发展停滞。最后，"Y阶段"似乎更倾向于重新利用或简单地重新装饰早期洞窟，或在之前存在的洞窟之间开凿新窟，充分利用崖壁上未被占用的空间。每一传统的开始都以新类型洞窟的引入以及不同区段的使用作为标志。

库木吐喇谷口区洞窟的分期基于它们与乌什吐尔地面寺院的毗邻程度以及洞窟类型。第一区段内主要是长条形禅定窟，因其是龟兹最早地面寺院的补充，可被归入"X阶段"。第二区段及其内开凿的"A传统"方形窟远离供僧侣居住的地面寺院，不是日常活动所必需的场所，乌什吐尔地面寺院中事实上存在一处绘A种风格壁画的佛堂〔3〕。第一区段的"Y阶段"中心柱窟（GK第17窟）和第二区段的"B传统"（GK第24窟）似乎与后者进入克孜尔的时代相当。

苏巴什的禅定窟被视作早期地面寺院功能的补充，尽管它们在后续时段内被沿用，但很可能也始于"X阶段"。由于"Y阶段"是龟兹佛教研究中尚未展开的领域，尚无法全面认识到其在龟兹地区的规模。目前看来，"Y阶段"期间并未创建新的寺院，其洞窟

〔1〕类似的情况见于邻近的新1窟，见本书147-148页。
〔2〕与"B传统"相比，时代稍晚者可见于第123、169窟。谷内东侧崖壁之前未被利用，后被用来开凿这些新洞窟。
〔3〕格伦威德尔2007，17-20页。

位于之前传统使用的寺院中。

上述分析表明，龟兹佛教的第一期包括“X阶段”“A传统”“B传统”“Y阶段”的相继出现和发展。这一序列意味着相对年代框架的构建，且允许不同传统的共存。

方形窟

本书中我们讨论的最基本的考古学单元是单座洞窟。第一章对“A传统”洞窟的全面介绍显示出，其中最具代表性的类型是带装饰方形窟，并可根据洞窟创造出的“场域感”进行细分类型。为便于讨论，我们首先分析建筑元素，之后探讨其装饰内容。但需要指出的是，两方面是不可分割的。

从建筑视角来看，方形窟相当简单。它们一般包括两室，即前室和主室。绝大多数主室平面呈方形，壁面高度与室内进深几乎相同，也就是说大多数情况下，主室空间是近乎完美的正方体，顶部中心是相对较小的穹窿顶（Ⅰ型）或套斗顶（Ⅱ型）[1]。

方形窟的穹窿顶比套斗顶更为常见。穹窿顶是古老的建筑形式，在地面建筑中它们总会出现技术难题：需要厚重的墙壁来承托重量，以确保建筑的稳固性。如何从方形空间过渡到圆形穹顶是关键步骤。数个世纪以来，古人发明了多种方法来处理这种过渡。但这些结构问题在开凿于岩体的洞窟中并不存在。

龟兹地区的穹窿顶与其他地区穹窿顶相比，拥有若干独特性。如果我们观察巴米扬的洞窟，会发现大多数穹窿顶洞窟的主室平面呈圆形或八角形，以方便雕刻出覆盖整个房间的穹窿顶。洞窟中雕刻出抹角拱的做法，显示出其对地面建筑穹窿顶的模仿[2]。然而龟兹“A传统”洞窟的穹窿顶较小，是在平顶的中心再向上部岩体开凿而成。在这些洞窟中，壁面和顶部呈直角相交，且不凿出真正意义上的支持穹窿顶的抹角拱。从建筑结构来看，地面建筑中是不可能如此支撑穹窿顶的。平顶中心凿出穹窿顶的做法不见于其他地区，似乎是龟兹地区的独创，可能有独特的含义。

---

〔1〕 清理克孜尔第76[2]窟时拍摄的照片显示，通向主室的大门框很可能是装饰性的，而非功能性的（见本书24页图11）。目前学界尚未对龟兹石窟的门扇类型进行系统研究，但不难发现门扇之间存在着差别，如部分洞窟通向前室的门道不设门扇（如克孜尔第224窟），部分洞窟前室通向后室的门道不设门扇（如克孜尔第117、193窟）。就“A传统”洞窟而言，库木吐喇的情况似乎属于后者，只是门道更深。在这些洞窟中，通向前室的门道往往设有门扇以便保护洞窟。相关研究见魏正中2013，117–124页。

〔2〕 在巴米扬，穹窿顶洞窟的主室平面呈方形、圆形或八角形，通常有一个截锥形鼓状结构，从而缩短穹窿顶的直径，但仍需要跨越窟内顶部空间，见Iwade/Kubodera 2013，东Via、8、G、F1(a)、35-Ⅵ、46窟平面图。

Ⅰa型穹窿顶方形窟内通常有一个安放大型佛塑像的像台。基于现存的塑像残块和像台高度推测，佛塑像的高度可能超过两米。大多数情况下，塑像为坐姿，泥土塑成，被固定在台座上[1]。关于佛塑像姿势的唯一准确信息是结跏趺坐。另外，塑像体量庞大，泥土塑成且固定在像台上的事实也提供了关键信息：即佛塑像无法被移出洞窟，其意义将在下章论述。若安装与塑像相配的大型泥塑身光和头光，可能需要在壁面上开凿孔洞插入木桩来支撑。但在Ⅰa型洞窟内的地坪和顶部均未发现相关孔洞，或许暗示出佛塑像没有头光或身光。据此推测穹窿顶很可能也被视作佛像顶部的三维立体头光，部分洞窟中，窟顶还绘佛、菩萨、天人和装饰图案[2]。穹窿顶底部边缘的装饰图案或许表明穹窿顶也可作为一种华盖；抑或两种可能性兼有，既可作头光又可作为华盖。

紧接窟顶下方的壁面上绘有连续画面，内容为天宫中的伎乐天人、帝释天、梵天和佛陀。Ⅰa型洞窟四壁的主要区域被划分出不同的画幅，或在边框内描绘故事场景。根据壁画中的人物形象较小，像台与壁面之间的通道狭窄，主室内因前室遮挡而光线昏暗，以及佛塑像在正壁投射的阴影，可以推断：主室内的壁画几乎无法被看清，应是作为中心佛塑像的背景而存在的。

Ⅰb型洞窟的建筑特征与Ⅰa型洞窟相似，主要区别在于主室中心没有像台。核心图像是正壁的大幅故事画，而前壁和两侧壁仅绘简单的装饰带。这些洞窟内没有Ⅰa型洞窟所见的中心佛塑像，亦没有绘制的佛像[3]。Ⅲ型洞窟中也有相似的绘画区。Ⅰb型洞窟是"A传统"带装饰洞窟中最为常见的类型。窟内不见佛像引出了一个重要问题，即这些洞窟的功能是什么，在实现功能时它们似乎不需要礼拜核心。

主室平面呈方形的套斗顶方形窟被划入Ⅱ型，此类洞窟只见于克孜尔。它们位于穹窿顶方形窟所在区域的边缘，数量不及后者的一半。这些洞窟中只有少数几座洞窟保留有少部分前室痕迹（第69[1]、132窟），但推测它们可能有各自独立的前室。

Ⅱ型套斗顶方形窟可以分出两个亚型。Ⅱa型，四壁安置两排真人大小的立姿塑像，这由四座洞窟内四壁的安装痕迹确定[4]。大部分洞窟内塑像缺失，地坪残损严重，难

〔1〕一个世纪之前在克孜尔第76[2]窟拍摄的历史照片中可以清晰地看到佛塑像被固定在像台上（见本书25页图12）。另一个具有说服力的例子是库木吐喇GK第20窟门道右侧小龛内现已丢失的塑像。尽管不是窟内的主尊像，它也是被固定在像台上的泥塑像。当时没有注意到中心塑像的尺寸大小，可能是因为原地没有留下任何遗存，也可能是将注意力集中在了残存的壁画上，而忽略了塑像。

〔2〕如果这种解读正确，那么"A传统"展示了一种新方式，即用建筑结构来具象化图像内涵。穹窿顶最初可能是作为头光出现的，后来窟内中心不设塑像的洞窟也采用了穹窿顶，如Ⅰb型洞窟。"B传统"的部分中心柱窟内主龛的拱腹中心也凿刻出半圆形空间，或许是这种传统的扩展，如克孜尔第17、184、186窟。

〔3〕除Ⅰb型洞窟外，少数Ⅲ型洞窟以及苏巴什、乌什吐尔、夏合吐尔地面寺院佛堂内也不见佛陀形象。

〔4〕第156窟的布局有所不同，每个壁面上安装的数尊塑像以居中者最大。

以确认主室中心是否有一尊佛塑像,也无法对洞窟的图像进行详细探讨[1]。然而,经过考古发掘的一座洞窟中(第90-13窟),主室中心有一个安放佛塑像的像台,这可能也存在于同类型的其他洞窟中。这些洞窟的共同特征是,开凿在面向木扎提河的崖壁上,毗邻寺院中心。Ⅱb型,开凿在第三区段,或位于谷内东侧崖壁或谷东的更东处。两个亚型的洞窟在位置上的显著差异具有重要意义。属于Ⅱa型的第69[1] 和 90-13窟,其内通向大型主室的门道可以被复原:门道相对狭窄,这无疑会限制进入洞窟的自然光照量,意味着窟内光线较暗。由于Ⅱa型洞窟都不与僧房窟构成组合,它们的功能实现似乎不需要僧人居住在附近。这与Ⅱb型洞窟形成了鲜明的对比。

Ⅱb型洞窟通常与一座僧房窟构成组合。它们的主要特征是四壁上或无壁画,或仅在壁面中部绘一条简单的连续装饰带。人物形象仅见于檐口面,可能表现的是故事画,现因残损严重已无法识别。套斗顶上绘装饰图案。除第132窟顶部所绘的小型佛像外,主室内基本不见佛陀形象。

Ⅲ型洞窟数量较少,其主室平面呈横或纵长方形,顶为横或纵券顶。这些洞窟的建筑规模、结构、装饰布局甚至内容都不一致,亦不与僧房窟构成组合。此类洞窟仅见于克孜尔,主要集中于第六、七区段最靠内部分。

根据上述三类“A传统”带装饰方形窟的建筑特征,可以推知有独立前室、主室平面呈方形的穹窿顶方形窟最为典型。此类洞窟在克孜尔占据核心位置,且见于所有包含“A传统”的寺院中,应是最早、最正统的洞窟类型。而其他类型仅见于克孜尔,暗示了它们的附属地位,这也可以从它们位于穹窿顶方形窟所在区域的边缘位置得到佐证。

洞窟“场域感”的营造除依赖建筑特征外,装饰布局也不可忽视。壁画的特征之一是,位置一旦固定,画面的每个部分都需要在整体语境中进行解读。因此,布局即可显示出主要和辅助元素,将信徒的目光引向预设的焦点,并帮助他们正确地连接神圣空间的不同元素。不同空间的装饰规模在规划之时也被确定。

目前“A传统”装饰布局并未得到恰切的阐释。这自然是由于大面积壁画在数世纪之内已消失不存,只有少量壁画残迹保留在原处,且大多数情况下保存状况不佳。另一方面,被揭取、保存在多个国家的“A传统”壁画残块虽被研究,但因缺乏相关信息而没有参考原初的整体语境。一个世纪以来,学者们对大部分被揭取壁画在原初语境中的位置进行了记录,包括早期探险家的笔记、对揭取之前拍摄的历史照片的研究、大量的博物馆图录,以及专业的博士论文和学术文章的复原研究[2]。尽管是基于先贤的工

〔1〕 这些洞窟靠近地面,在寺院被弃用后被当地的农民和牧民用作自己或牲畜的庇护所。窟内地坪上有绵羊和山羊的蹄印,大多数深度超过了半米。

〔2〕 致力于确认被揭取壁画的来源以及复原重建的论著,见长广敏雄、冈田芳三郎1941;上野アキ1980a, b; Yaldiz 1987, pp. 17-98; 2000;中川原育子1994,1997a,1997b,2011; Hiyama 2016a;赵莉2015,2018;赵莉/Samasyk/Pchelin 2018;王芳(待发表)。关于龟兹佛教艺术和考古研究的近年出版物综述,见Lee 2018;赵莉2021。

作，但我们的目标与之前皆不相同。除将每块被揭取的壁画还原到其所属洞窟外，第一章我们已经尝试在洞窟中复原装饰的完整布局。通过与保存较好的同类洞窟的类型比较，我们对窟内的装饰布局、主要和辅助图像之间的区别、主室中心佛塑像的有无、四壁故事画或塑像的数量，以及图像内容等有了更深刻的理解和认识。如此便可以体验到洞窟内营造的原初“场域感”。

接下来将考察主室内的装饰布局，关于图像的讨论将在第四章展开。主要图像可以明显分出两类：其一为中心像台上的大型结跏趺坐佛像，另一为没有或塑或绘的佛像。就前者而言，佛塑像安置在主室中心略靠后的像台上（克孜尔第76[2]、90-13、81、117、149A窟以及库木吐喇GK第20窟，可能还有GK第22、27窟）。德国探险队拍摄的一张克孜尔第76[2]窟（见本书25页图12）的照片中可以看到一尊大型结跏趺坐佛像被固定在须弥座上，可惜现已消失不存。对佛像在窟内的虚拟复原可使我们感受到它的主导性地位（图101）。像台

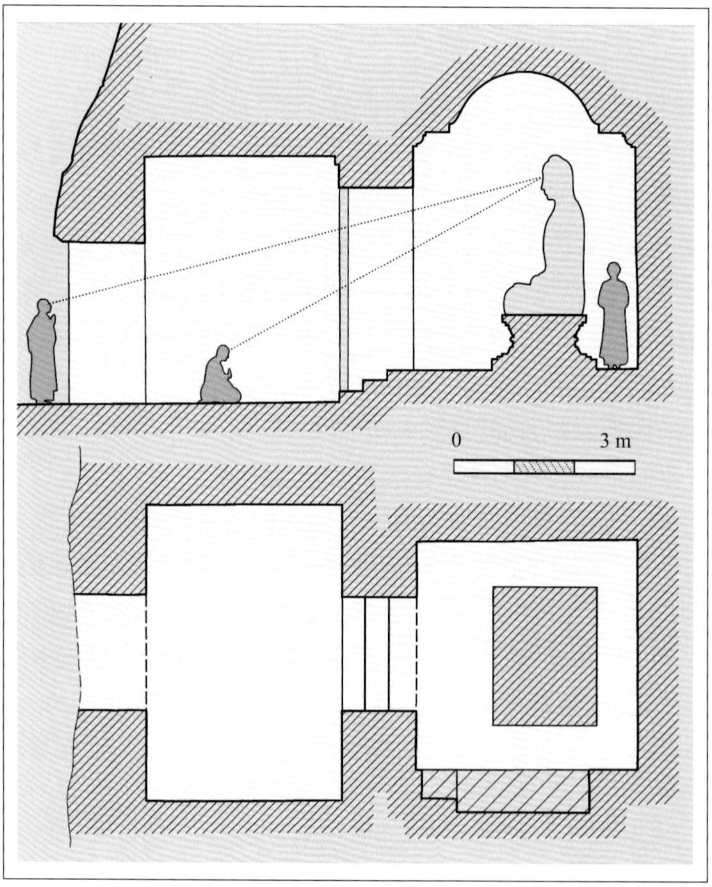

图101 克孜尔第76[2]窟剖面图与平面图。剖面图中复原了僧人礼拜佛像时的空间关系。主室像台及其上安置的佛像占据了绝大部分空间，供僧人绕像礼拜的通道颇为狭窄。

由预留岩体凿成，暗示出开凿和装饰的整体规划[1]。台座稍微偏离中心，或是为了在佛塑像前留出更宽敞的空间以便信众移动，也可能是为了在大佛像前放置木制供桌。绕行通道仅宽75厘米，只能允许单列绕行礼拜队伍通过。

关于主室中心是否有一座像台，除清晰保存有像台的洞窟外，部分洞窟根据现有遗存推测可能曾有像台（Ⅱb型）；那些尚未清理的洞窟内是否有像台，只能寄希望于未来的发掘（克孜尔第69[1]窟）；还有若干洞窟（克孜尔第133、174B窟）内因整个地坪已完全不存而无法做出判断。根据类型学分析，前述大部分洞窟内应存在像台，数量约占带装饰洞窟总数的三分之一。此外，不能排除的是，某些情况下像台是由泥砖垒成的，如今已消失得毫无踪迹。

某些洞窟中，像台上的佛塑像体量庞大、位居中心，加之穹窿顶或套斗顶的衬托，其重要性被凸显和强化。首先带来的效果是，四壁壁画以及昏暗环境中的小型人物形象，显然居于辅助地位。壁画甚至可以被信徒忽视，因进入主室的主要目的是围绕佛塑像进行右绕礼拜。此类洞窟中的壁画仅是对神圣空间的装饰，意在表达对佛像的尊崇。

主室中心有一尊大型佛塑像，且沿四壁安置塑像的洞窟（Ⅱa型）引出了更为复杂的解释问题。假如仪式包括绕行礼拜，无论主室光线昏暗还是明亮，信徒必须注意不能碰到四壁的塑像。尽管都是为了进行绕行礼拜，两类洞窟中的“场域感”是完全不同的。

部分洞窟内可以肯定地排除像台及佛塑像的存在。这在以下洞窟内颇为明显：主室正壁的大幅故事画是整个装饰的核心（Ⅰb型），并被周围宽大的装饰边框烘托强化，若中心有塑像，显然会遮挡正壁的大幅故事画。如前所述，此类洞窟的主要特征是整个图像系统中缺失佛陀形象。

综上，两类装饰布局，即大型佛塑像主导着整个空间，与畅通无阻的主室内正壁绘大幅故事画而不见佛陀形象，构成了鲜明的对比。

然而，这两类装饰布局的洞窟中都拥有清晰的核心图像，即中心佛塑像或大幅故事画。值得注意的是，还有少数洞窟内无核心图像。在这些洞窟中，四壁绘成排或成列的故事画，画面大小相当，没有突出者，且可以肯定不存在中心佛塑像，此外，窟内的檐口面不绘聚集着伎乐天人的天宫栏楯，而绘仿椽纹[2]。这些洞窟可被视为次要类型，根据现存的少数此类洞窟皆是晚期增建于早期组合中的，推测早期带装饰洞窟的核心图像仍作为整个组合的唯一焦点，新建洞窟便不需要核心图像。

---

〔1〕 像台大多是由预留岩体雕刻而成的，这意味着精心的规划。在某些情况下，石凿像台用泥砖修复。

〔2〕 这种装饰题材晚于天人聚集的天宫栏楯，且持续至“Y阶段”。

在探讨了主要图像之后，转向“A传统”方形窟主室内的辅助图像，其可被划分出若干类型。最容易识别的类型见于Ⅰa型穹窿顶方形窟，主室中心有一尊佛塑像，四壁绘故事画，或划分成方形画幅成排成列布局，或为横向的长卷式布局，檐口面绘天宫栏楯以及伎乐天人或佛陀与菩萨。四壁上的画面没有显示出不同表现形式之间的等级关系。像台和壁面之间的空间逼仄，实际的人流会妨碍人们观察细致精微的画面。

复原后的装饰布局有助于理解主要和辅助图像的不同地位，以及区别哪些是有意被看到的，而哪些不是。就Ⅰa型洞窟而言，主室中的大部分壁画不是为了吸引绕行礼拜的信徒。此类洞窟主室的“场域感”凸显出主尊佛塑像的核心地位（见本书第四章）。

Ⅰb型穹窿顶方形窟的主要图像为主室正壁上被边框围起来的大幅故事画，其他三壁于中部绘装饰带，部分在装饰带上、下区域绘人物形象，但没有叙事情节[1]。辅助图像的布局将信徒的目光引向大幅故事画。由于主要和辅助图像中皆不见佛陀形象，而此类布局又在洞窟和地面建筑中反复出现，这种现象值得关注。

Ⅱ型套斗顶方形窟内的辅助图像有两类。Ⅱa型窟内的辅助图像为主室四壁上安置的两排真人大小的塑像。这些塑像的重复出现以及它们创造出的明暗对比效果是为了转移焦点，把目光吸引至主室中心的佛塑像。这种“场域感”与Ⅰa型窟主室平坦的、绘制壁画的壁面形成鲜明对比（见本书161页，表22），但指引信徒进行绕行礼拜的意图相似。Ⅱb型窟内主室四壁无塑像，仅简单涂抹白灰浆不绘壁画，其辅助图像为套斗顶的多重平面以及檐口面所绘壁画，在不同表面之间创造出一种融合和联系之感。这些洞窟内相当空旷，但根据装饰布局，推测中心曾存在一尊佛塑像。

Ⅲ型主室平面呈长方形的券顶方形窟内辅助图像的布局各不相同，每个洞窟展现出各自的特色。洞窟的建筑特征显示出其内中心不可能存在一尊佛塑像。四壁壁画布局与Ⅰ型方形窟相似。洞窟上部很可能只涂抹白灰浆，或用新的装饰类型吸引注意力，如券顶上所绘的山岳景观、半圆端面内的大幅画面等。

由于没有一座前室完整保存下来，壁画也极少，因此对前室装饰布局的分析颇为困难。前室的壁画残迹表现出不同布局：壁面上的大幅画面（克孜尔第76[2]窟，见图11）、真人大小的立姿塑像（克孜尔第132窟），以及多尊小型塑像（克孜尔第117窟）。部分前室内绘制的形象比主室还大，至少在一处前室内，其图像明显作为后室的补充（克孜尔第76[2]窟）。部分独立前室内仅简单涂抹白灰浆，无任何装饰（克孜尔第116、118窟），这种现象可能也常见于共用前室。无装饰的前室或是作为聚集空间，因主室自身就能实现预期的礼拜功能。涂抹白灰浆或带装饰的前室应与洞窟功能的实现密切相关，对装饰的研究可能有助于更好地理解洞窟前室和主室的使用方式。

---

〔1〕 只有克孜尔第67窟侧壁的上、下栏绘有故事画。

对第76[2]窟的重建表明，整座洞窟空间被统一的图像内容贯穿起来，前室壁画与主室中心的大型佛塑像关系密切。类似的情况也见于库木吐喇GK第20窟，门道（而非前室）壁龛内的塑像是主室中心佛塑像的补充。在克孜尔第132窟中，前室正壁所绘的一尊大型立佛像很可能完善了主室的图像内容。在这些洞窟中，前室和主室的图像需要统一起来作为整体研究。由于大多数前室已完全消失，壁画残迹极少，无法据之系统分析洞窟前室和主室之间的关系。

主室正壁大幅故事画作为主要图像的洞窟（Ⅰb型和部分Ⅲ型洞窟），似乎拥有无装饰的前室。这些前室内通常四壁和顶部涂抹白灰浆，部分还于前壁上开凿窗户（第118窟开两扇），以此增加主室内的亮度。无装饰前室是主室的辅助，主要是为了在主室之前提供活动空间以及为主室提供更多光线。

另外值得注意的是，“A传统”洞窟的前室中都没有塑像，而在“B传统”中心柱窟前室中有时会出现塑像[1]。苏巴什、乌什吐尔、夏合吐尔地面寺院内属于“A传统”建筑的前室装饰如何尚不清楚。

每处寺院遗址中带装饰方形窟的位置也是颇为有趣的议题。以拥有数量最多、装饰布局类型最丰富的“A传统”方形窟的克孜尔石窟寺院为例，如Ⅰa型，即主室平面呈方形、中心有佛塑像的穹窿顶方形窟集中在第一、三区段的核心位置。Ⅰb型，即主室平面呈方形、正壁绘大幅故事画的穹窿顶方形窟位于前者的周边区域，大多数情况下分布在崖壁的较高处，通常需要连通建筑方可抵达。Ⅱa型，即主室平面呈方形、四壁安置塑像的套斗顶方形窟大多位于第一、三区段核心区的边缘。Ⅱb型，即主室平面呈方形、仅在檐口面和顶部绘壁画的套斗顶方形窟集中在第二区段，远离核心区。

在库木吐喇谷口区，“A传统”带装饰方形窟通常位于第二沟，即第二区段内相对较高处。从建筑角度来看，所有洞窟属于同一类型，即有一间小前室、较深的门道、主室平面呈方形、穹窿顶。装饰布局的类型在克孜尔穹窿顶洞窟中皆可见到。遗憾的是，前室保存现状极差，无法对其装饰进行全面研究。

最后在结束对带装饰方形窟的讨论之前，再梳理几个过去没有得到系统研究的特殊之处。在少数记录中，前室地坪近乎低于主室地坪三级台阶，约50厘米。格伦威德尔记录的三级台阶位于克孜尔第76[2]窟前室和主室之间的门道前。在克孜尔第117窟中，前室、主室地坪高度也相差约50厘米[2]。在套斗顶洞窟构成的组合中，同一组合内僧房窟与方形窟主室地坪之间也有相似的高度差，这很可能是反映了方形窟前室、主室内

---

〔1〕 它们是克孜尔第176、184、193、205窟，库木吐喇窟群区第68～72窟。库木吐喇谷口区的部分“A传统”洞窟内，塑像被安置在较深门道的壁龛内。

〔2〕 后来增至80厘米。

地坪的高度差,此处僧房窟主室地坪高度相当于方形窟前室地坪高度[1]。

这些少数例子(需要注意的是大多数前室已经坍塌)可能表明了某种模式。前室和主室存在着鲜明的界限,主室需要“登临”,可能是为了突出其神圣性,且是仪式过程中的必要程序。前室和主室不同的地坪高度似乎是“A传统”有中心佛塑像的洞窟的特色,而绘大幅故事画的洞窟以及“B传统”洞窟中则不见。

洞窟内残存的烟熏痕迹可能有助于更好地理解洞窟的使用方式。数座洞窟内被烟熏黑,出现于洞窟使用期间,这很可能是长期使用灯具或香炉留下的[2]。随着烟炱的不断加厚,壁画变得越来越不清晰,但没有被重绘。这种被烟熏黑的“A传统”洞窟并不多,其能否揭示出洞窟使用的某种模式是个有趣的议题,但限于材料尚无法进行合理解释。

以上对建筑特征和装饰布局的研究已带来若干有意义的认识,可据之更好地理解洞窟的形制和功能。尽管重新复原了“场域感”,但相关分析并不足以为这些洞窟开凿和营建背后的动机找到更精确的答案。“场域感”将有助于重新认识诸多问题:如理解寺院范围和布局以便区分主次位置;重新评估洞窟距离地面的高度,其因堆积的增多或减少而改变,从而造成不同的视觉效果;重建古代台阶和道路的场景与氛围,其不同于现代修建的连接设施;重现清除新修建筑和对环境的改造之后,洞窟向外望到的景观。洞窟内必须重新评估其在使用时的亮度,想象所有的设施和用具各司其位以使洞窟实现其功用[3]。在重构“A传统”寺院原境过程中,无形“场域感”的重要性不亚于前文讨论的可见、可测量的特征。这一问题将在第五章讨论。

僧房窟

第二章提到“A传统”与“B传统”僧房窟的结构差异足以将它们区分开来。本节重点关注克孜尔的“A传统”僧房窟。由一座带装饰方形窟和一座僧房窟构成的组合的反复出现,已证明一类特殊的僧房窟与“A传统”的关系。这些僧房窟形制固定,平面简单。尽管大多数洞窟已受损或坍塌,残存部分可表明它们拥有各自的前室,正壁末端开一条甬道,垂直凿入岩体以获得所需的深度。甬道的最后一段凿成右转的直角,从

〔1〕 见本书65页。这表明前室地坪可能与僧房窟地坪相当,主室地坪高约三个台阶。属于“Y阶段”的玛扎伯哈第1窟显示出窟内不同空间地坪高差很大。这可从德国探险队清理此区时在窟前拍摄的照片中看到(德国柏林亚洲艺术博物馆藏,编号B 973)。低于前室3米处似乎有一个大台阶。

〔2〕 Vignato 2016, pp. 167–168.

〔3〕 魏正中2020。

而形成通往主室的门道（见图1）。主室内最重要的设施是壁炉，通常位于门道所在侧壁的中间，前壁居中处开一扇窗户。顶为券顶，带有类型简单的线脚。

克孜尔“B传统”僧房窟集中于第四区段，其布局显示出与“A传统”僧房窟的两个主要差异：一是甬道正壁开一个小门通向储藏室，二是主室内门道和壁炉所在壁面的对面设置一个石凿平台。“B传统”晚期的少数几座僧房窟还有不同的特征，诸如门道直接通向主室、覆斗顶等，但这种变化从未见于“A传统”僧房窟。

第33～35窟是颇具研究价值的一个组合，有助于厘清两类僧房窟的区别以及它们与不同传统的关系（见本书74页图49）。组合最初展示出典型的“A传统”特征——一座穹窿顶方形窟和一座“A传统”僧房窟。后来僧房窟被改建成中心柱窟，整个组合转变成“B传统”。组合中还增建一座新的僧房窟（第35窟）。此窟甬道末端有一间储藏室，主室内有一个石凿平台，皆是“B传统”僧房窟的典型特征。除在第四区段内确认“A传统”的早期存在[1]外，两类僧房窟显著的结构差异以及两者不能互换的事实表明，每个传统需要各自独特的僧房窟。

库木吐喇谷口区第二区段只有一座僧房窟（GK第28窟）。其特征与克孜尔“A传统”僧房窟相似。伯希和记录苏巴什B、C、G区的地面僧房建筑[2]（见图83、85）。尽管无法将它们归入特定的阶段或传统，但耐人寻味的是，这些建筑的规模和布局皆与克孜尔“A传统”僧房窟相似。

夏合吐尔遗址中发现一座有数个长方形房间的僧院（见图94中编号T），表明同类居住设施也见于其他地面寺院。这可能是“X阶段”常见的居住建筑类型，并在后来的时段中被沿用。目前相关资料尚少，无法将此类建筑归入特定传统。

对所有僧房窟进行系统分析（可能会揭示出更多线索）之前，首先提出几点基于现有认知的思考。居住在“B传统”僧房窟中的僧人将他们的物资放在储藏室内，而“A传统”僧房窟中的僧人却无法这么做，他们的物资可能被储藏在居住区之外。在克孜尔，第二区段专门用于储藏物资，其紧邻第一区段且距离第三区段不远。“A传统”僧人和整个寺院的物资可能集中放置在第二区段。

“B传统”僧房窟主室内的平台可供僧人休憩，而“A传统”僧房窟主室中不设平台，可能意味着存在相关的戒律禁止此类设施。《出三藏记集》中有一条有趣的记载，很可能与龟兹地区“A传统”佛教寺院文化有关（见本书242页）。其中提到龟兹寺院中所有比丘必须每三个月更换一次他们的屋、床、座或寺院，同样所有的比丘尼也需要每

〔1〕 第四区段其他两个“A传统”组合分别是第27～29窟和第30～31窟，其中各有一座无储藏室和石台的僧房窟，见本书74–75页。

〔2〕 Hambis *et al.* 1982, pp. 52–55；也见本书128–132页。

三个月改变一次她们的住所或寺院[1]。为严格遵守规定，不凿出作为床使用的平台（这在“B传统”僧房窟中是典型的结构）的僧房窟可能更为实用，如此，可携带的坐卧具便可根据所需带入。

最后需要考虑的是，大多数“A传统”僧房窟的主室从左侧甬道进入，具体而言，40座僧房窟中有32座可以归入此类，从右侧甬道进入主室的僧房窟或是开凿在崖壁高处，或是属于某一组合。换言之，主室入口的不同位置与实际需求相关。

不同传统中僧房窟的建筑结构差异，可能受到了寺院或地区规定的影响。专门的研究或有助于厘清与不同居住类型相关的戒律传统。

禅定窟

在龟兹早期佛教的不同传统中，禅定窟都发挥着重要功用。由于建筑结构简单且无装饰，禅定窟是研究难度最大的洞窟类型[2]。大多数禅定窟受损严重，或保存有不甚清晰的遗存，只有少量要素可对其进行分类。此外，大量洞窟缺乏系统的考古学考察。必须补充的一点是，完全有可能存在如下情况，即某些禅定窟或某类禅定窟长期被不同传统使用，却没有任何改变。因此，禅定窟的建筑特征和位置分布是唯一可以利用的信息，基于此来考察它们在寺院生活中所扮演的角色。

禅定窟构成的区段与苏巴什、乌什吐尔、夏合吐尔地面寺院建筑相距较近。从地面抵达禅定区步行不足15分钟，因附近没有居住区，它们不能被视为独立的单元。禅定窟所在的区段是地面寺院的辅助和补充，目的是为僧人禅修提供僻静场所。苏巴什西寺的情形更清晰，大片用于禅修的区域位于寺院北边，全为开凿在崖壁上的洞窟。这些洞窟的形制并不相同，但似乎绝大多数是为集体禅修使用：两条长甬道，侧壁开出禅修小室，甬道交叉呈十字形或U形[3]。关于这些禅定窟的全面调查资料近年已出版，包括苏巴什西寺的14座洞窟以及苏巴什东寺的3座洞窟[4]。由于禅定窟作为地面寺院的补充，这些洞窟的开凿年代很可能与寺院的建造年代同时，因此属于“X阶段”，且在“A传统”期间被沿用。

---

〔1〕“……寺僧皆三月一易屋床座或易蓝者……亦三月一易房或易寺出行。”T55, no. 2145, p. 79c14–15, 21。

〔2〕何恩之、魏正中2017，123–137页。

〔3〕何恩之、魏正中2017，177–182页。苏巴什的部分此类洞窟内绘有A种风格的壁画。这些壁画大多残损严重，画面已无法辨识，不能排除壁画可能在洞窟建成后的一段时间内被沿用。这些洞窟尚缺乏系统研究。

〔4〕冉万里2020。遗憾的是报告中没有提供禅定窟所在位置的平面示意图。

乌什吐尔寺院北边的第一沟，即库木吐喇谷口区第一区段，专门用于禅修。这些禅定窟距离乌什吐尔寺院约10分钟的步行路程。洞窟的主要类型为长条形窟，两侧壁不开龛室[1]。乌什吐尔寺院处于糟糕的修复状态。通过仔细阅读现有资料，可以对寺院进行局部复原。除伯希和记录的地面建筑外，北侧似乎还有几座洞窟。目前，仅存的一座洞窟是库木吐喇GK第33窟，也是唯一一座开凿在木扎提河西岸的洞窟。这是一座面向河流的大窟，其情形可使人想到河东岸开凿的大窟GK第2、3窟。GK第33窟周围崖壁在数年前已坍塌，没有留下任何记录。格伦威德尔曾提到“旧寺”（或是地面寺院主体建筑北侧100米的佛塔）附近的木扎提河西岸，陡峭的崖壁高处有数座洞窟[2]。如果这一记载不误，那么在GK第33窟不远处当有其他洞窟。这些洞窟很可能是禅定窟，如同前文所述，以其独特的功能辅助、补充寺院。

玛扎伯哈存在许多“X阶段”的禅定窟[3]。典型的组合包括僧房窟和长条形洞窟，表明此寺院的主要功能是禅修。而在库木吐喇谷口区和苏巴什，长条形洞窟开凿在特定的区段[4]。

在克孜尔，用于禅修的长条形洞窟极为少见。若与上述情况相似，则可向“X阶段”和“A传统”禅定窟所在的距离寺院中心10分钟步行路程的区域内寻找。谷内最靠内部分受损严重的洞窟中可辨识出数座禅定窟（如第109、109A窟）。此区现已遭到严重破坏，最初可能拥有数量更多的禅定窟。此处是克孜尔最为僻静的地方，乃理想的禅修之所（见本书14页图5）。开凿在崖壁较高处的四个独立的禅定窟（第109B）很可能是晚期增建的。

以上分析显示出，“X阶段”和“A传统”禅定区段与寺院相距一定距离。“B传统”开始之前，石窟寺院和地面寺院中唯一见到的禅定窟类型是长条形洞窟。这些洞窟的形制或是简单的长条形，或平面呈U形，或呈十字形；壁面或平坦或有小型的龛室。“B传统”似乎倾向于在由中心柱窟、方形窟和僧房窟构成的组合附近开凿数个独立的禅定窟[5]。

关于长条形洞窟的实际功用还需更深入研究。除少数几座较短的长条形洞窟

---

〔1〕 亦有一座洞窟平面呈U形，显然经过了数个阶段的开凿和改造，但并未最终完成（第9窟）；侧壁狭小的壁龛表明它们并不用于禅修。

〔2〕 格伦威德尔2007，17页。也见本书109–110页。

〔3〕 日本探险者称之为Achigarak（上原芳太郎1937，343页；堀贤雄1962，351页），而德国探险者称之为Achik Ilek（Le Coq 1928, pp. 108–111）。最近的调查发现了44座洞窟，见李丽2000，166页；魏正中2013，6–8页。

〔4〕 日本和德国探险者都在玛扎伯哈附近发现了一处带有围墙的小型遗址，见堀贤雄1962，351页；Le Coq 1928, p. 108。

〔5〕 如克孜尔第25、25A、25B、25C、126A、216A、216B、216C窟。

和独立的禅定窟可能属于最早时期外，“A传统”大多数禅定窟的常见类型是长度超过10米的长条形洞窟。这些洞窟的形制可能是为了满足经行（*caṅkramaṇa*）的需要。这种修行可在室内或室外进行，炎热的夏季和寒冷的冬季可能促成了此类洞窟的开凿[1]。

储藏窟

对每处房屋或机构来说，储藏空间都必不可少。储藏窟主要集中于克孜尔石窟寺院。可以合理推测，地面寺院中当有专门用于储藏的建筑。克孜尔第二区段为专门的储藏区，毗邻“A传统”第一区段和第三区段，创建的时间很早且在后续时段内得以发展。尤其能够说明问题的是，“A传统”僧房窟内都没有储藏室，故可推测所需物资皆被储存在附近的洞窟内（见本书191页）。

这些洞窟可以存放寺院运营所需的各种物资，诸如食物、衣物、家具、灯油以及其他与佛事活动相关的各种器具[2]。

根据储藏窟的不同形制和特征，以及在崖面上的相对位置，推测它们当有不同功能。从开凿在地面上的储藏坑，到设置一个平台以便将物品放置到高处，再到壁面上开出壁龛。部分储藏室没有涂草泥层，部分涂抹白灰浆，还有部分直接在壁面上或草泥层上刷抹白灰浆。用作储藏物资的洞窟或建筑无疑在寺院运行中发挥着重要作用。

结语

以上分析表明“A传统”只存在于龟兹地区的个别寺院。基于带装饰方形窟所唤起的“场域感”，对其主要类型进行了描述分析和分类。我们提出龟兹佛教中“A传统”的相对年代。龟兹最早的传统是“X阶段”，其特点是开凿了主室平面呈长方形的无装饰券顶方形窟、长条形禅定窟和僧房窟。最早的方形窟内不绘壁画，这表明应存在如佛

---

〔1〕关于《十诵律》中经行禅修，见本书256页。

〔2〕部分出土于克孜尔第二区段（TS 42），年代在公元6～7世纪左右，刻写有“印度俗语龟兹方言”（Kucha-Prākrit）的木牍，其上文字提到一位龟兹国王向Yurpāṣka佛教寺院捐赠大量谷物，见庆昭蓉 2014c，56–61、66–72页；Hiyama 2016–2017, p. 48。这则材料表明克孜尔佛教寺院需要大量的储藏空间。此外，吐火罗语写本和题记中有大量关于世俗供养人向寺院捐赠各种物品的记录，见庆昭蓉2017。

塔之类的地面建筑用于礼拜，与洞窟功能构成互补。僧房窟的形制没有遵循后来的程式化形制；夏合吐尔遗址内方形庭院周围的生活区也可归入此阶段。

“A传统”引入了新的洞窟类型——主室平面呈方形、装饰A种风格壁画、有一套重要的图像体系的穹窿顶方形窟。在克孜尔，这些方形窟大多与僧房窟构成组合，而在库木吐喇谷口区则与其他数座带装饰的同类洞窟构成组合。除提供年代信息外，不同类型的洞窟还表明各有不同功能。

龟兹地区一度最流行的“B传统”已被证明晚于“A传统”。“B传统”不仅在已有的寺院中占据了主导地位，还在整个古龟兹国内营建了新的寺院[1]。“B传统”在短时期内就成为龟兹最成功的佛教流派。“Y阶段”始于“B传统”兴起之后，且可能延续至龟兹佛教的第二期，也就是唐代流行的大乘佛教，其后来也被回鹘统治者信奉。

综上，解读洞窟的所有关键要素都得到了充分考察，如它们在寺院遗址中的相对位置，以及是否属于某一组合等。“A传统”方形窟的建筑特征和装饰布局可细分类型。考察还表明建筑和装饰以及前室和主室之间存在着密切关系。

以上对“A传统”和龟兹佛教文化的探讨，均是基于考古学视角对寺院遗址的考察。接下来将着眼于图像，寻找激发“A传统”叙事画面的文本来源。

---

〔1〕 分别是克孜尔尕哈、森木塞姆、库木吐喇窟群区、台台尔和温巴什。

第四章 “A传统”的图像学考察

“A传统”方形窟装饰有丰富精致的塑像和壁画。前文重点讨论了装饰布局及其类型。本章则试图通过图像学方法分析叙事题材及与装饰相关的文本来源。通过与“B传统”叙事图像的对比,“A传统”叙事图像的若干独特性便彰显出来。

“A传统”装饰的叙事题材

在“A传统”寺院,装饰大部分发现于方形窟。以主要图像为参照,装饰布局可以分为三类:一是主室中心像台上的佛塑像,二是主室正壁的大幅故事画,三是无核心图像。主室中心有佛塑像的洞窟显然作为礼拜空间,而大幅故事画的主角是世俗人物而非佛陀,其所在洞窟的功能尚存疑问。第三类无核心图像的洞窟的功能疑惑更多。下文具体介绍三类布局的主要、辅助图像特征和叙事内容[1]。

主室中心的佛塑像

主室中心佛塑像是“A传统”洞窟最重要的装饰类型之一。多见于Ⅰa型穹窿顶方形窟,主室平面呈方形,中心有一个安置佛塑像的像台[2],四壁和顶部壁画构成像台上佛像的背景,且与之有着内在关联。亦见于Ⅱa型套斗顶方形窟,主室四壁安置塑像,中心也有一个安置佛塑像的像台。即使这些洞窟中的塑像都未保存下来,整体布局也可以表明沿四壁安置的塑像处于次要、辅助地位。由于只有主室中心有佛塑像的穹窿顶方形窟(Ⅰa型)内的图像可以辨识出来,下文主要分析相关的Ⅰa型窟。

---

〔1〕本文并未对每座洞窟的所有图像元素进行深入研究,而是重点关注了能为理解“A传统”叙事特征提供关键信息的要素。

〔2〕尽管克孜尔第117窟和库木吐喇GK第23窟(类型不确定)有着不同的壁画布局,但两窟可能都属于此类型。第117窟或有三层壁画,难以复原每个阶段的完整布局。GK第23窟主室的图像内容颇为罕见,见本书208–209页。

安放佛塑像的台座或为须弥座(如克孜尔第76[2]、81、149A窟),或为平面呈六边形的台座,两侧各有一尊泥塑狮子像(如库木吐喇GK第20窟)。两类台座皆与龟兹地区图像表现惯例中的佛像有关。目前只有第76[2]窟内的像台上保存有佛塑像遗迹,可以肯定其为坐佛(见本书25页图12)。

坐佛像的复原身高超过2米,接近于经典中释迦牟尼身高的描述;佛陀的身高通常被认为是普通人身高的两倍,见载于《萨婆多毗尼毗婆沙》等佛经〔1〕。因此,洞窟内佛像的尺寸可能意在表现一尊“真实身高”的佛陀。由于佛像的上半部已消失,无法复原佛陀的手印〔2〕(见图12)。

主室四壁壁画作为中心佛塑像的背景,可由其有限的可见性和图像内容推知。如第三章所述(见本书184页),穹窿顶可能用作佛塑像的三维立体头光或华盖〔3〕。在少数保存有穹窿顶壁画的洞窟中,克孜尔第76[2]窟窟顶壁画表现的是每个条幅内类似孔雀羽毛的背景上绘天宫伎乐形象,而在库木吐喇GK第20窟中,窟顶条幅内交替绘佛像和菩萨像;后者似乎是库木吐喇谷口区的独特风格(只有GK第21窟是例外,见本书209页)。抹角拱上的壁画也仅见于少量洞窟。三座洞窟(克孜尔第76[2]、133窟和库木吐喇GK第20窟)中,可以辨识出每个抹角拱上绘一身坐姿菩萨像。克孜尔第76[2]窟保存最好,菩萨有头光和身光,根据龟兹佛教图像的表现惯例,可知他们的修行已达到了阿罗汉果〔4〕。库木吐喇GK第22窟中,抹角拱上绘佛传图〔5〕。

檐口面通常绘天宫栏楯及聚集其中的天人,这一题材在“A传统”洞窟中与中心佛塑像密切相关〔6〕。天宫聚集的形象围绕在中心佛塑像的四周,他们或是佛、梵天、帝释天,或是男女伎乐天人,均有头光(克孜尔第76[2]窟-见图102、第133窟和库木吐喇GK第22窟),或是一排圆形拱,其内绘或坐或立的佛像(克孜尔第81、149A窟),有时绘交

---

〔1〕 T23, no. 1440, p. 561a15-16:“云佛衣量。佛身丈六常人半之。衣量广长皆应半也。”尺和丈在不同时代并不相同,但无论如何,佛陀的身高总是普通身高八尺之人的两倍。“丈六”是神圣化之后的佛陀身高,也是至今东亚佛像的标准高度。

〔2〕 在克孜尔第76[2]窟,基本可以排除“触地印”(*bhūmisparśa-mudrā*),因佛像的膝盖和手臂没有显示出其手部位于右腿之前的迹象(见本书25页图12)。

〔3〕 穹窿顶的边缘通常绘有壁画,其图案被格伦威德尔视为“华盖的尾部”(格伦威德尔2007,153页),或为倒半圆形(克孜尔第76[2]窟),或为倒三角形(克孜尔第129窟,库木吐喇GK第20、23窟)。这些图案可以理解成华盖边缘的缀饰。另一方面,洞窟中最大的佛像不可能没有头光;穹窿顶的装饰很可能既是三维头光,又是华盖。

〔4〕 Konczak-Nagel 2020, pp. 49-55;这些壁画很可能意在表明菩萨修行已达到“一生补处”的阶段,也就是位于兜率天宫的弥勒菩萨或其他菩萨,已准备好到人间转世成佛。

〔5〕 这种布置亦见于邻近的GK第23窟(类型不确定),以及属于“Y阶段”的玛扎伯哈第1窟。

〔6〕 同样在檐口面绘天宫伎乐题材的克孜尔第117窟(类型不确定),其在此阶段可能于主室中心像台上安置一尊佛像。檐口面所绘建筑元素似有一定的规律;在有中心佛像的洞窟中通常绘有天宫内聚集着伎乐天人的题材;而没有中心佛像的洞窟中则绘仿椽纹(克孜尔第92、129窟)。关于龟兹壁画中天宫题材的图像学研究,见Konczak-Nagel 2020, pp. 87-91。

图102 克孜尔第76[2]窟主室右壁檐口面壁画线图。格伦威德尔绘，编号TA 6445 © Museum für Asiatische Kunst, Staatliche Museen zu Berlin, CC BY-NC-SA。

替的佛像与菩萨像（库木吐喇GK第20～27窟）。

鉴于龟兹壁画中的天人只有男性，这些男、女伎乐天人很可能表现的是乾闼婆及其配偶阿布沙罗斯（或者飞天女）。乾闼婆是位阶较低、与香气密切相关的天人，擅长奏乐。弹奏乐器的乾闼婆和飞天女可以理解为向佛陀供养伎乐的一种视觉表达[1]。此外，与乾闼婆相关的香气也与“真实身高”佛陀的存在密切相关。佛陀现身时常伴随着精妙的香气，是不同文本中都提到的信息[2]。克孜尔第149A窟中有一幅佛弟子建造“香室”的故事画；佛陀的居室应是弥漫着香气的空间。

Ⅰa型窟内主室四壁的壁画有佛传图（克孜尔第76[2]窟）、本生图和因缘图（克孜尔第81、149A窟，以及可能的库木吐喇GK第22窟）[3]、说法图（克孜尔第76[2]窟），以及誓愿图（库木吐喇GK第20、27窟）。这些都是释尊前世和生前的事迹。换言之，它们指明主室内庄严端坐的塑像是谁。出人意料的是，大多数画面没有按照右绕礼拜的顺序排列。这些壁画的主要功能似乎仅是装饰佛塑像所在的神圣空间，而非取悦信徒的双眼或是引导他们围绕佛塑像进行右绕礼拜。下文将对若干最有代表性、其内绘有可辨识叙事内容图像的洞窟展开分析，试图确定它们的文本依据。

克孜尔第76[2]窟的佛传图

此窟是唯一一座详细描绘佛陀生平完整历程的“A传统”洞窟，为理解“A传统”僧

〔1〕《十诵律》中鼓励向圣像供养伎乐，“佛听我像前作伎乐者善”。T23, no. 1435, p. 352a27-28。

〔2〕 Norman 1908; Strong 1977; Schopen 2015.

〔3〕 尽管无法给出明确的判断，但右壁上残存的小块画面（见本书118页）中描绘了一位王子降生的场景，很可能是某个本生故事的一部分，讲述的是佛陀前世作为某个王子的故事。

团如何讲述他们宗教生活鼻祖的生平传奇故事提供了绝佳机会。如今保存的画面只是此窟最初描绘的生平历程的一部分。

德国探险队第三次探险活动期间发现了绘于主室右壁的佛传图，始于树下诞生，终于大般涅槃。已被识别的画面有释迦诞生、出游四门、魔女诱惑、降魔成道、帝释窟说法、优楼频螺迦叶皈依、涅槃、举哀、焚棺。根据格伦威德尔的记录，降魔成道和帝释窟说法之间的可能还有二商人（提谓和波利）与四天王奉钵，以及初转法轮的画面[1]。降魔成道和初转法轮也绘于前室的侧壁，表明佛传故事是此窟装饰的核心[2]。

然而，最近一项研究辨识出主室正壁保存的一幅画面为说法图：以四毒蛇、五拔刀怨、六内恶贼作譬喻[3]，根据说一切有部《杂阿含经》（*Saṃyuktāgama*）中的第1172经（毒蛇经）内容绘制[4]（图103）。此场景表明除佛传故事画外，佛陀用譬喻进行说法的故事画也绘制于此窟[5]。佛传故事和说法故事都可以理解成是对主室中心庄严坐佛的一生事迹和讲道说法的视觉再现。

图103 克孜尔第76[2]窟主室正壁壁画残块。德国柏林亚洲艺术博物馆藏，编号Ⅲ 8842 © Museum für Asiatische Kunst, Staatliche Museen zu Berlin/Jürgen Liepe, CC BY-NC-SA。

〔1〕格伦威德尔2007，155页；Hiyama 2020a, pp. 5–8。壁面靠下部分封棺场景之后的最后画面可能是分舍利图。

〔2〕格伦威德尔（Grünwedel 1920, p. Ⅱ. 17）推测两壁上的佛传故事图可能是以镜像方式排列的，即右壁上的每幅画在左壁的相应位置处都有对应的画面。这种推测可能是基于前室每个壁面上都描绘的是佛陀开悟前后的画面。然而左壁壁画的缺失致使无法判断这种推测的正误。

〔3〕见Hiyama 2020a。此场景见于保存在德国柏林的壁画残块Ⅲ 8842。这种表现只与《杂阿含经》中的相关经文吻合（T02, no.99, pp. 313b14–314a1）。两种平行文本，即《相应部》的《毒蛇譬喻经》（*Āsīvisopama-sutta*）和中译本《增一阿含经》（T02, no.125, pp. 669c–670a），皆未提及画面中清晰展现的装有四条蛇的箧子。近年来，松田指出《三启经》中引用了此则故事，并且引用的内容可能包括源自马鸣《庄严经论》（*Sūtrālaṃkāra*）的二十首偈颂（松田2022）。这一观察似乎表明，《毒蛇譬喻经》的内容作为诗歌文学在西域佛教徒中广为流传和熟悉。这是理解为何选择这段内容作为壁画主题的有趣信息。

〔4〕《杂阿含经》属于说一切有部，但其内容与《根本说一切有部毗奈耶》密切相关。最近关于《杂阿含经》所属部派的讨论，见Anālayo 2020, pp. 415–418；榎本文雄2020，6页，注26；Hartmann 2000；Karashima 2020, pp. 736–737。

〔5〕正壁天宫题材下方保存的另外两幅画面（格伦威德尔2007，155页，图204；Grünwedel 1920, pl. 9–10）由于缺乏独特性，尚无法辨识。

在保存状况较好的壁画中，魔女诱惑和降魔成道两幅图为寻找文本来源提供了线索。

魔女诱惑图中，悉达多被描绘成瘦骨嶙峋的苦行者，周有一圈黄色身光（图104）。在犍陀罗图像中，瘦癯的菩萨像是确立已久的传统[1]，而此窟中这种清瘦的释迦形象是龟兹地区所有带装饰洞窟和佛堂中仅见的。龟兹地区唯一一座绘有完整佛传图的洞窟，即被归入“Y阶段”的克孜尔第110窟中也没有见到（见本书150页）。魔女诱惑图的前一画面，即位于其左侧的画面，描绘的是出游四门，此处悉达多只有黄色的头光；画面中清瘦的释尊有一周黄色身光，仿佛是悉达多太子黄色头光的扩大。其后的降魔成道图中，完全解脱的释尊被表现为带有彩色头光和身光。画工的意图似乎是将瘦弱的苦行者形象的佛陀视为从俗人到圣人转变的过渡阶段。

图104 克孜尔第76[2]窟主室右壁《魔女诱惑》。图片采自Grünwedel 1920, pls. 3–4, fig. 2。

〔1〕 栗田功2003，第1卷，图182–201。

大多数文本中，将悉达多在林中进行的六年极端苦修消极地视为一种徒劳的努力。只有少数佛教文献对苦修持积极看法。佛陀传记的早期汉文译本，即年代约在公元2至3世纪的《修行本起经》和《太子瑞应本起经》，其中将苦行视为悉达多获得四种禅（*dhyāna*）的重要阶段[1]。此外，马鸣（Aśvaghoṣa）撰写的《佛所行赞》（*Buddhacarita*）及其汉文译本中虽未提到苦行的正面成果，但明确地描述了悉达多进入苦行林时散发出巨大的光芒[2]。这些文本内容与画面描绘颇为匹配。

在这些经典中，《佛所行赞》是贵霜早期印度著名佛教诗人马鸣的代表作，其中也有与降魔成道图相关的内容。此窟中降魔成道图的大部分细节与印度中部以及犍陀罗地区相似画面中的图像惯例相吻合[3]，但有两处不同。首先是表现伽摩爱神（Kāmadeva，魔罗的化身之一，代表人类的欲望）手持一张花弓[4]。手持花弓的伽摩爱神形象也见于龟兹地区B种风格的壁画中[5]，但关于魔罗花弓的文本记载颇为罕见，在佛传故事的早期经本中基本见不到，然而却仅见于梵文本《佛所行赞》[6]。

龟兹地区尚未发现《佛所行赞》的写本，但马鸣的作品在龟兹及周边地区的受欢迎程度已被发现的其他写本所证实[7]。《佛所行赞》也是少数提到帝释窟说法故事的佛传文献之一。根据格伦威德尔的记录，此窟中的佛传图中就包含有帝释窟说法[8]。鉴于马

---

〔1〕《修行本起经》T03, no. 184, p. 469c2–10（竺大力、康孟详共译，2世纪）；《太子瑞应本起经》T03, no. 185, pp. 476c16–477a20（支谦译，3世纪中叶）。也见 Rogers 1983；板仓圣哲 2016，2017。

〔2〕*Buddhacarita* Ⅶ（Johnston 1936, pt. 2, p. 93；梶山雄一 2019, 75页）；《佛所行赞》（T04, no. 192, p. 12c10–12）；《佛本行经》（T04, no. 193, p. 71a1）。

〔3〕魔罗之子阻止其父攻击佛陀的题材在犍陀罗雕刻中颇为常见，而地母神的描绘则见于中印度，见中川原育子 1988；Schlingloff 2000/2013, vol. 1, pp. 463–470。

〔4〕关于此图像的细节，见中川原育子 1993，1319、1334–1338页；Schlingloff 2000/2013, vol. 1, p. 470。

〔5〕Konczak 2015, pp. 351–353.

〔6〕*Buddhacarita* XIII(Johnston 1936, pt. 2, p. 189).有趣的是，此图像细节不见于《佛所行赞》的两种汉文译本中。另一方面，在两个不涉及佛陀生平故事的吐火罗语写本中却提到了手持花弓的伽摩爱神，即发现于图木舒克的吐火罗A语“太阳升起神迹”写本（https://www.univie.ac.at/tocharian/?m-a312 [24th March 2021]），以及乌什吐尔、夏合吐尔出土的吐火罗B语写本《赞佛诗》（*Buddhastotra*）（https://www.univie.ac.at/tocharian/?m-pkns30 [24th March 2021]），见 Konczak 2015, p. 352；Hiyama 2020a, p. 6–7。

〔7〕马鸣戏剧作品的贝叶写本，包括克孜尔发现的《舍利弗剧》（*Śāriputraprakaraṇa*），基于古文书学推测其年代在贵霜晚期（SHT-16, 57, Lüders 1911a, b）。碳十四测定其年代在公元254～409年之间（Franco 2005, p. 109）。此外，还在焉耆附近的硕尔楚克发现了纸本的《佛所行赞》写本以及贝叶和纸本的《美难陀传》（*Saundarananda*），见 Weller 1953a, b；Hartmann 1988, pp. 66–70。

〔8〕格伦威德尔 2007，155–156页；壁画已丢失，亦无线图。在早期印度佛教艺术，特别是犍陀罗石刻艺术中，这一情节通常伴随着佛陀生平的其他情节出现。只有以下佛经中提到此故事发生在佛陀生平经历之中：即《太子瑞应本起经》（T03, no. 185, p. 480a3–b13）；《普曜经》（T03, no. 186, pp. 527a14–528c13，这是《普曜经》的早期译本，由竺法护译成于308年）；汉文与藏文本《佛所行赞》（《佛所行赞》第21章，T04, no. 192, p. 40a18–19；《佛本行经》第19章，T04, no. 193, p. 82b3–6；藏文本第21–10章，见 Johnston 1937, p. 100，梶山雄一 2019, 236页）。此外，《天譬喻》（转下页）

鸣的文学作品也反映说一切有部教义[1]，可以合理推测，此窟壁画描绘的画面也有反映《佛所行赞》的内容。

然而，《佛所行赞》不能解释画面的所有图像要素，特别是同一画面中的另一个无与伦比的细节，即调伏魔罗的佛陀展演“双神变（*yamakaprātihārya*）”，他虚空而坐，升于半空中，双肩和双足分别散发出火和水[2]（图105）。此一独特的图像表现形式不见于早期佛教艺术的降魔成道图。后者佛陀通常坐于金刚座上，且不展演“双神变”，而且除《佛说众许摩诃帝经》[3]，不见载于其他记述佛传故事的佛教典籍中。《佛说众许摩诃帝经》由法贤译成于公元1001年，但如同瓦尔德施密特所指出的，其与梵文本《四众经》（*Catuṣpariṣatsūtra*）有密切关系[4]，后者是属于说一切有部的《长阿含经》中收录的最重要的六经之一[5]。由于《四众经》的内容始于释尊开悟之后，降魔成道的故事自然不在其中。然而，《佛说众许摩诃帝经》与《四众经》之间的密切关系表明前者记述内容的古老性。已有学者指出《佛说众许摩诃帝经》与《根本说一切有部毗奈耶破僧事》（*Mūlasarvāstivāda-vinaya Saṅghabhedavastu*）中记载的有关佛陀一生传奇事迹的相似性[6]，但需要指出的是，降魔成道时佛陀展演的“双神变”并不见于后者[7]。由于“双神变”是说一切有部和根本说一切有部佛教典籍和龟兹壁画中常见的

（接上页）中的俱那罗譬喻（*Kunāla-avadāna*）简单提及此故事发生于阿育王前往佛陀生前所到之地朝圣之时（*Divyāvadāna*，第27章，英文版见Cowell/Neil 1886, no. 2, 394；日文版见平冈聪2007，第2卷，122页）。

关于帝释窟说法图像的文本依据的研究，见志知丈夫1987；Zhu Tianshu 2009, pp. 493–494；Rhi 2009b。帝释窟说法故事更常见于脱离其他生平故事的尼柯耶（*nikāya*）或阿含经（*sūtras*），如属于说一切有部《中阿含经》（*Madhyamāgama*）的《帝释所问经》（*Śakrapraśnasūtra*）（Waldschmidt 1932, p. 249；1980, pp. 136–174）。

〔1〕 Skilling 1994–1997, vol. Ⅱ, pp. 292–296；山部能宜2003；Eltschinger 2012。这并不排除马鸣的作品可能反映了一个（前）根本说一切有部的背景，“根本说一切有部”一名在马鸣生活的时代或许尚未出现，但后来被编入根本说一切有部经律中的哲学和戒律体系可能已经存在，见Eltschinger 2012, pp. 217–218。

〔2〕 如中川原育子（1993，1331–1334页）和施林洛甫（Schlingloff 2000/2013, vol. 1, p. 470）所指出的。佛陀的腿下有一灰、橙二色的椭圆形物体，使人联想到草垫（同窟中有相同的草垫图像，见Grünwedel 1920, pls. 9–10, fig. 1），但从佛足下淌出来的水流与常见的草垫不同。佛陀一侧肩膀的火焰和足下的水流呈蓝灰色，而另一侧则是黄红色，颜色的不同很可能是为了区别水和火。即使残损严重，前室右壁上描绘的降魔成道图可能有相同的图像特征，照片中也看不到佛陀的坐具（照片编号B 799，收藏于德国柏林亚洲艺术博物馆）。

〔3〕 “即于三摩地运神通力。合多成一，以一为多。上虚空中行住坐卧。身上出水身下出火。履水如地等。种种神变已。”T03, no. 191, p. 950c2–5。

〔4〕 Waldschmidt 1957, p. 87, fn. 6. 瓦尔德施密特指出此经可能的梵文名*Samadattamahārājasūtra*。

〔5〕 Hartmann 1999.

〔6〕 佐々木闲1985，19–25页。

〔7〕 梵文本见Gnoli 1977–1978, vo. 1, p. 117；汉文本见《根本说一切有部毗奈耶破僧事》T24, no. 1450, p. 124b7–9；藏文本见Rockhill 1884, pp. 31–32；Panglung 1981, p. 87。

图105 克孜尔第76[2]窟主室右壁《降魔成道》。图片采自Grünwedel 1920, pls. 3–4, fig. 2。

题材[1]，对《佛说众许摩诃帝经》中记载的降魔成道时佛陀展演“双神变”的描绘，很可能反映了龟兹说一切有部中已经消失的一种记述佛传故事的版本。

总之，克孜尔第76[2]窟所绘的佛传图，可能源自今已消失的龟兹说一切有部中关于佛陀生平故事的一种版本，其中包含的若干细节与《佛所行赞》密切相关。

克孜尔第81窟的须大拏太子本生图

在佛陀的诸多前世故事中，最著名的故事之一是须大拏太子本生，克孜尔第81窟

〔1〕 关于早期佛教典籍中双神变的研究，见Skilling 1994–1997, vol. Ⅱ, pp. 303–305。马鸣《佛所行赞》中多处提到双神变（见Skillping, pp. 313–314）。关于龟兹地区双神变的表现形式（A、B两种风格的壁画中皆有），见Waldschmidt 1930；Schlingloff 1991b；Howard 2010, pp. 403–405；Hiyama 2016a, pp. 140–142。

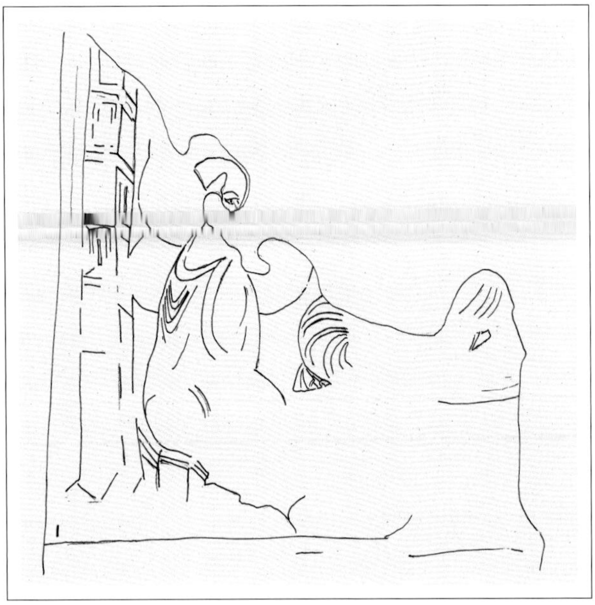

图106 克孜尔第81窟主室前壁壁画线图。中川原育子 绘（2011, fig. 4）© 中川原育子。

四壁的下栏有相关描绘[1]。保存的须大拏太子本生故事画是按照故事发生的地理空间而非时间来安排画面的[2]。须大拏太子本生故事画的相似布局在早期印度艺术、中国新疆米兰和甘肃敦煌的壁画中可以见到[3]；因此该窟的壁画遵照了确立已久的传统。

前壁左部分有一处独特的画面，即佛陀向其弟子说法的场景（图106）。这可被解释为一种巧妙的叙事手段：佛陀向弟子讲述他前世作为须大拏太子时的德行[4]，强化了壁画和中心像台上佛塑像之间的关系。

画面中王子布施子女的图像细节为探寻文本来源提供了关键线索。从印度到日本的须大拏太子施舍子女的图像学研究[5]，揭示出这一画面的表现形式有两种惯例。第一种常见于印度和犍陀罗艺术，其形式为太子用右手向一名乞讨的婆罗门泼水，这是古代印度的一种法律契约行为，左手抓住两个孩子的胳膊。第二种广泛见于东亚地区，其形式为两个孩童的手绑在身后，一名老年婆罗门用鞭子驱赶他们。在克孜尔第81窟中，婆

〔1〕 此故事将太子须大拏的非凡施舍主题化，须大拏布施了自己的妻儿，无私的慷慨也得到了回报，一家人最终在他的王国团聚。太子的名字在巴利文中写作Vessantara，梵文中写作Viśvantara，汉文译作须大拏。关于须大拏太子本生故事的图像和文本依据的研究，见Foucher 1905, pp. 283–285；干潟1961，本生故事表中编号110–112、170、192、350、364、452、471、500、517；尾崎直人1981；小岛登茂子1999–2000；Schlingloff 2000/2013, vol. 1, pp. 195–213, vol. 2, pp. 36–42；影山悦子2001；吉田丰2001；桥村爱子2007；Santoro 2006；中川原育子2011；Lo Muzio 2014, pp. 117–123。关于须大拏太子本生故事不同语言版本（包括中亚地区）的文本来源，见辛岛静志、中村元1988，308–317页；Schlingloff 2000/2013, vol. 1, p. 198；吉田丰2001，71–75页；吉田丰2013；Durkin-Meisterernst 2009；高井龙2019。

〔2〕 中川原育子对此已有系统研究（2011，附线图）。两侧壁上表现的是太子流亡时期的情节，正壁描绘的是回到王宫中与家人团聚的场景。这种叙事场景的安排方式在印度早期佛教艺术中颇为典型，见Schlingloff 1981–1982。

〔3〕 施林洛甫（Schlingloff 1988, pp. 244–245）和桑托罗（Santoro 2006, pp. 36–37）讨论的一件出自贾玛尔噶里（Jamal Garhi）表现须大拏太子本生故事的犍陀罗雕刻，也遵守同样的模式。罗慕齐（Lo Muzio 2014, pp. 120–122）指出此件浮雕遵循的是常见的犍陀罗叙事模式，即按照时间顺序。

〔4〕 中川原育子2011，111–112页。

〔5〕 桥村爱子2007，420–425页。

罗门左手握一条捆绑两个孩童的绳子[1]（图107）；右手举起，很可能拿一条鞭子。因此，该窟的表现形式遵循第二种图像惯例。在许多记载须大拏太子本生故事的佛经中，有三个早期版本涉及被缚孩子细节，即《本生鬘》（*Jātakamālā*）[2]、《六度集经》[3]、《太子须大拏经》[4]。包括《根本说一切有部毗奈耶》在内的其他版本中皆无此细节[5]，它们与此窟的壁画并不相关。须大拏太子本生故事版本与圣勇撰作的《本生鬘》和圣坚译成的《太子须大拏经》密切相关，已被吐火罗B语（或龟兹语）写本证实[6]，这更加强了此窟壁画表现的细节来自以上两个文本的可能性。

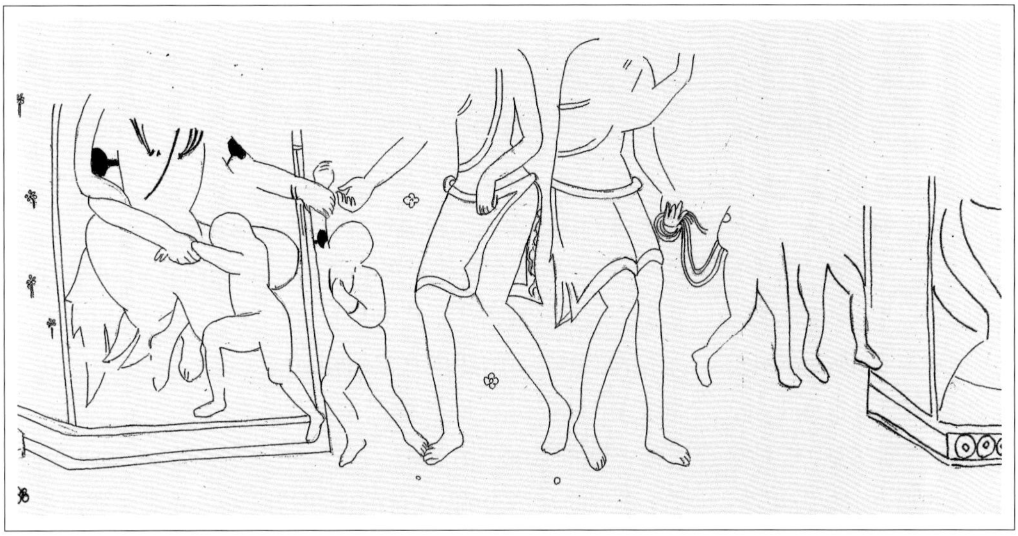

图107　克孜尔第81窟主室右壁壁画线图。中川原育子 绘（2011, fig. 19）© 中川原育子。

---

〔1〕 根据中川原育子的现场观察（2011，115–116页，图19），孩童的手臂被绑在身后。

〔2〕《本生鬘》编成于公元4世纪之前，文中记载两个孩子被葡萄藤绑缚（Kern 1891, Chap. 9, verse 65；英译见 Khoroche 1989, p. 61）："婆罗门想到他们的母亲很快就会回来，对孩子的爱也许会使父亲反悔，于是用藤蔓把他们的手捆起来。"

〔3〕《六度集经》T03, no. 152, p. 9c21–25。康僧会译成于公元3世纪晚期。

〔4〕《太子须大拏经》T03, no. 171, p. 422b7–11。由圣坚译成于公元388～407年，此版本被证实为敦煌及更东地区6～7世纪大部分须大拏本生故事图像的文本来源，见Schlingloff 2000/2013, vol. 1, p. 207；桥村爱子2007，420–425页；中川原育子2011，118页。

〔5〕 如《根本说一切有部毗奈耶药事》T24, no. 1448, p. 66b23–24和《根本说一切有部毗奈耶破僧事》T24, no. 1450, p. 182c23。

〔6〕 三件有关须大拏本生故事的吐火罗B语写本，与《太子须大拏经》有相似的情节，它们出土于新疆（很可能是吐鲁番地区），年代在9世纪。其中一件现保存在德国柏林（编号B 370，已发表，见Sieg/Siegling/Thomas 1953, p. 244）。荻原裕敏（2018b, 9–22页）指出其他两件写本收藏于俄罗斯圣彼得堡（SI 2962-2 + SI 2998-8），与前一件写本当属于同一文本。尽管年代较晚，这些吐火罗语写本似乎基于已消失的印度版本，其与《太子须大拏经》有相似之处，但在细节上有若干不同。而吉田丰（2001，74页；2013）曾认为柏林吐火罗B语写本与圣勇的《本生鬘》相关，荻原裕敏（2018b, 22页）指出这三件写本与《本生鬘》之间的关联只是很少一部分。

克孜尔第149A窟（Höhle mit dem Zebuwagen）的富楼那因缘

Ⅰa型窟主室四壁壁画通常表现的是佛陀或其前世的善行，而此窟主室四壁壁画表现的却是佛弟子富楼那的故事[1]。故事本身便可将壁画和中心像台上的坐佛像联系起来。

富楼那因缘讲述的是佛弟子富楼那归佛的故事，他是富商与其女仆所生之子[2]。虽受到同父异母兄弟的苛待和歧视，富楼那通过成功的檀木生意使家族兴旺起来。在一次航行中，他成为佛陀的弟子，并在一个民性暴戾、凶残成风之地传播佛教，还用檀木修建了一座佛寺。富楼那向当时正住在舍卫城的佛陀奉献出神奇的香雾和鲜花，邀请佛陀现身此寺，佛陀和其他弟子飞行至此，并在途中展演了神迹。

图像细节被完好地记录在格伦威德尔的彩绘图中（见本书59–61页）。中栏壁画表现的是富楼那皈依佛教之前的生活。画面自左壁开始，按时间顺序依次向正壁、右壁展开[3]。部分保存至今的下栏画面表明其内容是关于富楼那皈依佛教之后的事迹：包括在输卢那国（Śroṇāparānta）创建一座新寺，将神奇的供品送到祇园精舍，以及佛陀飞往新寺等[4]。

作为佛陀最知名的弟子之一，富楼那尊者见载于多种佛经[5]，但克孜尔第149A窟中表现的其幼年时期的情节仅见于少数几种佛经[6]。其中只有《根本说一切有部毗奈耶》、《天譬喻》（*Divyāvadāna*）以及《菩萨譬喻如意蔓草》（*Bodhisattvāvadānakalpalatā*）提到了此窟画面中富楼那的三个同父异母的兄弟，而其他经本中提到的是两个兄弟。最引人注意的细节是，长兄妻子腰带上缝的钱币（图108），这在《根本说一切有部毗奈耶》和《天譬喻》中都提到了[7]。对此细节的描绘表明，在目前保存的所有记载富楼那因缘的佛经中，该窟的壁画内容与这两部经关系最为密切。

---

〔1〕格伦威德尔（Grünwedel 1920, pp. Ⅱ.29–Ⅱ.36）将这些画面释读为弥兰本生，但施林洛甫（Schlingloff 1988, 1991a）清晰地证明了画面表现的是富楼那归佛因缘。

〔2〕对这则故事的描绘也见于印度阿旃陀第2窟（Schlingloff 1988；Schlingloff 2000/2013, vol. 1, pp. 444–451）和中国西藏佛寺壁画，见奥山直司、中村元1996，52–53页。

〔3〕在早期探险队到访之时，前壁已坍塌，其上可能绘的是其他壁面上按时间顺序展开的画面。

〔4〕Schlingloff 1988, p. 194.

〔5〕提及富楼那的经籍目录，见Schlingloff 1988, p. 180, fn. 1；Schlingloff 2000/2013, vol. 1, p. 449；Tatelman 2000；平冈聪2007，第1卷，94–95页。

〔6〕如《相应部·注释书》（*Sāratthappakāsinī*）35, 4, 5（Woodward 1929–1932, vol. 2, p. 374f; Duroiselle 1905, pp. 157–166）；《贤愚经》（T04, no. 202, pp. 393c2–397a23；藏文本中不见此则故事）；《法句譬喻经》（T04, no. 211, p. 588b9–c26）；*Mūlasarvāstivāda-vinaya Bhaiṣajyavastu*（梵文版本已不存，汉文本《根本说一切有部毗奈耶药事》T24, no. 1448, pp. 7c7–17a21）；《天譬喻》第二部分（Cowell/Neil 1886, no. 2, pp. 24–55；Tatelman 2000, pp. 46–95; Rotman 2008–2017, vol. Ⅱ, pp. 71–117）；《菩萨譬喻如意蔓草》（*Bodhisattvāvadānakalpalatā*）36（Das/Vidyabhushana 1888–1890, vol. Ⅱ, pp. 889–909；Tatelman 2000, pp. 192–199）。

〔7〕《根本说一切有部毗奈耶药事》T24, no. 1448, p. 9c21–22；《天譬喻》（Cowell/Neil 1886, no. 2, 30.23–24；Tatelman 2000, p. 53, l. 1–3）。“女人之性，多于衣角结以恶钱。是时大嫂即以衣裹恶钱解付其叔，令买饮食。”

如同斯特朗（Strong John）强调的[1]，富楼那的故事非常重要，因其提到了第一座“健陀俱知”（*gandhakuṭī*）或者“香室”的建立。“健陀俱知”一词最早见于巴尔胡特的题刻，专指佛陀在舍卫城祇园精舍中的居室，公元4～5世纪印度石窟题刻表明香室作为每处寺院的核心组成部分，是佛陀居所的象征[2]。香室内香气弥漫，通常有一尊佛像，唤起对佛陀精神性存在的想象[3]。主室中心佛塑像与四壁所绘富楼那故事画结合起来，很可能旨在窟内重现一个相似的场景来召唤佛陀降临此窟。

图108 克孜尔第149A窟主室正壁壁画。图片采自 Grünwedel 1912, fig. 280。

库木吐喇GK第20、27窟的誓愿图（？）

库木吐喇谷口区第二区段第20、27窟四壁绘成排成列的方形画幅，每幅绘一尊树下坐在宝座上的说法佛陀，两侧各有两名（GK第20窟）或四名（GK第27窟）听法者，包括国王、士兵、商人、孩童等。每幅画中佛陀头光的上方有一个白色题记边框。由于画面缺乏可辨识的关键特征，题记可帮助辨别其内容。库木吐喇GK第27窟揭取的一块壁画上保存的一则吐火罗语题记（图109）中写道“（向）佛（果）”（*pañäktäññe*）。这是誓愿故事中常用的词汇[4]。事实上，两窟内壁画的简单构图与龟兹典型的说法图并不相同，后者包含有详细的叙事，可通过特定的故事将它们辨识出来。但库木吐喇GK第20、27窟壁面上的大多数场景很可能表现的是誓愿图[5]。由于它们解释了释迦是如何成

〔1〕 Strong John S.1977, pp. 396-398.

〔2〕 Schopen 1990.

〔3〕 尽管律藏中指出香室需要修建在寺院僧房的中间，《毗奈耶杂事》二十六曰：“西方名佛所住堂为健陀俱知。健陀是香，俱知是堂，此是香室香台香殿之义。”但巴利文和藏文典籍中指出香室也指代有佛陀形象的像堂。关于早期印度题记和律藏中香室的研究，见Norman 1908; Strong 1977; Schopen 1990; Schopen 2015; 也见本书251页。

〔4〕 荻原裕敏2015，36页；荻原裕敏2017，117页。

〔5〕 在库木吐喇GK第20窟中，誓愿图和绘制在檐口与穹窿顶的壁画可能存在着内在关联。檐口和穹窿顶绘制交替出现的佛像和菩萨像。值得注意的是，不仅佛陀，菩萨也有头光和身光，在龟兹图像惯例中，这是完美开悟之人的特征。这些菩萨可以被理解为四壁誓愿图中许愿菩萨的转世，一生补处就成为佛。

图109　库木吐喇GK第27窟主室壁画残块。俄罗斯国立艾尔米塔什博物馆藏，编号St. Petersburg, K У -614 © The State Hermitage Museum/Leonard Kheifets。

佛的，因此可以合理地将中心像台上的佛塑像与誓愿图联系起来。然而，这些壁画和题记保存状况较差，难以辨识出每幅场景描绘的内容。

库木吐喇GK第23窟的佛陀事迹画

此窟就装饰而言十分独特，四壁满绘位于方形画幅内的坐姿佛像或菩萨像。由于其独特性，此窟被划入类型不确定[1]。

叙事场景仅见于抹角拱处。基于之前的记录，两处抹角拱上的画面可以复原。其一为帝释窟说法故事（见本书119-121页）；另一为佛陀之子罗睺罗（Rāhula）向其供奉一块甜食——此图中绘三身佛陀坐于宝座上，一名裸体孩童向居中的佛陀奉食（见本书121页图78）。画面内容可做如下解读：耶输陀罗让其子罗睺罗送给佛陀一块甜食以唤起父亲对他的爱，佛陀于是变幻出自己的五百身像来迷惑罗睺罗，但罗睺罗毫不犹豫地认出了父亲的真身。这一情节也见于犍陀罗雕刻[2]，其文本见载于《杂宝藏经》[3]《根本说一切有部毗奈耶破僧事》[4]以及鸠摩罗什翻译的《大智度论》[5]中。

---

〔1〕焦点图像的缺失意味着需要有一尊中心塑像。若情况如此，此窟可归入Ⅰa型，四壁有着与众不同的图像构成。

〔2〕Taddei 1974, pp. 174-175, fig. 11；Schulz 2019, pp. 105-108. 感谢小山一太（日本龙谷大学）告知此则材料，以及Robert Schulz（德国柏林自由大学）提供其未出版的硕士学位论文，其中系统研究了犍陀罗雕刻中表现的此场景。

〔3〕《杂宝藏经》T04, no. 203, pp. 496b-479b。关于此文本与说一切有部关系的研究，见Karashima/Vorobyova-Desyatovskaya 2015, p. 147。

〔4〕梵文本Gnoli 1977-1978, vol. 2, pp. 30-32；汉文本《根本说一切有部毗奈耶破僧事》T24, no. 1450, pp. 158c-159a。

〔5〕《大智度论》T25, no. 1509, p. 182b28-c7。《大事记》（*Mahāvastu*, Senart 1882-1897, vol. Ⅲ, pp. 257-266；Jones 1949-1956, vol. Ⅲ, pp. 246-254）和《佛本行集经》（T03, no. 190, p. 906c13-19）中也记载有耶输陀罗指引其子罗睺罗向父亲献食，但没有提到佛陀的化身。《大智度论》由鸠摩罗什译成于公元402～405年，见Lamotte 1958, vol. 1, p. 736；Schlingloff 2000/2013, vol. 1, pp. 402-406。

综上,“A传统”带装饰方形窟的第一类装饰布局,即核心图像为主室中心像台上的佛塑像,其与作为辅助图像的四壁和窟顶壁画之间存在着内在关联。整个图像似乎是为了唤起洞窟中佛陀的在场。然而,在第二类装饰布局中完全缺失佛陀形象。

主室正壁的大幅故事画

主室正壁的大幅故事画是第二类装饰布局的核心。这通常见于Ⅰb型穹窿顶方形窟和地面佛堂,以及部分Ⅲ型券顶方形窟。窟内无塑像,主要图像和辅助图像都是壁画。

大幅故事画的中心是一名男性形象,身形是周围环绕人物的两倍大,清楚地表明其为所绘故事的主角。中心人物的王室身份可由数个特征佐证:如头光、奢华的饰品以及以右舒游戏坐姿坐在宝座上。

大幅故事画周围有精美的装饰边框,其内的画面看上去如同大型的装裱画。如已辨别的画面揭示的,这些王者形象或是世俗信奉佛教的典范(Ⅰb型),或是富商的负面典型(Ⅲ型),通过他们的行为来体现遵循佛教伦理的重要性。他们应是作为世俗信徒的正面或反面案例,不可能作为崇奉礼拜的对象。在部分无法识别的场景中,王者形象可能是帝释天(苏巴什西寺佛堂Ⅱ和克孜尔第67窟[1]),但他在早期佛教艺术中也不是供奉对象;另外,在一座绘两幅故事画的Ⅲ型洞窟(克孜尔第212[2]窟)中,故事的主角是商人(见本书220–222页)。

Ⅰb型穹窿顶方形窟(除克孜尔第67窟[2])内故事画场景中包含独立的叙事内容;其他壁面绘装饰带,顶部或绘装饰纹样(如克孜尔第67、83窟),或绘立姿菩萨像(或天人,库木吐喇GK第21窟,图110)。它们与Ⅰa型窟抹角拱和穹窿顶上所绘的菩萨像并不相同,没有身光,意味着他们还没有达到转世的位阶。无身光的菩萨像在苏巴什西寺佛堂Ⅱ侧壁上栏壁画中也可见到(见本书138页图92),这表明绘无身光的菩萨像是在此类洞窟的一致性选择。侧壁下栏绘穿戴中亚服饰的伎乐人物(苏巴什西寺佛堂Ⅰ,见本书134页图87、88),这种绘西域伎乐而非天宫伎乐题材的例子是龟兹地区仅见的[3]。库木吐喇GK第21窟和苏巴什西寺佛堂Ⅰ侧壁上所绘的装饰纹样是花式柱头的立柱,

〔1〕 见本书136–139、81–83、222–223页和图90、91。

〔2〕 此窟被视为“A传统”发展的晚期洞窟,见本书222–223页。

〔3〕 日本大谷探险队曾在苏巴什发掘出土一件描绘有龟兹本土奏乐、跳舞、表演形象的舍利盒(现藏于日本东京国立博物馆,编号TC 557)。最近关于此题材的研究认为表现的是龟兹本土戏剧《苏幕遮》,见Klein forthcoming。

图110 库木吐喇GK第21窟主室穹窿顶壁画。Klaas Ruitenbeek 摄于2014年© K. Ruitenbeek。

似乎表明叙事场景发生在富丽的王宫之中[1]。这些辅助图像都与佛果的获得无关。

Ⅲ型券顶方形窟内的辅助图像出现了新元素：僧人。他们的形态可分为两类，一是坐禅，多见于券腹的菱格山峦中，有时与坐禅梵志共同出现（克孜尔第92、116、118、212[2]窟），也见于侧壁的白灰层上（克孜尔第212[2]窟）。另一是飞于半空表演“双神变”，多见于券顶中脊的天相图中（克孜尔第118窟）[2]。辅助图像中的僧人形象影响了主要图像传递的信息，强调的似是感官的世俗世界和不受干扰的修行生活之间的对比。在其他保存状况较差的洞窟中，坐禅僧人甚至作为画面的主角（克孜尔第116、214窟）。坐禅僧人可以说是“A传统”晚期装饰中重要的新元素。

接下来考察大幅故事画内的叙事题材和文本依据。

---

〔1〕如克孜尔第83窟中所绘的《优陀羡王缘》（图20），以及克孜尔第212[2]窟《弥兰本生》（诞生于宫殿中的场景），见Grünwedel 1920, pls. 19–20。关于龟兹壁画叙事场景中表现的立柱以及苏巴什和乌什吐尔、夏合吐尔遗址出土的木构件的研究，见Konczak-Nagel 2020, pp. 84–85。

〔2〕由于Ⅲ型洞窟券顶中脊饰带的壁画大部分已剥落，Ⅲ型其他洞窟券顶拱腹处的山岳景观中也有类似于中脊饰带的飞行僧人。飞行僧人表演的“双神变”可被视为从禅修中获得的神通，见Howard 2007; Howard 2010, pp. 403–405。

克孜尔第83窟（Schatzhöhle C）的《优陀羡王缘》（*Udrāyaṇa-avadāna*）

此窟为Ⅰb型穹窿顶方形窟，其主室正壁的大幅故事画被释读为《优陀羡王缘》。故事讲述的是一对王室夫妇放弃世俗的荣华富贵而皈依佛教[1]（见图20，图111）。画面中心绘胜音国国王优陀羡王，停止弹琴（竖琴）陷入悲痛，因为他预见了正在伴舞的王后有相夫人的死相。故事展开于宫廷场景中，这从富丽堂皇的宫殿建筑以及王室成

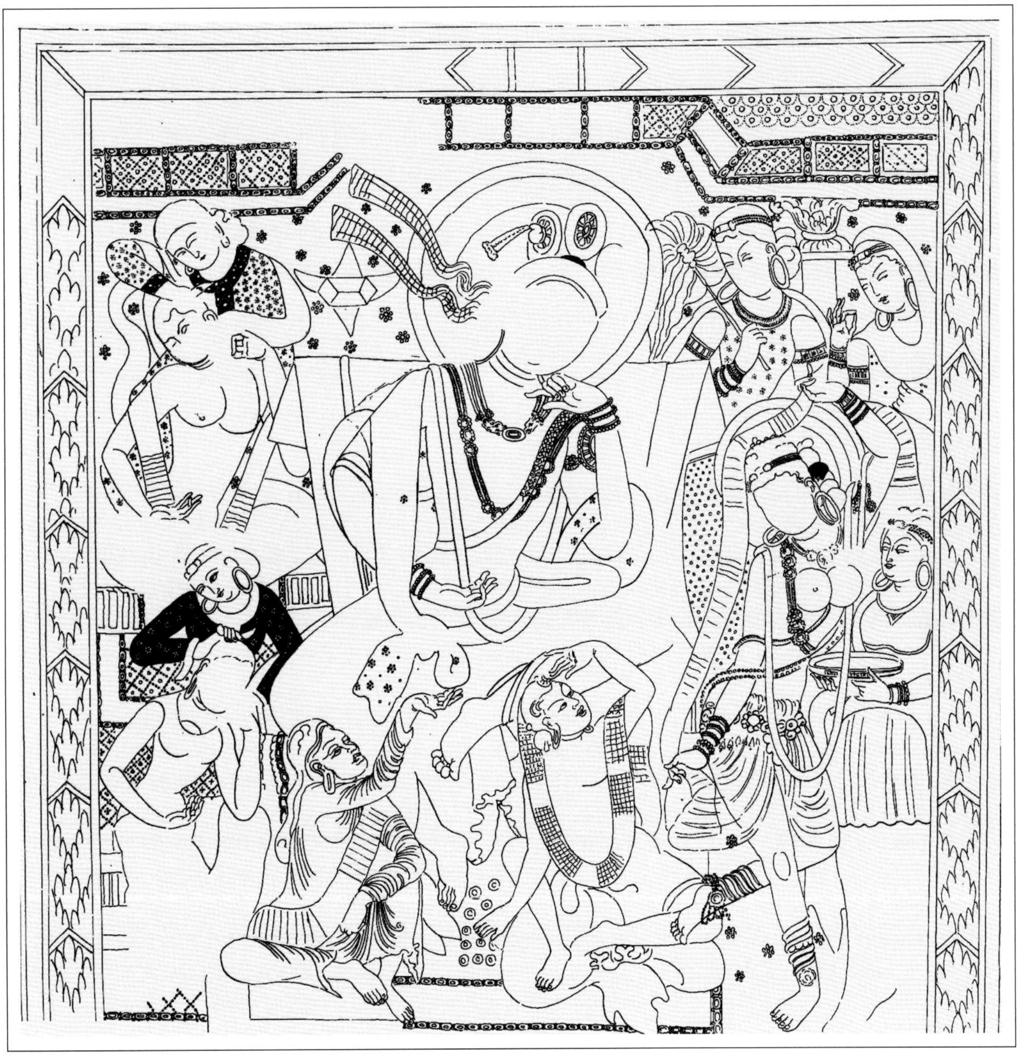

图111 克孜尔第83窟主室正壁《优陀羡王缘》（*Udrāyaṇa-avadāna*）线图。格伦威德尔绘，编号TA 6652 © Museum für Asiatische Kunst, Staatliche Museen zu Berlin, CC BY-NC-SA。

〔1〕 Waldschmidt 1925, pp. 62-64. 也见本书37页，注释〔1〕。早期研究错误地将“Udrāyaṇa”写作“Rudrāyana”。

员的随从可以推知，随从包括小丑、大臣[1]、三名盛装打扮的女性，其中两名可能是国王的妃子[2]。叙事内容至国王右侧结束。国王右下方绘王后决定在她生命的最后时光作为比丘尼生活而剃度的瞬间。王后去世后国王也剃度皈依佛教，被绘于其上方。

这一故事在说一切有部和根本说一切有部经典中受到特别重视[3]。大多数文本中，对国王夫妇的皈依佛教只有简短记述，作为胜音国悲惨命运长篇故事的引子。优陀羡王夫妇的儿子顶髻（Sikhaṇḍin）王子不仅暗杀了已经出家成为僧人的父亲，还煽动民众向大迦旃延尊者（Mahākātyāyana）扔土块。作为恶行的果报，胜音国被一场沙雨掩埋。这些细节不见于此窟壁画，却被清晰地描绘于"B传统"中心柱窟中[4]（图112）。

就此幅故事画的文本来源而言，《佛说杂藏经》值得特别关注[5]。《佛说杂藏经》由法显译成于公元5世纪早期，篇幅短小，只记述优陀羡王和有相夫人的故事，没有提及王国的悲剧命运。在此经中，出家后的优陀羡王在摩揭陀国（Magadha）的森林中遇到了频婆娑罗王（Bimbisāra），并对其进行了关于内心满足喜乐的布道，故事以摩揭陀国佛教徒和国王频婆娑罗王的对话结束。在关于践行佛教戒律获得无穷果报的对话中，提起了"如月氏国王。欲求佛道故。作三十二塔。供养佛相"[6]一句，可能表明该文本来源于贵霜王朝。

---

〔1〕关于龟兹壁画中宫廷小丑和大臣图像的研究，见Arlt/Hiyama 2015；桧山智美/ロベルト・アールト 2016。

〔2〕有相夫人身后有两名女性，所着衣饰与其他女性像有明显差别，且戴有与王后相同的镶嵌宝石的王冠。她们的身形与王后相同，应与王后的社会地位相当。国王其他妃子的存在以及有相夫人作为第一夫人的地位在本页注释〔3〕中提到的佛经里都有记载。而另外一名女性，身形较以上三名都小，而且为有相夫人奉上一个托盘，是女仆还是位阶较低的年轻妃子，尚无法断定。

〔3〕如《杂宝藏经》（T04, no. 203, pp. 495a1–496b11）。其与说一切有部的关系见Karashima/Vorobyova-Desyatovskaya 2015, p. 147；《天譬喻》no. 37（Cowell/Neil 1886, pp. 544–586；Rotman 2008–2017, vol. Ⅱ, pp. 287–344）；《菩萨譬喻如意蔓草》（*Bodhisattvāvadānakalpalatā*）no. 40（Das/Vidyabhushana 1888–1890, vol. Ⅱ, pp. 973–1027）；*Mūlasarvāstivāda-vinayavibhaṅga*（梵文本已不存，汉文本《根本说一切有部毗奈耶》T23, no. 1442, pp. 873b29–882a13；藏文本见Nobel 1955, pp. 49–112）。此外，《佛说杂藏经》（T17, no. 745, p. 559a13–c9；所属部派不详）中的记载稍有不同，在下文探讨。文本来源的书目，见Waldschmidt 1925, pp. 63–64, pl. 34；霍旭初2000；Schlingloff 2000/2013, vol. 1, p. 431；平冈聪2007，第2卷，514页；藏文评注中关于此情节的引用，见Eimer 1997。霍旭初指出《杂宝藏经》与此窟壁画关系最为密切，但缺乏令人信服的论据。关于印度阿旃陀第1窟优陀羡王缘的表现形式，见Schlingloff 2000/2013, vol. 1, pp. 430–432；中国西藏壁画中的相关表现，见奥山直司、中村元1996，60–61页。

〔4〕在这些画面中，佛陀与优陀羡王和有相夫人交谈，画面的四角各绘一名被沙雨掩埋的人，代表着胜音国的民众被沙雨掩埋，见井上豪2017b。

〔5〕T17, no. 745, p. 559a13–c9.

〔6〕T17, no. 745, p. 560a2–3.根据后文可以明确"佛相"指的是佛像。如祢杰生（Neelis 2014）指出的，犍陀罗语譬喻经典（*avadāna*）通常会将当地的实际人物编入故事，这是犍陀罗地区佛教本土化的有效途径。此文本印度原典的编纂很可能也相似。

图112 克孜尔第171窟主室左壁壁画线图。井上豪 绘(2017b, fig. 3)© 井上豪。

此经所归属的部派尚属未知，但除此经外，优陀羡王的故事只见载于说一切有部和根本说一切有部的经典之中。因此很可能此经保存了曾在说一切有部内传播的优陀羡王故事的一个独特版本，即只记述国王夫妇皈依佛教且对频婆娑罗王产生了积极影响，但没有编入其他经典[1]。后来的敦煌变文中发现了相似版本，即《欢喜国王缘》[2]，同样记述了国王夫妇感人的归佛故事，而没有提到王国后来的悲剧命运。敦煌变文通常被视为讲述故事的文本，同时配有插图。由于画面中的小丑和大臣是梵语和吐火罗语戏

〔1〕 此经在细节描述方面是其他版本所不及的，如仅就文字而言，详细描述了有相夫人跳舞的细节(在大宴会时，夫人身着满饰金银珠宝的华服展示奇雅的舞技)，而其他经文皆不见如此生动的细节描述。

〔2〕 黄征、张涌泉1997，1089-1101页；霍旭初2000。此文本的年代在公元9～10世纪。然而此版本中国王没有剃度，而是作为一名世俗信徒度过了余生，与克孜尔第83窟表现的国王夫妇剃度的画面不符。这种变化可能与敦煌当地的社会文化环境有关。

剧中的典型人物，此窟壁画依据的文本或许是一篇类似变文的文学作品[1]。

克孜尔第83窟壁画可能遵循了优陀羡王缘故事的戏本，其与《佛说杂藏经》有相似的情节，且很可能在晚期的敦煌变文中留下了踪影。“A传统”与“B传统”在视觉化胜音国故事时表现出完全不同的兴趣十分引人注意，此点将在下文讨论[2]。

苏巴什西寺佛堂Ⅰ的《净饭王归佛》

属于Ⅰb型的苏巴什西寺佛堂Ⅰ，其主室正壁的大幅故事画是龟兹最精彩的壁画之一。画面中一名国王坐在拱形结构下方的宝座上，拱形结构前方垂下一顶华盖（见图86，图113）。

在所有大幅故事画表现的王者形象中，此幅画所绘的国王装饰最为富丽。国王被数名王室成员围绕，包括坐在宝座上的男性贵族、女伎乐、女侍和一名大臣以及两名僧人。所有形象中只有国王和两名手握珠宝花环的女性有头光（见图86）。这两名女性绘于国王的右上方。她们带有光环的头部似乎穿透了宫殿的天花板，显示出她们超自然的存在，似是天人。另一个超自然现象是，国王左上方一名年轻僧人从宫殿顶部漂浮的圆盘中出现，手持一钵，与坐在其下方的两名男性贵族交谈。另外，国王右下方一座六角形尖塔前还可看到一名僧人的头部。两者是否为同一人，尚待确定。

画面内容至今未达成令人满意的共识[3]。在佛教故事中有关僧人在王宫里表演神迹的题材，很可能是优陀夷（Udāyin，也被称为Kālodāyin，迦楼陀夷，即黑优陀夷，因其皮肤黝黑而得名）说服净饭王。这一情节是佛陀返回故乡迦毗罗卫城故事的一部分[4]。净饭王因思念儿子，令与其子同岁、生于婆罗门家庭的优陀夷作为找回佛陀的使者。然而，佛陀剃度了优陀夷，并派他回到都城告知净饭王自己的到访。佛陀回到迦毗罗卫城后也教化了许多释迦族人皈依佛教。

---

〔1〕 Arlt/Hiyama 2015；桧山智美/ロベルト・アールト 2016。B种风格壁画表现的胜音国故事中，也见有小丑形象。然而需要注意的是，B种风格表现王室成员的画面中经常出现有小丑，其可能作为王室常规随行人员的图像惯例，不一定与戏剧文本有直接关联。鉴于此，在“A传统”壁画中，即使其大部分与王室故事有关，但只有此窟清晰描绘了小丑形象。

〔2〕 第83窟的优陀羡王故事很可能是从其他讲述胜音国长篇悲剧故事中截取的片段。故事讲述者不可能在壁画前向信徒讲述后来国王遭到暗杀以及整个王国的悲剧命运，因其没有被描绘出来，而且也会破坏画面传达的国王夫妇勇敢决绝地放弃奢华生活进入寺院苦修的积极意义。

〔3〕 井上豪（2017a，404—406页）将此画面解读为瞻波城长者宝德之子被大目犍连尊者说服并皈依佛教的故事，他引用了汉文本《根本说一切有部毗奈耶破僧事》（T24, no. 1450, pp. 184c29-185a3）的内容。宝德之子本信奉日神，但后来因大目犍连奇迹般地从日里下至他面前，而皈依了佛教。这只能解释壁画右上角的局部画面。然而根据文本，大目犍连尊者应该出现在天空中的太阳里，而不是宫殿内。此外，画面没有指示位居中心的国王的身份，显然他才是主角。

〔4〕 关于印度阿旃陀第17窟中相关情节的表现，见Schlingloff 2000/2013, vol. 1, pp. 396-401。

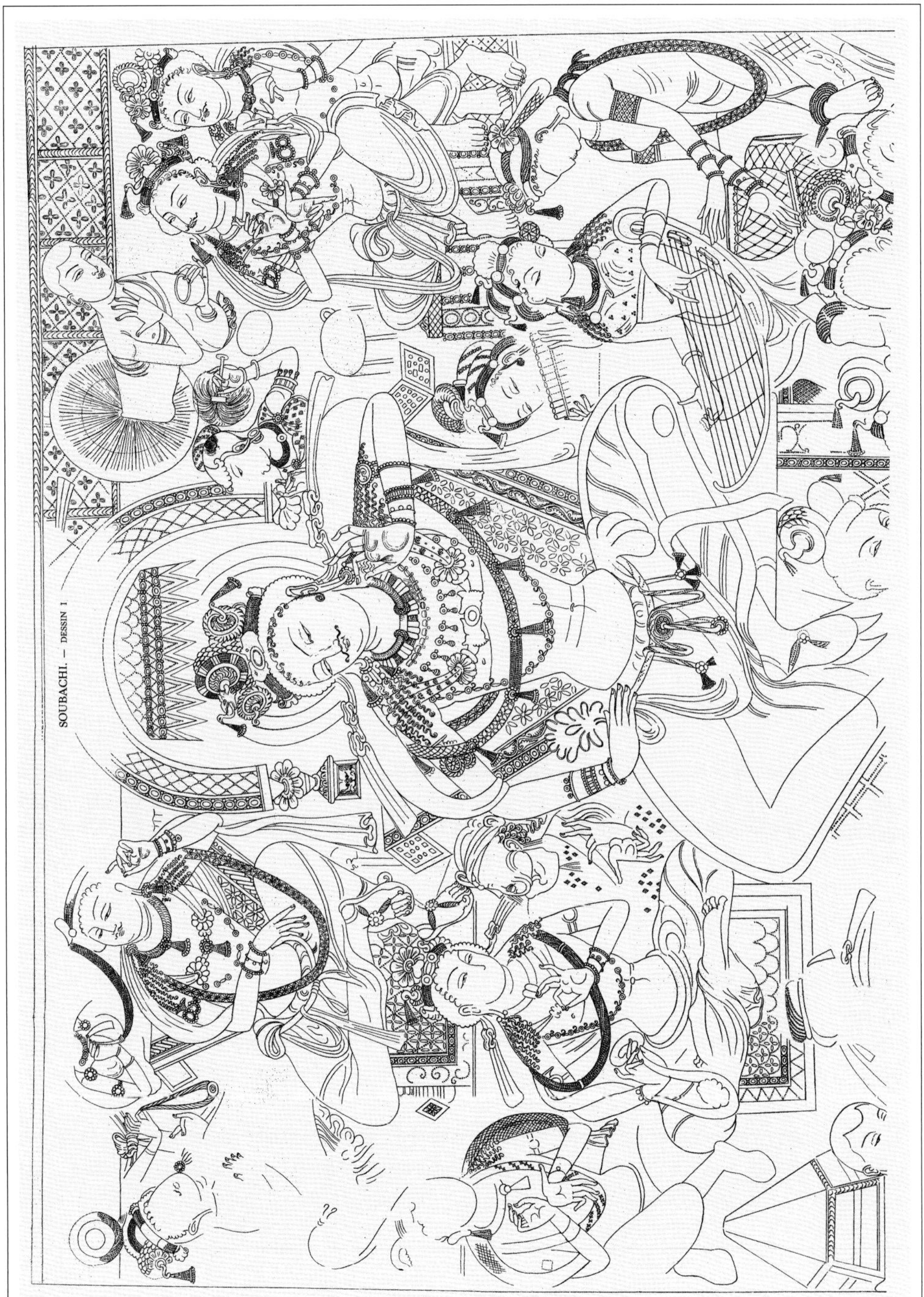

图113 苏巴什西寺佛堂I主室正壁壁画线图。图片采自Hambis *et al.* 1982, Dessin I。

在众多提及此故事的佛教文献中[1]，只有少数几种记述有僧人在王宫展演神迹的情节，这在净饭王皈依佛教的过程中扮演了重要角色。它们分别是《因缘论》(*Nidānakathā*)、《普曜经》(*Lalitavistara*的早期汉译本)[2]、《大宝积经》(*Mahāratnakūṭasūtra*)中《菩萨见实会》章以及后者的平行文本[3]。

根据《因缘论》的记载，后来皈依佛教的优陀夷，升至空中，奇迹般地出现在净饭王的宫殿中以告知佛陀即将到来。优陀夷接受了欣喜的国王的供食之后，再次升到空中，将手中的钵与国王供奉的美食送到佛陀手中。每天如此，佛陀可以在来到迦毗罗卫城的旅程中通过国王供奉的食物给养自己，直到最终抵达尼拘律树林(*nyagrodha*)，并在这里受到释迦族人的礼敬[4]。然而，《普曜经》中记载优陀夷突然从净饭王宝座前的地面上出现，仿若从泥土中长出的一朵盛开的莲花。优陀夷向国王讲述其子获得的巨大成就，并告知于七日之后回来拜访[5]。在《菩萨见实会》及平行文本中，佛陀任命迦楼陀夷前去消除净饭王对佛教的疑虑："在于慧命迦卢陀夷。欲令往化净饭王耳。譬如重阁楼窗之中。日从东入光照西壁。"[6]于是优陀夷首先步行来到迦毗罗卫城，并与数名释迦族人交谈以了解国王对佛教僧人的敌对态度。他飞升到迦毗罗卫城上方并在虚空中与国王交流，没有进入宫殿就说服了净饭王。在所有佛经中，此情节之后就是佛陀和他的弟子抵达迦毗罗卫城，还伴随着神通事迹。特别是《普曜经》和《菩萨见实会》中详细记载了壮观的神迹，包括奉献花、香、珍珠、珠宝花环、伎乐天人等，这些都被净饭王及其侍从亲眼见证。

---

〔1〕除正文中提到的佛经来源，与此情节有关的佛经还有：*Nidānakathā*(Fausbøll 1877–1896, vol. I, pp. 85–90; Rhys Davids 1878, pp. 215–222); *Mahāvastu*(Senart 1882–1897, vol. Ⅲ, p. 92; Engl. Jones 1949–1956, vol. Ⅲ, p. 95, cf. 平冈聪2010，第2卷，22–23页)；《根本说一切有部毗奈耶》(T23, no. 1442, pp. 716a22–722b12)；《根本说一切有部苾刍尼毗奈耶》(T23, no. 1443, pp. 947c9–952a3)；汉文本《根本说一切有部毗奈耶破僧事》(T24, no. 1450, pp. 143a19–147b22)；《方广大庄严经》(T03, no. 187, pp. 614a19–616a17)；《中本起经》(T04, no. 196, pp. 154a23–155c26)；《佛本行集经》(T03, no. 190, pp. 889c18–899c23)；《佛说众许摩诃帝经》(T03, no. 191, pp. 969c27–975c15)。

〔2〕T03, no. 186, pp. 534b18–536c24，此经由竺法护译成于公元308年。有趣的是，《普曜经》晚期汉译本中只提到了优陀夷飞在迦毗罗卫城的上空，在半空中与国王对话，其出现在王宫中的情节已不存。梵文本相应部分丢失。

〔3〕T11, no. 310, pp. 351a3–358b120.《大宝积经》有49卷，最初由出生于敦煌的中亚僧人竺法护翻译，年代在公元3～4世纪，后来在公元713年被菩提流支重新翻译。然而卷49中的部分是独立文本，很可能与卷16《菩萨见实会》情况类似，独立存在的《父子合集经》(T11, no. 320, pp. 919a4–977a24，最初译成于宋代)可兹佐证。此章是《大宝积经》中的独立篇章，公元556年那连提黎耶舍抵达北齐都城邺城之后翻译成汉文。关于那连提黎耶舍的生平，见藤善真澄1987；船山徹2014。

〔4〕Fausbøll 1877–1896, vol. I, pp. 86–90; Rhys Davids 1878, pp. 218–222.

〔5〕T03, no. 186, p. 535a1–8.

〔6〕T11, no. 310, p. 351b17–20; T11, no. 320, p. 919b19–20："犹如杲日穿其楼阁从于东牖直注西垣。"在这些佛经中，净饭王对佛教持敌对态度，因为他的儿子没有在继承王位和繁荣王国方面达到自己的预期。

画面中国王左侧一名年轻僧人从宫殿墙壁上伸出的圆盘中出现，很可能表现的是优陀夷在净饭王宫殿中的神奇现身——这一情节可能与“Udāyin”的词源有关：*udāya* 意思是“升起”“出现”，因此“Udāyin”可能指的是会“飞升”或具有“飞升”能力的人〔1〕。《因缘论》和《普曜经》中都提到了乞食钵。画面的中心人物可被解读为坐在宫殿中的净饭王，周围是释迦族的王室随从〔2〕。净饭王被表现为准备接受佛教之态，他已被优陀夷展示的神迹所折服。优陀夷与两名男性交谈，二者可能是在优陀夷首次抵达迦毗罗卫城便得到他们尊敬和善待的释迦族人，如同《菩萨见实会》中所记述的〔3〕。

国王右上方两名带头光的女性天人可能属于释迦族人见到佛陀到达之后出现的一系列神迹，尽管佛陀本身并没有出现在画面之中。虽然国王右下角的僧人仍无法解释，但此画面中的其他图像要素显然与前文提及的优陀夷故事密切相关。

需要说明的是，没有一本佛经的内容与画面完全吻合。乞食钵只在《因缘论》和《普曜经》中有所提及，而《普曜经》又是唯一没有提到优陀夷黝黑皮肤的佛经；由于画面中的僧人拥有较亮的肤色，就此而言，《普曜经》与画面的契合度可能更高。就优陀夷与释迦族人的对话来看，《菩萨见实会》又更为吻合。如果这种辨识不误，那么壁画可能遵循了一种已消失的版本，其中记述了所有相关要素〔4〕。

克孜尔第118窟（Hippokampenhöhle）的《顶生王因缘》（*Māndhātar-avadāna*）

此窟属于Ⅲ型券顶方形窟，这是仅见于龟兹的洞窟类型。该窟主室正壁和两侧壁

〔1〕Kālodāyin 是由 *kāla* 和 *udāya* 构成，*kāla* 为黑色之意，指的是迦楼陀夷皮肤黝黑。表现故事主角梵文名字起源的画面，也见于克孜尔第118窟正壁的大幅故事画（见本书218页）。

〔2〕通过描绘净饭王宫中的节庆场面来表现佛陀返回迦毗罗卫城，也见于印度阿旃陀第17窟，见 Schlingloff 2000/2013, vol. 1, pp. 397–398。

〔3〕T11, no. 310, p. 353a13–b5；T11, no. 320, pp. 920c25–921a22. 迦楼陀夷来到迦毗罗卫城之后，与四名释迦族人交谈。其中两名释迦族人刚离开净饭王的聚会，他们告诉迦楼陀夷，净饭王下达命令，如果有人听他儿子的布道说法，就会被砍头或鞭打。听后，迦楼陀夷飞至半空中表演了神迹，使国王信服了。

〔4〕如果上述辨识正确，此壁画中净饭王接受了他托钵化缘的儿子，其中部分情节与大乘教义相关。这在龟兹不难找到踪迹，因为文献中记载公元4～6世纪的龟兹国王都欣然接受了大乘佛教教义；尤其是如果所绘题材适于向王室布道。张文玲（Chang Wen-ling, 2020, pp. 382–383）的最近一项研究指出，大乘佛教的经典之一《悲华经》（*Karuṇāpuṇḍarīkasūtra*）是“B传统”洞窟内三幅本生图的文本依据，这表明大乘佛教经文中的故事的确可以出现在龟兹壁画中。另外一种可能性是那连提黎耶舍，即《菩萨见实会》的翻译者，知晓此则故事在公元6世纪早期的中亚颇为流行，并将其编入大乘佛教经文中。《菩萨见实会》的叙事情节与《佛本行集经》的相似性，支持了上述推测。《佛本行集经》由阇那崛多在公元587～591年根据大众部、说一切有部、饮光部、法藏部和化地部等所述的佛陀生平故事编纂而成，这在此经最后一部分的题跋中提到（T03, no. 190, p. 932a13–21）。在此经中，优陀夷步行入净饭王的宫中，而没有展演神迹（T03, no. 190, p. 894a24–b28）。

上方的半圆端面内描绘的都是转轮圣王顶生王的故事[1](见图62、图63、图114)。顶生王出生时就拥有神通力,他征服了四大洲甚至包括位于须弥山顶的忉利天宫,帝释天分出一张天宫宝座给他。顶生王仍不满足,发愿要独占宝座,并且独自统领地界和天界。由于极度贪婪,顶生王很快失去了他所有的神通力,跌落至地上的宫殿。临终之际,顶生王告诫臣民要警惕贪婪的危险。

正壁描绘了两幅顶生王在世间统治的故事画。其一是顶生王诞生图,一位女性将其乳头朝向顶生王。他出生之时,宫中六万名妇女看到顶生王颜貌端正,心生爱护,乳汁流出,纷纷说道:“我养!我养!(*māṃ dhātu*)”,因此顶生王又被称为持养王[2]。另一是左下角站立的婆罗门或因残忍杀鸟而被顶生王驱逐流放的故事画[3]。两则故事的文本来源都与根本说一切有部经典有关。

两个半圆端面内绘顶生王从地上界飞升至天宫,后又被降回地上宫殿的故事,券腹所绘山岳景观包含若干佛教须弥山世界观与人类起源故事有关的元素[4]。部分佛经中提到顶生王身处人类起源之时,是劫初出现的第一个王室家族中的第六位王,被视为释迦族的远祖[5]。根据《根本说一切有部毗奈耶破僧事》和《佛说众许摩诃帝经》,顶生王统治时期是人类起源史上的一个转折点,有情众生变得更加聪明,并且开始学习各种技能[6]。

---

〔1〕桧山智美2010;Hiyama 2012a。这一引人入胜的佛教故事见载于大量佛经和叙事文学,且成为印度、南亚和中国西藏常见的视觉艺术题材,见Zin 2001;Schlingloff 2003;宫治昭2005;桧山智美 2010;2012;Zin 2012。勒柯克、瓦尔德施密特(Le Coq/Waldschmidt 1928, pl. A, pp. 12–13)辨识出克孜尔第186窟,即“B传统”中心柱窟的一幅画面为顶生王因缘故事。然而此画面缺乏与顶生王故事相关的某些特征,见Hiyama 2012a, p. 147。

〔2〕*MSV-Bhaiṣajyavastu*(梵文本见 Matsumura 1980, p. 349–[1];汉文本见《根本说一切有部毗奈耶药事》T24, no. 1448, p. 56b8–12);*MSV-Saṅghabhedavastu*(Gnoli 1977–1978, pt. 1, p. 16;汉文本见《根本说一切有部毗奈耶破僧事》T24, no. 1450, p. 100c22–25);《天譬喻》第17章(Cowell/Neil 1886, vol. 1, p. 210;Rotman 2008–2017, vol. I, p. 348);《菩萨譬喻如意蔓草》第4章(Vaidya 1959, vol. 2, pp. 38–39;Rothenberg 1990, p. 212);《佛说顶生王因缘经》(T03, no.165, p. 393b1–4);《佛说众许摩诃帝经》(T03, no. 191, p. 933c14–28),见桧山智美 2010,363页,注33;Hiyama 2012a, p. 147, fn. 19。顶生王旁边坐着的带头光男性人物很可能是其父亲瞿萨离王(Upoṣadha),他从其前额处生出顶生王。三名有头光的女性,重点表现了她们的胸部,可视为顶生王的三名乳母。

〔3〕*MSV-Bhaiṣajyavastu*(梵文本见 Matsumura 1980, p. 350–[4];汉文本见《根本说一切有部毗奈耶药事》T24, no. 1448, p. 56b16–21);《天譬喻经》第17章(Cowell/Neil 1886, vol. 1, p. 211–212;Rotman 2008–2017, vol. I, pp. 349–350);《菩萨譬喻如意蔓草》第4章(Vaidya 1959, vol. 2, pp. 39–40;Rothenberg 1990, pp. 214–217);《佛说顶生王因缘经》T03, no.165, p. 393c7–20;见桧山智美 2010,363页,注35;Hiyama 2012a, p. 147, fn. 20。

〔4〕表现为人类发展的五个阶段:只靠欢喜来满足自己的如飞行天人一样的存在,没有飞行能力但仍然如天人一样的存在,需要捕杀动物来养活自己的猎人,梵志和僧人。见桧山智美2010,367–368页;Hiyama 2012a, pp. 149–150。

〔5〕相关文献目录,见土田竜太郎1984;桧山智美2010,注27;Hiyama 2012a, fns. 17, 37。

〔6〕梵文本 *Mūlasarvāstivāda-vinaya Saṅghabhedavastu*,见 Gnoli 1977–1978, vol. 1, p. 16;汉文本《根本说一切有部毗奈耶破僧事》T24, no. 1450, p. 100c25–27;《佛说众许摩诃帝经》T03, no. 191 p. 933c22–24;见桧山智美2010,361、368页,注27、65;Hiyama 2012a, p. 147, 150, fns. 17, 39。

图114 克孜尔第118窟主室左壁半圆端面。图片采自法国探险队拍摄于1906年的历史照片，巴黎吉美博物馆藏，编号AP 7445 © MNAAG, Paris, Dist. RMN-Grand Palais/image musée Guimet/distributed by AMF。

这表明顶生王在根本说一切有部文献中有关人类起源方面的特殊重要性。

《根本说一切有部毗奈耶》作为提到此窟壁画所有相关图像要素的唯一经典，如诞生情节、驱逐婆罗门以及顶生王的人类起源故事等，似乎是与此窟壁画内容最为吻合的文本。

通过讲述顶生王动荡的一生，故事传达出内心知足的重要性。券腹所绘山岳中平静的坐禅僧人和梵志，以及通过禅修获得神通力可以飞升空中的阿罗汉，展示了另外一种生活方式，体现出内心的满足并不受碍于世俗欲望，这些均与致使顶生王坠落的贪婪形成了鲜明的对比。根据佛教中的人类起源故事，在林中度过戒律生活的梵志和僧人的出现要晚于顶生王劫初统治时代。在那个时代，僧人被认为是人类发展史中的“最高级阶段”[1]。此窟壁画要传递的信息或许是从远古时代一位伟大国王的失败中吸取教

〔1〕 如《起世因本经》（*Aggañña-sutta*）中提到的，见Meisig 1988, pp. 104–155；关于新疆出土的梵文写本残片见Waldschmidt 1970, pp. 40–45；吐火罗语写本，见季羡林1993，200页，与其内容平行的汉译本有《长阿含经》T01, no. 1, pp. 37b28–39a20；《大楼炭经》T01, no. 23, pp. 305b3–309c9；《起世经》T01, no. 24, pp. 358b4–365a6；《起世因本经》T01, no. 25, pp. 413b1–419c24；以及《中阿含经》T01, no. 26, pp. 674b15–677a6。

训,并将之与人类高级阶段——佛教僧人构成鲜明对比。

克孜尔第212[2]窟(Seefahrerhöhle)的《弥兰本生》和《亿耳因缘》

在这座罕见的深纵长条形洞窟内(Ⅲ型),正壁壁画已消失不存,无法确知其上所绘壁画是否曾为主要图像。窟内壁画布局并不典型,两侧壁的上栏绘长卷式故事画,这是此窟中保存较好的部分,但它们很可能是辅助图像。侧壁下栏十分简洁地绘数名对着骷髅坐禅的僧人。侧壁上栏的两幅故事画的主角是生于富裕家庭的商人,二人出海经商的冒险旅程沿着侧壁上部呈长卷式展开。尽管布局独特,这些画面的内容与克孜尔第118窟中的壁画密切相关,都是对贪婪的警告。

绘于左壁的《亿耳因缘》,见载于说一切有部系的多种佛经中,包括《十诵律》和《根本说一切有部毗奈耶》[1]。如瓦尔德施密特[2]指出的,画面中出现的陪伴亿耳旅行的毛驴(见本书105页图66)与《十诵律》中的相关记述非常吻合,经文中明确记述了亿耳旅程中毛驴的存在。然而,在根本说一切有部经典中提到,因为主人无情地鞭打,精疲力竭的毛驴在一开始就离开了主人,这与画面内容不符[3]。

《弥兰本生》绘于右壁上栏,也广泛见载于早期佛教文献中[4]。此故事是犍陀罗佛

---

〔1〕《十诵律》(T23, no. 1435, pp. 178a17–182a21); *Mūlasarvāstivāda-vinaya Carmavastu*(梵文本见Dutt 1947–1950, Ⅲ–Part Ⅳ, pp. 159–210; 汉文本见《根本说一切有部毗奈耶皮革事》T23, no. 1447, pp. 1048c5–1053c5);《天譬喻》第1章(Cowell/Neil 1886, pp. 1–25; 平冈聪2007,第1卷,1–56页; Rotman 2008–2017, vol.Ⅱ, pp. 39–70);《大庄严论经》(T04, no. 201, pp. 275c12–276b28); 木头沟出土的梵文写本,见Waldschmidt 1952; 亿耳因缘的吐火罗A语写本,见Sieg/Siegling 1921, pp. 186–188; Sieg 1952, pp. 37–39; 井ノ口泰淳1961,323–329页。关于文本来源的研究,见Grünwedel 1920, Ⅱ. 29–36; Waldschmidt 1925, pp. 59–62; Waldschmidt 1952; 井ノ口泰淳1961,322—335页; 平冈聪2007,第1卷,31页。

〔2〕 Waldschmidt 1952.

〔3〕《大庄严论经》中的记述十分简单,未提及毛驴。

〔4〕 这则故事源自印度民间传说,也见载于下列佛经:《本生经》(*Jātaka*, no. 82 *Mittavindajātaka*, Fausbøll 1877–1896, vol. 1, p. 363; Cowell 1895–1913, vol. 1, p. 209; no. 104 *Mittavindajātaka*, Fausbøll 1877–1896, vol. 1, pp. 413–414; Cowell 1895–1913, vol. 1, p. 246; no. 369 *Mittavindajātaka*, Fausbøll 1877–1896, vol. 3, pp. 206–208; Cowell 1895–1913, vol. 3, pp. 136–137; no. 439 *Catudvārajātaka*, Fausbøll 1877–1896, vol. 4, pp. 1–6; Cowell 1895–1913, vol. 4, pp. 1–4);《天譬喻》第38章(Cowell/Neil 1886, pp. 586–609; Klaus 1983, pp. 28–95);《菩萨譬喻如意蔓草》第92章(Vaidya 1959, vol. 2, pp. 521–525; 冈野洁2008,99–127页);《六度集经》(T03, no. 152, p. 21a9–c7);《佛本行集经》(T03, no. 190, pp. 884c–887a);《杂宝藏经》(T04, no. 203, pp. 450c18–451c8);《经律异相》(T53, no. 2121, p. 223b–c); 关于弥兰本生故事文本来源的研究,见Feer 1878; Grünwedel 1920, Ⅱ. 51–53; Brough 1957; Klaus 1983; 伊藤千贺子1984,84–94页。关于克孜尔弥兰本生图的图像研究,见Klaus 1983, pp. 106–108; Konczak-Nagel 2020, pp. 60–63。

教石刻艺术中表现的少数譬喻故事之一[1]。长卷故事画的第一幅画面对于寻找文本依据十分关键,其中描绘了弥兰的父亲向湿婆献祭以求得子(图115)。早于弥兰降生的这一情节,只见载于梵文本《百喻经》(*Avadānaśataka*)和《天譬喻》中,皆与根本说一切有部传统有关[2]。绘于相对壁面上的《亿耳因缘》,开端亦是亿耳父亲向包括湿婆在内的印度各神灵祈子,此细节在《十诵律》中有记载[3]。因此,此画面很可能与说一切有部中已消失的亿耳因缘故事版本相关,其拥有与《百喻经》和《天譬喻》相似的内容。

两则故事的主角都是商人,他们不听从父母劝诫,因对财富的贪欲而踏上了充满危险的海上航行,在一次海难之后,通过超自然现象认识到善恶因果报应的必然性。壁面上栏热闹喧嚣的世界与下栏数名面向骷髅坐禅的僧人形成鲜明的对比。图像整体

图115 克孜尔第212[2]窟主室右壁壁画线图。Monika Zin 绘 © M. Zin。

---

〔1〕如大英博物馆收藏的一件雕刻沉船场景的犍陀罗石刻,编号no.1880.41:https://www.britishmuseum.org/collection/object/A_1880-41 [April 15, 2021].

〔2〕辛岛静志、杰夏托夫斯卡娅(Karashima/Vorobyova-Desyatovskaya 2015, pp. 146–148)指出《百喻经》和《天譬喻》在叙事内容和语言特征方面与《根本说一切有部毗奈耶》密切相关。哈特曼(Hartmann 1985)也曾讨论过《百喻经》与《根本说一切有部毗奈耶》的关系,而在其(Hartmann 2020, pp. 364–367)最新文章中提出了文本与特定部派相关联。有趣的是,《百喻经》的汉译本《撰集百缘经》中并未提及此故事。由于汉译本完成于公元3世纪早期,早于现存的公元5世纪编成的梵文《百喻经》,此故事很可能是在公元4至5世纪的某个时段加入的,见Demoto 1995。本书英文版出版后,肖彭(Gregory Schopen)教授亲切地告知作者,藏文《根本说一切有部毗奈耶》中也含有弥兰本生故事(见 Schopen 2004, pp. 125–126)。作者还无法检查藏文版是否也包含这个故事的相同序言。

〔3〕《十诵律》T23, no. 1435, p. 178a20–25。

似乎是在强调僧人的生活方式是让人从世俗物欲及其带来的业报中获得解脱的唯一方式[1]。

克孜尔第67窟（Rotkuppelhöhle）的四天王图像和调伏妓女故事画

虽然此窟大幅故事画之外的图像内容与“A 传统”并不一致，但根据组合类型、建筑和装饰布局的特征，此窟仍被划入“A传统”（Ⅰb型）。此窟与一座僧房窟构成组合（见本书80页），我们暂时将之归入“A 传统”，但部分图像元素属于“B传统”，它也可能属于“Y阶段”。

核心图像是主室正壁大幅故事画中坐在中心宝座上未被识别身份的国王。其周围环绕着四天王（*caturmahārāja*），每个形象出现两次，一次是跪在中心人物的前面，一次是四个抹角拱上坐在各自的宫殿内[2]。如中川原育子[3]指出的，位于画面四角的四天王形象与克孜尔第178窟主室右壁说法图中的四天王相似，第178窟是一座“B传统”中心柱窟，孔扎克-纳格（Konczak-Nagel）[4]认为其表现的是《阿吒囊胝经》（*Āṭānāṭikasūtra*）中的相关记载。然而在第178窟中，如同《阿吒囊胝经》所记四天王围绕着佛陀，但在第67窟中，四天王环绕的国王身份并未得到确认[5]。无论如何，因为它们再次出现在穹窿顶四个抹角拱处，四天王在整个洞窟装饰中占有重要地位[6]。

此窟的辅助装饰也十分独特。两侧壁的下栏描绘了想象的海洋景观，可能与佛教须弥山世界相关（见本书82页）。上栏靠内处绘一组供养人家族像，前有数名僧人引

---

〔1〕 发现于克孜尔第213窟（这是一座方形窟，与第212[2]窟毗邻，见本书第一章，106页注释〔3〕）的称颂沙门以及诉说世间种种被克服的苦难的吐火罗语诗文，可能亦是此用意。

〔2〕 右上角宫殿内端坐的人物，根据旁边的龙王，可以推测其为西方广目天王（Virūpākṣa），右下角宫殿中的人物为北方多闻天王（Vaiśravaṇa），其前面跪着一个鼓腹药叉。左下角宫殿中的人物根据手持棍棒的鸠槃荼（kumbhāṇḍa）形象，可推测是南方增长天王（Virūḍhaka）。中川原育子（2016，148页）非常谨慎地推测手持棍棒、身穿铠甲的男性形象为鸠槃荼（kumbhāṇḍa）。茨茵（Zin）正在开展的研究项目《龟兹壁画中的诸神与诸天人》（*Gods and Spirit-Deities in Kucha Paintings*），辨识出龟兹地区“B传统”和“Y阶段”洞窟壁画中其他几种手持棍棒的鸠槃荼（kumbhāṇḍa）形象。尽管画面已无法看清，但可推测左上角应为东方持国天王（Dhṛtarāṣṭra）。

〔3〕 中川原育子2016，147-148页。

〔4〕 Konczak-Nagel 2015, p. 363.

〔5〕 中川原育子（2016，147-148页）认为中心人物为帝释天，即四大天王所护持的忉利天宫的主人。由于画面残损严重，无法断定此观点是否正确。

〔6〕 西南角内右抹角拱上所绘的被龙王围绕的披铠甲形象应是西方广目天王（Virūpākṣa）。可以合理推测现已消失的其他三个抹角拱上所绘的形象是相应方位的天王。窟顶四个抹角拱上所绘四大天王的分布位置也可见于森木塞姆第42窟（“Y阶段”方形窟），以及克孜尔尕哈第32窟（“Y阶段”的套斗顶方形窟），见Zin forthcoming a。

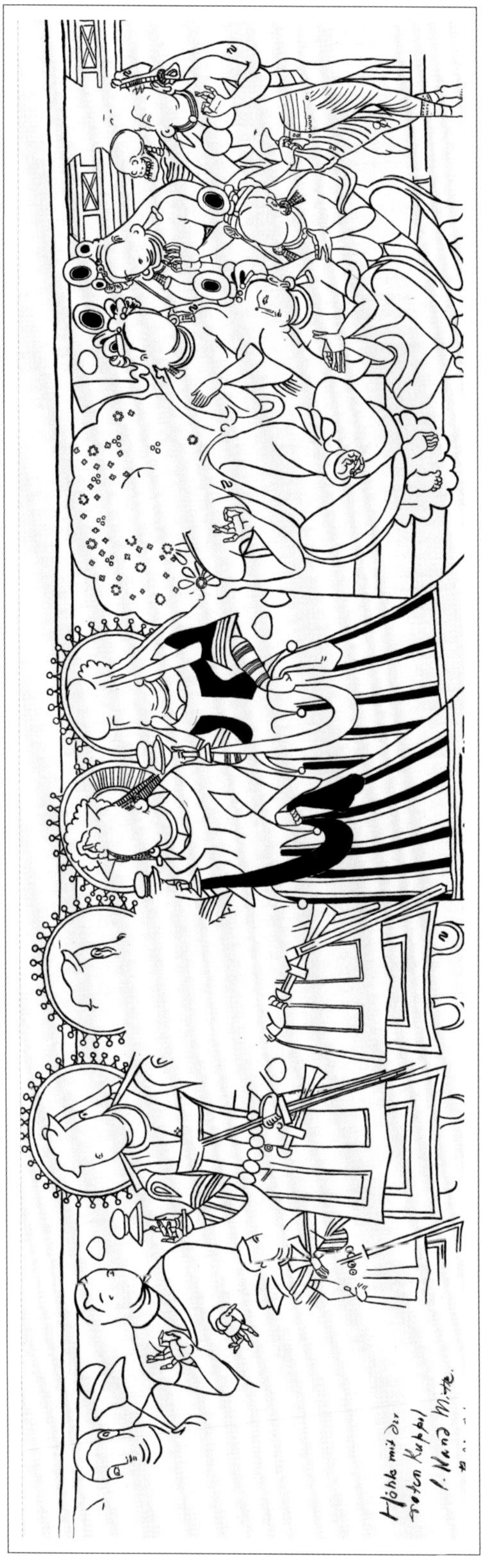

图116 克孜尔第67窟主室左壁壁画线图。格伦威德尔绘，编号TA 6646

导。此场景之后是三幅说法图，每幅有一名说法僧人。目前只有供养人行列之后的说法场景被识别出来，是《喻鬘论》（*Kalpanāmaṇḍitikā*，汉译本《大庄严论》）中的第20个故事，讲述的是调伏一名有恶意的妓女[1]。妓女恃其美貌而傲慢无比，在一名备受尊敬的高僧布道讲法时，她试图勾引听众。高僧使用神力将她变成一具骷髅，向听众展示感官诱惑的虚无（图116）。《喻鬘论》是生活于公元3世纪左右的犍陀罗著名论师童受（或译鸠摩罗陀，Kumāralāta）撰作的一部佛教譬喻故事集。《喻鬘论》的梵文写本曾发现于克孜尔的“藏书洞”[2]，公元5世纪初龟兹高僧鸠摩罗什将梵文本翻译成汉文，可见此经与龟兹佛教僧团的密切关系。

主室正壁所绘的大幅故事画，通常表现的是因缘故事，主角是国王或商人。Ⅰb型窟表现的是行善的国王，Ⅲ型窟表现的是被欲望操控的国王和商人，与辅助图像中的坐禅僧人形成鲜明对比。以上讨论的洞窟，其内皆有核心图像，或为中心像台上的佛塑像，或为正壁大幅故事画中的国王或商人。还有少部分洞窟没有核心图像。

无核心图像

少数“A传统”带装饰方形窟中无核心图像。基于它们的位置和布局，可被归入“A传统”的晚期阶段。

在这些洞窟中，克孜尔第84、129（类型不确定）、92窟（Ⅲ型）内绘满故事画，但是没有核心图像。前两座洞窟于晚期增建在先前已存在的洞窟组合中，暗示出它们的辅助、补充性功用。壁画布局似乎受到“B传统”的启发。

主室平面呈方形、只绘装饰性而非叙事性壁画的套斗顶方形窟（Ⅱb型），其内的图像内容几乎不可能被完整复原[3]。四壁壁画中没有核心图像，可能意味着主室中心有一座像台，其上安置供信徒礼拜的佛塑像。

下文分析克孜尔第84、92窟中被辨识出的叙事场景。

---

〔1〕 Lüders 1926, pp. 250–251. 汉译本见《大庄严论经》（T04, no. 201, pp. 276c–279a），也见小谷仲男2011，3–9页。

〔2〕 关于克孜尔“藏书洞”的最新研究，见Ching Chao-jung 2015a。

〔3〕 套斗顶上所绘的部分装饰图案可能模仿自纺织品纹样。在窟顶绘制仿纺织品纹样的做法，也常见于莫高窟中的北朝洞窟（Hiyama 2018, p. 74）、公元7世纪的巴米扬第167窟，以及拉达克地区11世纪之后的洞窟，见Kalantari/Gyalpo 2011；Kalantari 2016, pp. 201–203。公元13世纪早期印度阿基寺（Alchi）三层大殿（Sumtseg Temple）木构顶部壁画中的部分装饰纹样与克孜尔第167窟所见极其相似，见Van Ham/Heller 2019, p. 337。“A传统”洞窟套斗顶上仅绘迦楼罗、手持花环的天人以及坐姿佛像。没有任何形象表现出明显的叙事性。

克孜尔第84窟(Schatzhöhle C)中救济众生的佛陀事迹画

此座方形窟主室的顶为穹窿顶,四壁较高,壁面上绘多幅故事画,相邻画面之间没有明显区分,都是以一尊立佛或坐佛为中心(见本书38页图21、图22)。五个场景已被识别出来:乞食的老年婆罗门向佛陀学诵一偈[1](图117)、指鬘(Aṅgulimāla)的调伏[2]、萍沙王(Puṣkarasārin)的皈依和升天[3](图118)、火神殿驯服毒蛇[4]、拯救被捆绑在墓地的幼弟[5]。调伏指鬘和毒蛇的故事是广泛见于许多佛教文献的知名故事题材,也见于其他地区的佛教艺术。而其他三个故事的普及性相对不高。

图117 克孜尔第84窟主室右壁壁画线图。格伦威德尔绘,编号TA 6608 © Museum für Asiatische Kunst, Staatliche Museen zu Berlin, CC BY-NC-SA。

乞食婆罗门的故事(见图117)见载于《杂阿含经》九六,以及新疆出土的一件吐火罗A语—梵语双语写本[6]。故事讲述了佛陀拯救一名遭受儿子和儿媳虐待的老年婆罗门[7]。巴利藏平行经本中没有提到画面中明显表现出来的老年婆罗门的拐杖[8],而其在《杂阿含经》中有明确记载,后者可能是壁画内容最相关的文本来源。此窟内的三个罕见故事中,这是唯一可以

〔1〕 任平山2018,79–81页。

〔2〕 Zin 2006a, pp. 101–123; 任平山2018,72–76页。

〔3〕 任平山2009。

〔4〕 Hiyama 2015a.

〔5〕 小谷仲男1993,34–39页;Santoro 1995–1996。

〔6〕《杂阿含经》T02, no.99, p. 26b18–c25。榎本文雄(Enomoto 1997, pp. 96–97)在德国吐鲁番探险队于硕尔楚克(A360)发现的一件吐火罗A语—梵语双语写本,是《杂阿含经》的一部分。

〔7〕 此故事的情节如下:舍卫城有一名老年婆罗门,他把包括房子在内的财产都给了儿子和儿媳,但他们却嫌弃他,禁止他住在自己的家里。当他在城内持钵乞食时遇到了释尊,释尊教给他一则关于子女孝敬父亲的偈子。当老年婆罗门在人群前念出此偈时,他的儿子听到之后为自己的行为感到羞愧,将他接回家中,好好侍奉并尊为一家之主。画面中将同一老年婆罗门描绘了三次,分别对应于故事的三个场景:拄杖立于一群年轻人之前、听释尊诵偈、跪在佛前礼佛。

〔8〕《相应部》的*Mahāsālasutta*(Ⅶ. 2.4, Feer 1884–1898, vol. I, pp. 175–177; Rhys Davids/Woodward 1924–1930, vol. I, pp. 222–224)。

在"B传统"洞窟中找到相似表现的故事[1]。

萍沙王(Puṣkarasārin,巴利文中或作Pukkusāti,见图118)皈依和升天的故事见于巴利藏《中部》(*Majjhimanikāya*)[2]和觉音(Buddhaghosa)对其所作的评注[3],以及两部早期汉译佛经《佛说萍沙王五愿经》[4]与《法句譬喻经》[5]。然而在巴利藏《中部》中,萍沙王被

图118 克孜尔第84窟主室右壁壁画线图。格伦威德尔绘,编号TA 6608 © Museum für Asiatische Kunst, Staatliche Museen zu Berlin, CC BY-NC-SA。

〔1〕如克孜尔第196窟券顶的一幅菱格图,见《キジル石窟》1983—1985;《克孜尔石窟》1989—1997,第3卷,图版100;任平山2018,图13。

〔2〕《中部》(*Majjhimanikāya*)的《界分别经》(*Dhātuvibhanga-sutta*)(Trenckner/Chalmers 1888-1899, vol. Ⅲ, pp. 237-247; Horner 1954-1959, vol. Ⅲ, pp. 285-294)。汉译本《中阿含经》(T01, no. 26, pp. 690a19-692b21)并未提及萍沙王(Puṣkarasārin),其与壁画不相关。

〔3〕《破除疑障》(*Papañcasudani*)中对《界分别经》的注解,见Horner 1922-1938, vol. 5, pp. 33-63; Malalasekera 1937-1938, vol. 2, pp. 214-216。

〔4〕《佛说萍沙王五愿经》T14, no. 511, pp. 779a7-781a19。此经由支谦译成于公元3世纪,经文中称萍沙王第一次听到佛的名号时,身上所有的汗毛都竖起来了(T14, no. 511, pp. 779b1-3)。如平冈聪(2000)指出的,这是说一切有部或根本说一切有部佛教文学的典型表达方式。

〔5〕《法句譬喻经》(T04, no. 211, pp. 580c18-581b2, 582a23-582b24),由法炬和法立合译于公元3～4世纪。《佛说萍沙王五愿经》和《法句譬喻经》有着相似的情节;只是在《法句譬喻经》中释尊初次与国王见面时假扮成一名比丘,而在《佛说萍沙王五愿经》中释尊以真实身份示现。此外,只有《法句譬喻经》提到了这则业报故事中为何国王会被一头小母牛杀死。

描述为出生于良好家境的年轻僧人，另外还有三部佛经中称其为塔克西拉的国王[1]。画面表现了此则故事的两个重要情节：左侧是佛陀与萍沙王同处于陶工的陶窑中，并为萍沙王讲法；右侧是国王于次日被一头飞奔的牝牛的尖角刺中而亡，当僧人们在讨论其去处时，他很快便在天界中转生。前一画面与所有相关的经本都十分吻合，而后一场景中还绘一名天人，似乎作为国王的转世。由于觉音记述国王在天界转世为一名阿罗汉，这与壁画内容不相符。因此，巴利藏《中部》和两部汉译佛经中的内容与壁画场景最为吻合[2]。

困于墓地中的幼弟的故事场景中表现的是佛陀拯救他的瞬间。此故事讲述了一位居心不良的哥哥把弟弟绑在墓地里的一根木杆上，让他被野兽吃掉。这个画面只在《杂譬喻经》中找到了相关记载[3]。《杂譬喻经》的翻译者不详。对此故事的表现也见于犍陀罗地区[4]，表明此故事在贵霜时期的中亚地区有一定的知名度。

在已辨识出的五个画面中，可以看出共同框架是佛陀用自己的慈悲和神通力将受困之人解救出来。他倾听所有需要他帮助之人的呼救并立即前去拯救他们，在需要时战胜邪恶。这种强调佛陀拯救众生的意图可能是串联起窟内所绘场景的一条暗线，是“A传统”洞窟所见的独特题材。窟内的故事画并非出自单一佛经，而是散见于公元5世纪末之前译成的多种汉文佛经。

克孜尔第92窟（Höhle mit der Äffin）的佛陀事迹画

在“A传统”洞窟中，这是唯一一座给予帝释窟说法图独特位置的洞窟，即绘于前壁和正壁上方的半圆端面内。正壁半圆端面内佛陀被绘于毗陀山的一座洞窟中，坐在须弥座上，两边分别是乾闼婆乐师般尸诃和帝释天[5]。前壁半圆端面内绘帝释天坐在自己位于忉利天宫的宫殿中[6]（图119）。正壁半圆端面内表现的山岳景观一直延续至券

---

〔1〕根据后者，萍沙王渴望见到释尊。他剃掉自己的头发，且独自前往王舍城（Rājagṛha）。当他在一处陶窑居住时，释尊预见国王将在次日去世，于是飞至陶工家，与萍沙王同待在窑里，给他布道，指导他达到阿那含（*anāgāmin*）状态。次日，萍沙王被一头飞奔的牝牛的尖角刺中而亡。当僧人们讨论这件事时，释尊告诉他们，萍沙王将在天宫中重生。

〔2〕或与此故事相关的一件戏剧作品的梵文写本的研究，见Franco/Schlingloff 2011–2012。

〔3〕《杂譬喻经》（T04, no. 205, pp. 507c7–508a1）。《旧杂譬喻经》（T04, no. 206, p. 511c7–15）由康僧会译成于公元3世纪，其中也包括这则故事的简短版本，但缺乏壁画中的关键细节，即幼弟受困于墓地。

〔4〕小谷仲男1993, 34–39页；Santoro 1995–1996。

〔5〕根据格伦威德尔的研究（格伦威德尔2007, 175页），佛陀右侧为皮肤黝黑的天人般尸诃（Pañcaśika）和一名坐禅梵志，而一名跪姿者、帝释天及其眷属在佛陀左侧。关于此壁画的照片十分有限（见本书42–44页），目前无法辨识出所有的形象。

〔6〕见Zin forthcoming b。此前此场景被错误释读为兜率天宫的弥勒菩萨（格伦威德尔2007, 175页；宫治昭1992, 425页），这是基于其与部分“B传统”洞窟前壁半圆端面内所绘壁画布局的相似性。然而中心人物并非交脚而坐的弥勒，而是呈游戏坐姿的神王。

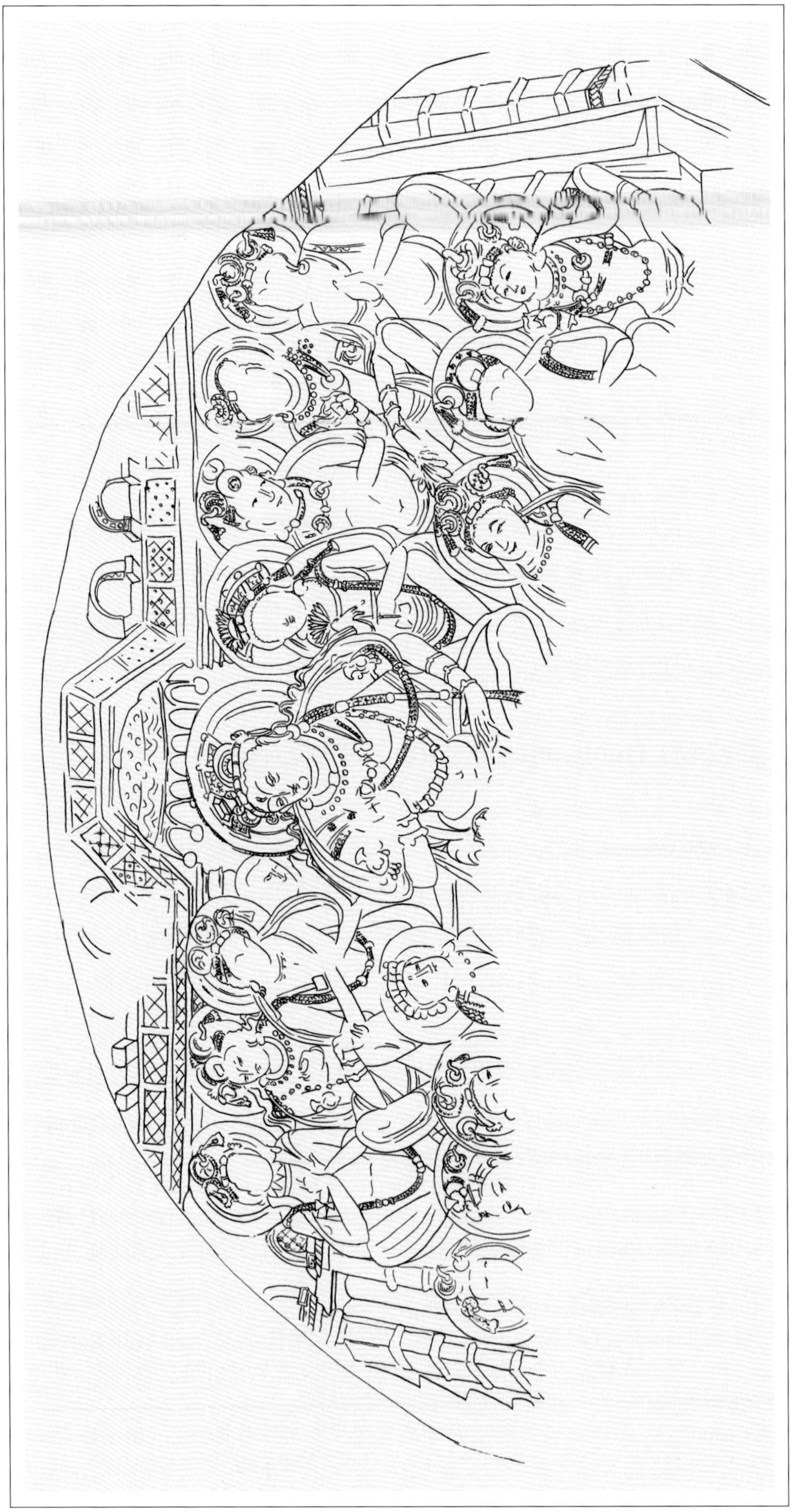

图119 克孜尔第92窟主室前壁半圆端面。Monika Zin 绘 © M. Zin。

腹；如同在克孜尔第118窟，山岳通常是作为世间（正壁半圆端面）和忉利天宫（前壁半圆端面）的中间领域[1]。

将帝释窟说法故事绘于正壁半圆端面内的做法，易使人想到“B传统”中心柱窟主室内的核心图像；然而此窟的帝释窟说法场景不能被视为核心图像，因其位置过高，很难被信徒一眼看到。此外，正壁半圆端面内佛陀的身形与前壁半圆端面内的帝释天相当。显然，这种画面布局是为了巧妙利用窟内上部区域以增强叙事场景的关联性和生动性，而非为信徒提供一个礼拜的焦点。

四壁可能绘制了近40个方框故事画。根据残存的画面，推测每幅以佛陀为中心围绕数个人物。方框大小相同，成行成列排布。壁画保存状况极差，只能辨识出其中一幅画面内容，即提婆达多以石砸佛。这一解释是基于两名猎人的存在（提婆达多派来的刺客），提婆达多举起一块巨石，药叉金毗罗（Kumbhīra）在半空中接住[2]。药叉金毗罗的存在是这一情节“北方传统”的典型特征，记述此故事的文本可被归入说一切有部和根本说一切有部[3]。然而，《增一阿含经》和《十诵律》[4]中的记载与《根本说一切有部毗奈耶破僧事》[5]的记载有所不同，后者记述的是五百人操纵的弹射器投出了石块，而不是提婆达多自己投出的石块。这显然与画面表现的提婆达多举起石块不符。这一图像见于犍陀罗雕刻，也出现于B传统风格的壁画中[6]。

仅根据一幅画面无法释读出四壁所绘叙事场景被选择的标准。考虑到洞窟上部的装饰，重复出现的坐禅佛陀、僧人、梵志颇为突出，可被视为Ⅲ型洞窟的普遍特征。

以上研究表明无核心图像的洞窟缺乏一以贯之的叙事内容，所选择的叙事内容十分广泛。考虑到它们在各自所属洞窟组合中的位置，这些洞窟应该不是“A传统”洞窟的主流，而是晚期发展。

---

〔1〕由于在佛教宇宙观中，天界的下层位于须弥山之上，因此山岳场景与天界的关联在印度早期佛教艺术中已可见到，见Zin 2015b。关于部分“A传统”洞窟中山岳景观与忉利天宫的关系，见Hiyama 2020b。

〔2〕关于此情节的文本来源和图像表现的研究，见Zin 2006b, pp. 329–340。

〔3〕Zin 2006b, pp. 329–340.

〔4〕《增一阿含经》（T02, no.125, p. 803b13–18，由僧伽提婆译成于公元4世纪末，见Mayeda 1985, p. 100）；《十诵律》（T23, no. 1435, p. 260a13–b25）。《增一阿含经》所属的佛教部派并不明确（见榎本文雄1984，102–103页），但最近八尾史（2020）研究指出，《增一阿含经》中的部分词句引自《根本说一切有部毗奈耶杂事》。

〔5〕*Mūlasarvāstivāda-vinaya Saṅghabhedavastu*, vol. 2, pp. 165–174；《根本说一切有部毗奈耶破僧事》（T24, no. 1450, pp. 192a14–193c19）。

〔6〕Zin 2006b, p. 331.

总结：图像内容和文本来源

“A传统”洞窟主室叙事图像内容归纳于下表（表24）。表格中展示出基于主要图像和辅助图像划分的三种类型。

表24 “A传统”洞窟主室内叙事图像内容总结

<table>
<tr><th colspan="2">主 要 图 像</th><th>辅 助 图 像</th><th>洞窟类型</th></tr>
<tr><td colspan="2" rowspan="2">中心佛塑像</td><td>表现佛陀事迹的故事画。檐口和窟顶或为弹奏乐器的乾闼婆及其他天人，或为有头光和身光的佛像与菩萨像</td><td>Ⅰa①</td></tr>
<tr><td>沿四壁安置立佛（或菩萨？）塑像</td><td>Ⅱa</td></tr>
<tr><td rowspan="2">大幅故事画（没有佛陀形象的洞窟）</td><td>善行国王的故事</td><td>装饰纹样、菩萨（有头光而无身光）、天人和世俗伎乐</td><td>Ⅰb②</td></tr>
<tr><td>贪婪国王和商人的故事</td><td>装饰纹样、坐禅僧人</td><td>Ⅲ③</td></tr>
<tr><td colspan="2">无核心图像</td><td>多元叙事画面</td><td>Ⅲ④与类型不确定</td></tr>
</table>

因缺乏关键信息，Ⅱb型洞窟没有纳入。① 两座类型不明的洞窟，即克孜尔第117窟和库木吐喇GK第23窟，可能属于此种布局类型。② 除克孜尔第67窟外的Ⅰ型窟（见本书222–223页）。③ 除克孜尔第92、84、129窟外的Ⅲ型窟。④ 克孜尔第92、84、129窟。

与叙事图像有关的文本来源以“叙事类型”为主总结归纳成下表（表25）[1]。

“A传统”的大多数叙事图像所依据的文本与两组佛教文献关系密切，第一组是编纂于贵霜时期的梵语佛教文学（《佛所行赞》，圣勇的《本生鬘》、《喻鬘论》），第二组是公元5世纪末之前被翻译成汉文的佛经（《太子须大拏经》《大庄严论经》《佛说杂藏经》《普曜经》《十诵律》《增一阿含经》《杂阿含经》《佛说萍沙王五愿经》《法句譬喻经》《杂譬喻经》[2]《杂宝藏经》《大智度论》）。第二组佛经中有两个故事提到了犍陀罗地区的

〔1〕 表中的叙事类型定义如下：“因缘图或本生图”的主角并非释迦牟尼；“佛传图”表现的是释尊从降生到涅槃的完整生平；“佛陀事迹画”表现的是释尊某些重要事迹；“说法图”表现的是佛陀说法布道的场景。这些故事画类型可能在壁画中有所重叠，这种类型划分是为便于本研究的展开而创建的。与壁画内容关系最密切的佛经，在表中注明了它们的作者或译者，以及最初编成或译成汉文的时间（还列出文本通过包括龟兹在内的丝路绿洲古国从印度传入中原内地的最晚时间）。由于对《根本说一切有部毗奈耶》中的不同版本的对比分析，在接下来的讨论中扮演重要角色，表中“根本说一切有部本”指的是《根本说一切有部毗奈耶》中相同叙事内容的有无；“B种风格”指的是目前确定的B种风格壁画中相似的表现形式，主要发现于“B传统”和“Y阶段”的佛寺。

〔2〕 尽管此经的译者和译成时间不详，犍陀罗石刻中与此经相关的图像表现表明其始于贵霜时期，见本书229页。

表25 “A传统”叙事图像的文本来源总结*

叙事类型	题 材	洞窟（类型）	相关佛经（作者/译者）	根本说一切有部本	B种风格
因缘图或本生图	须大拏本生	克孜尔81（Ⅰa型）	《本生鬘》（圣勇撰于公元4世纪之前）;《太子须大拏经》（圣坚译，388～407年）	未提及细节	○（图像中有变体）
	富楼那因缘	克孜尔149A（Ⅰa型）	《根本说一切有部毗奈耶药事》（义净译，710年）;《天譬喻》	○	—
	调伏妓女	克孜尔67（Ⅰb型）	*Kalpanāmaṇḍitikā*（Kumāralāta童受，3世纪左右）及汉译本《大庄严论经》（鸠摩罗什译，5世纪初）	—	—
	优陀羡王缘	克孜尔83（Ⅰb型）	《佛说杂藏经》（法显译，5世纪初）	插入更长故事中的一个情节	△
	净饭王归佛	苏巴什西寺佛堂Ⅰ（Ⅰb型）	《普曜经》（竺法护译，308年）;《大宝积经·菩萨见实会》（那连提黎耶舍译，6世纪晚期）	未提及细节	—
	顶生王因缘	克孜尔118（Ⅲ型）	《根本说一切有部毗奈耶杂事》、《根本说一切有部毗奈耶药事》（义净译成于710年）	○	—
	弥兰本生	克孜尔212（Ⅲ型）	《百喻经》（不早于5世纪）;《天譬喻》（说一切有部中已佚失的佛经？）	—	○
	亿耳因缘	克孜尔212（Ⅲ型）	《十诵律》（鸠摩罗什译，404～409年）	未提及细节	—
佛传图	完整生平	克孜尔76（Ⅰa型）	《佛所行赞》（马鸣撰，1～2世纪）;《佛说众许摩诃帝经》（法贤译，1001年）	未提及细节	△
佛陀事迹画	降魔成道	库木吐喇GK 20（Ⅰa型）	多种来源	?	△
	舍卫城神变	库木吐喇GK 22（Ⅰa型）	多种来源	?	○
	帝释窟说法	克孜尔92（Ⅲ型）	多种来源	?	△
	提婆达多的叛乱	克孜尔92（Ⅲ型）	《增一阿含经》（僧伽提婆译，397年）;《十诵律》（鸠摩罗什译，404～409年）	没有提到细节	○

续 表

叙事类型	题 材	洞窟（类型）	相关佛经（作者/译者）	根本说一切有部本	B种风格
佛陀事迹画	老年乞食婆罗门归佛	克孜尔84（类型不确定）	《杂阿含经》（求那跋陀罗译，435～443年）	—	○
	指鬘归佛	克孜尔84（类型不确定）	多种来源	?	○
	萍沙王归佛	克孜尔84（类型不确定）	《佛说萍沙王五愿经》（支谦译，3世纪）；《法句譬喻经》（法矩、法立译，3～4世纪）	—	—
	火神殿驯服毒蛇	克孜尔84（类型不确定）	多种来源	?	△
	拯救受困于墓地的幼弟	克孜尔84（类型不确定）	《杂譬喻经》（译者不详）	—	—
	罗睺罗向佛陀献甜食	克孜尔84（类型不确定）	《根本说一切有部毗奈耶杂事》（义净译，710年）；《杂宝藏经》（吉迦夜、昙曜译，472年）；《大智度论》（鸠摩罗什译，402～405年）	○	—
说法图	以四毒蛇、五拔刀怨、六内恶贼作譬喻	克孜尔76（Ⅰa型）	《杂阿含经》（求那跋陀罗译，435～443年）	—	△

* 表格中的符号说明：○表示拥有相同图像细节的画面，可能基于相同的文本；△表示不同于“A传统”的图像表现；—表示叙事题材尚未明确者。

国王[1]，而且许多故事可以在犍陀罗石刻中找到图像表现[2]，这表明“A传统”叙事图像与大犍陀罗地区（Greater Gandhara）关系密切。龟兹高僧鸠摩罗什是相关的三部汉文佛经的译者[3]。就所属的佛教部派而言，上表列举的佛经中，部派归属可以确定的佛经都属于说一切有部[4]，即使《大智度论》具有大乘佛教的色彩，但其内容包含了不少说一切有部的教义，而且其中提到的许多故事是基于翻译者鸠摩罗什在龟兹时已经知

〔1〕 见克孜尔第83窟所绘《佛说杂藏经》中优陀羡王缘故事画（见本书211-214页），以及克孜尔第84窟所绘萍沙王故事画（见本书227页，注释〔1〕）。

〔2〕 包括须大拏本生、弥兰本生、佛传故事、指鬘归佛、火神殿内驯服毒蛇、解救困于墓地的幼弟、罗睺罗向佛陀献食。

〔3〕 包括《大庄严论集》《十诵律》和《大智度论》。

〔4〕《佛所行赞》《大庄严论集》《十诵律》《杂宝藏经》《法句譬喻经》以及可能的《增一阿含经》（见本书229页，注释〔4〕）以及《佛说萍沙王五愿经》（见本书229页，注释〔5〕）。

悉的版本[1]。另外一部属于大乘佛教,但可能与“A传统”叙事图像有关的佛典是《大宝积经》中的《菩萨见实会》。这可能反映的是流行于中亚的叙事传统,其西北印度出身的翻译者那连提黎耶舍从其他佛经或口头传播中已经熟悉[2]。表现细节与根本说一切有部经典相关的只有三例[3]。

简言之,“A传统”叙事场景包含的图像细节不是单一佛经所能涵盖的,而是多种佛经,它们或为梵文本,或为汉文本,大多数年代早于公元5世纪末。许多叙事题材与贵霜时期的佛教文献和美术关系密切。

“A传统”叙事图像的独特性在接下来与“B传统”洞窟装饰的对比分析中得到进一步明确。

“A传统”和“B传统”叙事图像的文本来源

此部分我们将讨论说一切有部叙事传统这一难题。本研究的目的在于辨别龟兹说一切有部内的不同叙事传统,并尝试将它们与特定的寺院(或僧团)联系起来。

作为龟兹壁画文本来源的叙事题材可见于阿含经(*āgamas*)、律藏以及各种佛教文学作品中。说一切有部不同地区不同分支的阿含经谱系已被厘清[4];然而尚不清楚的是,阿含经的不同谱系是否同时也反映在图像上。在与说一切有部相关的数种戒律中,至少两种完整保存了下来,分别是《十诵律》(译成于404～409年)和《根本说一切有部毗奈耶》(8世纪初译成汉文)。这两部戒律有着不同的叙事结构。《十诵律》几乎全部去掉了叙事部分,而《根本说一切有部毗奈耶》则保留有与每则戒条相关的故事[5]。无法对两部戒律中的叙事题材进行简单对比,因两者的数量并不相等,除非它们都提到数个罕见例子。

---

〔1〕 Chang Wen-ling 2020, pp. 69–70, 189–190, 277, 317, 381–384.

〔2〕 如果考虑到那连提黎耶舍的生平,作为一名印度僧人,他出生于公元490年左右嚈哒时期的乌仗那国,在公元6世纪前半叶行游至中国,那么可以合理推测此经中讲述的故事很可能流传于当时的中亚地区(见本书217页注释〔4〕)

〔3〕 包括克孜尔第149A窟(Ⅰa型)中的富楼那因缘、克孜尔第118窟(Ⅲ型)的顶生王因缘,以及克孜尔第212[2]窟(Ⅲ型)的弥兰本生。

〔4〕 榎本文雄 1980, 1984; Enomoto 1984, 1986; Anālayo 2020; Hartmann 2020。

〔5〕 Karashima/Vorobyova-Desyatovskaya 2015, pp. 147–148.《大智度论》末尾部分提到了这一信息:“佛结戒:应行是、不应行是,作是事得是罪。略说有八十部。亦有二分:一者、摩偷罗国毗尼,含阿波陀那、本生,有八十部;二者、罽宾国毗尼,除却本生、阿波陀那,但取要用作十部。”(T25, no. 1509, p. 756c1–5)摩偷罗国的律藏似与卷帙浩繁的《根本说一切有部毗奈耶》相符,而罽宾国的律藏显然与《十诵律》相关。

叙事题材可能也会通过善于讲故事的僧人口述传播，也可能被在俗信徒传讲[1]。同一叙事题材的不同变体应是在不同地区不同时代发展演变的结果，因此有必要分别探讨部派关系和教义问题[2]。

另一方面，与说一切有部或根本说一切有部相关的叙事传统似乎可以粗略地分为两个发展阶段。通过对土库曼斯坦木鹿城出土的说一切有部《譬喻经选集》写本[3]进行研究，辛岛静志和杰夏托夫斯卡娅（Vorobyova-Desyatovskaya M.I.）[4]指出，《十诵律》《杂宝藏经》以及木鹿城的《譬喻经选集》皆处于此文本发展的早期阶段，而在《根本说一切有部毗奈耶》《天譬喻》《百喻经》和《百业经》（*Karmaśataka*）中显示出同一故事被添加内容的发展版本，因而属于较晚阶段。因此，通过对比这些佛典中的同一故事，有可能追溯出特定叙事题材的发展历程。

这种方法并非没有局限；除木鹿城《譬喻经选集》自身问题外[5]，许多叙事题材只保存于前文提及的第二组佛经中[6]，致使对两组佛教文献进行简单对比的可能性变得很小。然而，这种区分仍有必要，可用来分析龟兹地区早晚年代关系明确的“A传统”和“B传统”洞窟中所绘叙事题材之间的差别，以便将它们恰当地纳入龟兹地区说一切有部的发展脉络之中。

如表25所示，“A传统”洞窟中可辨识的大部分叙事题材或是不见载于《根本说一切有部毗奈耶》，或是与其中所记不同，却与《十诵律》以及其他公元5世纪末之前成书的多种佛教文献密切相关。这种现象或许表明“A传统”的叙事题材属于说一切有部叙事文本传播的较早阶段。此推测将在下文展开论证，通过对比分析“B传统”图像表现的相关叙事题材（“Y阶段”洞窟中如有能够提供有效信息者也被包括在内）。对比的要素包括：主要图像的种类、佛传图、佛陀事迹画、因缘图和本生图、说法图、天界图以及画工体系。这些分析可以作为理解龟兹地区曾经存在的不同叙事传统、概念和背景的基础。

---

〔1〕 Lenz 2010, pp. 3–16.

〔2〕 有关印度和中亚地区佛教叙事图像、相关文本以及部派关系的地域性和复杂性的研究，见Zin 2017a。

〔3〕 木鹿城的《譬喻经选集》年代在公元5世纪左右，与之共出的律藏写本中有一则题跋，其中记述此律藏为一名说一切有部的持律者抄写。如辛岛静志和杰夏托夫斯卡娅（Karashima/Vorobyova-Desyatovskaya 2000）指出的，此篇题跋与《十诵律》部分相关。

〔4〕 Karashima/Vorobyova-Desyatovskaya 2015；也见辛岛静志 2017。

〔5〕 尽管如前文注释所述，此经中的许多叙事题材可在根本说一切有部经典中找到平行文本。此外，克拉克（Clarke 2001, p. 92）注意到木鹿城出土的律藏写本及题跋，相较于《根本说一切有部毗奈耶》而言，其与《十诵律》关系更为密切，显示出更为复杂的部派名称问题，也见Hartmann 2020, pp. 375–376；榎本文雄 2020，7页，注37。

〔6〕 部分是因为《根本说一切有部毗奈耶》中包含更古老的部分，而这一部分可早至公元7世纪，换言之，此文本的版本完成之前。关于根本说一切有部律的早期形态，其在公元6世纪之前已经存在证据，见榎本文雄 2020。

主要图像的种类

从前文论述中不难发现，"A传统"和"B传统"洞窟有着完全不同的装饰理念，尤其是在选择主要图像时更为明显。

"A传统"方形窟的主要图像或是主室中心像台上的佛塑像，或是大幅故事画中作为故事主角的国王。后者并非洞窟的礼拜对象。此外，还有一些洞窟内无核心图像。

"A传统"方形窟内的中心佛塑像与"B传统"中心柱窟有着明显的不同。方形窟中，可复原的佛塑像显示出其遵循佛陀"真实"身高的规定尺寸。发现于原址的大型泥塑佛像位于像台上，其体量和重量皆表明无法将塑像从像台上移走。

相反，大多数"B传统"中心柱窟主室的主龛内安置的佛像，尺寸较小，通常高约1米，很可能是木雕像，且不固定在龛内，而是放置在像台上，可被轻易地从原位取走或送回〔1〕。佛像的主要变化是，从表现为佛典中被规定的"真实"身高的大像到稍小的、轻巧便携的中型像。

同样值得注意的是，"B传统"洞窟中的大多数佛像被置于帝释窟说法的故事框架内〔2〕，这是"A传统"罕见的叙事题材，而且仅是一幅故事画，不作为核心图像。第二个重要区别是，涅槃佛作为"B传统"中心柱窟后部区域的主要礼拜对象。由于在"A传统"洞窟中涅槃图只出现数次，且从未作为主要图像——优先考虑的是在窟内再现佛陀的"真实存在"；"B传统"中心柱窟的这种做法创造出崭新的礼拜内容。"B传统"中心柱窟内或绘或塑的涅槃场景涉及的若干细节在《根本说一切有部毗奈耶》中有具体描述〔3〕。这种新的礼拜对象似与根本说一切有部戒律相关的叙事传统关系密切。

中心柱窟内表现的帝释窟说法故事，很可能与印度实际存在的帝释窟说法因缘的洞窟内实施礼拜与仪式活动有关。法显曾提到佛陀在位于华氏城（Pāṭaliputra）附近的洞窟石壁上写下了帝释天所问42个问题的答案，而根据玄奘所记，帝释天将他的哲学问题写在那烂陀附近的洞窟壁面上，窟内还安置有塑像，"今作此像拟昔圣仪"〔4〕。在帝释窟说法的叙事框架内出现的佛陀像可能具有仪式功用，与行像仪式相关，这是否与《根本

〔1〕魏正中2020。

〔2〕根据之前的研究，克孜尔60座中心柱窟中至少33座洞窟内表现有帝释窟说法故事，见Zhu Tianshu 2009, pp. 491–493。

〔3〕克孜尔第219、224窟表现的第一次结集场景中，阿难陀和摩诃迦叶坐在一堆僧衣上。这一场景对应的文本集中见于《根本说一切有部毗奈耶杂事》（T24, no. 1451, p. 406b11–12，见Rockhill 1884, p. 156）。在第一次结集中，摩诃迦叶询问是否允许阿难陀开始编辑佛经，出席的五百名阿罗汉将他们的大衣铺在讲坛上，见Zin 2020a, pp. 120–124; Zin 2020b, p. 128。关于克孜尔石窟壁画中涅槃场景的教义背景研究，见Ghose 2004。

〔4〕关于法显的记载见《高僧法显传》（T51, no. 2085, p. 862c3–7）；关于玄奘的记载见《大唐西域记》（T51, no. 2087, p. 925a23–b3）。

说一切有部毗奈耶》中所记的纪念帝释天拜访时举行的盛大节日活动有关，值得深入探讨[1]。“B传统”中心柱窟中佛像可能有时被用于与此叙事框架有关的行像仪式中，但在“A传统”方形窟中这种功能可以被肯定地排除。

“A传统”的另一主要图像，即主室正壁的大幅故事画，表现的是因缘故事，其主角是国王或富商，这是“A传统”独有的特征。这种以大型因缘故事场景为主要图像而没有佛陀形象的洞窟，不见于“B传统”。印度早期佛教遗址中，因缘故事画通常作为以佛塔或佛像为中心的礼拜空间的装饰[2]；龟兹“B传统”洞窟内同样如此。将大幅因缘故事画作为主要图像，没有佛塔或佛像的洞窟应是“A传统”的独特特征。

佛传图

对于僧团来说，如何记述其创始人的生平故事，就是关涉如何构建其存在理由的重要问题，有着深刻的内涵和隐喻。在龟兹，只有两座洞窟内表现了佛陀一生完整的经历。其一是属于“A传统”的克孜尔第76[2]窟，主室中心有佛塑像，四壁绘佛传图。另一是克孜尔第110窟，属于“Y阶段”，为方形窟，其内绘B种风格壁画，主室四壁绘佛传图，无中心佛塑像。遗憾的是，“B传统”洞窟中没有保存下来可兹对比的材料[3]。

克孜尔第76[2]窟所绘的个别佛传故事画与马鸣的《佛所行赞》关系密切，其中佛陀在降服魔罗时展演“双神变”的独特画面，似与说一切有部经典中已佚失的一种佛传版本相关（见本书202–203页）。

克孜尔第110窟所绘佛传图显然遵循了不同的文本。在魔女诱惑（及其前、后）画面中，悉达多并非清瘦的苦行者形象。释尊被描绘成放弃宫殿里世俗生活之前的模样，只有头光[4]。显然，此窟中苦修实践并不被视为成道的预备阶段之一。这与克孜尔第76[2]窟的描绘形成鲜明对比，其中苦行者悉达多被大型身光环绕，处于从俗人到开悟

---

〔1〕 Schopen 2014, pp. 365–367. 在《根本说一切有部毗奈耶杂事》中记载有庆祝帝释窟说法的大型节日庆典（T24, no. 1451, p. 286a3–22；*Derge 'dul ba Tha* 234a.3–235a.2）。

〔2〕 这些故事的辅助地位也见于犍陀罗语写本中，如弥杰生（Neelis 2014, p. 259）指出的：“……有趣的是，在文本和图像中，前生故事都处于次要地位：在犍陀罗语写本中，抄写者在桦树皮书卷右页下方和左页的剩余部分写有Pūrvayogas 和Avadānas，然而（除燃灯佛本生故事浮雕板被置于释尊生平经历系列场景中）犍陀罗浮雕中小型本生故事浮雕通常装饰在辅助建筑结构上（如台阶侧面），而不是围绕佛塔绕行礼拜的踏道上。”也见Salomon 2018, pp. 87–88。

〔3〕 克孜尔第110窟中的部分画面也见于“B传统”中心柱窟，如克孜尔第175窟，暗示出两者之间的图像关联，见王芳（慕尼黑大学）正在撰写的博士学位论文《阶梯窟（克孜尔第110窟）佛陀传说壁画研究》（*The Mural Paintings of the Buddha Legend in the Treppenhöhle*）。

〔4〕 Le Coq 1924a, pl. 6–34.

者的中间状态（见本书200页）。然而只有少数佛经中对悉达多的苦行给予正面评价，包括《根本说一切有部毗奈耶》在内的大多数典籍将苦行视为一种徒劳的努力[1]。此外，在克孜尔第110窟正壁上方半圆端面内的降魔成道图中，魔罗的花弓和佛陀的“双神变”细节都没有出现（见图96），而这两者却见于克孜尔第76[2]窟的同一场景[2]。第110窟壁画中包含的若干情节不见于《佛所行赞》及其他典籍，却在《根本说一切有部毗奈耶》及与其密切相关的佛典中有具体记载[3]。

两窟佛传图表现出的重要差别，表明在克孜尔至少存在两种佛传故事的讲述传统，其一包括若干更接近《佛所行赞》记述细节（“A传统”的A种风格壁画），另一包含有见于《根本说一切有部毗奈耶》的具体描述（“Y阶段”的B种风格壁画）。

佛陀事迹画

除完整的佛传图外，部分“A传统”洞窟也表现了释尊生平经历中的个别事迹。无论具体内容和形式如何，本书均将之归入佛陀事迹画系列。

最丰富的佛陀事迹画见于克孜尔第84窟。其中只有五幅被识别出来，皆强调佛陀拯救众生，解救不同阶层的处于困境之人。其中一幅与说一切有部的《杂阿含经》有关，两幅可在公元3～4世纪译成汉文的多则譬喻故事中找到线索。这三幅画表现的三个故事都不见于《根本说一切有部毗奈耶》。五幅叙事题材中有三幅也见于犍陀罗石刻。

其他可与特定本文联系起来的故事画，如库木吐喇GK第23窟所绘罗睺罗向其父献甜食，在鸠摩罗什译成于公元5世纪初的《大智度论》以及根本说一切有部经典中有记载。克孜尔第92窟所绘提婆达多以石砸佛图中的一个细节与《增一阿含经》和《十诵律》中的记述相吻合，而与《根本说一切有部毗奈耶》中的相关记载不同。由于罗睺罗献食和提婆达多攻击两个题材都可在犍陀罗石刻中找到相似图像，它们也有可能遵循的是从大犍陀罗地区传入的图像原型。

---

〔1〕《根本说一切有部毗奈耶》（T23, no. 1442, p. 717a2）、《根本说一切有部毗奈耶破僧事》（T24, no. 1450 p. 156c27）。

〔2〕在此画面中，魔罗手持一把常见的弓而非花弓，佛陀既没有飞于半空中也没有表演双神变，而只是坐在金刚宝座上。相关的壁画残块收藏于德国柏林亚洲艺术博物馆，编号Ⅲ 1068、Ⅲ 1069、Ⅲ 9154a；也见Grünwedel 1920, Ⅱ. 16；Le Coq 1924a, pp. 33-36, pl. 7a；勒柯克、瓦尔德施密特2006，591-593页，642页图版7。

〔3〕至少卢奚多（Rohita）河中之树、Muktikā王女听法，以及鹦鹉重生等情节可作为例证，见Schmidt 2010；小谷仲男2012。前两个故事不见于早期印度艺术，但出现在中国西藏较晚的基于《根本说一切有部毗奈耶》所绘的佛传图（奥山直司、中村元1996，编号3、16）。然而值得注意的是，此窟佛传图中并非所有的图像细节都与《根本说一切有部毗奈耶》文本完全吻合，见王芳的博士学位论文。

综上，“A传统”洞窟中识别出来的佛陀事迹，大多不见于《根本说一切有部毗奈耶》或与之无关，却与包括《十诵律》在内的公元5世纪末之前译成的汉文佛经有一定关联。其中大多题材也见于犍陀罗佛教艺术，显示出它们与大犍陀罗地区的密切联系。

尽管“B传统”洞窟内也绘有许多佛陀事迹画，但“A传统”和“B传统”重合的叙事题材十分有限（见表25，本书231–232页）。耐人寻味的是，许多只见于“B传统”的故事画见载于《根本说一切有部毗奈耶》[1]，但这并非“B传统”图像系统所参照的唯一经本[2]。

因缘图与本生图

因缘图和本生图在“A传统”中扮演着重要角色。通常每窟中只表现一个故事。除克孜尔第67窟以外（见本书222–223页），其他窟内可辨识的因缘或本生故事的主角是国王或商人。在七个被释读出来的故事中，四个主角是国王或王子，其他三个是商人[3]。对贵族或富人的因缘或本生故事的偏重十分明显。所有已辨识出的故事都强调放弃执着于世俗之事，如较高的社会地位和大量财富的重要性，因为只有通过佛教教义的指引，才能获得真正的内心满足。

“A传统”因缘图和本生图的文本来源较为多元（见表25，本书231–232页）。其中调伏妓女（克孜尔第67窟）、须大拏本生（克孜尔第81窟）、优陀羡王缘（克孜尔第83窟）、亿耳因缘（克孜尔第212[2]窟）以及净饭王归佛（苏巴什西寺佛堂Ⅰ），或与根本说一切有部经典无关，或与之有着明显分歧。因此可以排除根本说一切有部经典作为文本来源的可能性。然而，富楼那因缘（克孜尔第149A窟）和弥兰本生（克孜尔第212[2]窟）包含的特定细节却可以在与根本说一切有部传统相关的经典中找到依据。后者虽然不见载于汉译《根本说一切有部毗奈耶》，但画面中的关键细节却与记述在《十诵律》中的亿耳因缘起始画面密切相关。

这种现象引出了一个问题：“A传统”与“B传统”所绘因缘和本生故事的文本来源是否存在着明显区别？最近一项研究[4]表明克孜尔第17窟（“B传统”中心柱窟）券顶

〔1〕 如大光本生故事（Zin 2007, pp. 46–51）、迦毗罗故事（Zin 2010, pp. 22–25）、伊罗钵龙王故事（Zin 2011, pp. 61–67）、雨伞的传奇故事（Zin 2013, pp. 9–13）、波斯匿王拜访佛陀的故事以及Muktikā王女前世故事（Arlt/Hiyama 2013）。

〔2〕 如采用B种风格绘制的旃遮摩那（Ciñcā Māṇavikā）故事画（Zin 2018），显然脱离了《根本说一切有部毗奈耶》，而与部分巴利文注释文学和多种汉文佛经版本更相关。

〔3〕 若考虑到未辨识出的因缘和本生故事，以国王或商人为主角的大幅故事画显然也见于其他数座洞窟。

〔4〕 Chang Wen-ling 2020.

所绘50幅本生图出自多部佛经，从与“A传统”壁画相关的佛经（包括圣勇的《本生鬘》《大庄严论经》和《大智度论》）到《根本说一切有部毗奈耶》以及其他的吐火罗语和于阗语写本。鉴于此类叙事文学可被擅长讲故事者通过口头传播，超越部派及其教义〔1〕，那么“A传统”和“B传统”僧团讲述相同版本的故事也就不足为奇。

然而值得注意的是，故事表现的不同侧重点。因缘和本生故事的主角在“A传统”中通常是国王（或王子）或商人，而在“B传统”中则更为广泛，包括下层民众和动物〔2〕。此外，菩萨自我肉身布施是“B传统”常见的主题，却罕见于“A传统”〔3〕。根据张文玲的研究〔4〕，其中部分故事明确表达为成佛的菩萨高尚的自我牺牲精神。如前文所述，只有在“A传统”中以中心佛塑像为主要图像（Ⅰa型）的装饰内容中涉及成佛，而以大幅故事画为主要图像的洞窟（Ⅰb、Ⅲ型）表现以国王或商人为主人公的因缘和本生故事，与成佛的主题完全无关。

对比分析克孜尔第83窟和“B传统”洞窟的优陀羡王故事画，可以获得启发性认识。克孜尔第83窟所绘画面属于胜音国悲剧命运长篇故事中的一个片段。目前尚无法确定此画面是截取自一个完整故事，还是基于仅记述此情节的一种文本（如《佛说杂藏经》）。无论如何，“B传统”中此故事的部分情节聚焦于因优陀羡王之子的罪行而使王国走向毁灭，以及民众不可避免的死亡（见图112），强调的重点是悲剧性结局。“B传统”的画师显然也知晓第83窟所绘的优陀羡王及其王后的感人故事，但有意忽略了这些画面。

“A传统”“B传统”因缘图和本生图的目的明显不同：前者的重点是国王（或王子）和富商故事中美丽动人的情节，这对即使没有深厚佛教信仰的人来说也极富吸引力；而后者却毫不掩饰地讲述给人带来震撼或惊吓的血腥、残忍的故事。

同样值得关注的是，“A传统”大幅故事画中表现的若干图像细节，其被看懂的前提是拥有较高的梵文文学素养。克孜尔第83窟中优陀羡王故事包含有梵文戏剧中的典型角色，苏巴什西寺佛堂Ⅰ的净饭王归佛故事画和克孜尔第118窟的顶生王因缘图中都涉及主角梵文名字的词源，似乎是对文学版本忠实的视觉转译（见本书217页，注释〔1〕）。主室内有经过精心计算的可见度，这些画面很可能是供专门僧人用作故事布道的视觉材料〔5〕。

---

〔1〕 张文玲的研究做出了很好的阐述，并指出非说一切有部的文本如巴利文本生故事、《悲华经》、《大事》是与克孜尔第17窟部分本生图的图像细节关系最密切的文本来源。也见Zin 2017b，作者证实B种风格中的须陀须摩王本生故事画遵循的是当地的口头传播，而非龟兹地区发现的梵文写本。

〔2〕 B种风格壁画中因缘图和本生图题材的列表，见Le Coq/Waldschmidt 1928, pp. 9–25；马世长1984、1996；Chang Wen-ling 2020。

〔3〕 布施自己肉身的画面仅见于克孜尔第212窟弥兰本生故事画的最后一个场景，这是一座“A传统”晚期洞窟。

〔4〕 Chang Wen-ling 2020, p. 385.

〔5〕 关于譬喻故事的梵语和犍陀罗语文本的分类研究（Strong 1985；Lenz 2010, pp. 1–16），已指出譬喻文献中具有专业知识之人自发组成团体的存在。

说法图

在前文表25中，“说法图”指的仅是视觉化佛陀说法的故事画。只有克孜尔第76[2]窟描绘的出自《杂阿含经》的一则因缘故事（见本书199页）可归入此类。

绘A种风格的“Y阶段”洞窟提供了丰富信息。克孜尔第207窟主室两侧壁中部所绘的两幅说法图，表现了佛教宇宙的劫末与劫初，这在包括说一切有部《中阿含经》在内的多种经典中都有记载；尽管存在着不同的平行文本，《根本说一切有部毗奈耶》中却没有相关故事[1]。克孜尔第77窟属于“Y阶段”，其内绘制的一幅说法图被释读为用河中原木作比譬喻的对话[2]。其中一个细节，即牧牛人难陀拄杖而立听佛陀说法，他的手杖压在一只虔诚听法的癞蛤蟆身上，这在不同平行文本[3]，即汉译《增一阿含经》[4]和《根本说一切有部毗奈耶药事》[5]中有具体描述。

以上所述似乎表明，A种风格的说法图与阿含经关系密切。然而，与其他叙事类别相比，这只是基于极有限的案例分析，尚无法评估在这种严格界定下，“B传统”说法图参照的文本是否也源自阿含经。

天界图

“A传统”和“B传统”中对天界的表现并不相同。“A传统”主流洞窟中，天界图绘于窟内上部，即檐口、抹角拱、穹窿顶以及套斗顶的三角面。帝释天、梵天、天人以及乾闼婆都是天界的常见形象。檐口和抹角拱的部分画面中穿插绘制的坐姿菩萨像，带头光和身光，可能与兜率天宫的弥勒菩萨，或其他即将转世成佛的菩萨有关。然而这些画面中没有任何细节来视觉化兜率天宫，对天界的想象仍然有些虚幻。

天界图的新潮流见于Ⅲ型洞窟，即与世界之轴须弥山相关的山岳景观，须弥山是连接地上世间和忉利天宫的中间领域（见图114、图119）。

---

〔1〕 Hiyama 2016a，本书第四章；桧山智美 2017，377–386页。除这两幅场景外，主室两侧壁绘制的其他画面中也表现了佛陀遇到不同阶层的人，它们可以视为说一切有部阿含经中不同叙事题材的汇集。

〔2〕 关于这些壁画的出处，见本书第一章，149页注释〔4〕。

〔3〕 关于巴利文、犍陀罗语和汉文平行文本的研究，见Salomon 2018, pp. 138–144。

〔4〕《增一阿含经》（T02, no.125 75, pp. 8c12–759a28）。关于此经所属部派问题，见本书229页，注释〔4〕。

〔5〕《根本说一切有部毗奈耶药事》（T24, no. 1448, pp. 48c10–49c1）。具有相同图像细节的故事在“B传统”洞窟的券顶菱格图中数次见到。

“B传统”中心柱窟中很少见到对忉利天宫的描绘[1]。与天界有关的图像似乎表现的是兜率天宫。清晰描绘天界场景的壁画大多见于“B传统”洞窟的主室前壁上方的半圆端面内，以坐在宫殿中的菩萨为中心，周围有许多男性天人环绕[2]。学者通常将这一画面释读为兜率天宫中的弥勒菩萨[3]，何恩之却认为是兜率天宫中的释迦菩萨[4]。但两种观点都认同画面中的宫殿表现的是兜率天宫，这与主室其他装饰的叙事内容一致[5]。部分Ⅲ型洞窟中所见的作为连接地上世间和天上佛国的山岳景观不见于“B传统”洞窟。“B传统”山岳景观仅是因缘、本生、誓愿图中的菱格山峦。

画工体系

就艺术创作标准和特定颜料的使用技法两方面而言，“A传统”和“B传统”的画工也存在着差别。

“A传统”画工拥有高超的技术水平和创造力，这可从“A传统”洞窟中绘制的每幅因缘图和本生图各有其独特布局推知。每窟表现一个不同的故事，几乎见不到重复之处。这意味着对画工，尤其是绘制大幅故事画的画工要求很高，他们需要创造性地完成每件作品，挑选出每一个故事要表现的关键情节，并将之组织成画面。这与“B传统”有着显著的差异，叙事装饰显示出重复度相当之高的布局和题材，似乎是复制于同一蓝本。

B种风格壁画的艺术水平参差不齐；部分是精心绘制的，而部分相当粗劣。此外，画面褪色部分露出的婆罗谜文字，可能揭示出存在着技术水平一般的画工。这些文字的含义是提示所在部分应使用的颜色，很可能是高水平画师为学徒做的标记[6]，这意味

〔1〕只有克孜尔第171窟券顶上所绘的佛陀向母亲摩耶夫人说法的画面，可以确定此故事发生于忉利天宫，见《中国新疆壁画艺术》2009，第1卷，图版244。然而此画面中只是简单地描绘了佛陀在须弥山顶为其母亲说法，而没有表现天界景观。佛陀从忉利天宫降世也见于数个场景（Zin 2013, pp. 5-9）。这些场景仅仅描绘了佛陀从镶嵌珠宝的台阶走下来，亦不表现忉利天宫。在“B传统”帝释窟说法的场景中情况类似，帝释天位于毗陀山禅修的佛陀旁边。

〔2〕克孜尔第92窟中，此场景位于相同位置，表现的是忉利天宫中的帝释天。

〔3〕如格伦威德尔（2007）已指出的，基于相关人物表现形式的相似性，交叉双腿而坐，有时左手持有一件净瓶，与犍陀罗石刻中的弥勒菩萨相似。

〔4〕何恩之、魏正中2017，175–177页。

〔5〕若作如下解读则为弥勒菩萨，即将涅槃与兜率天宫中弥勒菩萨的组合置于摩诃迦叶的故事脉络中进行解释，摩诃迦叶被佛陀任命亲手将金袍传给弥勒，因此在山中禅修直到弥勒降生世间，见宫治昭1992，453–465页；Zin 2020a, pp. 131–161；2020b, pp. 124–128。若是兜率天宫中的悉达多菩萨，则与主室正壁、侧壁及顶部描绘的前世及最后一生的故事画连贯起来，见Howard/Vignato 2015, pp. 121–122。

〔6〕关于这些字母可能指示颜色的研究，见李丽2004；庆昭蓉 2015，200页；Zin 2008, p. 55, fn. 15；Palitza 2017, pp. 34–35；桧山智美 2019。

着绘制壁画时学徒和师傅之间应有分工。A种风格壁画中相似的标记仅见于两座洞窟,即克孜尔第67、84窟,两窟都被归入“A传统”晚期洞窟。A种风格壁画中基本见不到颜色指示词,这一事实表明与“B传统”洞窟的画工有着不同的工作方式。

“A传统”洞窟装饰的独特性,即没有出现任何重复之处,可能反映了统一权威的存在,他们精心挑选需要表现的叙事题材,而后任命技艺高超的画工来完成制作。《出三藏记集》中《比丘尼戒本所出本末序第十》记述的公元4世纪晚期龟兹国佛教文化,或许能支持这一推测。根据文献记载,龟兹国境内的大型僧寺和尼寺都由高僧佛图舌弥统领。据此可以合理推测,“A传统”佛寺的装饰由权威机构监管制作,他们精心选择每座洞窟和佛堂中需要表达的主题,而后派高级画工绘制[1]。

“A传统”和“B传统”之间的差别还体现在颜料的使用上;谷口阳子在附录二中对技法细节进行了科技检测与分析,并揭示出A种风格壁画主要使用本地可获取的颜料,而B种风格壁画引入了新颜料及技法,如青金石、虫胶树脂和金箔。在克孜尔,除第67、84和129窟外[2],“A传统”洞窟中基本见不到青金石的使用。

颜料体系的不同反映出画工的不同背景,这种不同并非简单的审美品位问题。

结语

本章的考察和重要认识可总结如下:以主要图像为依据,“A传统”洞窟装饰可被划分为三类。第一类,主室中心像台上的佛塑像作为清晰的焦点,而居于辅助地位的壁画作为唤起佛陀在场的视觉工具;第二类,主室正壁的大幅故事画,为世俗信徒展示出具有教诫意义的故事,其中部分画面要求观者拥有较高水平的梵文文学素养;第三类,无核心图像,展示出偏离常规的试验性布局,可能受到了“B传统”的启发。

“A传统”洞窟的大多数叙事壁画以表现佛陀、传奇的国王以及其他佛教故事为核心,这些题材很难反映寺院的现实生活。“A传统”洞窟中“真实”大小的佛塑像,周围是展现超越历史故事的画面,与“B传统”中的主尊佛像形成鲜明对比。后者的尺寸更小,由放置它们的壁龛规模可知,应是为了便于移动。后部区域内的大佛像被表现为涅槃状态,而涅槃题材在“A传统”中并未受到特别重视。这些要素可能表明在“B传统”

---

〔1〕有专门僧人负责监管某处佛寺的整体装饰布局,这些僧人与供养人沟通,让他们选择自己布施的财物用于赞助佛寺中的哪些部分,这在早期印度佛教寺院中可以发现,如德赫贾(Dehejia 1992, p. 40)关于印度佛寺遗址中赞助遗存的研究。

〔2〕乌什吐尔、夏合吐尔地面寺院的壁画残块或许也可纳入,壁画中大量使用了深蓝色,这在A种风格壁画中并不常见,却多见于B种风格的壁画。

中意图将佛陀视为历史中的人物。从“A传统”到“B传统”，佛像意义及其仪式功能发生了重大转变。

“A传统”洞窟中的因缘图和本生图，侧重于表现国王和商人故事。其中若干晚期洞窟中所绘的贪婪国王和商人的故事，是为了与虔诚的、获得内心满足的僧人构成鲜明对比。对叙事题材的选择显示出倾向于用精致的画面来展现美丽动人的故事，基本见不到对残忍或血腥场面的描绘，这或许为迎合贵族世俗供养人和赞助者的审美品位。

“A传统”和“B传统”的主要差别在于叙事装饰的文本来源体系。“A传统”叙事装饰无论在文本来源还是图像特征方面，均显示出与大犍陀罗地区的明显关联。“A传统”的叙事题材很可能属于说一切有部叙事传统的早期阶段，包括《十诵律》在内。此传统早于以《根本说一切有部毗奈耶》为代表的晚期阶段。而“B传统”洞窟内的叙事装饰包括了与《根本说一切有部毗奈耶》相关的叙事题材和细节，很可能受到了说一切有部叙事传统晚期阶段的启发。这与考古学分析提出的相对年代框架相吻合，即“B传统”晚于“A传统”。

本书对“A传统”进行了全面深入的分析，对“B传统”属性的推测仍待进一步确认，同时也超出了本研究的范围。然而，通过分析两种传统中叙事画面的文本来源，发现其与库车地区出土的《比丘别解脱经》两个主要版本有着出人意料的相似之处，如基弗尔-普尔兹研究所表明的（见本书附录一），《比丘别解脱经》A本很大程度上契合鸠摩罗什译成于公元404～409年的汉文《十诵律》的相关内容，而年代较晚的《比丘别解脱经》B本，包含有大量与《根本说一切有部毗奈耶》有关的内容。

对龟兹佛教文化不同方面展开的两项独立研究得出了相似结论，为此地区说一切有部佛教史上至少存在两个不同的僧团分支提供了有力证据。也就是说，“A传统”和“B传统”洞窟装饰的不同很可能与两个遵守不同系统的戒律的僧团有关[1]。较早的“A传统”是龟兹佛教的早期阶段，僧人遵守的是与《十诵律》（或者是《比丘别解脱经》A本）有关的戒律。稍晚的“B传统”，则受到了保存至今的《根本说一切有部毗奈耶》的更深刻影响。两个传统的相对年代关系，即“A传统”早于“B传统”，得到了考古学、图像学以及佛教语言学研究成果的支持。

然而，这些华丽的洞窟壁画仅仅体现了寺院生活的有限方面。第五章我们将试图还原“A传统”佛教寺院的原境。

---

〔1〕即使“A传统”寺院出现了其他分支，也可能与《比丘别解脱经》的情况吻合，表明遵循A本和B本不同类型的分支团体的存在。

第五章 “A传统”寺院的原境

基于前文考古学和图像学分析获得的丰富证据，本章探讨作为“A传统”宗教生活展开之地的龟兹佛教寺院。根据现存遗迹，通过“场域感”复原每座洞窟，并引用相关的戒律文本，我们试图重构“A传统”佛教寺院的原境。此项研究很大程度上参考了说一切有部的《十诵律》，我们推测其很可能反映了本书所考察时段的寺院生活原貌[1]。

通过复原寺院内自然和人工建造的建筑和景观，考虑抵达不同建筑所需的时间和精力，在佛教文化中寻找线索以了解寺院内开展的活动，以便更好地理解寺院的原境。这项考察有助于在佛教寺院如何运作的脉络中解读考古遗存，以更恰当地评估它们的功能。就带装饰方形窟而言，可将窟内的图像置于寺院生活情景中去考察。虽然不可能全面重现这些寺院，但此项考察为寺院遗址的研究提供了动态视角。

“A传统”寺院的布局和主要建筑

“场域感”的概念除用于复原洞窟和类型划分外，也可用来分析古龟兹国佛教寺院的分布位置。“A传统”地面寺院和石窟寺院的共同特征之一是位于贸易路线的战略要地，而正是这些贸易路线为龟兹这一绿洲小国带来了不可估量的财富（见图99）。它们的战略位置（见本书172–173页）揭示出“A传统”寺院与都城的密切关系。“A传统”寺院沿主要交通大道分布，表明其与龟兹国社会经济有着密切关系。

“A传统”利用了较早的“X阶段”修建的寺院，且被后来的传统沿用；前面章节的分析对于辨别和评估每处寺院遗址中“A传统”的相关遗存十分必要。接下来考察“A传统”寺院的布局。

对“A传统”寺院的重建主要基于建筑空间及装饰布局的复原。在对寺院规模和布局产生更清晰的认识之后，每处寺院内的核心区与边缘区，主要建筑与附属建筑等便

〔1〕 见本书242–243页以及附录一。基于律藏诸文本（主要是《十诵律》和《根本说一切有部毗奈耶》，也包括其他部派的律藏）对龟兹寺院生活的最新研究，见庆昭蓉 2017，5～7章。

一目了然。事实上，建筑的重要性很大程度上与其所在的位置、可见性、可抵达性以及就带装饰方形窟而言的图像内容有关。换言之，“场域感”这一概念同样可以用于分析整个寺院。对地面寺院布局的辨识比较简单，而石窟寺院的布局则相对复杂，因为这些石窟寺院遗址现缺乏明显的边界和门域。

复原可从每座寺院的规划开始构想。当地点选好后，有必要先划定边界，确立大门、核心建筑群的位置，根据不同功能决定于何处开凿洞窟，创建所需的连通建筑。《十诵律》中记载，新寺院的修建须由僧坊师来监管和统筹[1]，表明寺院的布局由专门的僧人设计和确定。

边界是首个关键问题，因其界定了寺院与外部世俗世界的界限。若对寺院的边界没有清晰的认识，将无法准确解读寺院的布局。目前，龟兹石窟寺院遗址的边界尚未被辨识出来。然而地面寺院遗址中保存了大段的围墙，其内分布着建筑遗存。

佛教寺院通常由不同类型和功能的建筑构成。《十诵律》中提到的数种建筑类型似乎与龟兹佛教寺院的内容和布局直接相关。除佛塔及塔院外，寺院中还需要修建用于礼拜佛像的建筑，可能还包括窟中塔[2]、僧院、讲堂、聚会大厅、布萨堂、坐禅和经行之处、食堂、厨房、大门、浴室、厕所以及窟屋等[3]。

在说一切有部佛教寺院中，佛塔是礼拜活动的中心。诸如苏巴什遗址保存的大佛塔，被修建在库车河西岸一处相当偏远之地。选择此位置是为了在佛塔周围规划出大范围的活动空间，允许在俗信徒前来礼拜。这一区域空间广阔，可以举办定期的节庆活动，活动期间可能还会向在俗信徒提供食物[4]。地面寺院周围有砖砌的高大围墙，通过大门进入。佛塔是乌什吐尔、夏合吐尔、苏巴什地面寺院的核心，它们耸立于专门的、可以进行绕行礼拜仪式的塔院的中心。塔院，也就是环绕佛塔的空地，是任何寺院中都不可或缺的空间，既是进行绕行礼拜仪式之处，也是寺院内最大的聚集场所。夏合吐尔寺

---

〔1〕这可通过数个情节推知。如给孤独长者请求为佛陀修建一座僧坊，佛陀接受了并派舍利弗作为“僧坊师”（T23, no. 143, p. 244b8-24）。僧坊师的一项独特权力可进一步澄清此问题。作为僧坊师的僧人是唯一可以画寺院蓝图而被免去罪行（*duṣkṛta*）之人（T23, no. 1435, p. 117c10-11）。如杉本卓洲（1996，220页）指出的，僧坊师可能与不同部派的律藏中提到的寺主（*navakarmika*）的职务相当。关于寺主的研究，见Schopen 2014, pp. 251-275; Silk 2008, pp. 75-101; Kieffer-Pülz 2010, pp. 77-78。

〔2〕《十诵律》T23, no. 1435, pp. 351c27-352a1。

〔3〕《十诵律》T23, no. 1435, p. 171c16-18：“僧房别房墙壁食处门间禅窟。大小便处重阁经行道头树下”；p. 244b24-c29：“是居士即往诣竹园。看讲堂温室食堂作食处洗浴处门屋坐禅处厕处。……尔时居士以舍利弗为师。于此园中起十六大重阁作六十窟屋”；p. 422a2-6：“下座法者。下座比丘。应洒扫佛图讲堂布萨处佛图门中央僧会处地。应次第敷坐床。应办火及火炉。应办灯及灯具。洗足瓮中著水。净澡罐厕澡罐中皆著水。如是僧所有作事。下座皆应作。是名下座法”。

〔4〕这些活动见载于《十诵律》（T23, no. 1435, p. 352a15-16），如给孤独长者向佛陀供奉一座新佛塔。

院内的僧院、佛堂以及其他大大小小的建筑，都是围绕着中心塔院而建的。在苏巴什，沿库车河两岸坐落着数座寺院，皆为南北向（见图83、图84）。现存遗迹包括环绕佛塔的围墙，以及为便利寺院各方面生活而修建的不同类型的建筑残迹。其中佛堂和僧院中僧房的布局与规模分别与"A传统"方形窟和僧房窟相似。

从戒律文本以及地面寺院布局中获得的信息，为复原石窟寺院提供了关键线索。石窟寺院很可能同样有边界，以及作为礼拜核心的佛塔及塔院。从入口通向佛塔的一条无形的中轴线给寺院带来了方向感和秩序感。对中轴线的辨识有助于区分主要建筑和附属建筑[1]。

佛塔：寺院的核心

前文所述已凸显出"A传统"地面寺院布局中佛塔的中心性。自佛教初始阶段，佛塔就是印度和中亚地面寺院与石窟寺院礼拜的核心。塔克拉玛干沙漠南缘和北缘绿洲古国的佛教寺院中，佛塔同样是中心[2]。直到唐代，佛塔都是中国北方佛教寺院的核心，此后，佛塔逐渐失去其核心地位，被佛殿取代[3]。

以上是龟兹以南、西、东地区的情况，可以合理推测，龟兹地区的情况亦是如此。这被苏巴什、乌什吐尔、夏合吐尔地面寺院中佛塔的中心地位进一步证实。说一切有部佛教寺院中佛塔的首要地位也在《十诵律》中有记载，甚至将寺院径称为"塔寺"[4]。由于佛塔内保存的舍利象征着佛陀，因此建造佛塔被说一切有部等部派视为无上功德[5]。说

〔1〕 如何辨识寺院的边界和入口是目前受到学者关注的理论问题，见魏正中2021。

〔2〕 关于新疆地区佛塔遗存的调查和研究，见林立2018。

〔3〕 李崇峰2014，289–312页。目前关于中古时期中原北方地区佛教寺院布局和结构最完整的研究由何利群主持。在其博士学位论文中，他指出了四个发展阶段。第一阶段（5世纪中期）寺院布局的核心是佛塔。第二阶段（5世纪晚期至6世纪早期）形成塔院在前、佛殿在后的布局。第三阶段（6世纪中期至7世纪早期）佛塔和佛殿分开布局。第四阶段（7世纪中叶）形成多院多殿式布局。佛塔的地位显著下降，甚至部分大型寺院已不修建佛塔，被内有佛像的佛殿取代。每处院落中有各自的佛殿或佛塔。因此寺院布局的发展演变可以归纳为从以佛塔为中心到以佛殿为中心，从单组建筑到多组院落。也见何利群2010，192–194页；何利群2018，91–92页；向井佑介2020，第2、4章。

〔4〕 如杉本卓洲（1996，219–224页；2007，210–212页）指出，《十诵律》中提到僧人们亲自建造佛塔。由于建造佛塔的过程中，土、泥、草等会引起瘙痒，因此这些僧人在半月之内洗澡的次数可以超过规定的一次（T23, no. 1435, p. 110b6–11）。僧人也可以因为建造佛塔而中断安居，如伽尸（Kāsī）王子的故事。伽尸王子出家作比丘，其父在安居期间要求与之共建佛塔，佛陀同意可以因起佛塔而中断安居，并且免除其罪行（T23, no. 1435, p. 421b12–18）。这些故事都表明建造佛塔对于说一切有部僧团的重要性，这与其他佛教部派相似。

〔5〕 对佛塔持有相关观点的部派包括法藏部、说一切有部、根本说一切有部。小乘佛教的其他部派将舍利容器和佛龛视为无生命的物体，供奉它们无法获取功德，见Lamotte 1988, pp. 630–637。

一切有部经典《阿毗达磨俱舍论》中将佛塔等同于如来（*tathāgathā*）的真身[1]。修建、装饰、向新佛塔供奉等行为，以及专门为其举行庆典活动，是受到说一切有部的大力倡导的[2]。总之，在说一切有部佛教寺院中，佛塔的重要性与在其他部派中相当，且在文本中被着重强调。

了解以上信息后，开始探讨更复杂的石窟寺院的情况。“X阶段”洞窟中没有任何礼拜对象，尽管也没有佛塔保存至今，但佛塔应是“X阶段”寺院的礼拜核心。这些早期的佛塔或许被后续传统沿用，但很可能被扩建或改造[3]，当然，后续传统也可能建造新的佛塔以满足新的需求。

克孜尔的大多数“A传统”洞窟集中开凿在谷内区两侧朝南崖面较短区域内，恰好位于“X阶段”洞窟的上方（第一、三区段）。洞窟皆朝同一方向，可沿着山丘边的狭窄小路抵达。带装饰方形窟的主室地坪约15平方米，而中心有像台及佛塑像的主室地坪面积更小，其内唯一有可能进行的活动是一个或数个信徒单列绕行礼拜。带装饰方形窟的前室地坪面积可能与主室地坪面积相当，也只能容纳少数几人。这种规模表明当时它们是作为少数人参与的仪式场所。根据洞窟规模及位置，可知这些洞窟应该不是寺院的核心[4]。因此，带装饰方形窟只是石窟寺院中的附属空间，供小规模活动使用。

石窟寺院需要地面建筑以及宏阔的空间，类似于地面寺院中的塔院，以实现诸如集会之类的相似功能。如今大多数石窟寺院遗址中已见不到的佛塔，不能理所当然地认为原来就不存在。前文提及，同时代印度至东亚的佛教寺院，包括龟兹地面寺院在内，都至少有一座佛塔，这一事实也得到说一切有部经典的有力支持。目前，克孜尔以及古龟兹国其他洞窟窟前的相关区域尚未得到考古发掘。这意味着此类建筑是否存在尚无法确定。数个世纪的耕种以及20世纪50年代用水泥修造的建筑很可能致使克孜尔石窟窟前古代建筑遗存无迹可寻。高大的佛塔已在较短的时间内消失不存，但德国探险队在苏巴什拍摄的一张历史照片（图120）显示出，禅定窟（第5～13窟）所在的山丘上

---

〔1〕《阿毗达摩俱舍论》（T29, no. 1558, pp. 87a4-5, 94b）。因此任何试图破坏或盗取佛塔之物的行为都被认为是罪行。关于佛教不同部派中破坏佛塔和佛像的罪行的研究，见Skilling 2016。

〔2〕见《十诵律》（T23, no.1435, pp. 351c11-352b27）。《阿毗达摩俱舍论》中将其视为一种特殊的梵福*brahmā-puṇya*，即重生并生活在天宫（T29, no. 1558, p. 97c16-23，梵文本中的此记载已佚失），其中还记载了供奉佛塔而获得的各种功德（T29, no. 1558, pp. 96a, 97a）。见杉本卓洲1996，224-227页。

〔3〕后世改造早期佛塔的情况可追溯至印度和犍陀罗的早期佛教（Callieri/Filigenzi 2002, p. 107, fig. 30）。曾被伯希和记录（Hambis *et al*. 1982, p. 52, figs. 113, 115）的苏巴什北佛塔最初为犍陀罗类型，后被汉式多层佛塔包裹，这种改建显然是晚期出现的。

〔4〕森木塞姆石窟寺院遗址中保存了一座大型佛塔和少量地面建筑。这是“B传统”创建的一处寺院，且在后续时段继续发展，前述遗存位于寺院中心。石窟寺院中心的地面建筑遗存也见于托乎拉克艾肯和温巴什，这表明洞窟和地面建筑的结合是龟兹石窟寺院的共同特征。

图120 苏巴什遗址。上：第5～13号禅定窟所在山丘上的佛塔遗存。中：山丘现状，佛塔已不存。下：禅定窟联合平面图。上图图片采自德国探险队第四次探险活动期间拍摄的历史照片，编号B 768 © Museum für Asiatische Kunst, Staatliche Museen zu Berlin, CC BY-NC-SA。

当时仍矗立着大佛塔的基座部分。过去50年开展的考古调查中没有发现这座佛塔的任何遗存。同样，20世纪初拍摄的库车地区的大量佛塔现已全部不存。一个世纪之前仍耸立在塔里木盆地周缘的众多佛塔[1]，现在几乎都已不存。

在克孜尔石窟寺院中，“A传统”佛塔以及其他为实现寺院完整功能不可或缺的、附属的地面建筑，很可能位于第一、三区段前的大片平坦区域内。它们的存在使龟兹石窟寺院在布局和结构上与南亚、中亚和东亚直到7世纪末的大型佛教寺院保持一致。

探讨了寺院内的整体空间后，就可以更全面地评估“A传统”洞窟的功能。上述讨论表明，洞窟并非寺院日常运作所需的首要设施。洞窟位于佛塔和其他建筑所在区域的边缘。克孜尔石窟寺院中不同类别的洞窟通常被精心地规划在不同的区域，由此根据洞窟所在位置推测它们之间很可能存在着等级差别。对石窟寺院布局的复原及其中心分布佛塔及塔院的推测，有助于更准确地认识带装饰方形窟。

带装饰方形窟

在带装饰方形窟中只能进行小规模的活动或仪式。它们有着不同的布局和装饰，营造出不同的“场域感”。这些不同或可被视为年代发展的差异，或承担着不同功能。前面章节中基于“场域感”对洞窟进行了初步重建，接下来仍用“场域感”来复原它们的功能。

首先需要考虑的是，《十诵律》中反映的对佛教艺术的总体态度。“A传统”似乎对寺院装饰颇为重视。经文中有对佛塔装饰的详细规定，包括绘画、悬幡、栏楯、立柱或狮子形象。这些装饰是为了突显佛塔的庄严[2]。

肖彭（Schopen）[3]根据其对《根本说一切有部毗奈耶》的研究，指出早期佛教时代，各类装饰被视为吸引俗世信徒进入寺院、激发他们捐赠和布施的有效设置。此情况可能也适用于与《十诵律》有关的佛教寺院，其中明令禁止僧人绘制或观看寺院的壁画[4]，

---

〔1〕 Dreyer 2015, pp. 62–64.

〔2〕 装饰佛塔时，只有情色图像是被禁止的题材。如佛陀与给孤独长者就如何装饰和供奉佛塔的对话（T23, no. 1435, pp. 351c11–352b8）。

〔3〕 Schopen 2004, pp. 19–44.

〔4〕 见本书245页，注释〔1〕。《十诵律》中也有相关记载，如两名不甚清楚戒律的比丘尼的故事：“佛在舍卫国。尔时有比丘尼。上山至阿练若处。欲受教诫故。……佛言：‘应二人共行。’即二人共行。二人不知法。所可至处看彩画舍。比丘问言：‘汝等欲受教诫耶。’答言。如是。是事白佛。佛言：‘应遣二知法了了比丘尼受教诫。’即遣二知法了了比丘尼。”（T23, no. 1435, p. 297a28–b16.）

可能意味着石窟和地面寺院内的装饰是为俗世信徒观看的。

回到龟兹寺院遗存,"A传统"带装饰方形窟中最常见的类型是Ⅰa型,即主室平面呈方形、中心有一尊大型佛塑像的穹窿顶方形窟。在克孜尔,它们通常与可供一人或两三人居住的僧房窟毗邻而建。居住在僧房窟中的僧人很可能负责维护这些洞窟,并且监管窟内举行的仪式活动。方形窟和僧房窟构成的组合一般开凿在崖壁较高处,由一条穿过岩体的小径抵达。可以想象小团体信徒怀着浓厚的仪式感来到窟前,受到居住在僧房窟的僧人的迎接,而后被引导进入礼拜空间。

克孜尔第76[2]窟是保存最好的例证。进入前室后,信徒的目光会立即被主室中心像台上的一尊高大的佛塑像吸引,主室门道安装的大型木结构门框更烘托出佛像的庄严(见图101)。当信徒的双眼适应了主室内有限的光亮之后,他们便可以凝视侧壁画面:左壁上降魔成道图、右壁上初转法轮图,以及前壁、正壁上比真人还高大、面容可怖的守护形象。如果再考虑到部分木制礼仪用具的存在,主室可容纳的人数不超过十人〔1〕。前室内很可能同样举行仪式,或至少是仪式的一部分。

主室可被视为佛陀的居所,由于建筑和装饰共同营造出一处神圣空间,身处其中的信徒可以想象佛陀的精神性存在。大型佛塑像占据了主室的大部分空间,壁面上的细密彩绘几乎无法看清。由于壁画无法被信徒看清,其显然是用来供养佛陀的,如檐口面所绘的乾闼婆乐师象征着伎乐供养。主室内剩余的空间仅是一条狭窄的绕佛像进行右绕礼拜(*pradakṣiṇa*)的通道〔2〕。右绕礼拜很可能是始于并结束于前室的仪式活动的一部分,但目前尚不清楚的是,是否所有参加仪式的信徒都进入主室,抑或只有仪式的主持者才可进入主室。信徒走出洞窟后,他们将会看到广阔的景色以及位于窟前地面的寺院,其内矗立着高大的佛塔以及其他附属建筑。

克孜尔同类型的其他方形窟,与僧房窟构成相似的组合,也是以同样的方式被使用。然而,在库木吐喇谷口区情况有所不同。第二区段内,主室中心有佛塑像的方形窟与其他带装饰方形窟构成组合,且周围没有僧房窟。少量的前室遗存表明它们的面积小于克孜尔洞窟的前室。主室通过一条较深的、两侧壁满绘壁画的狭窄门道进入,当信徒穿过门道时可能并不会详细观看这些壁画。少数几座方形窟的门道两侧还开凿出安置塑像的小龛。带装饰方形窟周围没有僧房窟,前室有限的公共空间、较深的门道、昏暗的主室等,营造出完全不同的"场域感"。这表明与克孜尔同类洞窟相比,它们有着不同的使用方式。信徒或是从乌什吐尔地面寺院列队走近这些洞窟的。当他们抵达第

〔1〕 见魏正中2020。这些前室中很可能存在木制礼仪用具,如桌、箱以及坐垫等。

〔2〕 绘制洞窟壁画的难度之大尚未得到足够重视。在壁面上部绘画或许简单一些,可通过搭建脚手架来完成,而在壁面下部绘画则颇为棘手,这是因为开凿于岩体的像台与壁面之间只有65～75厘米宽,画工需要在狭窄的空间内跪着或侧卧才可绘制。

二区段,信徒或许聚集在洞窟之前木结构搭建的空间内,而后依次进入洞窟礼拜。

夏合吐尔地面寺院内有一处僧院(见本书140-142页,见图94中编号T)。僧院入口相对处有一间佛堂,内曾有一尊佛塑像,位于中心像台上,类似于Ⅰa型方形窟。僧院内的僧房修建在佛堂两侧,围合成方形院落。这种布局与印度多处佛寺遗址中的僧院及其内的典型“香室”(*gandhakuṭī*)结构相似。“香室”被视为佛陀的永久居所,因此这间大堂中的塑像象征着佛陀作为僧伽之首。尽管有中心佛塑像的洞窟和佛堂所处环境不同,即不在僧房之间,而是多伴随一座僧房窟,但它们很可能也有类似于“香室”的象征功能,即佛陀象征性和精神性并存的神圣空间(见本书208页,注释〔1〕)。

大型佛塑像作为洞窟中的主要图像是意料之中的,但难以理解的是“A传统”洞窟中的另一类常见的核心图像,即世俗国王和富商。这些人物是窟内壁画中最高大的形象,占据着画面的核心位置。壁画布局将观者的目光引向大幅故事画中以国王或富商为主角的戏剧性故事,在宽大的画面中表现出丰富的细节。世俗国王或富商故事画常作为印度和其他地区的佛塔以及内有佛像的洞窟的辅助装饰,而在“A传统”洞窟中它们却是主要图像,窟内没有佛像或者与成道相关的题材。显然,这些洞窟不作为礼拜用窟。

这类装饰见于两类洞窟(Ⅰb型和部分Ⅲ型洞窟,见本书209-223页)和地面建筑。大幅故事画通常绘于正壁,仅少数绘于左壁。此类装饰存在于不同类型洞窟中,可能意义重大。穹窿顶方形窟营造出强烈的集中效果,中心处需要设置一尊佛塑像。若中心空无一物,只在四壁绘简单的叙事场景,则整体效果显得非常不得当。这可能会促使设计者尝试采用长方形券顶洞窟,平面呈横长方形或纵长方形皆可。这种尝试除了可以更好地利用主室空间外,或许也是旨在寻找一种能够更加突显核心图像的方式。

两类洞窟的差别也延伸至其所在组合。在克孜尔,主室正壁绘大幅故事画、平面呈方形的穹窿顶洞窟(Ⅰb型)通常与一座僧房窟构成组合,且二者共用同一前室。此外,由于这些洞窟开凿在崖壁较高处,需要攀登开凿在岩体内、狭长而黑暗的梯道才能抵达。共用前室内无装饰,很可能提供了一个必需的活动空间。主室因位于崖壁高处,其亮度被增强。另外,前室内涂抹白灰浆的前壁和顶部,以及开凿在主室前壁的一扇窗户,进一步增强了主室的亮度。然而,主室正壁绘大幅故事画、平面呈长方形的券顶洞窟,多是独立开凿的;它们各自的前室内涂抹白灰浆并绘壁画。在库木吐喇谷口区,主室正壁绘大幅故事画、平面呈方形的穹窿顶洞窟,则与带其他装饰、穹窿顶、主室平面呈方形的洞窟构成组合,各有独立前室;较深的门道阻碍了充足的光线进入主室。

没有佛像的洞窟与以一尊佛塑像为礼拜核心的洞窟相比,营造出完全不同的“场域感”。从建筑结构来看,无佛像的洞窟要实现的预期功能仅是绘满壁画。一个小型群体可以在明亮的、畅通无阻的主室内自由走动。窟内没有发现烟熏痕迹,表明这些洞窟不用于仪式活动。

这些洞窟内绘制以富商为主角的佛教道德故事画，对僧人修行实践并无任何帮助。这些故事画似乎是展示给富裕的俗世信徒的，劝说他们放弃世俗享受进入寺院生活，或至少支持和赞助僧伽（saṃgha）。还有一种用途或许是由专门僧人向富裕的俗世信徒讲授佛教故事来传播教义。

装饰图像中不见佛像的洞窟（或佛堂）似乎罕见于其他地区，却在龟兹地区的“A传统”寺院中拥有相当的数量。这种装饰可能为解读“A传统”的特征提供了关键线索。根据每个故事仅呈现一次，毫无重复之处，可以推测每幅场景都需要一位富有创造性的绘画大师设计核心情节。每幅画似乎都是独一无二的艺术作品。这些故事画的独特性，或许也表明古龟兹国内所有“A传统”佛教寺院被某一权威机构监管（见本书241–242页）。

套斗顶洞窟（Ⅱa和Ⅱb型）只见于克孜尔第一、三区段。它们大多位于崖壁靠下处。处于核心区域边缘的位置表明，与前述穹窿顶洞窟相比，此类洞窟开凿于较晚阶段。

套斗顶洞窟的装饰呈现出两种显著的、近乎截然相反的类型，意味着它们应有两种不同的功用。一类是主室内布满塑像。真人大小的塑像分上下两排被安置在四壁上，室内中心还有一尊大型佛塑像，其可能作为绕行礼拜仪式的核心。由于这些洞窟都不构成组合，它们的前室应是独立的。遗憾的是，由于保存现状较差，无法得知它们的规模和具体内容。通过前壁门道进入主室的光线照亮了塑像的一侧，而在另一侧形成了较深的阴影，从而营造出庄严肃穆的氛围。对这些洞窟的装饰进行复原十分复杂且费时。中心佛塑像的存在遵循了前文提到的中心有佛像的洞窟传统，而四壁上安置的立姿塑像无疑是“A传统”的一个创新。安置佛塑像的大型像台以及沿主室四壁开凿的平台，占用了室内的大部分空间。因此，尽管部分此类洞窟比穹窿顶洞窟大，但其内用于活动的空间仍局限于一条绕行礼拜通道。这些洞窟都开凿在面向木扎提河的崖面上，大部分靠近地面，接近寺院的核心区。因此，寺院中心和这些洞窟之间仅有简短的路程，不需要攀登崖壁。它们只见于克孜尔，应是为了满足只在此寺院开展的特殊活动。

另一类套斗顶洞窟（Ⅱb型）与一座僧房窟构成组合。主室内四壁涂抹白灰浆，壁画仅绘于檐口和窟顶，个别洞窟的四壁中间绘一条连贯的装饰带。对此类洞窟功能的解读有赖于判断主室中心是否存在像台，但遗憾的是，现存的五座此类洞窟都无法确定是否有像台。每座洞窟各有独立前室，其地坪比主室地坪低了将近50厘米。从前室进入主室需要登上台阶，这或许是一种仪式上的上升，具有仪式的内涵和隐喻。克孜尔第132窟前室壁面上所绘的一身大立佛像表明，此类洞窟中进行的仪式活动需要前室和主室的共同参与，类似情况已在第76[2]窟中充分讨论。

两类套斗顶洞窟的功能仍然难以确定，但它们营造出的不同“场域感”显然是有着不同功能。

主室平面呈长方形的券顶洞窟位于克孜尔的次要区域，即后山谷内区的内侧，其中部分洞窟由较早的洞窟改建而成（如第60[3]、212[2]窟）。此类洞窟始于“X阶段”，最初内无装饰且与僧房窟构成组合。壁画的绘制可能受到了“B传统”中心柱窟主室的启发。事实上，个别洞窟壁画中的若干元素源自“B传统”中心柱窟，诸如券顶上所绘的充满生机的山岳景观——或许是对中心柱窟相同位置所绘程式化菱格山峦图的新诠释，中脊饰带，坐禅僧人和梵志以及至少一例帝释窟说法的故事画。

除前文提及的绘大幅故事画的洞窟外，第92窟以及可能的第212[2]窟无核心图像，且没有任何塑像。两窟处于边缘的位置，缺乏明确的礼拜对象，壁画中多元的叙事题材，以及模仿自中心柱窟的元素等，都显示出属于“A传统”相对较晚阶段。由于这些洞窟仅见于克孜尔，它们可能在“A传统”中承担着辅助功能。

以上对“A传统”带装饰方形窟内可能的佛事活动形式进行的分析，并不能使我们精确地将特定功能与每类洞窟联系起来。然而，通过以上考察，我们已获得许多有价值的信息。带装饰方形窟只是寺院内的一个小单元，旨在满足小团体信徒的活动需求。洞窟内的空间似乎可以容纳多种活动，诸如围绕大佛像右绕礼拜的仪式，讲故事布道和小型集会。进入这些洞窟需由住在附近僧房窟的僧人引导，它们很可能是在特殊场合由少数人使用的。大规模的聚会活动或是在崖壁前面的广阔平地上举行的，此处还应有大型地面建筑，围绕佛塔而建。当把带装饰方形窟置入寺院整体背景中，考虑到它们前室、主室的规模，以及抵达的方式，便不难发现它们只是辅助结构。

最后需要提及的是，克孜尔还存在一类洞窟组合，由一座无装饰、主室平面呈长方形的券顶方形窟和一座僧房窟组成（见本书177页）。大多数情况下，它们位于带装饰方形窟和僧房窟构成的洞窟组合的外围，其中部分开凿于较晚阶段。由于洞窟遭到了严重破坏，且无装饰，难以推断它们的功能。这些方形窟中，部分洞窟形制简单、规模较小，地坪比僧房窟地坪还小；部分洞窟则规模较大，有混线线脚，壁面凿刻平整，涂抹草泥层并刷一层白灰浆。这些洞窟可能会提供更多有关“A传统”性质的信息，可惜材料有限，无法展开详细分析。

居住区

龟兹石窟寺院遗址中现存的居住空间主要是僧房窟。命名此类洞窟的传统方式是基于对它们的功能的推测，但目前关于僧房窟还缺乏专门的研究，如它们的等级结构、每座僧房窟可容纳的人数，以及其内可以开展的活动。

克孜尔石窟中可以识别出30多座“A传统”僧房窟，它们建造的时代跨度较大，大多数僧房窟是洞窟组合中的关键构成，少数僧房窟被增建入先前已存在的组合中，或独立开凿[1]。于已存在的洞窟组合中增建僧房窟，意味着“A传统”僧团对额外居住空间的持续需求。“A传统”僧房窟都属于同一类型，且与其他传统的僧房窟不同。库木吐喇谷口区第二区段的唯一一座僧房窟（GK第28窟）与克孜尔“A传统”僧房窟形制相同，这种形制也见于苏巴什遗址的部分地面建筑（见图85）。僧人居住空间的布局与规模的标准化，表明“A传统”建造居住空间时遵循着某些特殊规定，与龟兹其他传统不同。

除在石窟寺院中辨识出的僧房窟外，根据伯希和的记载，夏合吐尔寺院中也有居住区——僧院（见图94中编号T）。僧院的位置表明其属于寺院最初修建阶段，应为“X阶段”，被后续传统沿用。根据伯希和绘制的不甚精确的平面图，可以推测其内包括15～20间僧房；如果原有两层高，那么僧房的总数接近40间。此处僧院规定了可能居住在寺院内的僧人的最大数量。可以合理推测，乌什吐尔寺院和苏巴什寺院中也有类似的僧院。

根据《十诵律》的记载，开凿于岩体的僧房窟作为独立的、地面僧房建筑的补充[2]。地面僧房建筑可能主要供年长的僧人居住[3]。僧房窟很难完全满足预期居住的僧团的需求，因此克孜尔很可能需要地面僧房建筑。

石窟寺院中的僧房窟或许是承担特殊任务的僧人居住的。在克孜尔，大多数“A

---

〔1〕 属于“A传统”的僧房窟有：克孜尔第29、30、34[1]、66、68、75[2]、90-11、90-12、90-16、79、80、82、95、121、125、128、130、130A、135、142、143、144、147、164、169、174A、194、203、204、209、215、230、231窟；库木吐喇GK第28窟。此外，苏巴什遗址内的数座地面建筑也有相同的布局，夏合吐尔寺院内有僧院，其中下层至少有20个独立僧房，上层应该有相同的数量。这是目前保存下来的，最初应有更多的居住建筑。

〔2〕 如给孤独长者在舍利弗的指导下于园中建造了一座多层建筑和60座窟屋：“尔时居士以舍利弗为师，于此园中起十六大重阁作六十窟屋。”（T23, no. 1435, p. 244b8-24）另一则记载：“若更得温室殿堂殿楼、一重舍、阁屋、平覆屋、地窟、山窟……”（T23, no. 1435, p. 156c19-20）其他律藏中也将洞窟视为僧人的居住空间之一，如巴利文律藏（Vin Ⅱ.146）列举了五类居住空间：*vihāra*、*aḍḍhayoga*（特殊屋顶的房屋）、*pāsāda*（宫殿）、*hammiya*（平顶空间）、*guhā*（洞窟）。基弗尔-普尔兹对此问题展开了讨论。

〔3〕 说一切有部僧团，与其他佛教部派传统相同，包括上、中、下三座僧人。各座僧人在寺院中负责的事务不同：“上座法者，如上非时会上座说。中座法者，中座、下座比丘欲入白衣舍，当推上座在前，应恭敬上座。若上座便利，中座下座应待，不应远去。……下座法者，下座比丘，应扫洒佛图、讲堂、布萨处、佛图门中众僧会处地……”（T23, no. 1435, pp. 421c22-422a8）。也见庆昭蓉2017，313-316页。在选择住处时也有等级差别，如：“佛在王舍城。尔时跋提居士，起僧房重阁高大庄严……尔时长老上座，舍是重阁住小房中。时有客比丘来者，皆作是念：‘重阁中必有上座，我等何不至边小房住。’”（T23, no. 1435, p. 248a14-b4.）

传统”僧房窟与方形窟构成组合，表明这些僧房窟是供负责照看方形窟的僧人居住的。在库木吐喇谷口区第二区段，唯一一座僧房窟（GK第28窟）可以俯瞰进入该区段的入口；住在此窟的僧人很可能负责监管和保护此区的带装饰方形窟，而使用带装饰方形窟的僧人则居住在乌什吐尔地面寺院的僧房建筑内。

为寺院中的僧人提供生活空间与设施，是规划寺院之初就需要考虑的重要问题。现存的遗迹、对寺院的复原重建，以及《十诵律》中的相关记载，均表明进一步考察各种居住生活设施的可能性。本研究中，我们推测“A传统”僧房窟的标准结构，与“X阶段”和“B传统”僧房窟不同，反映出关于“A传统”僧人的居住空间存在着不同的规定。僧人是居住在僧房窟还是地面僧房中，可能也有一定的区分标准，如僧人的级别或是否需要执行特殊任务。僧人们也可能在某一地方居住一段时间之后被分配到另一地方[1]。

禅修区

禅修是龟兹说一切有部僧团寺院生活不可或缺的部分。克孜尔出土的《梵文禅定修习法要》，见证了此地区曾发展出复杂精细的禅修实践[2]。禅定窟普遍较差的保存现状使人无法展开深入分析，但其中包含的若干元素仍可说明不同阶段和传统之间的差别。

在洞窟中坐禅，是“X阶段”僧人修行生活的重要构成。禅定窟通常开凿于专门的区段，距离寺院中心有一段路程。苏巴什、乌什吐尔、夏合吐尔地面寺院提供了很好的例证：长条形洞窟集中分布在地面建筑群的北侧[3]。这种情况也暗示出地面寺院的选址需要考虑附近是否有适合开凿禅定窟的岩体。地面建筑中没有任何迹象表明存在着专门用于禅修的建筑。“A传统”沿用了“X阶段”辟建的禅定区段和长条形禅定窟，可能也增凿了新的禅定窟。在克孜尔，年代最早的禅定窟似乎位于谷内最内侧（见本书192–193页）。这种情况与地面寺院的选址形成了镜像，长条形禅定窟所在之处距离寺

〔1〕根据《出三藏记集》中《比丘尼戒本所出本末序第十》的记载：“寺僧皆三月一易屋床座或易蓝者。未满五腊。一宿不得无依止王新僧伽蓝……此三寺尼……亦三月一易房或易寺出行。”（T55, no. 2145, p. 79c10–22）可以考虑这些规定是否适用于“A传统”居住空间，因可能暗示出可移动家具的使用。

〔2〕对《梵文禅定修习法要》写本的校订与研究，见Schlingloff 1964；Hartmann 1996；Schlingloff/Hartmann/Röllicke 2006。

〔3〕即与乌什吐尔地面寺院对应的库木吐喇谷口区第一区段；就夏合吐尔地面寺院而言，根据格伦威德尔的记述推测其北侧分布数座洞窟，见格伦威德尔2007，17页；本书140–142页。

院核心区约15分钟的步行路程,意在选择一处僻静的、不受干扰之地。这些洞窟内壁通常涂抹草泥层,并刷有白灰浆,但没有装饰[1]。

长条形洞窟可能用于经行(*caṅkramaṇa*)。中亚气候条件严峻,夏季酷热冬季严寒,在这种情况下室外经行变得十分困难。《十诵律》中提到佛陀和僧人在某些情况下可以在洞窟中经行[2],表明窟内经行实践的普遍性。此外,长条形洞窟内开在两侧壁上的小龛室显示出在"X阶段"和"A传统"时期禅修是一项集体活动,并在专门的区段内进行。

前文已指出坐禅佛陀和僧人形象在"A传统"图像中不占重要地位。此类图像出现于"A传统"部分晚期洞窟(Ⅲ型),它们在"B传统"洞窟图像中更为常见。中心柱窟的主要礼拜对象大多是于窟中坐禅的佛陀,即帝释窟说法场景中的核心画面[3]。"B传统"更偏重单座独立的禅定窟,它们大多开凿在僧房窟附近(克孜尔第12A、B;25,25A、B、C;109A;196A、B、C窟),或在专门的区段内包括数座独立的禅定窟(克孜尔尕哈和托乎拉克艾肯)。"A传统"和"B传统"禅定窟在位置和类型上的显著差异引人注意,"B传统"时期僧人可以在居住的洞窟旁禅修。肖彭[4]指出《根本说一切有部毗奈耶》中提到非佛教信徒在亲眼看见僧人诵经和禅修后深受震撼,僧人进行的佛事活动是可以被来访的非佛教信徒观看的。这种情况更可能出现在"B传统"寺院中。

综上表明"A传统"和"B传统"僧人在不同形制、分布于不同位置的洞窟中进行禅修实践。

储藏区

储藏空间是安全保存寺院运行所需的食物、衣物、法器、药品等所有相关物资必不可少的空间。

---

〔1〕只有苏巴什的部分长条形洞窟内绘有壁画,但无法确认其绘于开凿之时还是后续阶段;绘画风格和内容也不清楚。最新资料和研究见冉万里2020。

〔2〕有关洞窟中经行禅修的数条记载中有一则尤其值得注意,因其明确提到了在不适宜的天气条件下于窟内经行禅修:"时佛初夜露地经行,尔时小雨堕,释提桓因作是念:'佛今在露地经行小雨堕,我何不变作琉璃窟,令佛在中经行。'即变化作,佛在中经行,帝释随后。"(T23, no. 1435, p. 113b22-27)另一条记载户外经行禅修时遇到的问题:"佛在阿罗毗国,新作僧伽蓝,诸比丘无经行处,是事白佛,佛言:'应作经行处。'彼土热,经行时汗流,佛言:'应经行处种树。'"(T23, no. 1435, p. 284a1-4.)

〔3〕克孜尔中心柱窟中的主尊像都已不存,但克孜尔出土的大量小型木雕禅修佛像可能反映了曾经的面貌,见魏正中2020。

〔4〕Schopen 2000, p. 259.

在克孜尔,储藏窟集中分布在第二区段,很可能始建于“X阶段”,在后续阶段被扩建。不同类型的储藏窟表明它们是用来储藏不同种类的物资的,尤其是节日期间施主捐赠给寺院的财物,如灯油、药品、器皿以及各种用途的纺织品[1]。规模较大的洞窟可能用作仓库,因为寺院每年都要储藏必需的粮食[2]。进入储藏窟的道路可能被寺院严格看管(见本书258页,注释〔1〕),物品在需要时由专门人员负责配发。

目前在地面寺院中尚未识别出用于储藏物资的遗存,但在苏巴什、乌什吐尔、夏合吐尔地面寺院中有充足的空间辟建储藏区。地面寺院毗邻首都或其他城市,这或许意味着它们所需的储藏空间不如克孜尔等石窟寺院多,因为地面寺院的便利位置使得捐赠物品的流动更加稳定,或者所需物资能很快得到补给。

“A传统”寺院生活

上述对寺院的重建有助于更好地理解寺院生活展开之地。对每类建筑功能的解析,为了解这些寺院的运作方式提供了线索。虽然寺院的主要职能是为僧人提供合适的修行与生活场所,但它们也需要满足俗世信徒的拜访诉求。寺院显然是包括多类建筑的复杂综合体,并非仅由现存遗迹构成。参考相关记载,接下来尝试分析“A传统”佛教是如何在这些寺院中展开的。

《出三藏记集》中《比丘尼戒本所出本末序第十》提到龟兹有僧寺和尼寺[3]。尼寺为西域诸国的贵族女性提供了修行场所,而她们各自所在的王国不允许设立尼寺。因此不能排除“A传统”寺院中存在尼寺的可能性。文献记载提醒我们,在研究龟兹佛教时需要注意性别问题。

聚集在寺院中的僧人通过学习佛教典籍和禅修来获得精神上的提升。礼拜佛塔和佛像的空间、居住建筑,以及用于禅修的场所,前文已有讨论。其他活动可能在地面建筑中进行。

根据库车地区出土的大量写本,可以推测龟兹僧团拥有较高的文化水平。除读、

---

〔1〕 何恩之、魏正中2017,42-43页。

〔2〕 第二区段出土一件木桌(TS42),其上刻有“印度俗语龟兹方言”文字,可以作为例证。其中提到一位龟兹国王捐赠给Yurpāṣka(耶婆瑟鸡)寺院大量谷物,而Yurpāṣka是位于克孜尔的一处寺院的吐火罗语名称。见庆昭蓉2014c,56-61、66-72页;Hiyama 2016-17, pp. 47-48。捐赠的10 000 *milima*(重量单位)谷物,相当于20 000千克,或445 000平方米土地所产粮食,见段晴2011,4-6页。

〔3〕《出三藏记集》(T55, no. 2145, p. 79c10-22)。梵文本《比丘尼别解脱经》出土于克孜尔,由瓦尔德施密特(Waldschmidt 1926)校订。

写、抄吐火罗语佛经外，部分僧人还精通梵语，并能将之译成吐火罗语。这就提出了寺院教育以及教育所需的建筑设施问题，除需要翻译、抄写佛经的场所外，还需要专门存放神圣典籍之处。在规划设计寺院之初，这些空间场地都要考虑在内。

研习和精进教义之外，僧人们还要轮流负责确保寺院运作的杂务。年轻僧人通常被指派简单的工作（见本书254页，注释〔3〕），经验丰富的僧人负责更复杂的工作，诸如主持仪式、监督行政事务等〔1〕。

寺院中的日常生活会被定期举行的活动或节日打断。其中重要活动之一是每半个月举行一次的布萨（*poṣatha*），背诵僧人必须遵守的戒律，即波罗提木叉或别解脱戒（*prātimokṣa*）〔2〕。寺院的所有僧人都要聚集到指定的布萨处，并设置结界（*sīmā*）。他们很可能被一种引人注意的胜音，如铃声、锣声或梵音等召集到布萨处〔3〕。龟兹石窟中没有一座洞窟可被确认为布萨场地，布萨有可能在现已消失的地面建筑中举行。每年安居（*vārṣika*）的开始和结束也是重要事件〔4〕。安居期间僧人需要在寺院内足不出户三个月〔5〕。与佛传重要事件相关的庆典节日期间也会举办大型聚会〔6〕。

定期举行的节日活动为世俗供养人拜访寺院提供了机缘〔7〕。俗世信徒可以礼拜佛塔和佛像、听僧人布道、布施财物为自己和家族后代积累功德。大型节庆活动除宗教性特征外，也是促进寺院经济增长的良机，或许可以说是寺院获得物资的主要途径，这些

---

〔1〕 如《十诵律》第34章（pp. 248a–251a）中列举的寺院各类执事人员："应立知敷卧具人……应立知食人……应羯磨立分带钵那人……从今应立分药人……立作器房法者……佛在王舍城，尔时种僧得衣，无人守护，佛言：应立守护衣人……佛在舍卫国，无分浴衣人，是事白佛，佛言：'应立分浴衣人'……"（见Silk 2008, pp. 166–168；庆昭蓉 2017，319–324页）。然而，基弗尔-普尔兹（Kieffer-Pülz 2010, pp. 84–85）指出经典中记载的管理人员分类不一定反映真实情况，因为"这些更像是列举的责任，在给定的时间里对于与僧尼相关的每一种必要条件或因素都指定一个负责人，不论他或她是否存在"。

〔2〕 关于龟兹地区出土的波罗提木叉戒本或别解脱戒（*prātimokṣa*）的研究见附录一。

〔3〕 龟兹地区的佛教遗址中尚未发现结界（*sīmā*）遗迹，但不能排除用自然物作为标识的可能性。因此，若没有详细描述其位置的文献记载，辨识出它们极其困难。龟兹B种风格壁画绘制的第一次大结集场景中，描绘了摩诃迦叶用木棍敲锣来召集僧人，见Zin 2020a, pp. 118–120；2020b, pp. 123–126。

〔4〕 根据《十诵律》的记载，安居开始和结束之时要举行盛大的活动（T23, no. 1435, p. 11b21–26）。克孜尔第145窟（"A传统"方形窟）内有一则吐火罗语题记，提到的日期相当于安居的第一天（见本书62页，注释〔2〕，也见庆昭蓉 2013，406页）。题记内容与安居首日举行的庆典中王室供养人的捐赠活动有关。

〔5〕 安居在印度与实际的雨季时长相当，而龟兹的气候条件与印度次大陆并不相同，规定从4月中旬开始至7月中旬结束，见庆昭蓉 2017，213–222页。

〔6〕 根据《萨婆多毗尼毗婆沙》（T23, no. 1440）记载，第二个月的第八天被视为每年纪念佛陀降生至母胎及诞生之日，第八个月的第八天被视为每年纪念佛陀初转法轮和涅槃之日，见庆昭蓉 2017，229–231页。

〔7〕 在布萨日，在俗信徒也被鼓励遵循佛教的八项戒律。这是在俗信徒拜访佛寺聆听僧人布道、布施财物的绝佳机会，见庆昭蓉 2017，206–213页。

物资被存放在宽敞的储藏空间中。

不定期的活动可能也是俗世信徒拜访寺院的契机。这些活动包括沙弥、比丘和比丘尼的剃度或葬礼。当然，寺院也可以随时根据所需，在特定地点召集所在地民众参与佛事活动。

以上对寺院内举行的各种活动及其可能所需建筑的分析，更加清楚地显示出现存遗迹只是“A传统”寺院内的少量建筑。此外，耕种寺院田产以及在寺院土地上从事畜牧业的劳动者，也需要居住建筑。其他技能人员也会被寺院雇佣一段时间，诸如开凿洞窟的工匠、木工、画工、织工、乐师、舞人等。这些人员，有时可能是整个家庭[1]，需要与僧人分隔的居住设施，但显然也位于寺院领地内[2]。

大批信徒在节庆活动期间前往寺院，也需要聚集、休息、饮食，有时甚至需要留宿。专门满足这些需求的建筑可能会按照要求修建在寺院领地之内。由于“A传统”寺院沿着丝绸之路主要商贸交通路线分布，不能排除它们也会如同驿站一般，为来往的商人及其牲畜提供住宿设施。这些商人可能通过向寺院布施财物，祈求获得佛陀保佑。

若想全面理解寺院及其被使用的方式，还需更多研究。尽管将每项具体活动与建筑直接一一对应的可能性很小，但通过本章的分析，我们认为这些寺院中可能举行过多种活动，寺院不仅是为僧团的修行生活而专门建造的，还造福了广大信徒和社会。除可辨识的遗存外，研究还表明也需要考虑那些曾经存在但现已消失的建筑。这些建筑的存在可以通过探究“A传统”寺院内可能举行的活动来推知，而这些活动在同时代的佛教和历史文献，以及僧团修行戒律中都曾被提到。这项研究超出了本书探讨的范围。然而需要强调的是，在研究中不考虑现已消失的建筑，或过度推测它们的功用，都会造成误解。

综上，不难推知“A传统”寺院最初的正常运转离不开多种建筑的配合，它们包括清晰的边界、入口大门、至少一座高耸突出的佛塔、围绕佛塔的庭院、举行特定仪式和聚会的大型建筑、僧人与世俗劳作者和信徒的居住空间，以及用于禅修或举行小规模佛事活动的洞窟。

---

〔1〕 Verardi/Paparatti 2004, p. 24. 此书序言中提及整个家庭都来修凿贾古里（Jaghuri）和卡拉巴格伊·加兹尼（Qarabagh-e Ghazni）洞窟，并在附近居住了很长一段时间。相似的情况可能亦出现在龟兹地区。

〔2〕《十诵律》中也记载了寺院领地内存在世俗劳作者，见庆昭蓉 2017，294-312 页。他们（吐火罗B语称之为 *kapyāre*）在吐火罗语世俗文本中也经常被提到，意味着龟兹佛教寺院领地内也存在世俗劳作者。

结　语

一个多世纪以来，关于龟兹佛教的研究主要集中于对写本和壁画的释读。然而，佛教实践，与其他人类活动一样，展开于空间之中。在关于古代寺院的研究中，综合视角的缺乏阻碍了研究的进展。考古学为石窟寺院遗址的研究提供了动态视角。当被恰切解读后，包括寺院位置与布局、带装饰洞窟和无装饰洞窟的不同类型及相对位置、地面建筑和崖壁之间的空地等在内的所有要素，都是解锁寺院内佛教生活如何展开的关键信息，且有助于将现存遗址置于恰当的背景中考察。

为更好地解决此问题，我们将视野聚焦于龟兹说一切有部佛教的物质遗存上。说一切有部佛教尚未受到唐代大乘佛教的影响，其表现出的许多特征可以被明显地归入不同的阶段与传统。

过去20年中，考古学和艺术史的研究已揭示出寺院内存在着不同性质的遗存。龟兹研究展开之初，两种不同的壁画风格已被确立，并被大多数学者视为代表了年代上的变化。本书作者之一魏正中辨识出两类洞窟组合，与两种风格相对应；桧山智美的图像学研究则表明两种风格各有其独特的叙事内容。

本书在对古龟兹国两类不同的洞窟组合所代表的说一切有部佛教的两大形式进行区分时，为避免误解，暂称为“A传统”和“B传统”。随着研究的展开，我们发现情况事实上比预期的更复杂。物质遗存的分析显示出四个不同阶段的发展序列，并被纳入一个相对年代框架中。基于考古信息如打破关系、改建和重修洞窟，以及洞窟在寺院内的相对位置等，证实了它们的年代序列。

“X阶段”的遗存发现于地面寺院和石窟寺院中。此传统使用的建筑包括无装饰、主室平面呈长方形的券顶方形窟，形制不标准的僧房窟，以及用于禅修的长条形洞窟。这些遗存发现于苏巴什、乌什吐尔、夏合吐尔、克孜尔和玛扎伯哈寺院。

“A传统”引入了新类型洞窟，即主室平面呈方形、穹窿顶、使用当地颜料绘制A种风格壁画的方形窟。这一传统在早期“X阶段”建造的石窟寺院和地面寺院中兴盛起来。在克孜尔，带装饰方形窟通常与僧房窟构成组合；而在库木吐喇谷口区，它们与同类方形窟构成组合。基于主要图像，可将带装饰方形窟的装饰布局划分成三类：主室中心佛塑像、主室正壁以国王或富商为主角的大幅故事画，以及无核心图像。壁画内容与佛教早期经典相关,它们大多在公元5世纪末之前被编撰出来或被译成汉文。

中心柱窟是“B传统”的特色,通常与同类洞窟或其他类洞窟构成组合。中心柱窟的建筑特征使其拥有两个核心,大多数情况下主室的核心是帝释窟说法场景,而后部区域的核心是佛陀大般涅槃场景。B种风格的特色是使用进口颜料,色彩更丰富且大量使用金箔,装饰布局程式化且重复度颇高。尽管并非全部,但大多数可辨识画面的图像细节与《根本说一切有部毗奈耶》密切相关。这是龟兹最成功的佛教传统,在王国境内又创建起数座新的大型寺院。目前此传统的遗存最为丰富。

“Y阶段”融合了“A传统”和“B传统”的建筑与装饰元素,同时也引入了新的图像题材。其性质还需更多研究,尤其是从图像的视角。洞窟开凿在此前传统已建立的寺院中,充分利用崖壁上尚未被开发的空间,没有构成组合。建筑结构的变化导致新的装饰布局或叙事内容的出现。窟内绘制A种风格或B种风格的壁画,有时是两种风格的混合。“Y阶段”很好地说明了不同传统之间的界限并非刀切斧削般清晰明了,相互影响和借用可能是常态。

对四个阶段的总结是为了强调每个阶段都占用寺院内特定的场所或区段,引入新的洞窟类型、建筑类型、图像构成、叙事内容、壁画布局和绘画风格。然而,龟兹地区每种新传统的出现,都不应被视作在前一传统彻底终结之后,而是在原有传统存续的情况下,引入新的规则或偏好。

本研究的核心是重构“A传统”寺院的原境,希望其能引出观察龟兹说一切有部佛教发展的综合视角。通过与同一遗址内其他阶段、其他传统的仔细对比,我们尽最大努力辨识出石窟寺院和地面寺院中的“A传统”遗存。对“A传统”的辨识涉及对洞窟类型的识别和定义、复原和描述分析,以及重建寺院的布局。最终目的是还原“A传统”寺院兴盛时期的真实图景。

合作撰写此书的缘由是,我们意识到单一视角考察龟兹佛教寺院遗存以及当时佛教状况会失之偏颇。四位作者通过长期沟通和交流,从不同方面进行了详细分析。通过对各自专长领域的探讨,对“A传统”形成了更全面的认识。现将主要发现总结如下。

通过对“A传统”地面寺院和石窟寺院布局的复原分析,可知佛塔的中心地位十分突出。佛塔作为寺院内的核心建筑,其周围是供绕行礼拜的宽敞塔院。塔院是整个寺院内最大的聚会空间,且为重大活动的举行提供了场所。

相反,“A传统”带装饰方形窟通常较小,似乎是为满足小型聚集的特定功能而设计的。它们的规模和位置表明不适合用作举行大型佛事活动的空间,显然也不在“A传统”寺院生活中发挥核心作用。

带装饰方形窟集中于专门的区段,且与不同类型的洞窟构成组合。在克孜尔,典型的洞窟组合通常由一座僧房窟和一座带装饰或无装饰方形窟构成；而在库木吐喇谷口区，带装饰方形窟多与同类洞窟构成组合。少数几座带装饰方形窟单独开凿。

“A传统”带装饰方形窟在建筑形制、装饰布局以及叙事内容上表现出显著的差别。就建筑而言，最常见的是主室平面呈方形的穹窿顶洞窟，其次是主室平面呈方形的套斗顶洞窟，最后是主室平面呈长方形的券顶洞窟。除无核心图像的洞窟外，窟内装饰布局通常意在将信徒的目光引向主要图像。图像叙事内容的差异显然是有意避免同一故事的重复。每座洞窟中体现出的对新颖性的追求，在与“B传统”中心柱窟对比时就会更加鲜明，后者在建筑、布局和叙事内容方面都表现出明显的重复性。

带装饰方形窟内的核心或是主室中心像台上的佛塑像，或是主室正壁的大幅故事画。坐佛塑像的复原高度超过了两米，因总体高度接近佛陀被圣化后的身高，很可能表现的是“真身”佛陀。大幅故事画作为图像核心，表现的是以国王或富商为主角的佛教道德教化故事，不见佛陀形象。

辅助图像主要是绘于主室四壁的壁画，大多构成中心佛塑像的背景。仅有一类洞窟，其四壁的成排塑像作为辅助图像。

“A传统”洞窟的所有塑像或是安置在中心像台上，或是固定在壁面上，皆无法移动。这与“B传统”中心柱窟主室正壁主龛内的塑像形成鲜明对比，此类像通常更小、更轻巧，便于移动和携带，因此举行如行像等相关仪式时，便可被带至窟外。

关于装饰的叙事内容，“A传统”似乎更倾向于将佛陀表现为超越历史的、神秘的形象，而不是历史中真实存在的人物。叙事聚焦于佛陀以及具有神话般过往的传奇人物，几乎不表现真实的寺院生活。大幅故事画凸显了“A传统”洞窟的独特性。关于国王或富商的说教性故事以一种令人悦目的方式绘制出来，而不表现常见于“B传统”洞窟的残忍或血腥场景。“A传统”表现出的审美品位可能反映出龟兹地区社会精英阶层精致而富足的城市生活，也可能正是这种生活孕育出了“A传统”。

启发“A传统”图像创作的文本是多元的。其中部分图像或是清晰地来自编成于贵霜时期的梵文经典，或是遵循了同一时代犍陀罗佛教石刻艺术的图像原型。其他图像则是基于多种汉译佛经中保存的内容，这些佛经的译成年代不晚于公元5世纪末，其中部分由龟兹高僧鸠摩罗什翻译。“A传统”洞窟壁画的图像细节通常与《根本说一切有部毗奈耶》中的记述不同，而“B传统”洞窟中的装饰多与此典籍密切相关。换言之，“A传统”的叙事似乎反映的是说一切有部的早期阶段，而“B传统”则反映的是较晚阶段，其表现的扩展性的叙事内容更多地被编于《根本说一切有部毗奈耶》。

僧房窟提供了一个有趣的视角。此类洞窟的延续性、与其他传统僧房窟的差别，以及它们同时被发现于石窟寺院和地面寺院的事实，均表明“A传统”僧人的居住空间曾存在专门的规定。

用于禅修的区域与寺院中心相距较远。最常见的禅定窟是长条形窟，可能同时用于坐禅和经行。这些洞窟的结构显示出禅修是集体活动；单座洞窟单独禅修的理念似乎与“B传统”有关。

物质遗存证实的两种不同传统的存在，亦得到了库车出土的《比丘别解脱经》写本研究结论的支持。这些写本可分出两种版本，表明僧团中两个分支的存在。A本接近于鸠摩罗什等人译成的汉文本《十诵律》中保存的内容，而B本似乎受到《根本说一切有部别解脱》（*Mūlasarvāstivāda-Prātimokṣa*）的影响。这些写本表明两个传统内都可能存在着分支，或多或少受到根本说一切有部的影响。这种认识与“A 传统”和“B传统”叙事装饰之文本来源的研究结果一致。

对壁画颜料和技法的分析，同样揭示出存在着不同的传统。A种风格壁画大多见于“A传统”带装饰方形窟，其特征是使用本地可获得的颜料。B种风格壁画常见于“B传统”中心柱窟，同时使用了本地的以及自中亚西部、南亚、西南亚和东亚引进的颜料。其中，青金石和虫胶树脂的使用需要专业技术知识。此外，还有金箔技术，其从未见于“A传统”洞窟，但在“B传统”洞窟中大量使用。

地面寺院和石窟寺院在建筑类型和装饰上的相关性表明，“A传统”遍布整个王国，且并不局限于石窟寺院。尽管现存遗址的数量有限，但地面寺院很可能扮演着主要角色。现存的“A 传统”遗迹只是一种苍白的反映，曾经其所表征的佛教形式在早期十分兴盛，且在某一特定时期是龟兹国佛教文化的主流。

两种传统的不同特征也体现在寺院的不同分布位置上。现存的“A传统”寺院遗址皆靠近曾经的都城，沿着主要商贸路线分布，意味着与世俗世界定期进行着频繁的互动。相反，“B传统”寺院的选址则反映出有意选择更僻静的、远离贸易路线的地方，僧团可以不受日常俗世信徒的干扰，专心于修行。

对现存所有资料的考察得到了相关文本的佐证，由此我们将“A传统”视为龟兹说一切有部佛教的早期形式。此传统的僧团遵循的戒律似与《十诵律》类似。然而“B传统”是龟兹说一切有部佛教的晚期形式，其戒律中的更多要素与《根本说一切有部毗奈耶》相关（暂不考虑龟兹佛教僧团当时是如何进行自我定位的）。“B传统”开始于“A传统”之后，随后成为龟兹最有影响力的佛教传统，其兴盛程度被公元7世纪早期到访的玄奘目睹。尽管由不同的规定支配，如两个传统的僧房窟和禅定窟在结构上的差异以及寺院内装饰布局和内容的不同侧重点，但这两大传统似乎重叠过一段时间。

以上是我们的相关认识。限于资料、研究现状以及自身精力，还有若干问题无法深入展开；它们可能会在将来的工作中得以解答。我们尽最大努力完成此书，希望能成抛砖引玉之功，推动不同学科之间的学者展开合作，基于对物质资料的系统全面考察探索特定时段、特定地点的佛教问题。

本书题为《龟兹早期寺院中的说一切有部遗迹探真》或许有些大胆，但它反映了物质资料“告诉”我们的信息。龟兹佛教曾在数个世纪内经历了连续的发展阶段。我们辨识出了其中的两种，即此地说一切有部佛教的早期和晚期，并称之为“A传统”和“B传统”。在某个时段，“A传统”是龟兹佛教文化的主流，且在历史文献中留下了踪迹，但它的大量丰富、重要的物质遗存此前从未成为独立的研究对象。这也是我们以这些材料为主来考察龟兹佛教发展的主要原因之一。

附录一
克孜尔及周邻地区出土的说一切有部《比丘别解脱经》梵文写本
——对其中若干戒条的考察

基弗尔-普尔兹

引言

魏正中和桧山智美已经探讨了克孜尔、库木吐喇谷口区洞窟以及苏巴什、乌什吐尔、夏合吐尔地面寺院属于早期佛教传统，即“A传统”的相关遗存。在不属于“A传统”的洞窟中，只有少量洞窟的年代早于“A传统”，大多属于较晚阶段，即“B传统”。“A传统”和“B传统”在建筑、装饰以及寺院内所处位置等方面皆有差异。“A传统”中的部分洞窟形制被弃用，并被改建成“B传统”流行的形制，暗示着年代发展关系。“B传统”后来取代“A传统”，成为龟兹地区更广布的传统。最后出现了融合“A传统”和“B传统”特征的洞窟，此阶段被作者称为“Y阶段”。

谷口阳子对两种传统洞窟内所用绘画材料、胶结材料、颜料、工具和技法的考察（附录二），表明两种传统在绘画技法和颜料使用上亦有差别。在A种风格或第一印度—伊朗风格（与“A传统”相关）中，产于当地的黄赭石占主流。而在B种风格或第二印度—伊朗风格（与“B传统”相关）中，青金石和雌黄更突出，并且采用了不见于A种风格的贴金箔技法，这些成为B种风格的显著特征。总而言之，A种风格使用的色彩和颜料都是当地的，而B种风格还兼用异域（南亚、西南亚和东亚）进口颜料，且种类更为丰富。

这些洞窟之间的差异引出了一个重要问题，即不同类型的洞窟和装饰布局与内容是否意味着它们都是此地流行最广的部派（即说一切有部）所居住和使用的。本篇笔者尝试从语言学的角度探索是否同样存在如物质文化遗存表现出的明显差别。为此，笔者将重新审视克孜尔及周边地区出土的毗奈耶写本，即说一切有部系的梵文本《比丘别解脱经》，关注其中对僧人必须遵守的戒条的记载。按要求僧人须在每半月举行的布萨仪式上诵说戒本，因此对这些戒条的研究是恰如其分的。这项要求的前提是每个寺院存在至少一件副本，或有一名僧人可背诵全文。在丝路北道发现的写本中，属于《比丘别解脱经》的残片数量位居第二[1]（仅次于《出曜经》（*Udānavarga*）[2]）的事实，可作为佐证。

中亚之地是民族、文化、语言、文字和宗教的大熔炉。丝路北道通常被视为说一切有部经典的重要据点，其他部派的写本屈指可数。《比丘别解脱经》的大多数残片可归入说一切有部系，只有少量属于根本说一切有部[3]，还有个别与法藏部有关[4]。除比丘

〔1〕 Wille 2009, p. 49.

〔2〕 施密特豪森（Schmithausen 1970, pp. 110–111）辨识出《出曜经》两种版本：版本2（4世纪已发展完善）属于根本说一切有部，而版本1是西域的说一切有部，最早始于公元5世纪。在这之前还存在比版本1更古老的版本。作者发现5世纪中叶以后的印度说一切有部文本反映的是属于根本说一切有部的版本2的使用，他推测印度说一切有部可能在某个时段借鉴了根本说一切有部版本，而西域说一切有部则基于更古老的文本编成了自己的版本（版本1）。

〔3〕《比丘别解脱经》若干梵文写本残片被归入根本说一切有部，它们可能的出处包括：乌什吐尔、夏合吐尔遗址，von Simson 2000, p. 150（P.Skt.bleu 271 [Pāt.27–28]; P.Skt.petit 213 [NP.8或 9]; P.Skt.petit 1106 [NP.10]）；克孜尔红穹窿顶窟（Rotkuppelraum）（SHT I 41 [Pratid.3-Śai.B], von Simson 2000, pp. 151–152; SHT I 100 [序言末尾至Pār.1], von Simson 2000, p. 152 [写本BE]; SHT 355 [Śai D.-Aś.], von Simson 2000, p. 153）；关于出土地红穹窿顶窟的讨论，见Ching Chao-jung 2015a。另一件出自图木舒克（SHT I 2 [最后偈颂 3–10], von Simson 2000, p. 151）。不能完全确定根本说一切有部与其他几件写本残片的关系（P.Skt.petit 134 [Pratid.4], von Simson 2000, p. 141; P.Skt.petit 821 [P.57–58], von Simson 2000, p. 143; P.Skt.petit 1026 [NP.24–25], von Simson 2000, p. 145; P.Skt.petit 1137 [NP.10?], von Simson 2000, p. 146）。一件混合版本是SHT I 538 [NP.10–20; P.67–76]，其出自木头沟和胜金口（von Simson 2000,写本ED）。可能的一件混合版本是P.Skt.petit 1113(?)（von Simson 2000, p. 134 [写本RN]）；此处 *Vy* ([*a*]*nādareya*) 对应于说一切有部P.78; R1 ([*rū*]*p*[*āt pr*])对应于根本说一切有部P.80; R2 (*le upani*)对应于根本说一切有部P.81; R3 ([*s*]*aṃ*[*t*]*aṃ* g[*ṛh*])对应于根本说一有部P.81。可能属于根本说一切有部的更小残件，见von Simson 2000, 写本CE, FD, GD, OB, RN。一件梵语本《比丘别解脱经》残件（P.Skt. petit 649 [NP.27–根本说一切有部结尾], von Simson 2000, pp. 131–132 [写本RG]）包含有属于说一切有部传统中的对应于NP.28, 26的戒条以及结语部分。戒条顺序的不同，是它被视为属于根本说一切有部的原因。冯・西姆森（Von Simson）不赞同这种观点，因为存在若干说一切有部写本，其戒条顺序并不一致（von Simson 2000, p. 132, n. 1, 写本RG）。但证实这个反驳是此残片所包含两个部派戒条在措辞上不同的唯一例子，即(*ga*)[*ntu*]*ṃ* (RG Va)，其只见于说一切有部文本，而根本说一切有部文本则写作°*gamanāya*。此外还有：吐火罗A语注释的梵语本《布萨事》（*Poṣathavastu*）残片（出自木头沟，见Hu-von Hinüber 1994, pp. 62–64）；梵语–吐火罗A语双语写本《根本说一切有部毗奈耶》中的《衣事》（*Cīvaravastu*）残片（出自高昌，见Malyshev 2019, pp. 71–92）；吐火罗语写本《羯磨说》（*karmavācanās*）残片，其与根本说一切有部相似（IOL Toch 139 [=H 149 add. 19]、IOL Toch 1148 [Ogihara 2011, pp. 128–130; Ogihara 2013a, p. 324]）；以及克孜尔第110窟壁画上的吐火罗语题记，其表明佛传属于根本说一切有部传统，见Schmidt 1998, p. 72。

〔4〕 可能出自克孜尔的SHT I 656，被瓦尔德施密特比定出包括法藏部《比丘别解脱经》中Pāc.65–70的某些部分。可能出自乌什吐尔、夏合吐尔的P. Skt. Pr. 44，包含众学（Śaikṣa）B部分的戒条。由于序列不完全与法藏部相符，其被归入此部派值得商榷（von Simson 2000, pp. 153–154）。但由于在数个部派中众学部分并不像其他戒条那样稳定，而且即使在说一切有部A本和B本中也可观察到序列的偏差，因此这不是十分有力的反驳。伯希和藏品（转下页）

遵守的戒条外，也不乏属于说一切有部的《比丘尼别解脱经》(*Bhikṣuṇīprātimokṣasūtra*)残片[1]。此外，还发现了说一切有部系的其他写本残片，包括说一切有部《毗奈耶分别》(*Vinayavibhaṅga*)[2]，即以波罗提木叉(*Prātimokṣa*)戒条为核心，增加了制戒因缘、文句分析、犯不犯相等；说一切有部毗奈耶(*Sarvāstivāda-vinaya*)部分文本，其相当于《根本说一切有部毗奈耶》(*Mūlasarvāstivāda-vinaya*)中的《毗奈耶事》(*Vinayavastu*)[3]或上座部的《犍度》(*Khandhakas*)；以及说一切有部举行羯磨(*karman*)仪轨的《羯磨说》(*karmavācanā*)[4]。

通过考察僧人使用的毗奈耶[5]或其中部分来确定某一地区的部派，不失为恰当的途径，因为尽管毗奈耶之间存在着显著的一致性，但它们在不同方面和程度上皆有差异。这种方法同样适用于《别解脱经》，即内嵌并构成《毗奈耶分别》核心内容的戒条，它们的不同表现在戒条总数、排列顺序、措辞以及由措辞有别而导致的部分内容的差异。由此，我们可对比和考察不同佛教部派之间的差别及相互影响。

(接上页)(Pelliot Collection)中有十九件出自乌什吐尔、夏合吐尔的属于一卷《比丘别解脱经》的残片(Pār.1, 2(?); SA.2、5、6、8、9)，被Chung Jin-il和韦勒(Wille)(Chung, Jin-il/Wille, Klaus 1997, pp. 47–94)归入法藏部。据二人研究，写本的用词更接近说一切有部而非根本说一切有部(Chung, Jin-il/Wille, Klaus 1997, p. 53)。韦勒(Wille 1997, pp. 307–309)初步将出自乌什吐尔、夏合吐尔的两件属于一卷《比丘尼别解脱经》的残片(P.Skt.bleu 46 [NP 最后一颂至 Pāt./Pāc.8]; P. Skt.bleu 47 [Pāt./Pāc.41–42])归入法藏部，其中波逸提(*pātayantika*)的总数(178)暗示出说一切有部或法藏部。由于P.Skt.bleu 46中包含一条通常不见于说一切有部《比丘尼别解脱经》的Pāt./Pāc.戒条，韦勒倾向于将这些残片归入法藏部。作者虽然指出戒条的序列接近根本说一切有部，但措辞使其与法藏部更相关。由于戒条排序与汉译法藏部《比丘尼别解脱经》并不相符，安海漫(Heirman 2000, pp. 3–16; 2002, I. pp. 28–34)反对将之归入法藏部。关于SHT I 44，瓦尔德施密特将其归入说一切有部，而胡海燕(Hu-von Hinüber)则认为其可能属于法藏部。韦勒(Wille 1997, p. 309)总结指出，就术语而言，可归入法藏部；但从戒条排列上看，则属于说一切有部。此观点同样受到了安海漫(Heirman 2000, pp. 3–16; 2002, I. pp. 28–34)的驳斥，她认为戒条排序和内容与说一切有部《比丘尼毗奈耶分别》(*Bhikṣuṇīvinayavibhaṅga*)完全吻合，并推测其属于说一切有部的其他传统。

〔1〕说一切有部《比丘尼别解脱经》残片由瓦尔德施密特于1926年编辑(1979年重印)。他编号的写本Pa(=SHT I 44)出自克孜尔红穹窿顶窟，写本Pb(=SHT I 539)出自胜金口(部派所属尚不明确)以及Va-c(SHT I 394)出自木头沟。韦勒(Wille 1997, p. 307, n. 2)进一步补充了SHT V 1071(出自胜金口，部派所属尚不明确)以及Ⅵ 1560(出土地不明)。出自胜金口、包含有《比丘尼别解脱经》NP.14–18的SHT X 3216残片属于SHT I 539c。安海漫(Heirman2000, pp. 3–16)推测SHT I 44, P. Skt.bleu 46、47属于说一切有部比丘尼系统(见本书266页，注释〔4〕)。此外，还有一些此文本的吐火罗A语写本残片，以及比丘尼《羯磨说》的吐火罗语写本残片。这些均表明古龟兹国境内曾存在比丘尼僧团(Ogihara 2013a, p. 312, n. 7)，因此克孜尔的部分洞窟有可能属于尼寺。见Vignato 2016, p. 156。

〔2〕Rosen 1959.

〔3〕关于说一切有部毗奈耶梵文写本残片的细节，见Clarke 2015, pp. 70–72。

〔4〕梵语本羯磨法于1956年被哈特尔(Härtel)编辑。对吐火罗A语、B语或双语(梵语–吐火罗语)比丘羯磨和比丘尼羯磨的研究，见Ogihara 2013a。

〔5〕不同部派所持戒条的研究，见Clarke 2015。

除作为寺院毗奈耶的组成部分内嵌其中流传外，比丘和比丘尼个体所遵守的戒条以及羯磨法（*karmavācanā*）也分别在《别解脱经》和《羯磨说》中单独流传。这种传播无疑是缘于这些文本对僧人的日常生活至关重要。如前所述，《别解脱经》要在每半月举行的布萨仪式上被诵读，而羯磨法则是处理僧团内各种事务的准则，如比丘或比丘尼的受戒，比丘或比丘尼在教团中被分派特定职务等。那些单独流传的文本中的戒条版本相较而言不甚稳定，因为它们没有被纳入注释体系，更容易随着因时因地变化的实践而被调整，因此在单独流传的文本中很可能反映出来[1]。

丝路北道沿线出土了《比丘别解脱经》的大量残片，其中82.5%出自古龟兹境内，又以克孜尔、乌什吐尔、夏合吐尔遗址为主，这表明此地曾活跃着许多僧团。此外，克孜尔、胜金口（吐鲁番）和木头沟（毗邻吐鲁番）出土的《比丘尼别解脱经》残片，意味着这些地区很可能也存在着比丘尼团体。

长期以来，学者们认同每个佛教部派拥有一部《比丘别解脱经》和一部《比丘尼别解脱经》[2]。然而，过去数十年的研究动摇了这种观点。被比定的《比丘别解脱经》部分残片无法归入任何已知的部派，因其与许多部派的《比丘别解脱经》有着相似的措辞或顺序[3]。此外，学者还发现一个部派不一定只遵守一种版本的《别解脱经》。就根本说一切有部的《比丘尼别解脱经》而言，克拉克（Clarke）指出至少存在三种不

〔1〕毗奈耶中的羯磨与流传的羯磨集成中的羯磨之间的差异可以说明此问题。用于界定寺院边界的羯磨的例子，见Chung/Kieffer-Pülz 1997, pp. 33–40（说一切有部），52–55（结语）。

〔2〕就佛教部派而言，笔者指的是印度的“十八个”部派（如法藏部、饮光部、大众部、大众部说出世部、化地部、根本说一切有部等）。每个部派各有其《别解脱》（*Prātimokṣa*）的观点可能始于佛教研究的初期，学者关注的重点是上座部（狭义，即南亚、东南亚遵循巴利传统的部派）。尽管此部派在南亚和东南亚分布广泛，且在上座部内存在着大量分支，但除泰国法相应部使用的羯磨中有些字句进行了重新排列外，其《别解脱》在所有地区、所有分支中基本相同。

〔3〕巴扎尔藏品（The Bajaur Collection）中有一件佉卢文写本（犍陀罗，1或2世纪），其两面写的是《比丘别解脱经》的两种不同版本，它们有着相似的戒条（NP.1–9 和1–8）。A本更接近上座部和大众部说出世部的戒条，而更复杂的B本则接近说一切有部和根本说一切有部，但两种版本都不符合已知的《比丘别解脱经》（Strauch 2008, p. 26；Strauch 2014, § 4）。出自丝绸之路南道卡达里克（Khādaliq）遗址的两件梵文写本《比丘别解脱经》（A、B本）所属部派目前尚属未知。A本在词法方面显示出与说一切有部和根本说一切有部《比丘别解脱经》的相似性，但在波逸提（Pātayantika）的排序方面则与上座部一致（Wille 2009, pp. 50–64）。然而当词法方面出现说一切有部与根本说一切有部的差别时，此本似乎更接近根本说一切有部。拉夫洛夫藏品（The Lavrov Collection）中的一件梵语本《比丘别解脱经》出处不明（很可能出自塔里木盆地西侧），其年代在公元4～6世纪，编校者将其初步归入大众部（见Vorobyova-Desyatovskaya/Tyomkin 2000, pp. 24, 29）。Ñāṇatusita（2018, p. 119）反驳了此观点，并且排除了与大众部说出世部的关系，根据他的看法，“有迹象表明其可能与法藏部或饮光部有关”。一件据称是出自巴米扬（今阿富汗）的梵文本《比丘别解脱经》残件，被辛岛静志（Karashima 2008, 2013）认为属于大众部或大众部说出世部（稍有不同）；而Ñāṇatusita（2017, pp. 196, 217）则认为，其编纂时吸收了来自根本说一切有部或说一切有部（或两者的混合版本）《比丘别解脱经》的术语。

同版本，其中之一可能与义净（7世纪）代表的传统有关，很可能存在于那烂陀；另一版本或与德光（5世纪）代表的传统相关，与之关联的地区可能是秣菟罗[1]；第三种版本可从敦煌出土的一件写本残片和一部藏文注疏中找到踪迹[2]。埃姆斯（Emms）指出吉尔吉特发现的四件根本说一切有部《比丘别解脱经》残片，代表了根本说一切有部《比丘别解脱经》的两种不同版本，两者在众学（Śaikṣa）部分的戒条顺序和若干措辞方面存在差别[3]。众学是《别解脱经》中最不稳定的部分，但埃姆斯却能论证出根本说一切有部《比丘别解脱经》的两种传统，甚至可以在根本说一切有部系的论藏中找到踪迹，这表明不同版本不只是传播中出现的差异，或部分写本中保存的区域差别造成的，而是两种戒条文本传统及其相应谱系的呈现[4]。另一方面，根本说一切有部梵文《比丘别解脱经》的萨迦写本，其由前孟加拉字母（Proto-Bengali）写成（年代约在11或12世纪）[5]，整体表现出与吉尔吉特出土的数个世纪以前的根本说一切有部梵文《比丘别解脱经》残片的一致性，只有若干细微的、可能因时空变化而造成的差别[6]，总体上显示出此传统《比丘别解脱经》的稳定性。这种情况意味着我们必须一方面考虑同一部派内形成的亚分支，他们使用着有些许差别的《别解脱经》。另一方面，同一部派的《别解脱经》因被不同地区或不同僧团使用，其可能朝不同方向发展。

---

〔1〕 Clarke 2012; 2016–2017, p. 211.

〔2〕 Clarke 2011, 2012, 2016–2017. 关于这些毗奈耶写本所属部派的其他讨论，见Clarke 2001, pp. 90–93。

〔3〕 这些写本已以新的影印件形式发表，见Clarke 2014, pp. 230–249，其中有被命名为《别解脱》的写本1–4。埃姆斯（Emms）研究了这些写本（列出序号）。胡海燕（Hu-von Hinüber 2003）在编辑出自中国西藏的根本说一切有部《比丘别解脱经》梵文写本时，也一并考察了它们（用字母标识四件写本的变体）：《别解脱》写本1 [ser. No. 2]=Hu-von Hinüber 2003 “B”；《别解脱》写本2 [ser. No. 3a]=Hu-von Hinüber 2003 “A”；《别解脱》写本3 [serial no. 3a]=Hu-von Hinüber 2003 “B”；《别解脱》写本4 [ser. Nos. 4b + 4c]=Hu-von Hinüber 2003 “C”。

〔4〕 Emms 2012, pp. 51–52, 67, 75–77, 98–99, 104–113.

〔5〕 Hu-von Hinüber 2006, p. 288.

〔6〕 萨迦写本，如同藏文和汉文本SA.6、7，写作*kalpikaṃ anārambhaṃ* 和*akalpike sārambhe*，而吉尔吉特出土的《比丘别解脱经》写本残片（3a系列，胡海燕编号A），如同说一切有部、大众部说出世部和上座部《比丘别解脱经》，没有*kalpikam*和*akalpike*（就内容而言是多余的）（文本见 Hu-von Hinüber 2003, pp. 12–13）。萨迦Aniy.2，如同大众部说出世部文本，写作*anyatarānyatareṇa*，而吉尔吉特3a系列，如同说一切有部，写作*anyatamānyatamena*（和出自乌什吐尔、夏合吐尔的写本GB中的v.l. *anyatarānyatareṇa*），见Hu-von Hinüber 2003, 21 n. 6。在P.74中，萨迦写本不同自恣（*pravāraṇās*）的序列是*atyarthapravāraṇā, pratyekapravāraṇa, punaḥpravāraṇā, nityapravāraṇā*，而吉尔吉特《别解脱》写本1（胡海燕编号B）的序列是*pratyekapratyekapravāraṇā, punaḥpunaḥpravāraṇā, atyarthapravāraṇā nityapravāraṇā*（Hu-von Hinüber 2003, n. 397），这种序列也见于出自胜金口的写本ED的混合本（说一切有部和根本说一切有部）（残片R1；von Simson 2000, p. 228）。然而，三种版本中，此戒条存在各方面的不同。

说一切有部《比丘别解脱经》

2000年冯·西姆森（von Simson）基于被其归入211部写本的308件中亚写本残片，对说一切有部《比丘别解脱经》进行了编辑和翻译[1]。这些残片中，82.5%出自古龟兹国及周边地区——36%出自或可能出自克孜尔[2]，24%出自或可能出自乌什吐尔、夏合吐尔，10%出自吉格达里克，4.7%出自库车（？）[3]，其他则出自硕尔楚克（或称焉耆）、吐鲁番、敦煌及未知地点[4]。冯·西姆森区分出说一切有部系《比丘别解脱经》的两种版本，分别称之为A本和B本[5]。A、B本是独立于本书中的“A、B传统”的。A本很大程度上对应于鸠摩罗什的汉译本《十诵比丘波罗提木叉戒本》（408 年），见于数件残片，大多发现于乌什吐尔、夏合吐尔[6]。属于B本的残片多出自克孜尔[7]。此本年代最早的残片可追溯至5世纪（断代基于古文书学研究）[8]。冯·西姆森考虑了A本和B本最初源自地域差别的可能性，但他认为B本代表较晚阶段[9]。作者便在正文中对B本进行了编辑，而在脚注中列举了A本的异文。两种版本见于与根本说一切有部《比丘别解脱经》拥有若干相同措辞的写本中。根据冯·西姆森的研究，B本中一致性的数量是A本中的两倍。如他所言，B本没有取代A本，而是与之共存[10]。

若对比说一切有部梵语《比丘别解脱经》和其他部派保存的印度语《比丘别解脱经》，则不难发现，与其他部派如大众部说出世部和上座部相比，说一切有部和根本说一

---

〔1〕冯·西姆森2000年之后公布的材料，见Kieffer-Pülz 2020, n. 1。

〔2〕通常指的是克孜尔红穹窿顶窟（Ming-öi, Kizil, Rotkuppelraum）。对此发现地命名的研究，见Ching Chao-jung 2015, pp. 271–293。

〔3〕关于他编号的写本MA–MK，冯·西姆森（von Simson 2000, p. 57）提出，此地点为出处，这些写本都是别列佐夫斯基搜集品的组成部分。韦勒（Wille）告知笔者（2020年4月27日通过电子邮件），据他所知库车没有出土过任何写本，可能是米罗诺夫（Mironov 1909–1910）的一篇文章中提到过此地点。基于此文章，Bongard-Levin和Vorob’eva-Desjatovskaja（1984）提到库车为出土地。

〔4〕von Simson 2000, pp. 56–57, n. 7.

〔5〕《比丘别解脱经》两种版本的划分并不排除其他更早版本的存在。例如敦煌出土的一件写本，其一面是汉文本说一切有部《比丘别解脱经》，以及说一切有部的汉译本《十诵律》（404～409年）的一部分。两者似乎都“不符合被传下来的版本”。根据平川彰的研究，敦煌本《比丘别解脱经》的年代在公元265～360年之间，其或为“汉译本中现存最早的毗奈耶文本”（Clarke 2015, p. 72）。此外，汉译本说一切有部《比丘别解脱经》和《十诵律》中的相关文本存在着细微差别，同样暗示出不同的传统。

〔6〕根据冯·西姆森的研究，以下写本属于A本：写本AW、GB、HO、MA、PD；更小的写本AY、DP、GS、GU、GV、HN、OD；以及可能的写本AK、AR、BV、CG、HL、HM、HP、KM和LA。

〔7〕以下写本与B本相关：写本AS、BE、BI、BL、BQ和GA、AA、AN、BD、BQ和CT，以及AZ、GM和MK。

〔8〕写本AA（出自克孜尔）用Ⅲ型文字书写（突厥斯坦笈多型，始于5世纪）。

〔9〕von Simson 2000, p. 2：“旧A组和新B组。”p. 3：“然而不能排除两种版本最初是本地或区域变体，而这两种版本早在公元5世纪之前已经出现。”

〔10〕von Simson 2000, p. 3.

切有部《比丘别解脱经》在戒条的措辞和排序上十分相似。说一切有部和根本说一切有部的《比丘别解脱经》中有少数几条戒条完全相同[1]。然而，在某些措辞上，两者始终不同[2]。此外，说一切有部《比丘别解脱经》中常见原形，而根本说一切有部版本更多见由后缀-*ka*扩展的形式[3]。说一切有部的结构主要是业格加不定式，而根本说一切有部更倾向于用尾格结尾的复合词（SA.6、7）。所有使用不同词汇的戒条，即使在其他方面非常接近，仍然可区分出《比丘别解脱经》的两种版本[4]。如果某叶残片上保存了足够的内容，那么就有可能确认其属于某一或另一部派，或者是否为受到了根本说一切有部影响的说一切有部文本[5]。只包含少量信息的小块残片，是难以确定其属于说一切有部抑或根本说一切有部的[6]。

---

〔1〕除罪名不同外，其他都一致（*niḥs*°-说一切有部；*naiḥs*° -根本说一切有部；*pāyantikā* -说一切有部；*pāyattikā* -根本说一切有部）。在某些情况下，词法方面也有细微差别：NP.20；P.12、26（根本说一切有部 24）、32、37、38、41、48、61、63、64、65、66、79、80 等。

〔2〕*aphāsaṃ*（说一切有部）- *asparśo*（根本说一切有部）[P.62]，也见 Hu-von Hinüber 2021；*uttaraṃ*（说一切有部）- *uttari*（根本说一切有部）[NP.1、16、21、30；P.32、46、85、87=89、89=87]；*eḍakalom*°（说一切有部）- *eḍakarom*°（根本说一切有部）[NP.12、13、16、17]；*dīrgh*°（说一切有部）- *dairgh*°（根本说一切有部）[SA.6、P.87=89、89=87、90]；*duṣṭ*°（说一切有部）- *dviṣṭ*°（根本说一切有部）[SA.8、9]；*deṣayitavyaṃ*（说一切有部）- *draṣṭavyaṃ*（根本说一切有部）[SA.6]；*deśayituṃ*（说一切有部）- °*darśanāya*（根本说一切有部）[SA.6、7]；*doṣ*°（说一切有部）- *dveṣ*°（根本说一切有部）[SA.8、9]；*punar*/°*aḥ*（说一切有部）- *khalu*（根本说一切有部）[SA.12；NP.30；P.33；Prat.Einl.；Prat.2]（部分例外）；*phāṣ*°（说一切有部）- *sparś*°（根本说一切有部）[SA.10、11、P.51]；*rūpya*°（说一切有部）- *rūpika*°（根本说一切有部）[NP.19]；*sādhayitavy*°（说一切有部）- *svīkarttavy*°（根本说一切有部）[P.74]。

〔3〕*amūla* + *amūlak*（说一切有部）- *amūlaka*（根本说一切有部）[SA.8]；*sūpaṃ*（说一切有部）- *sūpikam*（根本说一切有部）[Prat.2]；*ajñātyā*（说一切有部）- *ajñātikayā*（根本说一切有部）[NP.4, 5, 17]；*ūnavarṣā*°（说一切有部）- °*unavarṣakā*（根本说一切有部）[NP.28]；*pādāḥ*（说一切有部）- *pādakāḥ*（根本说一切有部）[P.85]。更多不同，见 Kieffer-Pülz 2021。

〔4〕当然存在着更大分歧的戒条，对这些戒条所属部派的判定更为容易。

〔5〕榎本文雄推测根本说一切有部意味着"作为所有（其他部派）基础的说一切有部"，即说一切有部和根本说一切有部都是说一切有部传统，此观点已在近年来受到批判性讨论。对比两个部派的《比丘别解脱经》，两者显然十分接近。因此，不能排除在过去某个时段它们是一个部派，并基于此发展出一个或多个部派的可能性。这些部派见载于《十诵律》和《根本说一切有部毗奈耶》中（藏文；汉文和梵文中有部分文本），而且显然不论其过去如何，现在是两个部派，且在许多方面彼此存在着差别。由于根本说一切有部中存在数个分支，且从多种中亚写本残片中也可发现说一切有部的数个分支，此外说一切有部的分支表现出受到根本说一切有部的某种程度的影响，因此笔者认为应使用已固定下来的名称，否则就无法讨论不同的部派及其分支。本文使用"根本说一切有部"时，即指代那些遵守并传播《根本说一切有部毗奈耶》的传统。

〔6〕最近出版的关于吐火罗语写本的论著中，在对比吐火罗语和梵文写本残片时，普遍使用"（根本）说一切有部"这一术语。这自然是对非毗奈耶文本中根据根本说一切有部和说一切有部划分区别是否有意义的讨论结果。毗奈耶文本在两个部派的不同（不论其起源的历史）是毋庸置疑的，因为每个部派都流传有自己的毗奈耶。在任何情况下，判断一件吐火罗语写本残片属于说一切有部抑或根本说一切有部，都有必要澄清其究竟属于哪个版本。只有当残片上的内容与两个部派完全相同时，判定为"（根本）说一切有部"才有意义。

说一切有部《比丘别解脱经》A本和B本中存在差异的部分措辞，在根本说一切有部中可找到平行文本[1]。因此，说一切有部两种版本之间的差别，既有不受根本说一切有部影响者，也有部分显示出根本说一切有部对两者皆有影响。

冯·西姆森确立的文本是现代人为建构的作品，古代任何时候任何地方可能都不存在[2]。情况或许是，说一切有部中的若干分支遵守不同类型的A本，而另外若干分支奉持不同类型的B本。这些分支可能曾使用一种相对纯粹的《比丘别解脱经》A本，其受到根本说一切有部不同程度的影响，同样适用于那些使用B本的分支。冯·西姆森区分出的说一切有部《比丘别解脱经》两种版本（及其可能对应的不同分支），从语言学角度来看，显示出相对纯粹的佛教梵语。除此之外，克孜尔出土的一件接近于A本的说一切有部《比丘别解脱经》残片[3]（不早于500年[4]），由一种带有浓厚的中期印度语痕迹的混合语写成[5]，从语言学角度分析，其符合大众部说出世部的《比丘别解脱经》，但未受其直接影响[6]。冯·西姆森认为这种语言是印度北部和西北部的通用语。正如施特劳赫（Strauch）所说“有迹象表明犍陀罗语影响了此文本的语言”[7]。由于说一切有部《比丘别解脱经》写本中至少两件纯正佛教梵语本的年代早于混合语本[8]，后者的存在便不能用自俗语（Prakrit）到混合佛教梵语再到纯正佛教梵语的假设性发展来解释。冯·西姆森指出此混合语本的出现可能是对那些不讲梵语的僧人团体的让步[9]。从毗奈耶的角度来看，这种可能性是不存在的。若一种《比丘别解脱经》版本与其他版本存在如此之大的差别，那么只能意味着其属于说一切有部的其他分支，而此分支不同于读诵A本和B本的僧团。而出自吐鲁番胜金口的一件写本残片在措辞方面，相较于说一切有部A本和B本，则更接近根本说一切有部《比丘别解脱经》。冯·西姆森称其为“混合修订本”（Mischrezension），它在很大程度上与A本吻合，但有B本中的部分措辞以及根本说一切有部文本中的多种

〔1〕诸如P.52、68、75等。

〔2〕冯·西姆森已有论述，见von Simson 2000, p. 15。

〔3〕von Simson 2000, p. 61.

〔4〕von Simson 1997, p. 583.

〔5〕冯·西姆森对此写本进行了详细研究，见von Simson1997, pp. 583–604。但就残片BR（von Simson 1997, p. 585）而言，SHT 40内容消失，见SHT Ⅷ (Erg.), SHT I 40 (SHT Ⅷ, p. 164)和SHT I 39 (SHT Ⅷ, pp. 163–164)的八件小残片被编辑。冯·西姆森2000年（p. 61）将此写本列为Testimonium A (SHT I 39+40)。

〔6〕von Simson 1997, pp. 598–599.

〔7〕Strauch 2008, p. 27.

〔8〕冯·西姆森（Von Simson 1997, p. 601）指出，有相当数量的写本使用了纯正的佛教梵语。用作者的编号体系，分别是写本AA、AB、AC、CE、CG。

〔9〕von Simson 1997, p. 601.

措辞[1]。然而，此件写本也有与说一切有部和根本说一切有部皆不相同的措辞[2]，因此很可能代表了另外一个分支。

基于以上考察，可以推测克孜尔及周边地区以及吐鲁番地区曾存在着说一切有部的许多分支，它们都有各自的《比丘别解脱经》。其中部分版本之间可能或只是在措辞，或排序，或受根本说一切有部之影响的不同程度上有差别。至少从印度毗奈耶的角度来看，仅凭这点就足以排除共同诵读《别解脱经》以及共同举行布萨仪式的可能性。如果版本的差异也涉及内容，则定然如此，因为在这种情况下，不仅仅有措辞上的不同，而且戒条也有差异[3]。从冯·西姆森列举的说一切有部A本和B本之间的差别中选出数条进行深入探讨之前，有必要先简要说明与说一切有部《比丘别解脱经》进行对比的根本说一切有部梵文本，尤其是鉴于之前提到的《比丘尼别解脱经》的多种与根本说一切有部相关的脉络。班纳吉（Banerjee）编校的根本说一切有部《比丘别解

〔1〕 Von Simson 2000, pp. 31–32（写本ED=SHT I 538）。写本ED，如同根本说一切有部《比丘别解脱经》，作*samayaḥ*，而说一切有部通常写作*sāmīciḥ* (NP.10; P.72、75)；或 *caṇḍībhūtaḥ* (NP.25)，说一切有部作*caṇḍīkṛto*；或 (*j*)*ātaru*[*pa*]*rajatam*（根本说一切有部 *jātarūparajataṃ*），说一切有部作*rūpyam* (NP.18)；或*samagreṇa saṃghena*，说一切有部作*saṃghena* (P.4)；或 *uttari*，说一切有部作*uttaraṃ* (P.5)；等等。但其与说一切有部有着相同的词法：°*lom*°，而非根本说一切有部的°*rom*°(NP.12, 13, 17)；*uttaraṃ*，而非根本说一切有部的*uttari* (NP.16)；*anujñātāni*，而非根本说一切有部的*ākhyātāni* (NP.30)；*nikṣiptam adhikaraṇaṃ*，而非根本说一切有部的*adhikaraṇaṃ* (P.4)；等等。或是混合词法，如°*kāḍakānām* (NP.13)为说一切有部(°*kāḍānām*)和根本说一切有部(°*kālakānām*)的结合；(*j*)*ātaru*[*pa*]*rajatam svahastaṃ rūpyam* (NP.18)为说一切有部(*svahastaṃ rūpyam*)和根本说一切有部(*svahastaṃ jātarūparajatam*)的结合等。关于写本ED的其他方面研究，见Schaefer 1997, p. 170, n. 28。

〔2〕 如写本ED包含了例外的条目“除非有适当理由”（*anyatra tadrūpāt pratyayāt*）而不是说一切有部和根本说一切有部《比丘别解脱经》中所见的“即使去另一个（即下一个）村庄”（*antato grāmantaraṃ api*, P.71, 71, 72）。写本ED改变了*kauśeyaṃ navaṃ* 的顺序，在说一切有部和根本说一切有部中为*navaṃ kauśeyaṃ* (NP.11)；其作[*pra*]*tigṛhn*[*ī*]*yā*[*n*]，而说一切有部和根本说一切有部作*udgṛhṇīyād vā udgrāhayed vā* (NP.18)；其作*dvo bhāgo*，而说一切有部和根本说一切有部作*dvau bhāgau* (NP.13)；其省去了说一切有部和根本说一切有部中的*tadyathā sarpis tailaṃ madhu phāṇitaṃ* 等。在P.74，写本ED列举了不同的*pravāraṇās*的序列，与说一切有部和根本说一切有部《比丘别解脱经》（后者在萨迦写本中出现）均不同，但序列与根本说一切有部相同，如同吉尔吉特《别解脱》残片1，见本书269页，注释〔6〕。

〔3〕 不同部派各自的毗奈耶不包括对其他部派读诵《别解脱经》的评论，或是共同读诵戒条的相关讨论，因为每部毗奈耶都被视为“正统的毗奈耶”。多种毗奈耶的出现是晚期发展的结果。但每部毗奈耶中都有对布萨的规定，表明布萨以及其他戒律相关行为都只能为同一僧团的僧人（*samānasaṃvāsaka*）遵行，而不可与其他僧团的僧人（*nānāsaṃvāsaka*）共同举行。两个术语都指代同一寺院传统内的分支，这些分支的分歧源自对他们相同的毗奈耶中若干内容在戒律上的理解的不同。因此，显然在《别解脱经》上有差异的某一僧团会变成异住（*nānāsaṃvāsaka*），不是共同戒律相关行为的参与者。关于上座部传统中这些概念的更详细分析，见Kieffer-Pülz 1992, pp. 52–54。*nānā*- 和*samānasaṃvāsaka*术语被用于不同的毗奈耶传统，如根本说一切有部和上座部，类似现在的某些传戒相关探讨中，将术语从它们所属的背景中剥离出来，并以戒条中没有暗示的方式使用它们。

脱经》[1]无法用作比较的对象，因其可靠性不足[2]。2003年胡海燕（Hu-von Hinüber）基于所谓的北京写本，或其倾向于称萨迦写本（11或12世纪），编订出完整的根本说一切有部《比丘别解脱经》梵语本。此版本中，胡海燕也参考了吉尔吉特出土的《比丘别解脱经》写本残卷（5或6世纪）。根据埃姆斯的研究，吉尔吉特写本属于根本说一切有部系内的两个不同谱系。萨迦写本和吉尔吉特写本之间尽管存在细微差别[3]，整体上仍十分相近。就此版本而言，汉文本和藏文本的情形相似。因此，根本说一切有部《比丘别解脱经》有着相当稳定的文本传统[4]，可作为与说一切有部版本进行比较的基础。

说一切有部《比丘别解脱经》A、B本差别的择要分析

某些情况下，A本和B本之间的差异仅表现在戒条的序列或用词的形式上。就序列而言，目前尚无法确定这些差异是否仅关乎A本和B本。在NP.4、5（B本）中，颠倒次序似乎常见于A本[5]。但就NP.26、27、28（B本）而言，在说一切有部写本《比丘别解脱经》和《毗奈耶分别》汉译本，以及与根本说一切有部传统相比[6]，存在着几种不同的顺序[7]。

就措辞而言，A本中有梵文形式*sparśaṃ/sparśo*（SA.10、11，P.51；根本说一切有部亦如此），而B本中则有与中期印度语*phāṣaṃ*相关的形式（大众部说出世部*phāsuṃ*，上座部*phāsu*）。此外，A本中读作*hārake*（NP.16；大众部说出世部、根本说一切有部以及上座部亦如此），而B本中为*hartari*。其他情况下，措辞的不同或由梵文文本的缺失不全或理解不确，或是内容上的差别，抑或是受到根本说一切有部之影响不同而造成的。下文将从中择选部分戒条进行详细分析。毫无疑问，若要明确多种写本及其所属部派，有必要细致探讨每一戒条，并考虑两种传统的相关翻译本。

---

〔1〕 Banerjee 1953, 1954, 1977.

〔2〕 作者重新编排了戒条，改变了词法，并增加了部分费劳（Finot）曾编校的说一切有部《比丘别解脱经》的内容，见Emms 2012, pp. 30–31。

〔3〕 见本书269页，注释〔6〕。

〔4〕 也见von Hinüber 2003, pp. 581–582（2009, p. 952）。

〔5〕 von Simson 2000, p. 8.

〔6〕 NP.28、26、27，A本，汉译本《比丘别解脱经》；NP.28、27、26，《毗奈耶分别》；NP.27、28、26，根本说一切有部文本；见von Simson 2000, pp. 9–10。

〔7〕 这些对应于《十诵比丘波罗提木叉戒本》和《十诵律》。见费劳（Louis Finot）1913年编校本（《比丘别解脱经》）中于贝（Édouard Huber）的法文翻译，以及罗森（Valentina Rosen）1959年（《律分别》）的德文翻译。

NP.13

在A本（对应于汉译本《比丘别解脱经》和《毗奈耶分别》）中，NP.13规定，如果僧人制作新卧具时不用二分黑羊毛、一分白羊毛、一分红褐或质量低劣的羊毛，将被视为违戒，并没收卧具。此条与根本说一切有部和上座部传统中的戒条一致（NP.13）。大众部说出世部（NP.12）则规定，如果使用了超过规定的分量，将会受到惩罚，则只是用不同的方式来表达相同的事实。说一切有部B本（四件残片，皆出自克孜尔[1]）中增加了一句“由于想得到一件精美的［卧具］”（*kalyāṇakāmatām upādāya*）。因此，根据此措辞，只有当僧人想得到质量更好的卧具而违反了所列举的规定时，才会受到惩罚。然而根据A本，惩罚是与僧人的动机无关的[2]。一种可能性是“*kalyāṇakāmatām upādāya*”这些词是被偶然加入NP.13中的，或许是来自后面的NP.14。NP.14规定，如果僧人想得到一件更精美的［卧具］（*kalyāṇakāmatām upādāya*），并在不满六年的时间内制作新卧具，则被视为犯戒。此处提到了行为背后的原因，这亦见于大众部说出世部传统，但不见于根本说一切有部和上座部。支持这些词被偶然加入的理由是，B本似乎是目前唯一所知在NP.13中增加这些词的《比丘别解脱经》[3]。若如此，那么含有这些措辞的写本可被视为对梵文本的错误理解。但如果这些词是被故意添加的，那么添加之后就造成了内容上的有意差别，因为过失违反此戒条并不意味着犯戒。

NP.27 (26)

在NP.27（说一切有部其他版本编号26）中，A本（？）[4]写作*dasāhānāgate kārttike pūrṇamāse*（“迦剌底迦［月］满月之前十天”）[5]，很大程度上对应于其他部派的《比丘

〔1〕写本AS（B本）、BE（B本）、BL（B本）、CT（B本）；不见于写本ED（混合修订本）、GB（A本，但不一致）、ME（不清楚）。

〔2〕冯·西姆森（von Simson 2000, p. 9）认为增加的部分只是解释而非戒条内容，但这在波罗提木叉戒条（Prātimokṣa）中显得非常奇怪。特别是此处增加的词句是大众部说出世部、根本说一切有部、说一切有部和上座部中NP.8、9常见的内容，且具有戒条性质。谢弗（Schaefer 1997, p. 170, n. 28）也认为其所发现的部分偏差似乎在戒律上是相关的。

〔3〕关于其他部派的、未以印度语传播的《别解脱经》，Pachow（1955）对波罗提木叉（Prātimokṣa）的对比分析并无帮助，因其并未讨论戒条的此部分。

〔4〕此处A本和B本的区别并不确定，因为这种词法也见于非典型的A本残片中（von Simson 2000, p. 10）。关于此条戒条更详细的研究，见Kieffer-Pülz 2020。

〔5〕混合修订写本ED为///*māsyā[ṃ]*，使人想到根本说一切有部本，也见残片Crosby 64/65 r4（Wille 2009, p. 57）。

别解脱经》[1]。而B本（？）[2]，对应于汉译本《比丘别解脱经》和《毗奈耶分别》[3]，写作 *daśāhānāgatāyāṃ pravāraṇāyaṃ*（“自恣仪式之前十天”）[4]。两种版本给出的日期是相同的，即安居期结束后的自恣日（*pravāraṇā*）。理解A本中使用的措辞（如果相信其他部派的平行文本，这可能是最原始的版本），前提是了解印度历法在中亚地区的应用，以及与印度相同月份举行的安居期结束后的自恣仪式。这可能是文本替换的原因之一。

A、B本之间另一重要差别是，*akālacīvara*“非时衣”（B本）措辞取代了 *ātyayika cīvara*“急迫［给予的］衣或衣料”（A本）。*akālacīvara* 比 *ātyayika cīvara* 更宽泛，且缺失了 *ātyayika cīvara* 中的“急迫”之意，因此二者并非同义词。由于 *akālacīvara*“非时衣”与“自恣日前十天”同时出现，一方面再次声明其为非时衣，另一方面将此衣严格限制在 *akāla* 时间的十天，没有给出任何理由，*akālacīvara* 这一措辞是毫无意义的。此外，其他部派的同一戒条中都不见 *akālacīvara* 一词。因此，这很可能是少数写本（目前已知三种）的讹误。然而，尽管可能性很小，但也不能排除说一切有部中存在着某个没有意识到这种差别的分支的可能性。

第三个不同措辞是，A本（AK、BL、CG、DL、GA）中的 *dhārayen* 是B本（AN、BE、ED）中 *upanikṣipen* 的变形。*dhārayen* 显然是受根本说一切有部 *dhārayitavyaṃ ... dhārayen*（NP.26）的影响。*upanikṣipen*（“［若］他蓄”）提起了前一句中的 *nikṣipitavyaṃ*（“应蓄”）。类似的，可以推测有限定动词 *dhārayen*（“［若］他受/持”）的A本在前一句中使用了将来被动分词 *dhārayitavayaṃ*。事实上，五件残片（写本AK、BL、CG、DL、GA）中只有一件既有变体 *dhārayen*，又保留了前一个将来被动分词的一部分，即写本CG，其写作 *///pitavya ... dhārayen*。这可能代表 *(nikṣi) pitavya (ṃ) ... dhārayen*。因此，将来被动分词的形式可能受到了某些传统的影响，如大众部说出世部的 *nikṣipitavyaṃ ... nikṣipeya* (NP.28)，或者上座部的 *nikkhipitabbaṃ ... nikkhipeyya* (NP.28)。尽管 *nikṣip/upanikṣip* 的主要意思是“蓄”，而 *dhṛ* 与衣物相关时的意义为“穿、受、持”，但此处的含义本质上是相同的。虽然一个严格遵守其《别解脱经》正确措辞的僧团可能会对这种偏离原形的现象感到不满，但中亚是否存在这种情况尚无法确知。不过可以肯定的是，传诵此类《别解脱经》的僧团显然不熟悉梵文文本的正确措辞。

---

〔1〕大众部说出世部（NP.28: *daśāhānāgataṃ kho puna tremāsaṃ kārttikī paurṇamāsī*; Tatia 1976）；根本说一切有部（NP.26: *daśāham āgatāyāṃ kārtikyāṃ paurṇamāsyāṃ*; Hu-von Hinüber 2003）；上座部（NP.28: *dasāhānāgataṃ kattikatemāsipuṇṇamaṃ*; Pruitt & Norman 2008, p. 42）。

〔2〕写本BE（出自克孜尔红穹窿顶窟；B本），GA（可能出自乌什吐尔、夏合吐尔；B本），GY（可能出自乌什吐尔、夏合吐尔）。

〔3〕Finot 1913, p. 501, NP.26; Rosen 1959, p. 120, NP.27.

〔4〕详细讨论见Kieffer-Pülz 2020, pp. 43–55。

NP.28（A本中第27;《毗奈耶分别》中第26）

NP.28（27、26）规定僧侣居住在危险的野外，可以将自己的任何一件长衣存放在一间房舍（即村庄）中，而且，如果有合适的理由离开其所在寺院包围的区域，最多可与其长衣分离六天，除非得到僧人的许可，才能与长衣分开更长一段时间。中亚出土的部分写本中此戒条并未规定具体时间（脚注中的变形，A本?）；其他则给出了明确的时间[1]（正文，B本?）[2]：

trayomāsānāgate kārttike pūrṇamāse ūnavarṣāraṇyako bhikṣu(r) āraṇyakeṣu śayyāsaneṣūpagataḥ sy(ā)t, sāśaṅkasaṃmateṣu sabhayasaṃmateṣu sapratibhayabhairavasaṃmateṣu, ākāṃkṣatāraṇyakena bhikṣuṇā trayāṇāṃ cīvarāṇām anyatamānyatamaṃ cīvaraṃ antargṛhe upanikṣiptavyaṃ.

syād āraṇyakasya bhikṣos tathārūpapratyayo bahiḥsīmaṃ gantuṃ ṣaḍrātraparamam āraṇyakena bhikṣuṇā tataś cīvarād vipravastavyaṃ, tata uttaraṃ vipravasen, niḥsargikā pātayantikā.

冯·西姆森翻译如下：

若比丘，雨季结束之前仍住在野外的比丘在迦剌底迦[月]（Kārttika）满月之前的三个月内前往野外，[这些地方]被认为是不安全的、危险的、令人恐惧和惊骇的，在野外的比丘可以将他三衣中的任意一件存放在房舍中。若住在野外的比丘有恰当的理由去往寺院边界之外[的地方]，那么他最多可以与其长衣分开六晚。若离开[它]的时间[比这个]久，就是尼萨耆波逸提（Niḥsargikā-Pātayantikā）。[3]

---

〔1〕三件写本残片：AN和BE（皆出自克孜尔红穹窿顶窟）；GA（出自乌什吐尔、夏合吐尔）。写本BE和GA替换掉了前一戒条中的迦剌底迦月（*kārttika*）。

〔2〕冯·西姆森在序言中，关于A、B本的不同，列举了中亚诸多写本之间的差别，他指出就NP.28而言，A、B本的并置可能令人怀疑。

〔3〕冯·西姆森（von Simson 2000, p. 288）的德语译文："Wenn sich ein Mönch, der noch vor Ende der Regenzeit (*ūnavarśa-*) in der Wildnis zu leben pflegt (*-āraṇyako*), innerhalb des Zeitraums von drei Monaten vor dem Kārttika-Vollmond (*trayomāsānāgate kārttike pūrṇamāse*) zu den Aufenthaltsorten in der Wildnis begeben hat (*upagataḥ*), die als bedenklich, gefährlich, furcht- und grauenerregend gelten, dann darf der Waldmönch irgendeines seiner drei Gewänder in einem Hause aufbewahren. Wenn der Waldmönch einen triftigen Grund hat, sich außerhalb der Gemeindegrenzen zu begeben, dann darf der Waldmönch bis zu sechs Nächte von diesem Gewand getrennt leben. Lebt er länger (von ihm) getrennt, dann ist es ein Niḥsargikā-Pātayantikā-Vergehen." 括号中笔者标出了梵语，以使读者明晰其所翻译的是原文的哪一部分。

据此翻译，主体是住在野外的僧人，雨季尚未结束，且他（根据冯·西姆森对*trayomāsānāgate Kārttike pūrṇamāse*的翻译）在迦剌底迦月满月之前的三个月内前往野外居所[1]。因此这一戒条只适用于那些在雨季第二个月开始居住在野外的僧人，这意味着，他们在那里度过后雨季安居（雨季的第二至第四个月）。不包括那些度过前雨季安居（第一至第三个月）的僧人，因为他们应在迦剌底迦月之前的四个月前往野外居住，这显然是不可能的。如果有人推测此戒条中的迦剌底迦月指的是前迦剌底迦月，即頞湿缚庾阇月（Āśvayuja）（见下文），那么此戒条只能指那些度过雨季前三个月，即前雨季安居的僧人，而非度过后雨季安居的僧人。但这种规定同样没有任何意义（下文）。戒条中给出的时间范围不应是僧人前往野外居所的时间，而是更宽泛的指代。从内容角度来看，冯·西姆森语法正确的翻译毫无意义。

表26　雨季和两次可能的安居

雨季月份	月份名称	前安居	后安居
第一	室罗伐拿月（Śrāvaṇa）	第一个月	
第二	婆达罗钵陀月（Bhādrapada）	第二个月	第一个月
第三	頞湿缚庾阇月（Āśvayuja）或前迦剌底迦月	第三个月	第二个月
第四	迦剌底迦月或后迦剌底迦月	受功德衣（迦绨那衣）	第三个月=受功德衣

如汉译本《比丘别解脱经》和《毗奈耶分别》所显示的，译者可能拥有与冯·西姆森的正文（B本？）相似的文本。

《毗奈耶分别》NP.26：

> 若［雨季的］第三个月已过，而［当年的］八月未到，且雨季尚未结束，那么，如果住在野外的比丘……[2]

《比丘别解脱经》NP.27：

> 若夏季第三个月之后且当年第八月结束之前，住在野外的比丘……[3]

［1］对*trayomāsānāgate kārttike pūrṇamāse*的翻译，可理解成与NP.27中*daśāhānāgatāyāṃ pravāraṇāyāṃ*和*daśāhānāgate Kārttike pūrṇamāse*的用法完全相同，见本书275–277页。

［2］Rosen 1959, p. 118.

［3］Huber in Finot 1913, p. 501.

根据《比丘别解脱经》和《毗奈耶分别》，此戒条指的是雨季的第四个月，也就是受功德衣之月，因为雨季的前三个月已经过去，但雨季尚未结束。由于以制呾逻月（Citra）为首月，两个译本中提到的第八个月当是迦剌底迦月（而非頞湿缚庾阇月），也就是雨季的最后一个月。这也与上座部毗奈耶中对词汇分析的解释相一致。因此，翻译者可能拥有与B本（？）相似的文本，但这一文本或许稍有偏差，或者他们的理解与我们不同。鉴于汉译本《比丘别解脱经》和《毗奈耶分别》（皆属于A本）中将此戒条与雨季的最后一个月联系起来，冯·西姆森编订的正文应该也指向同一时间。但随着文本的流传，若不进行修订则无法理解此点。第一种建议是：

trayomāsā[n a]nāgate (for *trayomāsānāgate*[1]) *kārttike pūrṇamāse ūnavarṣāraṇyako bhikṣur āraṇyakeṣu śayyāsaneṣūpagataḥ sy(ā) t sāśaṅkasaṃmateṣu sabhayasaṃmateṣu sapratibhayabhairavasaṃmateṣu, ākāṃkṣatāraṇyakena bhikṣuṇā trayāṇāṃ cīvarāṇām anyatamānyatamaṃ cīvaraṃ antargṛhe upanikṣiptavyaṃ.*

syād āraṇyakasya bhikṣos tathārūpapratyayo bahiḥsīmaṃ gantuṃ ṣaḍrātraparamam āraṇyakena bhikṣuṇā tataś cīvarād vipravastavyaṃ, tata uttaraṃ vipravasen, niḥsargikā pātayantikā.

若早于迦剌底迦月的满月，住在野外且雨季［尚］未结束的比丘，在野外居所中度过三个月［的雨季安居］，若认为不安全、充满危险、令人恐怖和惊骇，被认定是可以将三衣中的任意一件保存在一间房舍内。

若住在野外的比丘有合适的理由去往寺院边界之外［的地方］，那么他最多可以与其长衣分开六晚。若离开［它］的时间［比这个］久就犯了尼萨耆波逸提（Niḥsargikā-Pātayantikā）罪行。

或者，也可以将文本做如下修订：

trayomāsā <gatā> anāgate (for *trayomāsānāgate*) *kārttike pūrṇamāse ūnavarṣāraṇyako bhikṣur āraṇyakeṣu śayyāsaneṣūpagataḥ sy (ā)t ....*

［安居已过去］三个月，迦剌底迦［月］满月［尚］未来临，［如果］居住在野外的比丘，其雨季［尚］未结束，应前往野外居所……

---

〔1〕 冯·西姆森在其编校的版本中将 *trayomāsānāgate* 视作复合词，在SWTF中也是如此（s.v. *trayomāsānāgata* “drei Monate in der Zukunft liegend”）。

为何此戒条必须指出不在安居范围内的那段雨季时间？是因为关涉这段时间的许多其他戒条。戒条的前面部分规定在雨季结束之前的某一特定时段，居住在野外的僧人可将其任一常衣存放在一间房舍内。安居期间，僧人必须住在其雨季居所内，他们通常只穿一件雨衣，因此不需要设定一条关于此时段内其他三件常衣的戒条。这支持了将此戒条针对的是前安居之后的一个月的理解。因为在这第四个月，僧人重新穿上三件常衣，唯其如此，戒条中规定的将三衣中的任意一件存放在房舍内才有意义。

戒条的后面部分指出如果有适当的理由去往寺院结界（*sīmā*）之外的地方，僧人最多可与其长衣分开六天。只要在确定的寺院结界之内，僧人穿着少于三衣而不被视为与三衣的分离，而这个边界被共认为是和三衣（*tricīvareṇa avipravāsa*）分离与否的界限[1]。如果居住在野外的僧人有这样的结界，他们只要在结界内便可不必穿齐三衣，但若出界则不行。因此，处理僧人应离开结界范围的情况的相关戒条填补了空白。但需要指出的是，并非所有部派都制定了与寺院结界有关的戒条[2]。

---

〔1〕 不同部派中关于此项的规定，见Chung/Kieffer-Pülz 1997, pp. 42–49。

〔2〕 化地部和饮光部中也提到结界（*sīmā*）（感谢Shayne Clarke提供的信息）。《别解脱经》的大众部说出世部本（NP.29）和上座部本（NP.29）中，允许僧人与僧衣最长分开六天，但与结界（*sīmā*）无关，这表明这些部派传承的此戒条的版本更古老，因为*sīmā*的概念是在*saṅgha*出现一段时间之后才有的（见Kieffer-Pülz 1992, 46–52）。

大众部说出世部和上座部也提到了安居的结束（*upavarṣaṃ/upavassaṃ*）以及迦剌底迦月。如同在NP.27（26）相关讨论中指出的，迦剌底迦月既可指頞湿缚庾阇月，又可指实际的迦剌底迦月（Kieffer-Pülz 2020, p. 48）。在上座部传统中，NP.29被理解成前安居结束后的第一个月以及实际的迦剌底迦月满月之前（Vin Ⅲ. 263, 29），也就是雨季的第四个月。根据前文的说一切有部戒条以及对上座部毗奈耶NP.29的句法分析，以往上座部戒条的各种翻译需要修正。其戒条内容如下：*upavassaṃ kho pana kattikapuṇṇamaṃ yāni kho pana tāni āraññakāni senāsanāni sāsaṅkasammatāni sappaṭibhayāni, tathārūpesu bhikkhu senāsanesu viharanto, ...* 被翻译如下（择要）："当雨安居完成直到迦剌底迦月的满月……"（Oldenberg/Rhys Davids 1885, p. 30）"度过雨安居直到迦剌底迦月的满月……"（Horner 1940, p. 157）"当在迦剌底迦月的满月，一名比丘在这样的房舍里度过了雨安居……"（Ñāṇamoli 1966, p. 46）"当一名比丘度过雨安居一直到迦剌底迦月的满月……"（Pruitt & Norman 2008, p. 45）"度过雨安居一直到迦剌底迦月的满月……"（Norman, Kieffer-Pülz, Pruitt 2018, p. 273）。以上翻译只有在迦剌底迦月的满月指代的是前一迦剌底迦月，即頞湿缚庾阇月的满月时才有意义。但根据对毗奈耶的句法分析，此戒条中的迦剌底迦月满月指的是后一个迦剌底迦月。因此，如果按照前面引文中的翻译方式，此戒条只能指那些在后一个迦剌底迦月满月结束后安居的僧人，此时雨季也同时结束。一方面这排除了那些度过前安居（更常见的实践）的僧人，另一方面使此戒条变得没有意义，因为在雨安居期间僧人穿雨衣，迦剌底迦月满月之后他们可以正常穿三件僧衣。因此这种翻译需要修正。*kattikapuṇṇamaṃ*不能被理解成*upavassaṃ*时间上的终点。笔者建议做如下翻译："已度过［安居，如果］直到迦剌底迦月满月僧人住在这样的房舍中……" 若做此翻译，戒条指的是雨季的最后一个月，也与引入的故事和注释文献相吻合。

大众部说出世部的戒条相似，但并非没有问题（NP.29）。*upavarṣaṃ kho punaḥ tremāsaṃ kārttikī paurṇamāsī, bhikṣu cāraṇyake śayanāsane viharanti sabhaye sapratibhaye sāśaṃkasaṃmate. ākāṃkṣamāṇena bhikṣuṇā trayāṇāṃ cīvarāṇām anyatarānyataraṃ cīvaram antaragṛhe nikṣipitavyaṃ, syāt tasya bhikṣusya kocid eva pratyayo tasmāc cīvarād vipravāsāya, ṣaḍāhaparamaṃ tena* （转下页）

这一戒条此部分的变体（A本？）见于两件写本（BR［出自克孜尔，版本不详］；CG［或出自克孜尔］，很可能属于A本）中，将戒条与雨季仍未结束的僧人联系起来，但未提及其他时间[1]。因此，理论上可以指整个雨季期（即四个月）。但如前所述，这一戒条只有指不包含在安居期僧衣相关规定有效范围内的雨季时间才有意义，因此只有雨季最后一个月才有意义。这种变体与根本说一切有部《比丘别解脱经》中的NP.27颇为相似[2]。同样如前文所示，冯·西姆森正文中给出的以及属于B本的三件写本中呈现的文本，很大程度上符合汉译本《比丘别解脱经》和《毗奈耶分别》，后二者皆被归入A本。因此，指出特定时间的变体很可能不是区分A、B本的特征，而是说一切有部中的一般措辞。部分写本中，此措辞被与根本说一切有部《比丘别解脱经》相似的变形所取代，故可将之视为在根本说一切有部影响下，说一切有部原初版本（A、B本）的一种变形。

P.67

P.67 B本（对应于汉译本《比丘别解脱经》和《毗奈耶分别》，两者皆属于A本）规定如果一名僧人想要隐匿或已经隐匿了另一名僧人（根本说一切有部中增加了比丘尼、式叉摩那、沙弥和沙弥尼）的数件物品，即便只是玩乐也是一种犯戒。B本中列举的物品包括钵（*pātra*）、僧衣（*cīvara*）、匙（*kuñcika*）、鞋（*upānaha*）、针线盒（*sūcighāraka*）或其他任何属于僧人的必需品（也见汉译本《比丘别解脱经》和《毗奈耶分别》）。在脚注中罗列物品变体的只见于一件写本中，即出自乌什吐尔、夏合吐尔的写本HN，被冯·西姆森归入A本。此件写本中列举的物品有：///(*cī*) *varaṃ, saritaṃ, śikyaṃ, kā* (*yabandhanaṃ*)。除*saritaṃ*和*śikyaṃ*的顺序颠倒之外，其与根本说一切有部《比丘别解脱经》中列出的物品几乎一致（*pātraṃ, cīvaraṃ, śikyaṃ, saritaṃ, kāyabandhanaṃ*）。由于保存状况较差，写本HN是否如同根本说一切有部版本一样也包括*pātraṃ*，尚不清楚。

（接上页）*bhikṣuṇā tasmāc cīvarād vipravasitavyaṃ. taduttariṃ vipravaseya anyatra bhikṣusaṃmutīye nissargikapācattikam.*"已度过三个月［安居，之后（即一个月之后）］迦剌底迦月的满月，［这段时间，僧人］住在一个危险的、恐怖的、被认定可怕的野外居所。如果他愿意，可以将［其］三件僧衣的任意一件僧衣存放在屋舍里。如果僧人有合适的理由离开其僧衣，他最多可与之分开六天。如果分开的时间更长，除非得到僧人的同意，否则将犯尼萨耆波逸提（Niḥsargikā-Pātayantikā）罪行。"

〔1〕说一切有部NP.28 ***bhikṣavaś cet saṃbahulā*** *āraṇyakeṣu śayyāsaneṣūpagataḥ* ***syuḥ*** *sāśaṅkasaṃmateṣu sabhayasaṃmateṣu sapratibhayabhairavasaṃmateṣu. ...*

〔2〕根本说一切有部NP.27 *bhikṣavaḥ khalu saṃbahulā āraṇyakeṣu śayanāsaneṣunavarṣakā bhavanti sāśaṅkasaṃmateṣu sabhayasaṃmateṣu sapratibhayabhairavasaṃmateṣu ...*

其中提到的漉水囊（*śikya*）是根本说一切有部传统中一般都被允许的必需品[1]。探讨说一切有部如何处理这种必需品，将是颇为有趣的议题。

B本中增加的短句"即便只是为了玩乐"，也出现于汉译本《比丘别解脱经》和《毗奈耶分别》，但不见于写本HN和根本说一切有部《比丘别解脱经》。此二本中写作"除非有恰当的理由"（*anyatra tadrūpāt pratyayāt*）[2]。写本HN的篇幅相当短（只有P.67—71部分），因其上保存的文本与根本说一切有部《比丘别解脱经》的措辞一致[3]，它可能也属于根本说一切有部。因此，写本HN与B本的措辞差别不必然是说一切有部A本的特征[4]，可能或是受到根本说一切有部的影响，或者正属于根本说一切有部。

P.68

P.68 A本判定如果一名比丘已经将自己的僧衣送给另一名比丘，或比丘尼，或叉摩那，或沙弥与沙弥尼[5]，却还在继续使用，即使接受者没有宣布放弃他的唯一财产权（*apratyuddhārya*），就是犯了戒条[6]。这对应于汉译本《比丘别解脱经》[7]和《毗奈耶分别》[8]，以及伯希和库车藏品（Pelliot Koutchéen）中的吐火罗B语写本残片NS71[9]。它也与大众部说出世部（P.63）和上座部（P.59）的相关戒条一致。B本中只提到一名比丘作为接受者。这与根本说一切有部系同一戒条是相同的。佐々木闲在尚未发表的

---

〔1〕 von Hinüber 1992, pp. 39–40. 关于P.67更详细的讨论，见Hu-von Hinüber 2003, pp. 581–582（重印本：Hu-von Hinüber 2009, p. 952）。

〔2〕 也见于写本ED，残片E V1。

〔3〕 写本HN作*jīvitapariṣkāram*，而非*pariṣkāram*（说一切有部，P.67）；///[*d*]. *pāt pra* ... *yāt*代表 *tadrūpāt pratyayāt*（根本说一切有部），而非 *antato hāsyaprekṣyam api*（说一切有部，P.67）；[*ś*] *uddhaṃ bhikṣum anāpannam*，而非 *bhikṣuṃ*（说一切有部，P.69）；*striyā sārdham adhvamārgaṃ*，而非 *mātṛgrāmeṇa sārdhaṃ saṃvidhāya samānamārgaṃ*（说一切有部，P.70）。

〔4〕 冯·西姆森（von Simson 2000, pp. 5–13）列举的A、B本的差别中，也没有提到此戒条。

〔5〕 P.68: *yaḥ punar bhikṣur bhikṣoḥ* (v.l. *bhikṣor vā bhikṣuṇyā vā śikṣamāṇāyā vā śrāmaṇerasya vā śrāmaṇerikāyā vā*) *pātraṃ vā cīvaraṃ vā dat(t)vā* (v.l. *cīvaraṃ uddiśya* for p.v.c.v.d.) *tataḥ paścād apratyuddhārya* (v.l. *paścāt pratyuddhārya*) *paribhuṃjīta pātayantikā*. "已将钵或僧衣（v.l. 已指定的僧衣）给［另一名］比丘（v.l. 比丘、比丘尼、式叉摩那、沙弥、沙弥尼），［若］比丘还在使用，而［形式上的拥有］没有被［受领者］宣布放弃，就是一种波逸提罪行。"

〔6〕 *Apratyuddhārya*在SWTF中被理解成一种否定绝对，s.v. "neg.abs. *ohne* (*den Eigentumsanspruch an einer Sache*) *aufgegeben zu haben*." 此戒条中的主体是接受者，而非将物品给予接受者的僧人。因为只有后者放弃了他的唯一拥有权（即允许共同使用），该僧人，也就是原本拥有者才可以使用他给出的物品。上座部版本在此处有个形容词（*apaccuddhārakaṃ*），其为更清晰的变形。

〔7〕 Huber in Finot 1913, p. 519.

〔8〕 Rosen 1959, p. 194.

〔9〕 Ogihara 2013b, 200.

一篇文章中探讨了为何在根本说一切有部《比丘别解脱经》中接受者只限于比丘。他对此解释到，在根本说一切有部传统中，与“分配”有关的讨论时，只有阿阇梨（*ācārya*）或邬波陀耶（*upādhyāya*）可以作为指定僧衣的接受者[1]。在P.68中将接受者限定于一名僧人，可能避免了该戒条与此部派内其他分配规则之间的冲突[2]。说一切有部B本的这一戒条，亦见于写本ED（混合修订本），其受根本说一切有部的影响颇为明显。

关于赠出的物品，说一切有部A本与其他所有部派类似，只提到了僧衣，而B本中还提到了钵。尽管我们通常可以观察到针对钵也有类似于僧衣相关的戒条，但其他部派似乎都没有针对钵的相关戒条。因此在B本中看到的变化应是一种独特的发展。

P.76

P.76 A本（对应于汉译本《比丘别解脱经》和《毗奈耶分别》）中规定，如果僧人偷听其他僧人之间的争吵（*śrutvāvāpya dhārayiṣyāmīti*），就是一种罪行。这与上座部传统中的规定相似，此类偷听被视作一种罪行（P.78）。而B本中规定，如果僧人偷听了并且将听到的内容转述给他人（*śrutvā tathānuvyāhariṣyāmīti*），则是一种罪行[3]。后者与根本说一切有部的相关规定（*tathā tathā anuvyavahariṣyāmīty*[4]）十分接近，从内容上看也与法藏部（P.77）、化地部（P. 66）[5]以及大众部说出世部（P.78）[6]相似。这表明了说一切有部《比丘别解脱经》A、B本的不同。

说一切有部吐火罗语写本残片

由于中亚地区的说一切有部毗奈耶写本并非只通过梵语流传，有必要对《比丘别

〔1〕 根据佐々木闲的研究，与其他所有部派不同，根本说一切有部没有指明与NP.1相关的特定分配流程。但在根本说一切有部经典中，只要提到的分配，只有轨范师（*ācārya*）或亲教师（*upādhyāya*）可作为接受者。

〔2〕 Sasaki forthcoming.

〔3〕 von Simson 2000, p. 13, 299, n. 30.

〔4〕 Hu-von Hinüber 2003, Pāt. 76.

〔5〕 Pachow 1955, p. 164.

〔6〕 就后者而言，使用的动词*upasaṃharati*“去讲述”，见《比丘别解脱经》在GRETIL的转写本 http://gretil.sub.uni-goettingen.de/gretil/1_sanskr/4_rellit/buddh/prmosulu.htm [23rd March, 2021].

解脱经》的吐火罗语写本进行简要说明。在冯·西姆森的编辑本[1]中，他指出所掌握的吐火罗语写本过于残破无法下定论。后来他提到了四件吐火罗语写本残片，可被归入其确立的两种梵文版本。其中两件属于B本（P.52、68），另外两件属于A本（P.73、75）。然而，属于A本的P.73中部分措辞（写作*svahastaṃ*，不见于B本）在根本说一切有部系的同一戒条中亦可见到。因此，这也可被解释为受根本说一切有部之影响的结果[2]。

通过对伯希和藏品中保存了P.22～25条戒条的《毗奈耶分别》写本残片（AS 18 B）的整理，皮诺（Pinault）指出此文本的吐火罗语本和梵语本在内容上存在若干差异，如吐火罗语本P.24中没有例外条款（*anyatra samayāt*），如梵语本使用单数而吐火罗语本使用了复数[3]。造成这些差异的原因，除吐火罗语本的编辑者自行对文本进行了增删，或者参照的是不同的梵语本外，作者还认为吐火罗语本编辑者可能拥有说一切有部文本外的其他文本，即根本说一切有部文本。为证明这一推测，皮诺提到了P.22的吐火罗语本内容与根本说一切有部吻合（*sammataś ... saṅghena*），而与说一切有部不同（*sammato*）[4]。因此他最后总结到所涉及的吐火罗语本残片没有统一版本，但是"见证了这两个部派之间的文本互动"[5]。

谢弗（Schaefer）[6]在探讨出自胜金口的吐火罗B语本残片THT 330时，认为包括P.70、71的这件残片上没有与说一切有部《比丘别解脱经》相同戒条中*saṃvidhāya*（"按照预约"）对应的词，而这种缺失却与根本说一切有部《比丘别解脱经》一致。

根据施密特的研究[7]，有七件吐火罗B语残片（出土地不详；THT 1539）可能属于三或四个不同写本。其中六件是说一切有部《比丘别解脱经》的组成部分。在这六件中，有两件对应于冯·西姆森编辑[8]的《比丘别解脱经》梵语本，意味着它们属于B本；两件对应性不强；最后两件属于说一切有部《毗奈耶分别》[9]。在吐火罗语本残片中，NP.26 和27的顺序是相反的[10]，P.53 和54亦是如此（此顺序与根本说一切有部系中的顺序一致）[11]。将这些残片与《比丘别解脱经》说一切有部和根本说一切有部的所有版

[1] von Simson 2000, pp. 13–14.
[2] 在冯·西姆森（von Simson 2000, pp. 63–65）的"Testimonia"章节下，复制了施密特所编制的《比丘别解脱经》和《毗奈耶分别》的吐火罗语写本残片列表。
[3] Pinault 1984, pp. 390–392.
[4] Pinault 1984, p. 392.
[5] Pinault 1984, p. 392.
[6] Schaefer 1997, pp. 169–170.
[7] Schmidt 2006, pp. 461–466.
[8] von Simson 2000.
[9] Schmidt 2006, pp. 461–466.
[10] Schmidt 2006, p. 462, n. 19.
[11] Schmidt 2006, p. 463, n. 25；von Simson 2000, p. 218, n. 348.

本进行全面对比，对于究明与说一切有部B本不符的某一残片是否可能属于根本说一切有部，将是十分必要的。

关于包括说一切有部中P.58～62（此排序在根本说一切有部中有所不同）的吐火罗B语写本残片THT 1579，荻原裕敏[1]指出，就P.60而言，此件残片与出自乌什吐尔、夏合吐尔的梵文写本GX相似，皆写作*grīṣmāṇāṃ*，而与说一切有部B本（*grīṣmasya*）不同。由于*grīṣmāṇāṃ*也常见于根本说一切有部系的P.60，吐火罗语残片的这种写法可能亦反映了根本说一切有部的影响，尤其是鉴于写本GX的其他部分也与根本说一切有部有着共同之处[2]。

就伯希和藏品中的吐火罗语毗奈耶文本而言，荻原裕敏[3]指出其中大多数属于说一切有部《毗奈耶分别》，它们比梵文和汉文版本都简单，且总体上与说一切有部汉文本一致。至于那些不一致之处，吐火罗语B本《毗奈耶分别》有时与根本说一切有部系《毗奈耶分别》相同。但目前尚没有残片可以被确认属于根本说一切有部。只有“柏林收藏的出自吐鲁番地区的部分残片可以确认属于根本说一切有部传统”[4]。基于此，荻原裕敏推断说一切有部内存在着不同的文本传统[5]。根据对吐火罗语毗奈耶文本的研究，荻原裕敏认为至少存在一种古老的《羯磨说》，在被翻译成吐火罗B语之前（4世纪末5世纪初）已经存在，而且此时也有一种吐火罗B语《比丘别解脱经》版本，但《毗奈耶分别》似乎没有如此之早地被翻译成吐火罗语[6]。

以上分析表明吐火罗语本残片对应于说一切有部A、B本，某些情况下还受到根本说一切有部的影响，还有少数残片的年代早于这两个传统。因此，吐火罗语本的情况似乎与说一切有部梵语本残片颇为相似。

结语

本文探讨的说一切有部梵文A本和B本中数条存在差别的戒条，表明这些差别的出现，部分是因为对梵语本的理解不够全面（NP.13、27 [26]），部分是因受到根本说一切有部的影响（NP.28 [27、26]，P.67、68、76）。如前文所述，根本说一切有部系写本残片

---

〔1〕 Ogihara 2012, p. 170.

〔2〕 NP.22 巴利保吉伽（*pāribhogike*）（说一切有部B本作*pāribhogīye*）；*abhini* (*ṣpanne*)（说一切有部B本作 *upādāya*）。

〔3〕 Ogihara 2013b, p. 203.

〔4〕 Ogihara 2013b, p. 203, n. 28.

〔5〕 Ogihara 2013b, p. 204, n. 29.

〔6〕 Ogihara 2013a, pp. 323-324.

的数量在克孜尔及周邻地区发现的并不多（见本书266页，注释〔3〕）。它们主要集中于西北印度，可能也深入丝路北道的东段。受到根本说一切有部《比丘别解脱经》深刻影响的说一切有部写本ED出自吐鲁番的胜金口。根本说一切有部《比丘别解脱经》的措辞被说一切有部《比丘别解脱经》借用时，可能没有将戒条中相关词汇转换成新引入的动词（见本书276页），这种现象或可被理解成传诵这些说一切有部《比丘别解脱经》版本的僧人并不熟稔常用的梵语措辞[1]。由于在文本中只发现了一个这样的例子，若要得到明确的答案，则有必要检讨说一切有部《比丘别解脱经》的更多、且尽可能所有戒条。另一种可能性或许是，此地区的僧侣没有严谨地遵守措辞，因此也没有认为措辞的不同构成必须分开举行布萨的严重偏差，但这种推测仍需基于大量研究。然而可以明确的是，B本晚于A本，且较A本的传播范围更广，受根本说一切有部的影响比A本多。如果尝试将《比丘别解脱经》的两种版本与书中不同层面的物质遗存进行关联，那么传播范围更广的《比丘别解脱经》B本可能对应于大多数洞窟所属的“B传统”，而《比丘别解脱经》A本可能对应于“A传统”。因此，值得思考的问题是，“B传统”洞窟形制和图像内容的变化是否至少部分受到了根本说一切有部之影响。

致谢

真诚地感谢桧山智美和魏正中邀请我参与此书的写作。感谢Walter Slaje, Shayne Clarke和榎本文雄对文中部分梵语段落的建议；榎本文雄还与我探讨了他对根本说一切有部名称含义的理解。此外，还要感谢庆昭蓉和荻原裕敏将他们的部分文章分享给我；感谢佐々木闲允许我提前阅读其尚未发表的论文；感谢Klaus Wille为我提供了大量他对写本残片辨识和编辑的信息，以及对本文提出的意见和建议；感谢Shayne Clarke为修改和提高此文的英语写作所付出的艰辛；感谢我的朋友和同事Marcus Günzel对中文译稿的认真核查与更正。行文若有错漏，概由笔者文责自负。

写本缩写

冯·西姆森用两个大写字母来标识其使用和编辑的梵语本说一切有部《比丘别解脱经》。关于这些写本（发现地：A本或B本等）的缩写列表见von Simson 2000, pp. 19–55。

〔1〕 皮诺（Pinault1984, p. 391）指出吐火罗语翻译者应精通梵语和吐火罗B语。

缩略表

ARIRAB	*Annual Report of the International Research Institute for Advanced Buddhology at Soka University* 《创价大学国际佛教学高等研究所年报》
NP	Naiḥsargika-pāyattika, Niḥsargikā Pātayantikā (*Prātimokṣasūtra*), Nissaggiya Pācittiya (*Patimokkhasutta*) 尼萨耆波逸提
P	Pātayantikā, Pāyattikā (*Prātimokṣasūtra*), Pācittiya (*Pātimokkhasutta*) 波逸提
P.Skt.bleu	Pelliot Sanskrit bleu伯希和梵文写本
P.Skt.petit	Pelliot Sanskrit petit伯希和梵文写本
Pratid	Pratideśanīya (*Prātimokṣasūtra*), Paṭidesanīya (*Pātimokkhasutta*) 波罗提提舍尼
R	Rückseite (=Verso) 反面
SHT	*Sanskrit-Handschriften aus den Turfan-Funden*, Teil 1–12, ed. E. Waldschmidt *et al*. Verzeichnis der orientalischen Handschriften in Deutschland, X.1–12. Wiesbaden/Stuttgart 1965–2017. 《吐鲁番发现的梵文写本丛刊》
V	Vorderseite (=Recto) 正面
Vin	*Vinaya Piṭaka*, 5 vols., ed. H. Oldenberg. London: Williams & Norgate, 1879–1883. 《律藏》五卷

附录二
绘画颜料与技法：克孜尔两种风格壁画的对比研究
——以第167、69[2]和224窟为中心

谷口阳子

序言

龟兹佛教石窟壁画反映出高超的技术水准，这可被其使用的广泛且多元的绘画颜料和技法证实。

绘画颜料和技法可展现出东西方之间的文化互动程度。龟兹壁画中所用的技法和颜料与敦煌莫高窟相比，更接近于阿富汗的巴米扬。龟兹地区最大的石窟寺院遗址克孜尔石窟壁画中大量使用青金石蓝和金箔，已得到学者的特别关注。克孜尔壁画中使用的奢侈颜料使其成为中亚地区最昂贵的壁画。巴米扬洞窟距离阿富汗巴达赫尚省的青金石采石场更近，但其使用的青金石蓝却不及克孜尔。在异域颜料和技法的使用上投入的大量资源，表明龟兹国在赞助佛教寺院壁画绘制方面极度慷慨。

然而，这些特征并非龟兹地区所有壁画共有。有趣的是，龟兹石窟存在两种壁画风格，即A种风格（见于“A传统”洞窟）和B种风格（见于“B传统”洞窟），它们在壁画材料和技法上皆表现出明显的不同。

本文拟从壁画颜料和技法的角度考察克孜尔石窟壁画中的A种风格和B种风格。由于可获得的样本量有限，本研究主要基于已发表的资料以及笔者近年来在参与的联合项目中获得的一手资料[1]。本研究包括三个部分：第一部分介绍克孜尔石窟壁画的颜料和技法，并将之与中亚其他佛教壁画进行对比；第二部分是对以往研究提供信息的回

〔1〕 2012～2014年中日学者对克孜尔石窟部分洞窟壁画的制作技法和材料展开了合作研究。项目的目标是分析三座洞窟的壁画。项目组的中国学者来自龟兹研究院，日本学者来自东京艺术大学、名古屋大学和筑波大学。

顾与梳理；最后一部分介绍最近联合考察项目所获新材料中的新发现，揭示A种风格和B种风格壁画的若干独有特征。

壁画的结构和颜料

克孜尔石窟壁画采用的是干壁画技法，即壁画是在一层晾干的地仗层上，用胶（即动物胶、植物胶、干油等）将颜料黏合起来绘制的。这种技法与湿壁画技法不同，后者在新鲜的砂浆上绘画，而后通过石灰砂浆炭化固定。干壁画技法在中亚地区广泛使用。

在中亚，佛教洞窟开凿在砾岩和较软的砂岩上，岩面构成了壁画的支撑体。砾岩岩石表面自然凹凸，能够与颜料良好黏结，而砂岩岩石表面需要刻划或刮擦，以使颜料黏附其上。通常的做法是在岩石表面涂抹两到三层地仗，最底层涂料的颗粒较大。这种涂料一般是由多种无机质和有机质经过复杂混合制成的[1]。

古印度时期关于绘画技法的文集——由一系列文本组成的《画经》（*Citrasūtra*），为考察早期佛教壁画使用的技法和颜料提供了有益参考[2]。《毗湿奴最上法往世书》（*Viṣṇudharmottara Purāṇa*）中《画经》的第40章[3]——其年代被定为笈多时代晚期（7世纪左右），指出绘画之前需要在壁面上涂抹涂料，而这种涂料由三种砖粉、黏土（1/3）、树脂、蜡、蜂蜜、乳香、糖、红花（油？）、芝麻油、石灰（1/3）、植物汁液、试金石和沙子的粉末构成，而后放置一个月。这种混合物被涂抹在岩石表面、娑罗树[4]树脂和芝麻油层之下，最后表面用牛奶磨平。由于牛奶含有蛋白质（酪蛋白），因此可以用作涂层。学者[5]已使用酶联免疫吸附（ELISA）测出巴米扬K、L窟壁画上的牛奶酪蛋白。虽然尚未确定哪一层中包含酪蛋白，但在地仗层和底色层之间发现了一层蛋白[6]。这种蛋白可能是来自牛奶的酪蛋白，涂在地仗层之上作为涂层，如印度《画经》中所记载的（图121）。

克孜尔石窟壁画大多绘制在地仗层之上的底色层上，上浆的方式与前文所述相似（图122），也有部分洞窟的壁面和窟顶没有地仗层，如第167（“A传统”，图123）、69[2]窟[7]

---

〔1〕谷口阳子、Cotte 2008；Taniguchi 2013。

〔2〕关于《画经》的研究，见Nardi 2016。那迪（Nardi）强调《画经》并非代表印度壁画绝对标准的文本，而是开放性的，可由不同画家展开各自的阐释，因此其中记载的内容不一定与印度的真实绘画相符，这也可被科学分析证实，见Nardi 2016, pp. 132–135。

〔3〕Sadakane 1989, pp. 56–58.

〔4〕可能是娑罗树（*Shorea robusta*）。

〔5〕高岛美穗 2015。

〔6〕谷口阳子 2012a。

〔7〕克孜尔砂岩层凿刻的窟顶上通常没有地仗层。工匠们似乎从经验中了解到，水平状砂岩表面没有足够的附着力来支撑泥皮层，最终会导致脱落。这可能是直接在表面上刷白灰浆或有机涂料的原因。

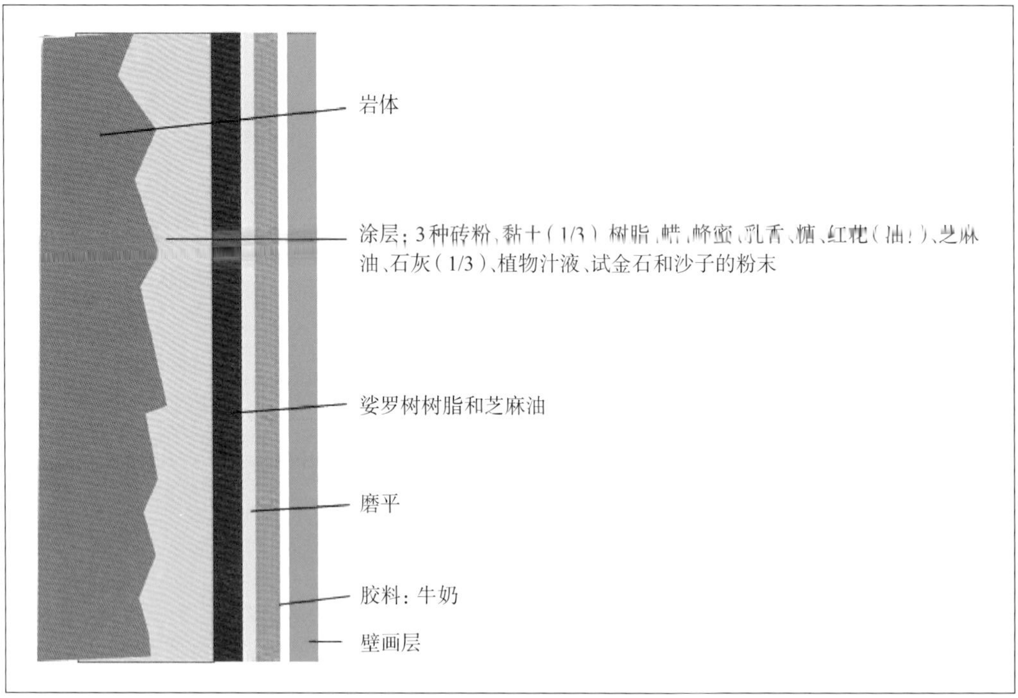

图121 根据《画经》（*Citrasūtra*）制作的壁画结构示意图。谷口阳子制图。

（"Y阶段"，图124、图125）。直接绘制在砂岩表面的壁画没有底色层。在砂岩或地仗层上再涂抹一层涂层，是防止壁画脱落必不可少的程序。这一涂层很可能是牛奶酪蛋白。只有最初涂成粉红色的部分才使用石膏底色层。这有助于确保生动的着色效果，因底色层对绘于其上的壁画具有反射作用（见图125）。

颜色是用颜料和有机染料制成的。颜料可分为两大类：矿物颜料和合成颜料。矿物颜料是在特定地质区域发现的无机材料，因此其可用性取决于采石场、矿石和贸易路线的存在。合成颜料，无论是有机或无机金属盐，都需要一定的技术才能制成，因此它们通常在特

图122 克孜尔第38窟窟顶壁画残块，画面中可见绿、蓝、白色颜料。德国柏林亚洲艺术博物馆藏，编号Ⅲ 8390 © Museum für Asiatische Kunst, Staatliche Museen zu Berlin, CC BY-NC-SA。

图123　克孜尔第167窟主室套斗顶。东京艺术大学 摄© 东京艺术大学、新疆龟兹研究院。

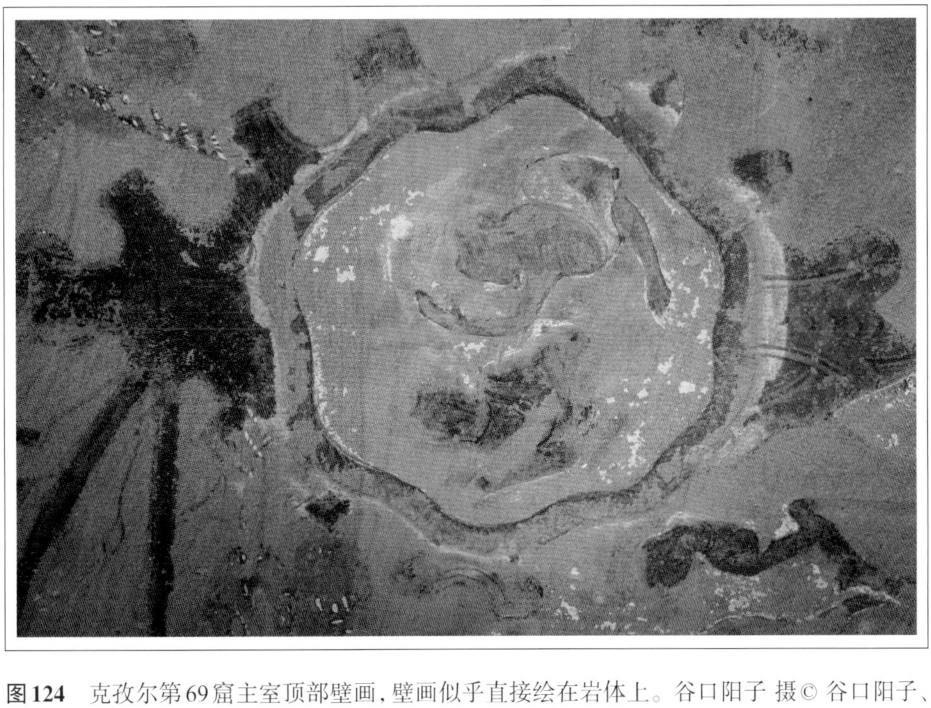

图124　克孜尔第69窟主室顶部壁画，壁画似乎直接绘在岩体上。谷口阳子 摄© 谷口阳子、新疆龟兹研究院。

图125 克孜尔第69窟主室顶部天人像，天人脚部可见到部分红白色地。东京艺术大学 摄©东京艺术大学、新疆龟兹研究院。

定地点生产。每种颜料的色调和色相都取决于它们的特定来源，无论是矿物还是化合物，因此，着色剂是地质和生产区域的反映。染料可以反映出质地和制作区域。

颜料往往会随着时间的推移而改变颜色。例如，黄色变成浅灰色或黑色，红色变暗，明亮的红色褪色。因此，只有那些在长时间内不会改变颜色的颜料，如蓝、绿和白色，才能更好地留在表面上（见图122）。

颜色被系统地描绘成反映画家意图、可产生光学效果的多层结构[1]。因此，若要了解中亚壁画的绘制技术，须对其横截面进行考察。

克孜尔石窟壁画颜料的研究史

克孜尔石窟壁画所用颜料一般是通过早期研究获知的，不过这些研究主要集中于B种风格的壁画。少量A种风格的壁画被里德雷尔（Riederer Josef）[2]考察过，此研究对本书尤为重要。

笔者从保存有克孜尔壁画残块的博物馆曾开展的研究中获得了大量信息，现列表如下（表27）。

最早对克孜尔壁画颜料进行科学分析的是哈佛大学福格艺术博物馆的盖特斯（Gettens Rutherford J.）[3]。他分析的样本采自克孜尔第176、178、205和224窟（“B传统”）和第189[2]窟（“Y阶段”）[4]。盖特斯使用PLM（偏光显微镜）和湿化学进行矿物

〔1〕 谷口阳子2006；Taniguchi 2007。
〔2〕 Riederer 1977.
〔3〕 Gettens 1938.
〔4〕 洞窟的确切编号尚不清楚，壁画残块如下：26.2：克孜尔第189窟 (?), große Anlage, Ⅱ. Schlucht, Ⅱ. Höhle；26.3.1：克孜尔第205窟，Mayahöhle Ⅱ. Anlage；26.3.2：克孜尔第178窟 (?), große Anlage, 3. Höhle；26.3.3：克孜尔第224 窟 (?), Ⅲ. Anlage, größte Höhle；26.3.4：克孜尔第224窟 (?), Ⅲ. Anlage, größte Höhle；26.3.5：克孜尔第176窟 (?), große Anlage, 2. letzte Höhle in der kleinen Schlucht。感谢桧山智美提供的相关信息。

表27　克孜尔壁画颜料的先前研究成果*

检测者	白	红	蓝	绿	黑黄	橘黄或黄	贴金
盖特斯[1]	石膏	铅丹、红赭石	青金石	硅孔雀石	—	—	
山崎一雄[2]	石膏、石灰		青金石	孔雀石			
里德雷尔[3]	石膏、硬石膏	铅丹、红赭石	青金石、靛蓝	绿铜矿、硅孔雀石	炭黑	黄赭石、铅黄（改变）、雌黄	
李丽[4]	石膏、硬石膏、方解石、石英	铅丹（变黑PbO_2）、朱砂、红赭石	青金石	绿铜矿	—	—	
苏伯民[5]	石膏、硬石膏、方解石、石英	铅丹、朱砂、赤铁矿	青金石	绿铜矿	石墨	—	
周智波[6]	石膏、氯铅矿—砷铅矿	虫胶树脂	青金石	绿铜矿（带雌黄）	—	铅丹	金箔（虫胶树脂[胶结材料]）、锡箔（干油[胶结材料]）

* 每种确定的颜料名称都由矿物名称表示。
1. 福格艺术博物馆〔1〕；2. 山崎一雄 1960；3. 柏林亚洲艺术博物馆〔2〕；4. 敦煌研究院〔3〕；5. 敦煌研究院〔4〕；6. 新疆龟兹研究院〔5〕。

学研究，在绿色（硅酸铜）中发现了硅孔雀石，蓝色中有精制的青金石（天然群青）、红赭石和深红铅丹。由于福格艺术博物馆的所有壁画残块都属于B种风格，它们无法代表克孜尔壁画的全部。

山崎一雄〔6〕分析了日本保存的大谷光瑞探险队所获以及从勒柯克处购买的中亚壁画。他对东京国家博物馆收藏的克孜尔B种风格壁画的分析结果与盖特斯的研究结果相似〔7〕。

〔1〕 Gettens 1938.
〔2〕 Riederer 1977.
〔3〕 李最雄2005。
〔4〕 Su Bomin *et al*. 2003.
〔5〕 Zhou, Zhibo *et al*. 2021.
〔6〕 山崎一雄1960。
〔7〕 山崎一雄并未全部公布他检测所得的克孜尔壁画所有信息。然而东京国立博物馆收藏的所有克孜尔壁画残块都属于B种风格。

德国柏林亚洲艺术博物馆收藏了最多的出自库车、吐鲁番以及新疆其他地区的壁画。里德雷尔[1]使用PLM对颜料颗粒和横截面进行了观察，用XRD（X射线衍射）和FTIR（傅立叶变换红外光谱）对80件藏品进行了检测。在过去的保护工作中，馆藏的几乎所有壁画残块表面都被涂抹了各种保护剂（蜡和虫胶）。现在的保护材料是合成树胶，即PVAc（聚醋酸乙烯酯；® Caparol），特别是尼龙[2]，使有机成分（如古代的胶结材料）难以检测。

敦煌研究院也对克孜尔的颜料和胶结材料进行了科技分析。其中两组信息可用：第一组包括来自10个洞窟的55件样本[3]；第二组包括来自7个洞窟的12件样本[4]，其中发现了牛皮胶[5]。他们的分析主要集中于“B传统”洞窟，也包括两座绘有A种风格壁画的“Y阶段”洞窟（克孜尔第77、135窟）[6]。遗憾的是，选取的样本并未突出A种风格和B种风格之间的颜料差异。

周智波[7]使用SEM-EDS（扫描电子显微镜能量色散X射线光谱）、ELISA（酶联免疫吸附试验）、Py-GC/MS（热裂解—气相色谱/质谱联用）和LC-ESI-Q-TOF-MS（液相色谱—电喷雾电离四极飞行时间质谱）等技术分析了克孜尔第69[2]（“Y阶段”）、171和175窟（“B传统”）的染料。在这些B种风格的壁画中检测出了金箔、锡箔及其胶结材料。在第171窟的壁画中检测到了红色虫胶树脂作为金箔和红色染料的胶结材料，而干油作为锡箔的胶结材料。

克孜尔第189窟窟前出土的一块青金石蓝色颜料中测出了植物胶[8]。这种胶可用来提炼青金石粉，以生产蓝色颜料，而不仅仅是蓝色的胶结材料。青金石矿物不能简单地通过研磨成粉末转化为蓝色颜料；否则将呈现浅灰色，而不是深蓝色。为了获得精美的深蓝色颜料，青金石需要一个精炼过程。现存关于如何制作青金石蓝色颜料的最古老文献，是14世纪意大利画家钦尼诺·德·安德雷·切尼尼（Cennino d’Andrea Cennini）撰写的《艺术之书》（*Il libro dell’arte*）。这种精炼过程很可能在中亚出现得更早。切尼尼的书中记录，先将青金石粉末与松脂、胶乳和蜡混合，然后在碱

---

〔1〕 Riederer 1977.

〔2〕 2011年3月，笔者在德国柏林亚洲艺术博物馆期间与布什曼（Ines Buschmann）和施密特的交谈以及2020年12月的信件往来中，获知此信息。

〔3〕 Su Bomin *et al*. 2003, pp. 48–49. 这些洞窟包括克孜尔第38、100、114、135、171、179、180、186（“B传统”）、77、新1[2]窟（“Y阶段”）。

〔4〕 这些洞窟包括克孜尔第38、114、135、171、180、186（“B传统”）和新1[2]窟（“Y阶段”）。

〔5〕 李最雄2005，54–60页。

〔6〕 第77窟壁画显然属于A种风格，而第135窟的壁画很独特，包括了A种风格的若干典型题材和颜料。

〔7〕 Zhou, Zhibo *et al*., 2020 a, b.

〔8〕 周智波、杨杰、高愚民2019。

性热水中洗涤，最后得到精制的蓝色颜料[1]。目前尚不清楚中亚是否也采用了同样的制法。

里德雷尔是唯一在科技分析中纳入了地质的视角的研究者，他的研究将希腊—罗马世界的古文献资料与印度《画经》相对比，并且同时检测了A、B两种风格的壁画。下表是对其研究的回顾和梳理（表28）。

白底色层和白色　先前的研究表明库车、焉耆和吐鲁番壁画中的底色层是生石膏（$CaSO_4 \cdot 2H_2O$）和硬石膏（$CaSO_4$）的混合物，两者在新疆沙漠地区十分常见[2]。此外，还有一种人工制成的铅白，用作白底或白色染料，仅见于四处遗址，即库木吐喇、柏孜克里克、高昌和硕尔楚克[3]。因铅白只见于唐代和回鹘风格的壁画中，其似乎是中原地区的工匠制成后带至西域地区的。

红色　红赭石常见于克孜尔壁画，是一种可以从任何地方获取的颜料。另一种红色颜料，由来自中原地区的朱砂制成。中国的朱砂矿石见于湖南、贵州、四川和云南[4]。此类红颜料常见于库木吐喇、图木舒克以及柏孜克里克的汉风和回鹘风壁画中，巴米扬没有发现。值得注意的是，在龟兹，朱砂见于克孜尔新1[2]窟[5]和森木塞姆第40窟[6]，两窟都属于“Y阶段”。此外，中国新疆和东亚地区还经常使用铅丹制成的橙红色。克孜尔洞窟壁画的A、B两种风格中都可检测到铅丹[7]。

蓝色　青金石制成的蓝色颜料主要见于克孜尔洞窟的B种风格壁画。根据青金石粉末中天青石和方解石的纯度精细地控制蓝色色调[8]。靛蓝混合青金石见于少数几座绘有B种风格壁画的洞窟，而石青的使用仅见于唐风和回鹘风壁画[9]。石青很可能是从中原地区输入的，因这种颜料常见于中国内地，或产自云南或贵州地区。里德雷尔

〔1〕 Cennini 1960, p. 37.

〔2〕 所有研究都认同白底色层由生石膏或硬石膏制成。硬石膏是将石膏加热到300～700℃，但尚不清楚为何需要将石膏加热。然而由于最近研究中没有辨识出硬石膏，其是否存在并不明确。在烧制过程中随着结晶水的消失，石膏会形成硬石膏。里德雷尔（Riederer 1977）曾提到在中国新疆地区匠人绘制壁画之前用石膏和硬石膏作地。由于可将水掺入硬石膏从而制成石膏，因此无法确定石膏最初是否用于作地，或者我们今天是否将石膏确定为硬石膏的蚀变产物（Schmidt *et al*. 2016）。

〔3〕 Riederer 1977.

〔4〕 Eastaugh *et al*. 2004, p. 105.

〔5〕 Su Bomin *et al*. 2003.

〔6〕 Schmidt *et al*. 2016.

〔7〕 这一信息来自对以下洞窟壁画的检测：绘制A种风格壁画的克孜尔第83窟（编号Ⅲ 8443）和第212[2]窟（编号Ⅲ 8401），以及绘制B种风格壁画的克孜尔第13（编号Ⅲ 8373）、114（编号Ⅲ 9140 b）、175、178（编号Ⅲ 8878、Ⅲ 8449、Ⅲ 8725）。

〔8〕 Sato *et al*. 2012.

〔9〕 蓝铜矿见于库木吐喇窟群区第13窟壁画（编号Ⅲ 8377）和柏孜克里克第3窟（编号Ⅲ 9111），见Riederer 1977, p. 374。

表 28　里德雷尔的分析结果（1977 年）*

风格	洞窟	德语名称	编号	区域	白色	红色	蓝色	绿色	黄色
A	克孜尔 77（塑像）	Statuenhöhle	Ⅲ 8184	1	石膏/硬石膏	红赭石		绿铜矿	
	克孜尔 77（壁画）	Statuenhöhle	Ⅲ 8838、8839、8840、8841 a、8842	1	石膏/硬石膏	红赭石、铅丹		绿铜矿	铅黄
	克孜尔 84	Schatzhöhle C	Ⅲ 8444、8444 b、8444 c	1	石膏/硬石膏	红赭石、铅丹	青金石	绿铜矿	黄赭石、铅黄
	克孜尔 118	Hippokampenhöhle	Ⅲ 8412	6	石膏/硬石膏	红赭石、铅丹		绿铜矿	铅黄
	克孜尔 129	Kleine Kuppelhöhle	Ⅲ 9277	3	石膏/硬石膏	红赭石	青金石	绿铜矿	铅黄
	克孜尔 207	Malerhöhle	Ⅲ 8690a、9148a、b	7	石膏/硬石膏	红赭石		绿铜矿、硅孔雀石	黄赭石
	克孜尔 212[2]	Seefahrerhöhle	Ⅲ 8398、8399、8401	7	石膏/硬石膏	红赭石、铅丹		绿铜矿	黄赭石、铅黄
	库木吐喇 GK 22	2. Mittlere Schlucht 2. Kuppelhöhle	Ⅲ 9053	2	石膏/硬石膏	红赭石		绿铜矿、硅孔雀石	
A+B 混合	克孜尔 67	Rotkuppelhöhle	Ⅲ 8403	2	石膏/硬石膏	红赭石	青金石	绿铜矿	铅黄
B	克孜尔 8	Höhle mit den 16 Schwertträgern	Ⅲ 8691	4	石膏/硬石膏		青金石	绿铜矿	铅黄
	克孜尔 13	5. Höhle neben Sechzehnschwertträger	Ⅲ 8859、8373a、8373b**	4	石膏/硬石膏	红赭石、铅丹	青金石	绿铜矿	铅黄、雌黄

续 表

风格	洞窟	德语名称	编号	区域	白色	红色	蓝色	绿色	黄色
B	克孜尔114	Höhle mit der Gebermühle	Ⅲ 9084、9103、9140 b	6	石膏/硬石膏	红赭石、铅丹	青金石	绿铜矿	铅黄
	克孜尔123	Höhle mie den ringtragenden Tauben	Ⅲ 9066	6	石膏/硬石膏	红赭石	青金石	绿铜矿	铅黄
	克孜尔171	Höhle über den Kassettenhöhlen	Ⅲ 8420、8891	5	石膏/硬石膏	红赭石	青金石	绿铜矿	铅黄、雌黄
	克孜尔184	Drittletzte Höhle	Ⅲ 8372 b	5	石膏/硬石膏	铅丹	青金石	绿铜矿	铅黄
	克孜尔188	Dritte Höhle	Ⅲ 9030	5	石膏/硬石膏	红赭石	青金石	绿铜矿	
	克孜尔198	Teufelshöhle C	Ⅲ 8428 a	5	石膏/硬石膏		青金石、靛蓝	绿铜矿	铅黄
	克孜尔199	Teufelshöhle A	Ⅲ 8431、8432	5	石膏/硬石膏	红赭石、铅丹	青金石、靛蓝	绿铜矿	铅黄
	克孜尔219	Ajataśatenhöhle	Ⅲ 8885	7	石膏/硬石膏	红赭石	青金石	绿铜矿	铅黄
	克孜尔224	Mayahöhle	Ⅲ 8836、8861、8864、8879、9075	7	石膏/硬石膏	红赭石、铅丹	青金石	绿铜矿、硅孔雀石	铅黄

* 桧山智美对里德雷尔的表格进行了调整，洞窟编号根据的是最近的研究；里德雷尔正文中提到但没有出现在原表格中的信息被加入了此表格。

**编号为Ⅲ 8373a、8373b壁画残块被认为揭取自克孜尔第13窟[1]。

〔1〕 Konczak-Nagel 2019.

指出青金石的使用在新疆西部地区更为常见，而石青则多见于东部地区[1]。克孜尔壁画的颜色受到西部地区的更深影响。在B种风格中可观察到大量天青石粉作为蓝色颜料使用。

绿色 大多数A种或B种风格壁画所用的绿色颜料中都检测到了氯铜矿。库木吐喇窟群区洞窟的唐风壁画中检测到了两例孔雀石[2]。使用ESEM/EDX、FTIR、ATR-FTIR成像和拉曼光谱技术在森木塞姆第40窟（"Y阶段"）壁画中检测出一例氯铜矿和孔雀石混合使用的情况[3]。里德雷尔和盖特斯在对克孜尔和库木吐喇壁画的科技分析中都检测到了硅孔雀石的成分。里德雷尔提到绿色区域的蓝绿色边框都使用的是硅孔雀石[4]。然而，最近对克孜尔壁画的检测，发现了硅孔雀石，其呈现出独特的有光泽度的蓝绿色[5]。在本研究中，从克孜尔第69[2]窟（"Y阶段"）提取的蓝绿色颜料被测定为高砷铜[6]，这是之前研究中从未提到过的颜料。由此，有必要重新检测曾被确认为硅孔雀石的成分是否实际为高砷铜。孔雀石只见于库木吐喇窟群区的两处唐风壁画[7]。这种颜料也在米兰[8]、柏孜克里克[9]和莫高窟的隋唐时期壁画[10]中检测到。《画经》中没有提到孔雀石，其很可能产自中国[11]。

黄色 里德雷尔在A种风格壁画中观察到黄赭石经常被使用[12]，但这种颜料在B种风格壁画中并非主要颜色，只用于表现人物身体的阴影[13]。在回鹘时期的壁画中，黄赭石用于表现大面积的图形[14]。A种风格和B种风格壁画中都检测出了铅黄，但现在都已褪色成灰色或棕紫色[15]。铅黄是伊朗或中亚的一种颜料，唐代时传至中土，甚至向东抵达日

---

〔1〕 Riederer 1977, p. 374.

〔2〕 一例来自库木吐喇"侍者（菩萨）的衣服"（编号Ⅲ 8377），另一例来自"跳舞者和乐师的衣服"（编号Ⅲ 8914）。

〔3〕 Egel/Simon 2015；Schmidt *et al.* 2016.

〔4〕 Riederer 1977, p. 377.

〔5〕 李最雄 2005；谷口阳子 2016。

〔6〕 室伏麻衣、木岛隆康 2014。

〔7〕 即编号Ⅲ 8377壁画残块上所绘衣服以及编号Ⅲ 8914壁画残块上所绘跳舞者的衣服。

〔8〕 Church 1921.

〔9〕 Gairola 1960.

〔10〕 Gettens 1938；李最雄 2005，58—59页。

〔11〕 Eastaugh *et al.* 2004, p. 248.

〔12〕 在克孜尔部分洞窟壁画中检测到了黄赭石，如第149A窟（里德雷尔没有提到具体的编号）、84窟（编号Ⅲ 8444）、207窟（编号Ⅲ 8690、9148b），以及212[2]窟（编号Ⅲ 8401）。

〔13〕 Riederer 1977, p. 362.

〔14〕 如硕尔楚克长颈鹿洞（Cave of the Giraffe）所绘供养人衣服（编号Ⅲ 9127）以及柏孜克里克回鹘国王的衣服（编号Ⅲ 6876）。

〔15〕 灰色见于克孜尔第60[2]窟和第184窟侧壁上僧人和供养人的衣服，其可能由铅黄绘制的黄色褪色而成，见谷口阳子、室伏麻衣、李博、木岛隆康、佐藤一郎 2015。

本（密陀僧）[1]。雌黄在克孜尔第12、171（“B传统”）和167（“A传统”）窟的壁画中被检测到。雌黄的主要产地在巴尔干半岛、土耳其、波斯和中国云南。目前尚不清楚其是从东方还是西方传入龟兹的。第69[2]窟（“Y阶段”）后甬道内侧壁部分绿色（氯铜矿）上的黄胶被测定为藤黄[2]。尽管藤黄的主要产地在南亚或东亚，但这种上胶技术可能受到了地中海风格的影响。

金箔（金属箔片） 在克孜尔，第38、171、224窟等中心柱窟的B种风格壁画使用了贴金箔，被归为“B传统”[3]。金箔装饰在“A传统”洞窟的A种风格壁画中未见到。

克孜尔第167、224和69[2]窟壁画的检测分析

此部分主要分析克孜尔第167（“A传统”）、224（“B传统”）、69[2]窟（“Y阶段”）中不同壁画风格的颜料和技法。最近对三座洞窟的检测，由中国和日本专家组成的项目团队合作进行（见本书288页，注释〔1〕）。由于该项目包括现场无损科学分析，因此无法对壁画的胶结材料和地仗层结构进行研究。尽管存在这些局限，该项目为确定先前研究中没有揭示的各种金箔和虫胶树脂的存在提供了重要契机。

我们注意到A种风格壁画（第167窟）的颜色包括红、棕和绿色，而B种风格（第224和69[2]窟）壁画为冷色调，且人物身体和面部色彩形成鲜明对比，综合使用了青金石蓝和金箔。也有部分洞窟中的壁画同时包含了A、B两种风格的颜色。这种差别似乎很难简单归因于年代。

属于“A传统”的第167窟套斗顶部的壁画没有地仗层，只有简单的底色层（四壁）和颜料层（顶部）直接涂抹于砂岩壁面上（见图123、图128）。整个壁画已经变暗并物理硬化——很可能是由颜料层中使用的有机物质造成的。

属于“B传统”且绘制B种风格壁画的第224窟的壁面结构为：在岩体表面涂抹多层地仗（图131、图132），在纹理粗糙的粗泥层上涂抹颗粒细小的细泥层，底色层作地；颜料层相对较厚。第224窟呈现出与第69[2]窟上层（誓愿图部分，图137-1）相似的金箔和有机质染料。

属于“Y阶段”的中心柱窟第69[2]窟内绘有多层壁画；主室的第一层壁画更接近A种风格（见图124、图125、图134-1、图135）。主室和后室顶部没有底色层，可能被强

〔1〕 *m'it (m'ir)-da-są*名字的起源可能与波斯语有关，*mirdäsang, mut(mur)-ta-saṅ* 或*murdäsang*（“死石”，公元12世纪《证类本草》，见 Laufer 1919, p. 508）。

〔2〕 Zhou, Zhibo *et al*. 2021.

〔3〕 Hiyama 2021, 2022；谷口阳子2022，347页。

力的有机涂层取代[1]。主室两侧壁的两幅誓愿图是在之前的壁画上涂抹一地仗层后再绘制的，属于B种风格（见图137-1）。

克孜尔第167窟的A种风格壁画

在克孜尔，套斗顶洞窟被归入“A传统”，皆受损严重；第167窟即为其中的一座[2]。在巴米扬年代为7世纪中叶的12座套斗顶洞窟中，干油被确认为胶结材料，而在19座其他窟顶类型的洞窟和两座大像窟中为水溶性胶结材料[3]（见图126、图127）。目前尚不清楚克孜尔套斗顶装饰的特殊方式是否专门由熟稔干油技术的工匠完成，因为迄今为止还没有进行过有机分析（需进行微小的有损取样）。

第167窟的套斗顶是在岩石上雕刻出的仿木结构屋顶，这种屋顶结构广泛见于欧亚大陆[4]。第167窟的四壁上用石膏粉刷，除檐口面现存的白绿色，没有其他装饰。窟顶的前部已坍塌，现存部分约有三分之一。套斗顶的叠涩区有七个部分，中心处是一个小型半球形穹窿顶（见图123）。套斗顶的水平三角和垂直面上绘制复杂的图案，越向上越简单。垂直面上绘有简单的植物纹样，较低一层的水平三角面上绘植物纹以及仿木连接纹样。在同一层的四个三角面上描绘同样的图案。双头金翅鸟喙中衔蛇的图案绘于第二层三角面上。

图126 阿富汗巴米扬第N(a)窟套斗顶。谷口阳子 摄©谷口阳子。

窟顶上的白绿色金翅鸟和粉色花卉似乎用深色调绘成。然而，在显微镜下对变暗背景的观察显示，仍有鲜艳的橙色、红色和黄色颜料。变暗画面中检测到了砷和铅的成分。金翅鸟的眼睛、喙、羽毛和尾巴上的斑点似乎都曾涂有氯铜矿颜料，因其含有铜和氯化物。金翅鸟的黑色头部显示出砷的含量很高，因此最初的颜色可能是黄色

〔1〕谷口阳子、室伏麻衣、李博、木岛隆康、佐藤一郎2015。
〔2〕第167窟属于“A传统”Ⅱb型洞窟，此类洞窟还包括克孜尔第131、132、165、166窟。
〔3〕谷口阳子2012b。
〔4〕Godard/Godard/Hackin/Pelliot 1928, pp. 44-62.

图127 阿富汗巴米扬第N(a)窟套斗顶壁画复原。绵拔由季 © 绵拔由季2010,帝京大学。

或橙色(雌黄或雄黄[1])。

在紫外荧光下可以看到金翅鸟身体上描绘的成排羽毛的细部。它们似乎是用红铅丹着色的[2]。根据室伏麻衣的复原,金翅鸟有黄色和橙色的身体(见图123、图128、图129、图130),象征着金色的鹰,因此完全不同于现在所见的深色单色调。

克孜尔第167窟所见的底色层应该不是地仗层,因为其不能被直接涂抹在水平砂岩面上;岩石表面似乎是用有机涂层料处理过的,这种涂层既牢固又强劲,涂在其上的颜料看起来通常比涂在底色层上的颜料更暗(像"湿颜色")。没有金箔或锡箔的痕迹,也没有检测到蓝色颜料。

〔1〕 室伏麻衣2016。
〔2〕 室伏麻衣、木岛隆康、佐藤一郎、谷口阳子、李博2015。

图128 克孜尔第167窟套斗顶上口衔那伽龙的双头金翅鸟图像复原。室伏麻衣 绘© 东京艺术大学、室伏麻衣。

图129 克孜尔第167窟顶部变黑区域内的红色粒子。谷口阳子 摄©谷口阳子、新疆龟兹研究院。

图130 克孜尔第167窟顶部变黑区域内的黄色含砷粒子。谷口阳子 摄©谷口阳子、新疆龟兹研究院。

克孜尔第224窟的B种风格壁画

属于“B传统”的中心柱窟第224窟的壁画，就颜料色彩而言，在克孜尔100多座保存较好的壁画窟中是最好的。此窟内的B种风格壁画保存了较厚且丰富的蓝色青金石以及大量的贴金箔痕迹。青金石的质量和精致程度各不相同，从而创造出不同色调的蓝色（见图131）。

最有趣的染料见于主室和甬道的侧壁，是一种半透明的玫红色，在紫外荧光下呈现出强烈的粉色至橙色（见图132）。相似的半透明红色也常见于龟兹和莫高窟，以及阿旃陀第2窟[1]。这种红色染料厚而有光泽，具有薄膜状性质。在克孜尔第224窟，这些红色薄膜状的染料开裂并卷曲；由于环境较暗，它们在甬道中保存相对较好（图134-1、134-2）。在莫高窟唐代第85窟中，使用高效液相色谱法（HPLC）从一种类似的红色染

图131　克孜尔第224窟主室壁龛青金石颜料不同精炼工艺的显微照片。谷口阳子 摄© 谷口阳子、新疆龟兹研究院。

〔1〕 岛津美子、谷口阳子、山内和也2014。

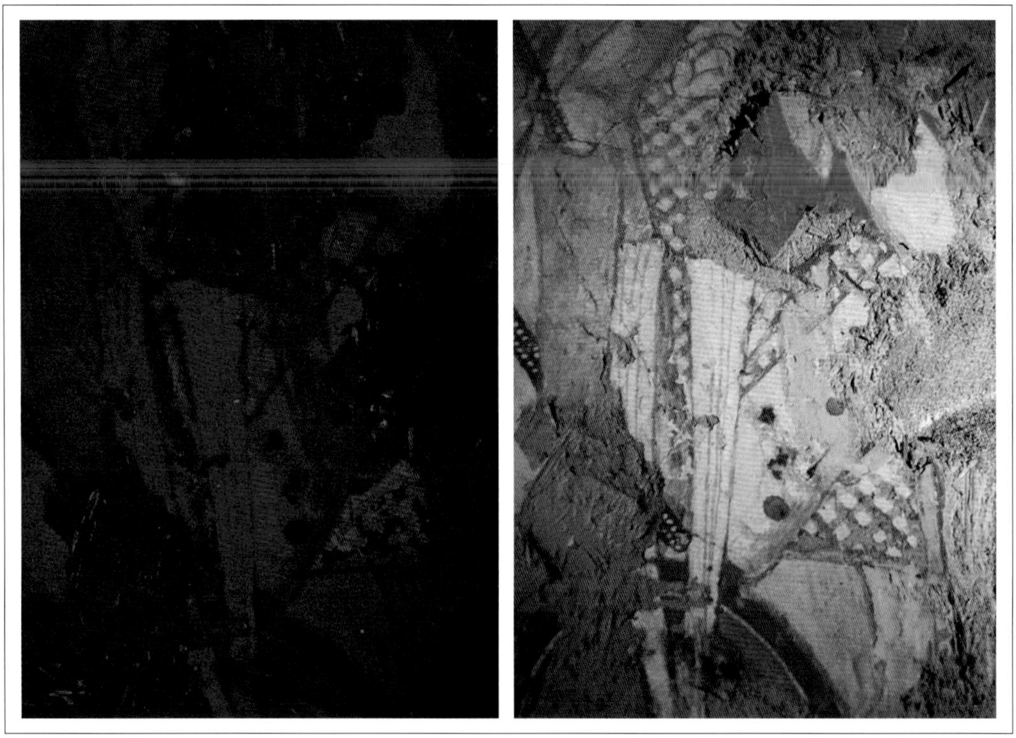

图132 克孜尔第224窟左壁半透明红色颜料绘制的格子图案（左：紫外荧光摄影；右：正常光照）。谷口阳子 摄© 谷口阳子、新疆龟兹研究院。

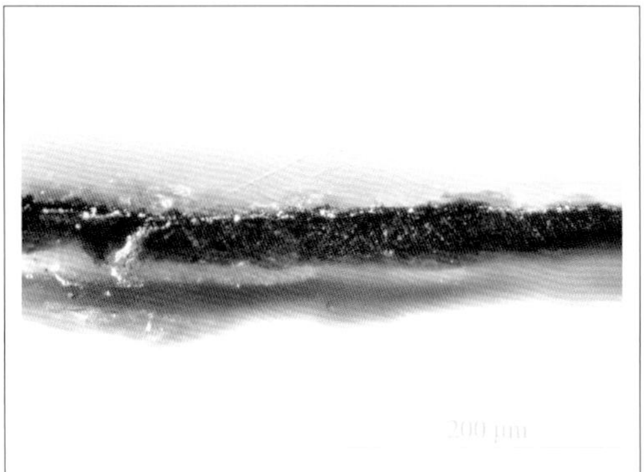

图133-1 阿富汗巴米扬Qol-e-Jalal金箔层下的深紫色胶结材料。谷口阳子 摄© 谷口阳子、新疆龟兹研究院。

图133-2 克孜尔第171窟锡箔层下相似的深紫色胶结材料，被视为红漆树脂。图片采自Zhou *et al*. 2021, fig. 4。

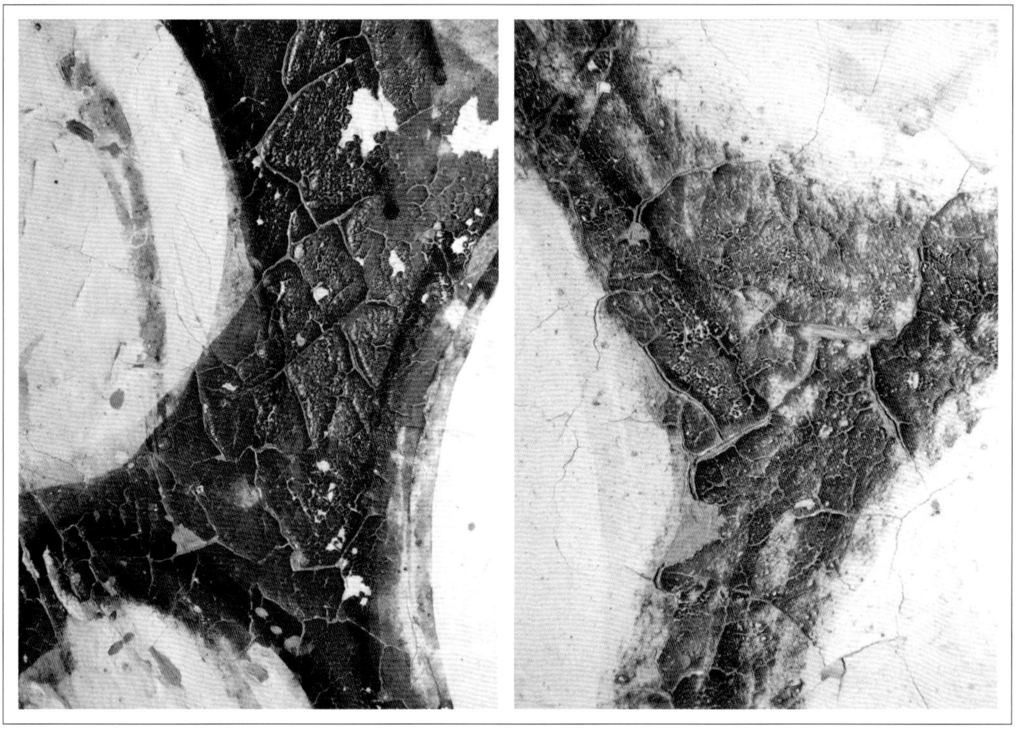

图134-1　克孜尔第224窟甬道半透明红色颜料，漆膜随着变质而开裂、变暗。谷口阳子 摄©谷口阳子、新疆龟兹研究院。

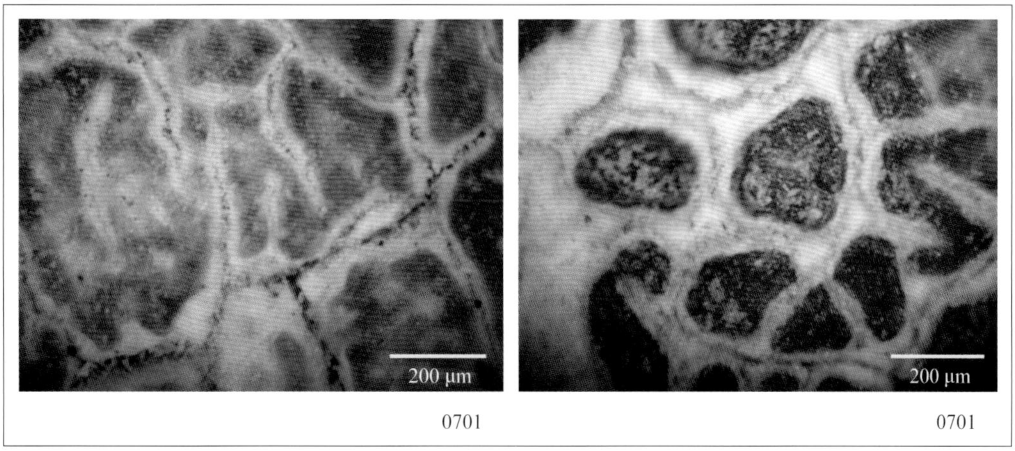

图134-2　克孜尔第224窟左壁和正壁（×60）半透明红色颜料的显微照片，随着漆膜卷翘，石膏层就会开裂。谷口阳子 摄© 谷口阳子、新疆龟兹研究院。

料中鉴定出了虫胶酸A[1]。虫胶酸A是一种红色染料，不能产生如同克孜尔第224窟所见的厚厚光泽膜。红色染料中似乎含有树脂、蜡状物质和红色颜料，这些物质具有强烈的荧光性。古代印度关于绘画技法的文献[2]中提到一种使用虫胶和蜡状物质（*sodium borate*）的红色颜料，可能同时包括了染料和树脂类物质。用SR-μFTIR（同步辐射傅立叶变换红外显微光谱仪）分析通过这种方式制成的红色薄膜状物质，确认了红色虫胶树脂的存在[3]。

虫胶产地在东南亚和南亚（现在的泰国和印度）。虫胶可溶于碱性溶液，其软化温度为82～83℃。基于这种特性，虫胶与硼砂一起使用，可用作红墨水（印度墨水）和清漆（印度清漆或虫胶清漆[4]）。天然碱性材料，如硼砂，在中亚是众所周知的[5]。FTIR（傅立叶变换红外光谱）分析证实，阿旃陀第2窟壁画中的红色染料包含有虫胶树脂[6]。这种有机染料可能已经在中亚和南亚广泛使用，尽管碱性物质并没有被精确识别。

最近对属于“B传统”的中心柱窟克孜尔第171窟壁画的分析，确认了红色虫胶树脂被用作金箔的胶结材料[7]。通常贴金箔时需要红色背景，如红赭石，以产生暖色调的金黄色效果。红色虫胶树脂可能是因其红色和黏性而被有意选择的。巴米扬Qol-e-Jalal[8]的金箔胶结材料与克孜尔此例极其相似（见图133-1、图133-2、图135-1、图135-2）。

总之，克孜尔第224窟壁画的显著特点是大量使用青金石和金箔以及红色虫胶树脂，而这些皆不见于A种风格壁画。

克孜尔第69[2]窟A种和B种风格壁画（“Y阶段”）

第69[2]窟位于第二区段，其壁画风格与毗邻的新1[2]窟相似。这种中心柱窟是在

---

〔1〕 Wong/Agnew 2013, p. 117.
〔2〕 Kumar 2006, p. 514.
〔3〕 谷口阳子、北川美穗、室伏麻衣、杨杰、岛津美子、佐藤一郎 2014。
〔4〕 Field 1835, p. 199; Gupta 2006, p. 12, etc.
〔5〕 如碱盐和硼砂在该地区生产，并通过丝绸之路进行交易（见Laufer 1919, p. 503）。氯化铵（Sal Ammoniutic）产于龟兹地区，并被运往唐都长安（见Laufer 1919, pp. 503-508; Schafer 1985, p. 218; 森安孝夫 2004）。
〔6〕 岛津美子、谷口阳子、山内和也 2014。
〔7〕 Zhou, Zhibo *et al*. 2020a, 2020b, 2021.
〔8〕 此窟为套斗顶，距离巴米扬中心约4公里，发现于2005年。由于地仗层中包含的植物纤维极少，无法进行碳十四测年。

之前的方形窟69[1]窟坍塌之后改建而成的，见第一章的相关描述，被归入“Y阶段”[1]。前室两侧壁曾安置有泥塑像，由固定塑像头部的槽孔和塑像所在的无装饰区域可知。塑像之间的壁面上涂抹了地仗层，其上再刷一层底色层，最后是颜料层。由于某些颜料（如黄色和红色）的变化和变质，壁画现在看起来颇为单调。

两侧壁靠内部分，地仗层以小长方形的形式涂抹在早期壁画层之上；新一层上绘制的是誓愿图。这一明确的例子使我们可以对两层颜料层所用颜料和技法的差异展开研究。底层壁画被归入A种风格，揭示了含铅类颜料铅黄和铅丹的存在。主室东（右）壁最内侧部分所绘僧人穿着的柠檬黄长袍，大部分已经变成白、紫和黑色。此部分只确认了铅、钙和硫酸盐的存在（图135-1、图135-2）。众所周知，铅黄在紫外线下很容易变暗，并在二氧化碳的作用下变成碳酸盐[2]；衣袍上存留的铅可以看成是碳化的铅黄。西（左）壁保留的另外一块早期A种风格壁画中，人体和面部的阴影区域和轮廓——最初可能为粉红色——也使用了含铅颜料，典型的紫外荧光显示它们来自碳酸铅（图135）。

左壁上层B种风格的壁画是一幅誓愿图，佛陀的头光内有金箔和锡箔，头发为青金石蓝（图137-1、图137-2）。长袍上方形图案显示出强烈的紫外荧光（图137-3），表明存在用于贴金箔的胶结材料。这种有机物质也见于巴米扬的洞窟N（a）：干油作为胶结材料，树脂材料作为清漆，用锡箔做出金色效果[3]。除含铅颜料和青金石外，轮廓使用的青绿颜料中被证明含有高砷和铜[4]。但其为人工制成还是天然的砷矿颜料，尚需要进一步分析。同一画面的发黑区域也检测出了高砷，这表明硫酸砷和黄色雌黄已经变黑。

就两侧壁的壁画而言，底层A种风格壁画的色彩较少，鲜艳的黄色和红色随着时间的推移而变化（见图135-1、图135-2、图136）。上层B种风格壁画使用金箔、砷颜料以及雌黄而非铅黄，这些通常用来表现头光或身光的光辉，但也用于其他部位（见图137-1、图137-2、图137-3）。相似的绘画技法也见于龟兹的其他洞窟，如克孜尔第38、171窟（“B传统”）、新1[2]窟（“Y阶段”）。显然，表现黄色的技法体现了A、B两种风格之间的关键区别，前者使用的是铅黄，而后者使用的是金箔与砷颜料。

下表（表29）总结了A、B两种风格壁画所用颜料之间的主要差别，包括本书所研究的三个阶段。由于底色层（硬石膏/石膏）、黑色（炭黑）、白色（石膏、石灰）和绿色（氯铜矿）在两种风格中是相同的，因此表中只显示所使用的其他颜色之间的差异。

---

〔1〕此窟对于研究不同阶段使用的绘画材料问题非常关键。但遗憾的是对此窟的描述中没有关注前室现存的最早、最“纯粹”的A种风格。若这些壁画得到科技检测和分析，我们将能厘清长时段内绘画材料的使用顺序，且能更好地理解“A传统”和“Y阶段”时期A种风格的差异。

〔2〕Brill 1980, p. 228.

〔3〕Taniguchi *et al*. 2007.

〔4〕室伏麻衣、木岛隆康2014。

表29　第69、167和224窟所用染料对比

传统＼染料	窟号	蓝	黄	红	阴影	贴　金
A	167		雌黄	铅丹、雄（？）		
B	224	青金石		红赭石、铅丹、虫胶树脂	铅丹、铅白	金、锡、胶结材料（在紫外线下发出荧光）
Y	69[1]		铅黄	红赭石、铅丹		
Y	69[2]	青金石	雌黄?	红赭石、铅丹	铅丹、铅白	金、锡、胶结材料（在紫外线下发出荧光）

（＊）通过XRF元素分析估算色素。底色（硬石膏/石膏）、黑色（炭黑）、白色（石膏、石灰）和绿色（氯铜矿）在所有风格中都是相同的。

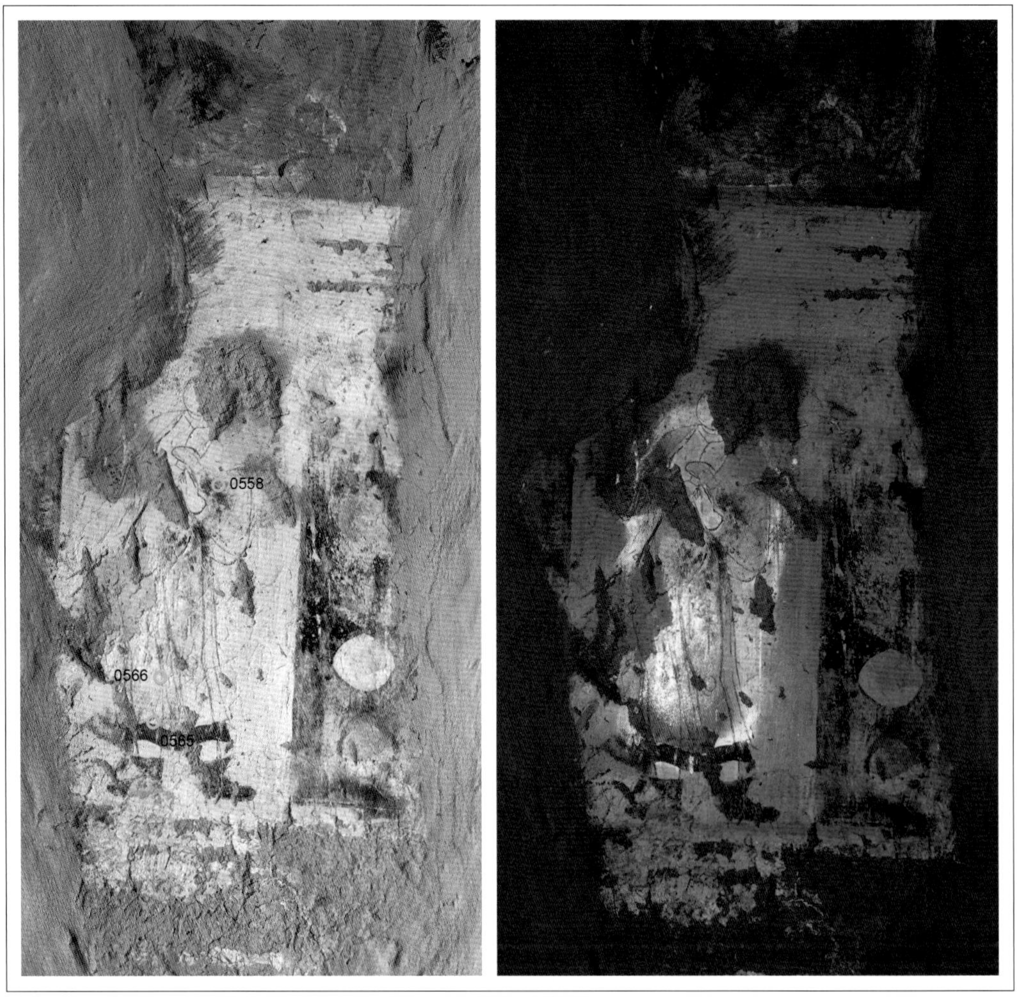

图135-1　克孜尔第69窟主室右壁僧人像（左：正常光照；右：紫外荧光摄影），可检测到铅、硫、钙元素，或使用铅黄（Lead［Ⅱ］oxide: PbO）作为黄色颜料。谷口阳子 摄©谷口阳子、新疆龟兹研究院。

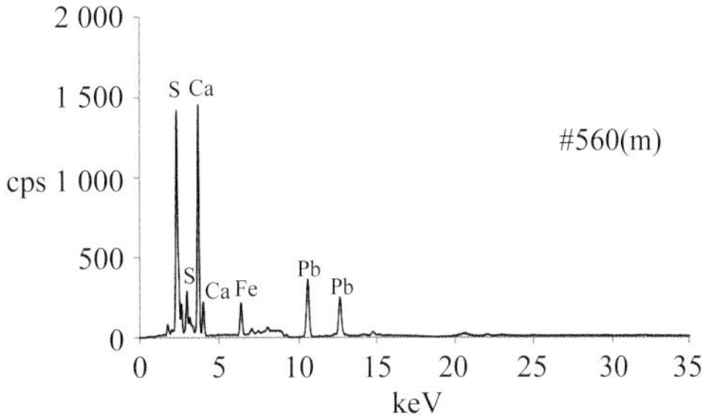

0565

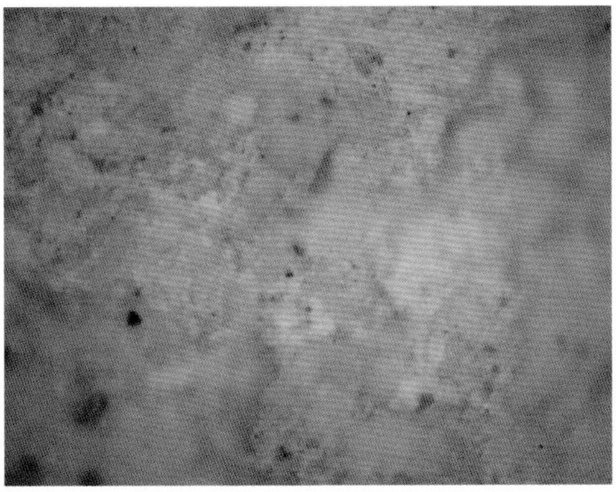

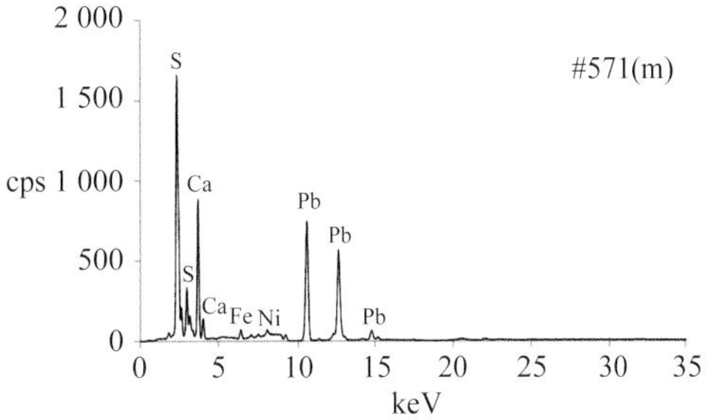

0566

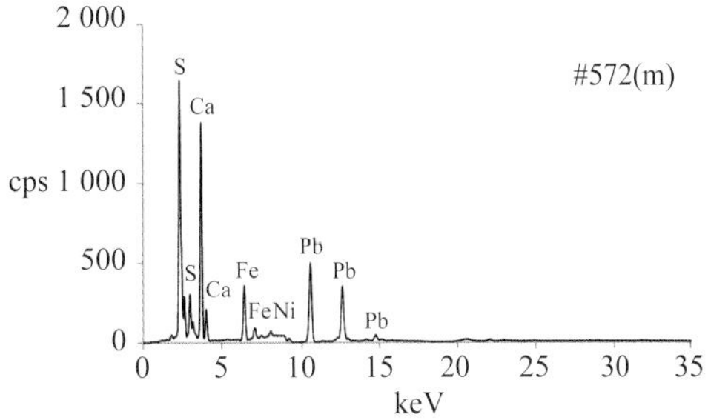

0558

图135-2　克孜尔第69窟主室右壁僧人像（宽1.2毫米）的显微照片和X荧光光谱分析。自上而下依次为：黄、白和紫-黑。由谷口阳子拍摄和制图© 谷口阳子、新疆龟兹研究院。

图136　克孜尔第69窟主室左壁金刚手菩萨及其两名侍从（左：正常光照；右：紫外荧光摄影），躯体和面部的阴影被涂上了显示出紫外荧光的碳酸铅。谷口阳子 摄©谷口阳子、新疆龟兹研究院。

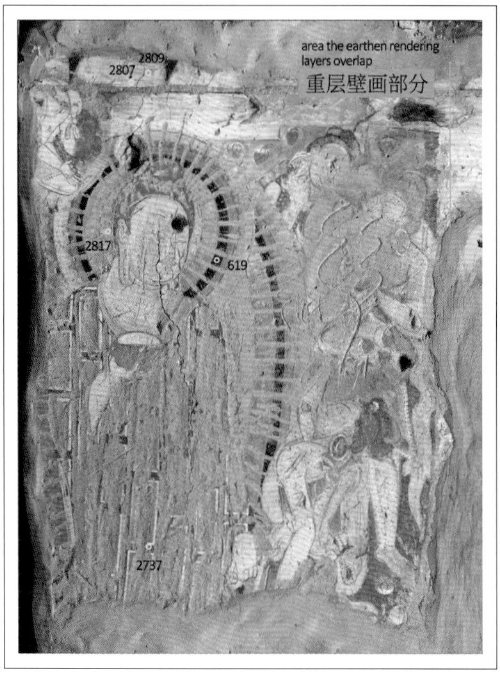

图137-1　克孜尔第69窟誓愿图上的检测分析点。图片©东京艺术大学、新疆龟兹研究院。

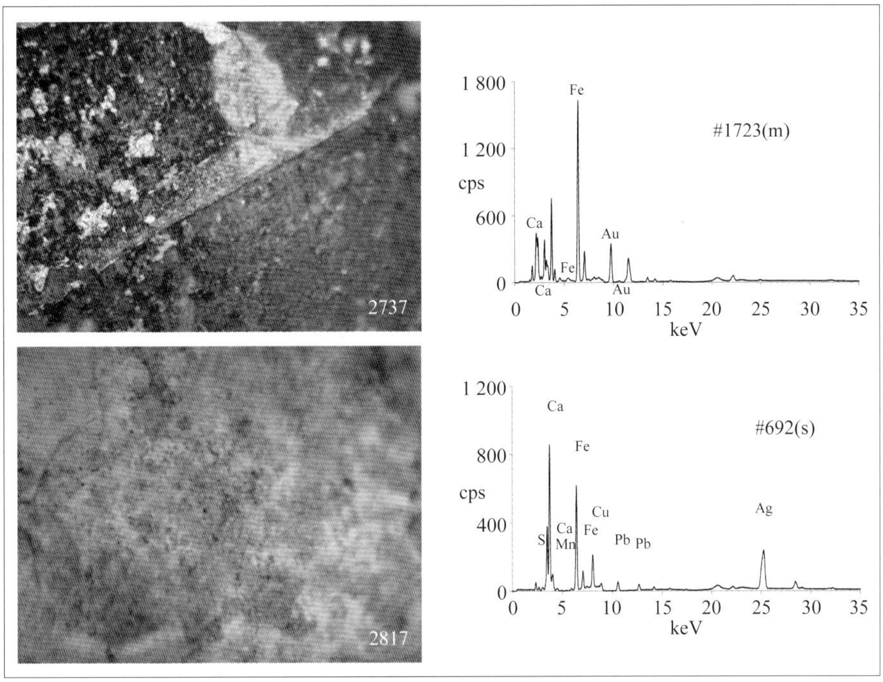

图137-2　燃灯佛头光的显微照片（宽1.2毫米）以及X光谱分析（上：贴金部分；下：灰色部分）。照片拍于现场，图由谷口阳子制©谷口阳子、新疆龟兹研究院。

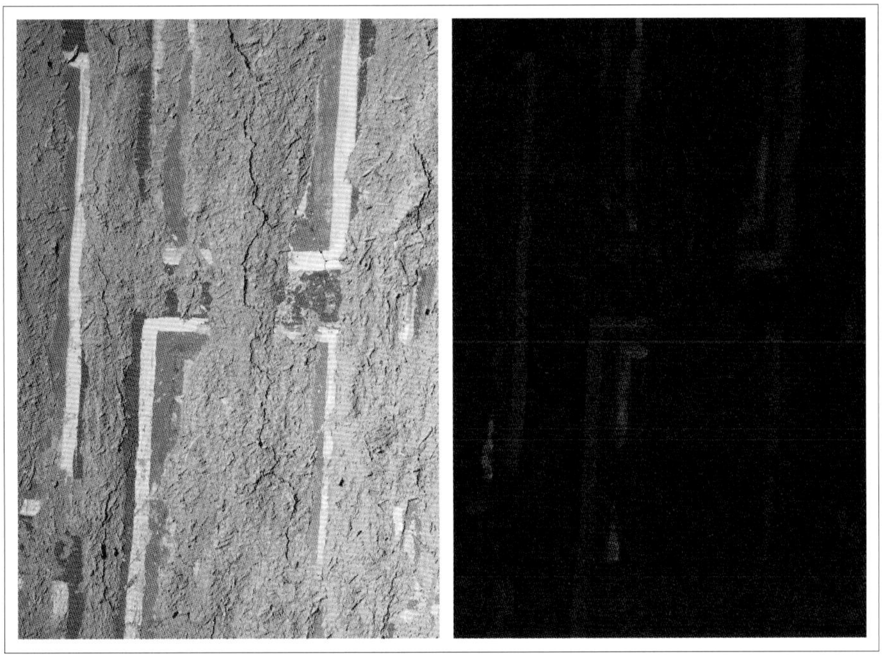

图137-3　克孜尔第69窟主室左壁燃灯佛僧衣细部。从金箔层的胶结材料中可观察到强烈的紫外荧光（左：正常光照；右：紫外荧光摄影）。照片拍于现场，图由谷口阳子制© 谷口阳子、新疆龟兹研究院。

结语

本文阐述了克孜尔先前研究成果以及最近无损分析结果[1]。遗憾的是,我们无法分析本书中最关键的洞窟。龟兹壁画所用色彩的首要特点是,相比于新疆东部和中原地区,其更接近巴米扬。然而A种风格和B种风格之间也存在着差异。

通过重新审视里德雷尔1970年代的相关研究,我们对A种风格所用颜料有了更清晰的认识,其以产自当地的黄赭石为主,而B种风格则大量使用青金石和雌黄。

因此,克孜尔绘制A种风格的工匠更依赖于国内和本地的资源,不需要通过远距离的贸易。而B种风格的色彩包括了多种无机质和有机质材料;既有来自中亚的颜料,诸如氯铜矿、铅黄、青金石、铅丹,也有产自内地的颜料,如铅白、铜颜料(石青和孔雀石)和朱砂。B种风格使用的有机染料,如红虫胶树脂和藤黄,皆产自南亚和东南亚,这需要在丝绸之路贸易背景下考虑这些壁画的历史背景。B种风格所有颜料均需要进行远距离交易。

克孜尔第167、224、69[2]窟壁画是本研究的核心,它们显示出不同的绘画风格和色彩体系。不同之处不仅限于有机和无机质绘画颜料,还延伸到诸如阴影、线条和腮红等的绘制技术。这可能表明不同传统的洞窟内曾有不同体系的工匠进行创作。

红色虫胶树脂的出现可能是理解B种风格壁画历史背景的关键元素,但需要与更多样本进行对比。大量使用金箔技术的来源也值得考察,因用于涂覆金箔或锡箔的胶结材料是干油或红色虫胶树脂,这种技术暗示出南亚或东南亚,而不是中亚的传统。金属箔片、胶结材料和金箔技术可能有着高度相关性。

值得注意的是,"B传统"通过从南亚、东南亚和地中海地区到古龟兹的积极活跃的长距离贸易,使异国绘画颜料得以引入。

未来还需要更多的研究来进一步揭示绘画技术的传播、多样性和地理分布,不仅包括对壁画的风格分析,还包括对工匠用色、胶结材料以及颜料和工具的贸易路线等问题展开详细考察。

---

〔1〕将来对胶结材料、颜料及其晶相变化、壁画层位学和放射性碳年代测定的分析,只能使用微小样品。

致谢

真诚地感谢赵莉和龟兹研究院为我提供了重要样品。感谢在本文写作过程中给予我帮助的同仁，他们是佐藤一郎、中川原育子、木岛隆康、室伏麻衣、佐藤道子、工藤晴也、水谷均、影山悦子、高岛美穗、北川美穗、森美智代、正保五月、周智波、沈雲、Rayna Rusenko，特别是Birgit A. Schmidt、桧山智美和魏正中（Giuseppe Vignato）。感谢朱独伊对中文译稿的校对和修正。此项研究得到了JSPS KAKENHI Grant Number JP24401021支持和资助，特致谢忱。

参考文献

西 文 文 献

Anālayo, 2020, 'Mūlasarvāstivādin and Sarvāstivādin': Oral Transmission Lineages of Āgama Texts. In: Dhammadinnā (ed.), *Research on the Saṃyukta-āgama*. Taipei: Dharma Drum Corporation, Dharma Drum Institute of Liberal Arts Research Series 8, pp. 387–426.

Arlt, Robert/Hiyama, Satomi, 2013, Fruits of Research on the History of Central Asian Art in Berlin: The Identification of Two Sermon Scenes from Kizil Cave 206 (Fußwaschungshöhle). *Indo-Asiatische Zeitschrift* 17, pp. 16–26.

Arlt, Robert/Hiyama, Satomi, 2015, Theatrical Figures in the Mural Paintings of Kucha. *Journal of the International Association of Buddhist Studies* 38, pp. 313–348.

Banerjee, A. C., 1953, The Prātimokṣa-Sūtra. *Indian Historical Quarterly* 29.3, pp. 266–275.

Banerjee, A. C., 1954, *Prātimokṣa-Sūtram (Mūlasarvāstivāda)*. Calcutta: J.C. Sarkhel at the Calcutta Oriental Press.

Banerjee, A. C., 1977, *Two Buddhist Vinaya Texts in Sanskrit. Prātimokṣa Sūtra and Bhikṣukarmavākya*. Calcutta: World Press.

Bays, Gwendolyn, 1983, *The Voice of the Buddha, the Beauty of Compassion*, 2 vols. Berkeley: Dharma Publishing.

Beal, Samuel, 1875, *The Romantic Legend of Sâkya Buddha: from the Chinese-Sanscrit*. London: Trübner (repr. Delhi 1985).

Beal, Samuel, 1884, *Si-yu-ki: Buddhist Records of the Western World. Translated from the Chinese of Hiuen Tsiang (A. D. 629)*. 2 vols. London: Trübner (repr. San Francisco 1976).

Bhattacharya, Chhaya, 1977, *Art of Central Asia: With Special Reference to Wooden Objects from the Northern Silk Route*. Delhi: Agam Prakashan.

Brill, Thomas B., 1980, *Light: Its Interaction with Art and Antiquities*. New York: Plenum Press.

Brough, John. 1957, Some Notes on Maitrakanyaka: Divyāvadāna XXXVIII. *Bulletin of the School of Oriental and African Studies* 20, pp. 111–132.

Callieri, Pierfrancesco/Filigenzi, Anna (edd.), 2002, *Il maestro di Saidu Sharif. Alle origini dell'arte del Gandhara (Catalogo della mostra, Roma 2002)*. Roma: The Museum.

Cennini, Cennino, 1960, *The Craftsman's Handbook: The Italian "Il libro dell'arte";* Translated by Daniel V. Thompson, Jr. New York: Dover.

Chang Wen-ling, 2020, *Die literarischen Vorlagen der Jātaka-Malereien der Bodhisattvagewölbehöhle (Höhle 17) in Kizil*. PhD Dissertation at the Freie Universität, microfiche publication. Karlsruhe: Karl-Heinz Limbeck.

Chavannes, Édouard, 1911, *Cinq cents contes et apologues: extraits du Tripitaka chinois, et traduits en français*. Tom II. Paris: Ernest Leroux.

Ching Chao-jung, 2015, Rethinking 'MQR:' On a Location where Texts were Found in the Kizil Grottoes. *Journal of the International Association of Buddhist Studies* 38, pp. 271–293.

Ching Chao-jung/Ogihara, Hirotoshi, 2010, Internal relationships and dating of the Tocharian B monastic accounts in the Berlin collection. *Studies on the Inner Asian Languages* 25, pp. 75–141.

Ching Chao-jung/Ogihara, Hirotoshi, 2012, On a Tocharian B monastic account kept in the Otani Collection. *Tocharian and Indo-European Studies* 13, pp. 77–115.

Chung, Jin-il/Kieffer-Pülz, Petra, 1997, "*The karmavācanās for the determination of sīmā and ticīvareṇa avippavāsa*," *Dharmadūta – Mélanges offerts au Vénérable Thích Huyên-Vi à l'occasion de son soixante-dixième anniversaire, dirigé par Bhikkhu T. Dhammaratana et Bhikkhu Pāsādika*. Paris: Librairie You-Feng, pp. 13–56.

Chung, Jin-il/Wille, Klaus, 1997, Einige Bhikṣuvinayavibhaṅga-Fragmente der Dharmaguptakas in der Sammlung Pelliot. In: Bechert, Heinz *et al.* (edd.), *Untersuchungen zur buddhistischen Literatur*, Zweite Folge. Göttingen: Vandenhoeck & Ruprecht, Sanskrit-Wörterbuch der buddhistischen Texte aus den Turfanfunden, Beiheft 8, pp. 47–94.

Church, Arthur, 1921, Examination of certain specimens of mural painting and plaster from Ak-terek, Kara-sai, Khadalik, Miran, Ming-oi, Tun-Huang (Appendix D). In: Stein, Aurel, *Serindia: detailed report of explorations in Central Asia and westernmost China* vol. 3, Oxford: The Clarendon Press, pp. 1390–1391.

Clarke, Shayne, 2001, The Mūlasarvāstivāda Vinaya Muktaka. *Buddhist Studies* 30, pp. 81–107.

Clarke, Shayne, 2011, Guṇaprabha, Yijing, Bus Ton and the Lack of a Coherent System of Rules for Nuns in the Tibetan Tradition of the Mūlasarvāstivādavinaya. Conference paper at "Buddhist Nuns in India", Trinity College, University of Toronto, April 16. [unpublished].

Clarke, Shayne, 2012, Multiple Mūlasarvāstivādin Monasticisms: On the Affiliation of the Tibetan Nuns' Lineages and Beyond. Conference paper, Oslo Buddhist Studies Forum, June 12. [unpublished].

Clarke, Shayne, 2014, Vinaya Texts. *Gilgit Manuscripts in the National Archives of India. Facsimile Edition* 1, pp. 239–249.

Clarke, Shayne, 2015, Vinayas. In: Silk, Jonathan A. *et al.* (edd.), *Brill's Encyclopedia of Buddhism*, Vol. 1, Leiden: Brill, pp. 60–87.

Clarke, Shayne, 2016–2017, Lost in Tibet, found in Bhutan: The Unique Nature of the Mūlasarvāstivādin Law Code for Nuns. *Buddhism, Law and Society* 2, pp. 197–292.

Cowell, Edward, B./Neil, Robert Alexander, 1886, *The Divyāvadāna: A Collection of Early Buddhist Legends*. Cambridge: University Press, 1886.

Cowell, Edward, B. *et al.* (edd.), 1895–1913, *The Jātaka or Stories of the Buddha's Former Births. Translated from the Pāli by Various Hands*, vols. 1–6. Cambridge: Cambridge University Press.

Das, Sarat Chandra/Vidyabhushana, Hari Mohan, 1888–1890, *Avadāna Kalpalatā: a collection of legendary stories about the Bodhisattvas*, 2 vols. Calcutta: Asiatic Society.

Dehejia, Vidya, 1992, The Collective and Popular Basis of Early Buddhist Patronage: Sacred Monuments, 100 BC–AD 250. In: Miller, Barbara Stoler (ed.), *The Powers of Art: Patronage in Indian Culture*. Delhi: Oxford University Press, pp. 35–45.

Dhammadinnā (ed.), 2020, *Research on the Saṃyukta-āgama*. Taipei: Dharma Drum Corporation, Dharma Drum Institute of Liberal Arts Research Series 8.

Dreyer, Caren, 2015, *Abenteuer Seidenstrasse: die Berliner Turfan-Expeditionen 1902–1914*. Leipzig: E. A. Seemann/Berlin: Museum für asiatische Kunst, Staatliche Museen Berlin.

Dreyer, Caren/Sander, Lore/Weis, Friederike, 2002, *Staatliche Museen zu Berlin, Dokumentation der Verluste, Band* III*: Museum für Indische Kunst*. Berlin: Museum für Indische Kunst, SMB.

Durkin-Meisterernst, Desmond, 2009, The literary form of the Vessantarajātaka in Sogdian. In: Durkin-Meisterernst, Desmond *et al.* (edd.), *Literarische Stoffe und ihre Gestaltung in Mitteliranischer Zeit: Kolloquium Anlasslich Des 70. Geburtstages Von Werner Sundermann*. Wiesbaden: Ludwig Reichert, Beiträge zur Iranistik 31, pp. 65–89; with an appendix: the names of the prince, by Provasi E., pp. 80–86.

Duroiselle, Charles, 1905, Notes sur la géographie apocryphe de la Birmanie à propos de la légende de Pūrṇa. *Bulletin de l'École Française d'Extrême-Orient* 5, pp. 146–167.

Dutt, Nalinaksha (ed.), 1947–1950, *Gilgit Manuscripts*, 4 vols. Calcutta: Calcutta Oriental Press.

Eastaugh, Nicholas/Walsh, Valentine/Chaplin, Tracey/Siddal, Ruth, 2004, *Pigment Compendium: A Dictionary of Historical Pigments*. Amsterdam: Elsevier.

Edgerton, Franklin, 1953, *Buddhist Hybrid Sanskrit Grammar and Dictionary*. New Haven: Yale University Press.

Ebert, Jorinde, 1985, *Parinirvāṇa: Untersuchungen zur ikonographischen Entwicklung von den indischen Anfängen bis nach China*. Stuttgart: Steiner, Publikationen der Abteilung Asien, Kunsthistorisches Institut der Universität Köln 5.

Egel, Ellen/Simon, Stefan, 2015, *Technological studies of copper pigments and degradation products in Cave 40, Simsim, Xinjiang, China*.新疆龟兹研究院编《龟兹石窟保护与研究国际学术研讨会论文集》,北京：科学出版社,54–61页。

Eichenbaum Karetzky, Patricia, 2000a, *Early Buddhist Narrative Art. Illustrations of the Life of the Buddha from Central Asia to China*. Lanham New York Oxford: University Press of America.

Eichenbaum Karetzky, Patricia, 2000b, Sarvastivadin Buddhists and Scenes of the Life of the Buddha from Qizil (Xinjiang). *Oriental Art* 46, pp. 48–57.

Eimer, Helmut, 1997, Der Untergang der Stadt Roruka. Eine Episode des *Udrāyaṇa-Avadāna* in der Fassung des Be'u bu sṅon po'i 'grel pa. In: Kieffer-Pülz, Petra/Hartmann, Jens-Uwe, *Bauddhavidyasudhakarah: Studies in Honour of Heinz Bechert on the Occasion of his 65th birthday=India et Tibetica* 30. Swisstal-Odendorf: Indica et Tibetica Verlag, pp. 71–80.

Eltschinger, Vincent, 2012, Aśvaghoṣa and his canonical sources II: Yaśas, the Kāśyapa brothers and the Buddha's arrival in Rājagṛha (*Buddhacarita* 16.3–71). *Journal of the International Association of Buddhist Studies* 35, pp. 171–224.

Emms, Christopher, 2012, *Evidence for Two Mūlasarvāstivādin Vinaya Traditions in the*

Gilgit Prātimokṣa-sūtras. MA Thesis McMaster University.

Enomoto, Fumio, 1984, The Formation and Development of the Sarvāstivāda Scriptures. In: Yamamoto, Tatsuro (ed.), *Proceedings of the 31st International Congress of Human Sciences in Asia and North Africa*. Tokyo: The Toho Gakkai, pp. 197–198.

Enomoto, Fumio, 1986, On the Formation of the Original Texts of the Chinese *Āgamas*. *Buddhist Studies Review* 3–1, pp. 19–30.

Enomoto, Fumio, 1994, A Note on Kashmir as Referred to in Chinese Literature: Ji-bin. In: Ikari, Y. (ed.), *A Study of the Nīlamata: Aspects of Hinduism in Ancient Kashmir*. Kyoto: Institute for Research in Humanities, Kyoto University, pp. 357–365.

Enomoto, Fumio, 1996, A Sanskrit Fragment from the Vibhāsā Discovered in Eastern Turkestan. In: Hartmann, Jens-Uwe *et al.* (edd.), *Sanskrit-Texte aus dem buddhistischen Kanon: Neuentdeckungen und Neueditionen,* 3 *(Sanskrit Wörterbuch der buddhistischen Texte aus den Turfan-Funden, Beiheft 6)*, Göttingen: Vandenhoeck & Ruprecht, pp. 133–143.

Enomoto, Fumio, 1997, Sanskrit Fragments from the *Saṃgītanipāta of the *Saṃyuktāgama*. In: Kieffer-Pülz, Petra/Hartmann, Jens-Uwe, *Bauddhavidyasudhakarah: Studies in Honour of Heinz Bechert on the Occasion of his 65th birthday=India et Tibetica* 30. Swisstal-Odendorf: Indica et Tibetica Verlag, pp. 91–105.

Enomoto, Fumio, 2000, "Mūlasarvāstivādin" and "Sarvāstivādin". In: Chojnacki, Christiane/ Hartmann, Jens-Uwe/Tschannerl, Volker, M. (edd.), *Vividharatnakaraṇḍaka. Festgabe für Adelheid Mette=Indica et Tibetica* 37. Swisttal-Odendorf: Indica et Tibetica Verlag, pp. 239–250.

Fausbøll, M. V., 1877–1896, *The Jātaka Together with its Commentary, Being Tales of the Anterior Births of Gotama Buddha*, vols. 1–6. London: Trübner.

Feer, Léon, M., 1878, *Études Bouddhiques: Maitrakanyaka-Mittavindaka, la piété filiale*. Paris: Imprimerie Nationale.

Feer, Léon, M., 1884–1898, *Saṃyuttanikāya*, vols. 1–6. London: Pali Text Society.

Field, George, 1835, *Chromatography, or, A Treatise on Colours and Pigments, and of Their Powders in Painting*. London: Charles Tilt, Fleet Street.

Finot, Louis, 1913, Le Prātimokṣasūtra des Sarvāstivādins. Texte Sanskrit par Louis Finot avec lA-version chinoise de Kumārajīva traduite en français par Éduard Huber. *Journal Asiatique* 2–3, pp. 465–557.

Foucher, Alfred A., 1905, *L'art gréco-bouddhique du Gandhâra* vol. I. Paris: Imprimerie nationale.

Franco, Eli, 2005, *Three Notes on the Spitzer Manuscript. Wiener Zeitschrift für die Kunde Südasiens* 49, pp. 109–111.

Franco, Eli/Schlingloff, Dieter, 2011–2012, Zu dem buddhistischen Schauspielfragment aus Afghanistan. *Wiener Zeitschrift für die Kunde Südasiens* 54, pp. 19–33.

Gairola, Totaram, R., 1960, Preservation of a Miniature and a Wall-painting. *Ancient India* 16, pp. 85–88.

Gaulier, Simone/Jera-Bezard, Robert/Maillard, Monique, 1976, *Buddhism in Afghanistan and Central Asia*, 2 Vols. Leiden: Brill, Iconography of Religions XIII, 14.

Gettens, Rutherford J., 1938, The materials in the Wall Paintings from Qizil, Chinese Turkestan. *Technical Studies in the Field of the Fine Arts* 6, pp. 281–294.

Gnoli, Raniero, 1977–1978, *The Gilgit Manuscripts of the Saṅghabhedavastu, Being the 17th and Last Section of the Vinaya of the Mūlasarvāstivādin*, vols. 1–2. Rome: Istituto italiano per il Medio ed Estremo Oriente.

Godard, André/Godard, Y./Hackin, Joseph/Pelliot, Paul, 1928, *Les Antiquities Bouddhiques de Bâmiyân. Mémoires de la Délégation Archaéologique Française en Afghanistan, Tome II*. Paris/Bruxelles: G. van Oest.

Grünwedel, Albert, 1912, *Altbuddhistische Kultstätten in Chinesisch-Turkestan: Bericht über Archäologische Arbeiten von 1906 bis 1907 bei Kuča, Qarašahr und in der Oase Turfan*. Berlin: Reimer.

Grünwedel, Albert, 1920, *Alt-Kutscha: Archäologische und Religionsgeschichtliche Forschungen an Tempera-Gemälden aus Buddhistischen Höhlen der Ersten Acht Jahrhunderte Nach Christi Geburt*. Berlin: Elsner, Veröffentlichungen der Preussischen Turfan-Expeditionen.

Gupta, K. K. 2006, *Restoration of Indian Miniature Paintings*. New Delhi: Northern Book Centre.

Hambis, Louis *et al.* (edd.), 1967, *Douldour-Aquour et Soubachi, 1 Planches. Mission Paul Pelliot, Tomes* III. Paris: Adrien-Maisonneuve.

Hambis, Louis *et al.* (edd.), 1982, *Douldour-Aquour et Soubachi, 2 Texte. Mission Paul Pelliot, Tomes* IV. Paris: Adrien-Maisonneuve.

Härtel, Herbert, 1956, *Karmavācanā. Formulare für den Gebrauch im Buddhistischen Gemeindeleben aus Ostturkistanischen Sanskrit-Handschriften*. Berlin: Akademie-Verlag, Sanskrittexte aus den Turfanfunden III.

Hartmann, Jens-Uwe, 1985, Zur Frage der Schulzugehörigkeit des Avadānaśataka. In: Bechert, Heinz (ed.), *Zur Schulzugehörigkeit von Werken der Hīnayāna-Literatur:*

Erster Teil (Symposien zur Buddhismusforschung, III, 1). Göttingen: Vandenhoeck & Ruprecht, pp. 219–224.

Hartmann, Jens-Uwe, 1988, Neue Aśvaghoṣa- und Mātṛceṭa-Fragmente aus Ostturkistan. *Nachrichten der Akademie der Wissenschaften in Göttingen* 2, pp. 53–92.

Hartmann, Jens-Uwe, 1996, Neue Fragmente aus dem "Yogalehrbuch". In: Wilhelm, Friedrich (ed.), *Festschrift Dieter Schlongloff zur Vollendung des 65. Lebensjahres*. Reinbek: Verlag für Orientalistische Fachpublikationen, pp. 127–135.

Hartmann, Jens-Uwe, 1999, Buddhist Sanskrit Texts from Northern Turkestan and Their Relation to the Chinese Tripitaka. In: McRae, J./Nattier, J. (edd.), *Buddhism Across Boundaries: Chinese Buddhism and the Western Regions. Collection of Essays 1993*. Taipei: Foguangshan Foundation for Buddhist & Culture Education, pp. 107–136.

Hartmann, Jens-Uwe, 2020, Sanskrit Versions of the Āgamas: Schools, Regions and Editors. In: Dhammadinnā (ed.), *Research on the Saṃyuktāgama*. Taipei: Dharma Drum Corporation, Dharma Drum Institute of Liberal Arts Research Series 8, pp. 359–386.

He, Liqun, 2014, *Buddhist State Monasteries in Early Medieval China and their Impact on East Asia*. PhD Dissertation at Universität Heidelberg 2014, PDF publication (https://archiv.ub.uni-heidelberg.de/volltextserver/17285/[23rd March, 2021]).

Heirman, Ann, 2000, On Some Fragments of the *Bhikṣuṇīprātimokṣa* of the Sarvāstivādins. *Buddhist Studies Review* 17–1, pp. 3–16.

Heirman, Ann, 2002, *The Discipline in Four Parts. Rules for Nuns according to the Dharmaguptaka Vinaya*. Buddhist Tradition Series, 47. Delhi: Motilal Banarsidass.

Hinüber, Oskar von, 1992, *Sprachentwicklung und Kulturgeschichte. Ein Beitrag zur Materiellen Kultur des Buddhistischen Klosterlebens*. Stuttgart: Franz Steiner Verlag, Akademie der Wissenschaften und der Literatur. Abhandlungen der Geistes-und Sozialwissenschaftlichen Klasse, Jahrgang 1992 Nr. 6.

Hinüber, Oskar von, 2003, [Review to] von Simson, G. (Hg.): *Prātimokṣasūtra der Sarvāstivādins*. Göttingen 2000, *OLZ* 98.4–5, pp. 577–583 [Reprint in: von Hinüber 2009, pp. 950–953].

Hinüber, Oskar von, 2009, *Kleine Schriften*, 2 Teile. In: Falk, Harry/Slaje, Walter (edd.), *Veröffentlichungen der Helmuth von Glasenapp-Stiftung*, Bd. 47. Wiesbaden: Harrassowitz Verlag.

Hiraoka, Satoshi, 2000, The Sectarian Affiliations of Two Chinese Saṃyuktāgamas. *Journal of Indian and Buddhist studies* 49–1, pp. 506–500 (1–7).

Hiyama, Satomi, 2012a, New Identification of Murals in Kizil Cave 118 as the Story of King Māndhātar. *Journal of Inner Asian Art and Archaeology* 5, pp. 145–170.

Hiyama, Satomi, 2015a, New Identification of a Mural Fragment from Kizil Cave 84 (Schatzhöhle B) in the Asian Art Museum. *Indo-Asiatische Zeitschrift* 19, pp. 28–36.

Hiyama, Satomi, 2015b, *Reflection on the Geopolitical Context of the Silk Road in the First and Second Indo-Iranian Style Wall Paintings in Kucha.* 王赞、徐永明主编《丝路·思路：2015年克孜尔石窟壁画国际学术研讨会论文集》，石家庄：河北美术出版社，80–85页。

Hiyama, Satomi, 2016a, *The Wall Paintings of "The Painters' Cave" (Kizil Cave 207).* PhD Dissertation at the Freie Universität, Berlin 2014, microfiche publication. Ketsch: Mikroform.

Hiyama, Satomi, 2016b, Mural as a Text: "Reading" the Buddhist Paintings of Kucha-Toward the Interdisciplinary Apporrach across the Art History and Philology. *Journal of Word Buddhist Cultures*, Inaugural Preparatory Issue, pp. 25–47.

Hiyama, Satomi, 2016–2017, Portrait of the Royal Patronage in Kizil Cave 60 (Größte Höhle). *Indo-Asiatische Zeitschrift* 20/21, pp. 39–51.

Hiyama, Satomi, 2018, Untangling the Textiles in the Murals: A Study on the Monks' Robes depicted in the First Indo-Iranian Style Paintings of Kucha. *Journal of World Buddhist Cultures* 1, pp. 59–94.

Hiyama, Satomi, 2020a, New Identification of the Mural Fragment from the "Pfauenhöhle" (Kizil Cave 76, III 8842). *Indo-Asiatische Zeitschrift* 24, pp. 4–14.

Hiyama, Satomi, 2020b, Transmission of the "World": Sumeru Cosmology as Seen in Central Asian Buddhist Paintings Around 500 AD. *NTM Zeitschrift für Geschichte der Wissenschaften, Technik und Medizin* 28, pp. 411–429.

Hiyama, Satomi, forthcoming, *Fragmented Pieces of Silk Road Histories Berlin Collection of the Buddhist Wall Paintings of the Kucha Kingdom*. Dortmund: Kettler.

Horner, I. B, 1922–1938, *Papañcasūdanī Majjhimanikāyaṭṭhakathā of Buddhaghosâcariya*. London: Pali Text Society.

Horner, I. B, 1940, *The Book of the Discipline, vol. II (Suttavibhaṅga)*. Oxford: Oxford University Press.

Horner, Isaline B., 1954–1959, *The Collection of the Middle Length Sayings*, 3 vols. London: Pali Text Society.

Howard, Angela F., 1986, *The Imagery of the Cosmological Buddha*. Leiden: Brill. Studies in South Asian Culture 13.

Howard, Angela F., 1991, In Support of a New Chronology for the Kizil Mural Paintings. *Archives of Asian Art* 44, pp. 68–83.

Howard, Angela F., 2007, Miracles and Visions among the Monastic Communities of Kucha, Xinjiang. *Journal of Inner Asian Art and Archaeology* 2, pp. 77–88.

Howard, Angela F., 2010, Rethinking the Cosmological Buddha. In: Franco, Eli/Zin, Monika (edd.), *From Turfan to Ajanta, Festschrift for Dieter Schlingloff on the Occasion of his Eightieth Birthday*. Lumbini: Lumbini International Research Institute, pp. 399–412.

Huber, Édouard, 1908, *Sûtrâlaṃkâra*. Paris: E. Leroux.

Hu-von Hinüber, Haiyan, 1994, *Das Poṣadhavastu. Vorschriften für die buddhistische Beichtfeier im Vinaya der Mūlasarvāstivādins*. Studien zur Indologie und Iranistik, Monographie 13. Reinbek: Dr. Inge Wezler Verlag.

Hu-von Hinüber, Haiyan, 2003, *Das Bhikṣu-Prātimokṣasūtra der Mūlasarvāstivādins anhand der Sanskrit-Handschriften aus Tibet und Gilgit sowie unter Berücksichtigung der tibetischen und chinesischen Übersetzungen kritisch herausgegeben*, unpublished manuscript, accessible online https://freidok.uni-freiburg.de/data/9535[23rd March, 2021].

Hu-von Hinüber, Haiyan, 2006, Remarks on the Manuscript of the Mūlasarvāstivāda-Prātimokṣasūtra, *Jaina-itihāsa-ratna*. In: Hüsken, Ute/Kieffer-Pülz, Petra/Peters, Anne (edd.) *Festschrift für Gustav Roth zum 90. Geburtstag*, Indica et Tibetica 47. Marburg: Indica et Tibetica Verlag, pp. 283–357.

Hu-von Hinüber, Haiyan, 2021, On the Buddhist Sanskrit term *sparśa* for the Middle Indic word *phāsu* — With a reference to the Chinese *Saṃyuktāgama* (T 99). *Annual Report of the International Research Institute for Advanced Buddhology at Soka University* 24, pp. 53–64.

Iwade, Mayu/Kubodera, Shigeru, 2013, *Structure, Design and Technique of the Bamiyan Buddhist Caves*. London: Archetype Publication.

Jäger, Ulf, 2010–2011, Die kulturgeschitlich-archäoligische Bestände der Seriendien-Sammlung des Staatlichen Museums für Völkerkunde München. *Münchner Beiträge zur Völkerkunde* 14, pp. 195–233.

Johnston, E. H., 1936, *The Buddhacarita: Acts of the Buddha, 1: Sanskrit Text, 2: Cantos 1–14, Translated from the Original Sanskrit, Supplemented by the Tibetan Version*. Lahore: University of the Panjab, Baptist Mission Press, Panjab University oriental publications, no. 31–32.

Johnston, E. H., 1937, *The Buddha's Mission and Last Journey: Buddhacarita*, xv to xxviii. *Acta Orientalia* 15, pp. 26–62; 85–111; 253–292.

Jones, J. J., 1949–1956, *The Mahāvastu*, 3 vols. London: Pali Text Society, Sacret Books of the Buddhists, vols. 16, 18, 19.

Kalantari, Christiane/Gyalpo, Tsering, 2011, On Ornament, Textiles and Baldachins Depicted on the Ceilings of Buddhist Cave Temples in Khartse Valley, Western Tibet. Form, Function and Meaning. *Kunstgeschichte: Open Peer Reviewed Journal* (accessible by: urn:nbn:de:0009–23–27670).

Kalantari, Christiane, 2016, Gewebte Weltordnung. Die textilen Künste zwischen Buddhismus und Schutzzauber. In: Buddeberg, Michael/Richtsfeld, Bruno J. (edd.), *Aus dem Land des Schneelöwen. Kostbarkeiten aus Tibet 15.–20. Jahrhundert. Die Sammlung Justyna und Michael Buddeberg, Ausstellungskatalog, Museum Fünf Kontinente*. München: Hirmer, pp. 192–225.

Karashima, Seishi, 2008, Fragments of a Manuscript of the *Prātimokṣasūtra* of the Mahāsāṃghika-(Lokottara) vādins (1). *Annual Report of The International Research Institute for Advanced Buddhology at Soka University* 11, pp. 71–90.

Karashima, Seishi, 2013, Manuscript Fragments of the *Prātimokṣasūtra* of the Mahāsāṃghika (Lokottara) vādins (2), *Annual Report of the International Research Institute for Advanced Buddhology at Soka University* 16, pp. 47–90.

Karashima, Seishi, 2020, The Underlying Languages of the Three Chinese Translations of the Saṃyukta-āgamas (Taishō nos. 99, 100 and 101) and their School Affiliations. In: Dhammadinnā (ed.), *Research on the Saṃyukta-āgama*. Taipei: Dharma Drum Corporation, Dharma Drum Institute of Liberal Arts Research Series 8, pp. 707–762.

Karashima, Seishi/Vorobyova-Desyatovskaya, Margarita I., 2015, The Avadāna Anthology from Mcrv, Turkmcnistan. In: Karashima, Scishi/Vorobyova-Dcsyatovskaya, Margarita I (edd.), *Buddhist Manuscripts from Central Asia: The St. Petersburg Sanskrit Fragments (StPSF)*, vol. 1. Tokyo: Soka University, pp. 145–524.

Kern, Hendrik, 1891, *The Jātaka-mālā, or, Bodhisattvāvadāna-mālā*. Boston: Published for Harvard University by Ginn.

Khoroche, Peter, 1989, *Once the Buddha was a Monkey. Āryaśūra's Jātakamālā*. Chicago: The University of Chicago Press.

Kieffer-Pülz, Petra, 1992, *Die Sīmā. Vorschriften zur Regelung der Buddhistischen*

Gemeindegrenze in Älteren Buddhistischen Texten. Monographien zur indischen Archäologie, Kunst und Philologie, 8. Berlin: Dietrich Reimer Verlag.

Kieffer-Pülz, Petra, 2010, Book Review: Silk, Jonathan A., Managing Monks. Administrators andAdministrative Roles in Indian Buddhist Monasticism (Oxford University Press, 2008). *Indo-Iranian Journal* 53, pp. 71–88.

Kieffer-Pülz, Petra, 2020, Some Thoughts on Niḥsargikā Pātayantikā 27 (26) of the Sanskrit Sarvāstivāda 43: Bhikṣuprātimokṣasūtras. *Annual Report of the International Research Institute for Advanced Buddhology at Soka University* 23, pp. 43–55.

Kieffer-Pülz, Petra, 2021, Notes on the Introductions to the Sanskrit Sarvāstivāda and Mūlasarvāstivāda *Prātimokṣasūtras*. *Annual Report of the International Research Institute for Advanced Buddhology at Soka University* 24, pp. 39–51.

Klaus, Konrad, 1983, *Das Maitrakanyakāvadāna (Divyāvadāna 38): Sanskrittext und Deutsche Übersetzung. Indica et Tibetica: Monographien zu den Sprachen und Literaturen des indo-tibetischen Kulturraumes 2*. Bonn: Indica et Tibetica Verlag.

Klein, Astrid, forthcoming, The masked Dance drama *sumozhe*: Proposal on the Scenes and Individual Characters Depicted on the Ōtani Casket from Subashi. In: *The Image as Instrument and as Reflection of Ritual in Central Asia and the Himalaya: from Antiquity to the Present. Proceedings of the Fifth International SEECHAC Colloquium, Università degli Studi di Napoli "L'Orientale" Naples, 5–7 November 2018.*

Konczak, Ines, 2014, *Praṇidhi-Darstellungen an der Nördlichen Seidenstraße: Das Bildmotiv der Prophezeiung der Buddhaschaft Śākyamunis in den Malereien Xinjiangs*. PhD Dissertation at Ludwig-Maximilians-Universität München. Ketsch: Mikroform.

Konczak, Ines, 2015, Hindu Deities in a Buddhist Wall Painting from Cave 178 in Kizil. *Journal of the International Association of Buddhist Studies* 38, pp. 349–372.

Konczak-Nagel, Ines, 2019, Wo ist die "Hohe Höhle über der Größten Höhle" in Kizil? Versuch einer Bestimmung des exakten Ursprungsortes der Malereifragmente III 8373a & b der Zentralasiatischen Sammlung des Museums für Asiatische Kunst, Berlin. *Indo-Asiatische Zeitschrift* 23, pp. 4–15.

Konczak-Nagel, Ines, 2020, Representations of Architecture and Architectural Elements in the Mural Paintings of Kucha. In: Franco, Eli/Zin, Monika (edd.), *Essays and Studies in the Art of Kucha*. Delhi: Dev Publishers, Saxon Academy of Sciences and Humanities, Leipzig Kucha Studies 1, pp. 11–106, 185–225.

Kumar, Raj, 2006, *Paintings and Lifestyles of Jammu Region: From 17th to 19th Century*

A.D. New Delhi: Kalpaz Publications.

Lamotte, Étienne, 1958, *Histoire du bouddhisme Indien: des Origines à l'ère Śaka*. Louvian: Publications universitaires, Institut orientaliste.

Lamotte, Étienne, 1988, *History of Indian Buddhism: From the Origins to the Śaka Era*. Louvain-la-Neuve: Université catholique de Louvain, Institut orientaliste.

Laufer, Berthold, 1919, *Sino-Iranica: Chinese Contributions to the History of Civilization in Ancient Iran, with Special Reference to the History of Cultivated Plants and Products*. Chicago: Field Museum of Natural History.

Le Coq, Albert von, 1922, *Die buddhistische Spätantike in Mittelasien =Ergebnisse der Kgl.- Preussischen Turfan Expeditionen, I: Die Plastik.* Berlin: Reimer und Vohsen.

Le Coq, Albert von, 1924a, *Die buddhistische Spätantike in Mittelasien=Ergebnisse der Kgl.- Preussischen Turfan Expeditionen, III, Die Wandmalereien*. Berlin: Reimer und Vohsen.

Le Coq, Albert von, 1924b, *Die buddhistische Spätantike in Mittelasien=Ergebnisse der Kgl.- Preussischen Turfan Expeditionen, IV, Atlas zu den Wandmalereien*. Berlin: Reimer und Vohsen.

Le Coq, Albert von, 1925, *Bilderatlas zur Kunst und Kulturgeschichte Mittel-Asiens*. Berlin: Reimer und Vohsen.

Le Coq, Albert von, 1926a, *Auf Hellas Spuren in Ostturkistan: Berichte und Abenteuer der II. und III. Deutschen Turfan-Expedition*. Leipzig: Hinrichs.

Le Coq, Albert von, 1926b, *Die buddhistische Spätantike in Mittelasien=Ergebnisse der Kgl.- Preussischen Turfan Expeditionen, V, Neue Bildwerke*. Berlin: Reimer und Vohsen.

Le Coq, Albert von, 1928, *Von Land und Leuten in Ostturkestan: Berichte und Abenteuer der 4. Deutschen Turfanexpedition*. Leipzig: Hinrichs.

Le Coq, Albert von/Waldschmidt, Ernst, 1928, *Die buddhistische Spätantike in Mittelasien–Ergebnisse der Kgl.- Preussischen Turfan Expeditionen, VI, Neue Bildwerke 2.* Berlin: Reimer und Vohsen.

Le Coq, Albert von/Waldschmidt, Ernst, 1933, *Die buddhistische Spätantike in Mittelasien= Ergebnisse der Kgl.- Preussischen Turfan Expeditionen, VII, Neue Bildwerke 3.* Berlin: Reimer und Vohsen.

Lee, Sonya S., 2018, Recent Publications on the Art and Archaeology of Kucha: A Review Article. *Archives of Asian Art* 68–2, pp. 215–232.

Lefmann, S., 1902–1908, *Lalita vistara: Leben und Lehre des Çâkya-Buddha*. Halle: Verlag der Buchhandlung des Waisenhauses.

Lenz, Timothy, 2010, *Gandhāran Avadānas: British Library Kharoṣṭhī fragments 1–3 and 21 and Supplementary Fragments A–C*. Seattle: University of Washington Press, Gandhāran Buddhist texts 6.

Lévi, Sylvain, 1932, *Mahākarmavibhanga (la Grande Classification des Actes) et Karmavibhangopadeśa (Discussion sur le Mahā Karmavibhanga)*, Paris: Ernest Leroux.

Li, Chongfeng, 2008, The Geography of transmission: The "Jibin" Route and the Propagation of Buddhism in China. In: Rajeshwari Ghose (ed.), *Kizil on the Silk Road, Crossroads of Commerce and Meeting of Minds,* Marg Publications, pp. 24–31.

Liu, Mau-Tsai, 1969, *Kutscha und Seine Beziehungen zu China vom 2. Jh. v. bis zum 6. Jh. n. Chr.*. Wiesbaden: Harrassowitz.

Lo Muzio, Ciro, 2014, The Legacy of Gandhāra in Central Asian Painting. In: Hegewald, Julia, A. B. (edd.), *In the Shadow of the Golden Age: Art and Identity in Asia from Gandhara to the Modern Age*. Berlin: EB Verlag, pp. 115–136.

Lüders, Heinrich, 1911a, *Bruchstücke Buddhistischer Dramen*. Berlin: Reimer.

Lüders, Heinrich, 1911b, *Das Śāriputraprakaraṇa, ein Drama des Aśvaghoṣa*. Berlin: Verlag der Akademie der Wissenschaften.

Lüders, Heinrich, 1926, *Bruchstücke der Kalpanāmanditikā des Kumāralāta*. Leipzig: Deutsche morgenländische Gesellschaft.

Malalasekera, G. P., 1937–1938, *Dictionary of Pali Proper Names*. 2 Vols. London: John Murray.

Malyshev, Sergey V., 2019, A Sanskrit-Tocharian A Bilingual Text of the Cīvaravastu of the Mūlasarvāstivāda-Vinaya. *Tocharian and Indo-European Studies* 19, pp. 71–92.

Malzahn, Melanie, 2007, The Most Archaic Manuscripts of Tocharian B and the Varieties of the Tocharian B language. In: Malzahn, Melanie (ed.), *Instrumenta Tocharica*. Heidelberg: Winter, pp. 255–297.

Matsumura, Hisashi, 1980, *Four Avadānas from the Gilgit Manuscripts*. Ph.D Dissertation at Australian National University. Canberra: microfiche publication.

Mayeda, Egaku 1985, Japanese Studies on the Schools of the Chinese Āgamas. In: Bechert, Heinz (ed.), *Zur Schulzugehörigkeit von Werken der Hīnayāna-Literatur*, vol. I. Göttingen: Vandenhoeck & Ruprecht, Abhandlungen der Akademie der Wissenschaften in Göttingen, Philologisch-historische Klasse 3. Folge, Nr. 149, 154, pp. 94–103.

Meisig, Konrad, 1988, *Das Sūtra von den vier Ständen: Das Aggañña-Sutta im Licht seiner chinesischen Parallelen*. Wiesbaden: Harrassowitz.

Monteith, Francesca, 2017, Towards a Landscape Archaeology of Buddhist Cave-temples in China. *Antiquity* 91(359), pp. 1–8.

Namba-Walter, Mariko, 1998, Tokharian Buddhism in Kucha: Buddhism of Indo-European Centum Speakers in Chinese Turkestan before the 10th Century C.E. *Sino-Platonic Papers* 85.

Nardi, Isabella, 2016, *The Theory of Indian Painting: The Citrasutras, their Uses and Interpretations*. Rondon: Routledge.

Ñāṇamoli, Bhikkhu, 1966, *The Pāṭimokkha. 227 Fundamental Rules of a Bhikkhu*. Bangkok: The Social Science Association Press of Thailand.

Ñāṇatusita, Bhikkhu, 2017, The Bāmiyān *Prātimokṣasūtra*: a "Buddhist Hybrid Text". *Journal of Buddhist Studies* XIV, pp. 83–226.

Ñāṇatusita, Bhikkhu, 2018, The Lavrov Collection *Prātimokṣasūtra*. *Journal of Buddhist Studies* XV, pp. 111–126.

Neelis, Jason, 2014 Literary and Visual Narratives in Gandhāran Buddhist Manuscripts and Visual Cultures: Localization of Jātakas, Avadānas, and Previous-Birth Stories. In: Fleming, Benjamin, J./Mann, Richard, D. (edd.), *Material Culture and Asian Religions: Text, Image, Object*. London: Routledge.

Nj.=Nanjio, Bunyiu (ed.), 1883, *A Catalogue of the Chinese Translation of the Buddhist Tripiṭaka, the Sacred Canon of the Buddhists in China and Japan*. Oxford: Clarendon Press.

Nobel, Johannes, 1955, *Udrāyaṇa, König von Roruka: eine buddhistische Erzählung: die Tibetische Übersetzung des Sanskrittextes*. Wiesbaden: Otto Harrassowitz.

Norman, H. C., 1908, Gandhakuṭī - the Buddha's Private Abode. *Journal of the Asiatic Society of Bengal: New Series* 4, pp. 1–5.

Norman, Kenneth, R./Kieffer-Pülz, Petra/Pruitt, William, 2018, *Overcoming Doubts (Kaṅkhāvitaraṇī)*, vol. 1: *The Bhikkhu-Pātimokkha Commentary*. Bristol: The Pali Text Society.

Ogihara, Hirotoshi, 2011, Notes on some Tocharian Vinaya fragments in the London and Paris collections. *Tocharian and Indo-European Studies* 12, pp. 111–144.

Ogihara, Hirotoshi, 2012, A Fragment of the Bhikṣu-prātimokśasūtra in Tocharian B.

Tocharian and Indo-European Studies 13, pp. 163–180.

Ogihara, Hirotoshi, 2013a, On the Karmavācanā in Tocharian. In: de Chiara, Matteo/Maggi, Mauro/Martini, Giuliana (edd.), *Buddhism among the Iranian peoples of Central Asia. Sitzungsbereichte der Österreichischen Akademie der Wissenschaften, Phil.-hist. Kl.*, Bd. 848. Wien: Verlag der Österreichischen Akademie der Wissenschaften, pp. 311–331, pl. 2.

Ogihara, Hirotoshi, 2013b, Tocharian Vinaya texts in the Paris collection. *Tocharian and Indo-European Studies* 14, pp. 187–211.

Ogihara, Hirotoshi, 2015, The Transmission of Buddhist Texts to Tocharian Buddhism. *Journal of the International Association of Buddhist Studies* 38, pp. 295–312.

Oldenberg, Hermann. 1881, *Vinaya Piṭaka*, vol. 3. London: Williams & Norgate.

Oldenberg, Hermann/Rhys Davids, T. W., 1885, *Vinaya Texts*, Part I: *The Pātimokkha, the Mahāvagga I–IV*. Oxford: Oxford University Press.

Pachow, W. 1955, *A Comparative Study of the Prātimokṣa on the Basis of its Chinese, Tibetan, Sanskrit and Pali Versions*. Santiniketan: The Sino-Indian Cultural Society.

Palitza, Ulf, 2017, *Mit Plinius auf der Seidenstraße: Studien zur Farbenfabrikation und Maltechnik der Antike*. Leipzig: E.A. Seemann.

Palitza, Ulf/Haussmann, Barbara 2012, Restaurierung und Rekonstruktion, Höhle mit den ringtragenden Tauben. In: Gabsch, Toralf, (edd.), *Auf Grünwedels Spuren: Restaurierung und Forschung an Zentralasiatischen Wandmalereien*. Leipzig: Koehler & Amelang, pp. 56–73.

Panglung, Jampa Losang, 1981, *Die Erzählstoffe des Mūlasarvāstivāda-Vinaya, Analysiert auf Grund der Tibetischen Übersetzung*. Tokyo: The Reiyukai Library, Studia Philologica Buddhica, Monograph Series, 3.

Pelliot, Paul, 2008, *Carnets de Route 1906–1908*. Paris: Les Indes savantes.

Pinault, Georges, 1984, Un Fragment du Vinayavibhaṅga en Koutchéen. *Journal Asiatique* 272, pp. 369–393.

Pinault, Georges-Jean, 1987, Épigraphie Koutchéenne. In: Chao, Huashan *et al.* (edd.), *Sites divers de al Région de Koutcha*. Paris: Collège de France, Instituts d'Asie, pp. 61–186.

Pinault, Georges-Jean, 2000, Narration Dramatisée et Narration en Peinture dans la Région de Kucha. In: Cohen, Monique/Drège, Jean-Pierre/Giès, Jacques (edd.), *La Sérinde, terre d'Échanges. Art, Religion, Commerce du Ier au Xe siècle*. Paris: La

Documentation Française, pp. 149–168.

Pinault, Georges, 2008, *Chrestomathie Tokharienne. Textes et Grammaire*. Leuven/Paris: Peeters.

Pradhan, P., 1967, *Abhidharmakośa-bhāṣyam/Ācārya Vasubandhu praṇītaṃ. Prahlāda-pradhānena sampāditam*. Patna: P. Jayaswal Research Institute.

Pruitt, William/Norman, Kennith R., 2008, *The Pātimokkha*. Oxford: The Pali Text Society.

Rhi, Juhyung, 2009a, The Garuḍa and the Nāgī/Nāga in the Headdresses of Gandhāran Bodhisattvas: Locating Textual Parallels. *Bulletin of the Asia Institute (Evo ṣuyadi: Essays in Honor of Richard Salomon's 65th Birthday), New Series* 23, pp. 147–158.

Rhi, Juhyung 2009b, The "Visit of Indra" in Textual and Visual Traditions of Early Indian Buddhism. *Central Asian Studies* 24–2, pp. 109–140.

Rhie, Marilyn M., 2002, *Early Buddhist Art of China and Central Asia. Vol. II: The Eastern Chin and Sixteen Kingdoms Period in China and Tumshuk, Kucha and Karashahr in Central Asia*. Leiden: Brill.

Rhys Davids, T. W., 1878, *Buddhist Birth-stories (Jataka tales): The Commentarial Introduction Entitled Nidāna-kathā: The story of the Lineage*. London: Routledge.

Rhys Davids, C. A. F./Woodward, F. L., 1924–1930, *The Book of the Kindred Sayings (Saŋyutta-nikāya) or Grouped Suttas*, vols. 1–5. Oxford: Published for Pali Text Society by Oxford University Press.

Riederer, Josef, 1977, Technik und Farbstoffe der Frühmittelterlichen Wandmalereien Ostturkistans. *Beiträge zur Indienforschung, Museums für Indische Kunst Berlin* 4, pp. 353–423.

Rockhill, W. Woodville, 1884, *The Life of the Buddha and the Early History of His Order Derived from Tibetan Works in the Bkah-hgyur and Bstan-hgyur*. London: Trübner.

Rogers, Howard, 1983, The Reluctant Messiah: "Sakyamuni Emerging from the Mountains". *Sophia International Review* 5, pp. 16–33.

Rosen, Valentina, 1959, *Der Vinayavibhaṅga zum Bhikṣuprātimokṣa der Sarvāstivādins. Sanskritfragmente nebst einer Analyse der chinesischen Übersetzung*. Berlin: Akademie-Verlag, Sanskrittexte aus den Turfanfunden, 2. Institut für Orientforschung, 27.

Rothenberg, Bonnie, 1995, *Bodhisattvāvadānakalpalatā of Kṣemendra (Critical Text and Translation of Chapters 1–5)*. Delhi: Motilal Banarsidass.

Rotman, Andy, 2008–2017, *The Divine Stories. Divyāvadāna*. 2 vols. Boston: Wisdom Publications, Classics of Indian Buddhism.

Salomon, Richard, 2018, *The Buddhist Literature of Ancient Gandhāra: An Introduction with Selected Translations*. Somerville, MA: Wisdom Publications.

Sander, Lore, 1991, The Earliest Manuscripts from Central Asia and the Sarvastivada Mission. In: Emmerick, R.E./Weber. D. (edd.), *Corolla Iranica: Papers in Honour of Prof. Dr. David Neil MacKenzie on the Occasion of his 65th Birthday on April 8th, 1991*. Frankfurt am Main: Peter Lang, pp. 133–150.

Sander, Lore, 1999, Early Prakrit and Sanskrit manuscripts from Xinjiang (second to fifth/ sixth centuries C.E.): Paleography, Literary Evidence, and their Relation to Buddhist schools. In: Zürcher, Erik/Sander, Lore (edd.), *Collection of essays 1993: Buddhism across boundaries: Chinese Buddhism and the Western Regions*. Taipei: Foguang Cultural Enterprise Co., Ltd., pp. 61–106.

Sander, Lore, 2015, Tocharian Donors in Kizil Caves and "Monk's Poetry"–Some Reflections on Donors, Donations and Ceremonies. In: Malzahn, Melanie/Peyrot, Michaël *et al.* (edd.), *Tocharian Texts in Context. International Conference on Tocharian Manuscripts and Silk Road Culture, Vienna, June 25th–29th, 2013*. Bremen: Hempen, pp. 227–245.

Sander, Lore, 2019, Mahāyāna and Śrāvakayāna Reflected by Manuscripts from Kučā and Khotan. *Hōrin: Vergleichende Studien zur japanischen Kultur* 20, pp. 42–55.

Santoro, Arcangela, 1995–1996, The so called Puppharatha Jātaka. *Silk Road Art and Archaeology* 4, pp. 217–232.

Santoro, Arcangela, 2001, Dalla Nascita all'illuminazione: Su Quattro Scene della vita del Buddha Storico nella Grotta dei Pavoni (Kizil, Xinjiang). *Rivista Degli Studi Orientali* 75, Fasc. 1/4, pp. 205–238.

Santoro, Arcangela, 2006, Miran: The Viśvāntara Jātaka. On Visual Narration along the Silk Road. *Rivista degli Studi Orientali* 79, Fasc. 1/4, pp. 31–45.

Sasaki, Shizuka, 2018, Who Used the Sarvāstivāda Vinaya and the Mūlasarvāstivāda Vinaya? In: Eduard, Lutz/Bergland, Jens W./Hüsken, Ute (edd.), *Reading Slowly. A Festschrift for Jens E. Braarvig*. Wiesbaden: Harrassowitz Verlag, pp. 357–373.

Sasaki, Shizuka, forthcoming, The Evolution of *Nissaggiyapācittiya* 1 and the *Bodhisattvabhūmi*.

Sato, Ichiro *et al.*, 2012, Wissenschaftliche Untersuchungen der Kizil Wandmalereien. In: Gabsch, Toralf (ed.), *Auf Grünwedels Spuren: Restaurierung und Forschung an zentralasiatischen Wandmalereien*. Leipzig: Koehler & Amelang, pp. 178–185.

Schafer, Edward H., 1985, *The Golden Peaches of Samarkand: A Study of T'ang Exotics*.

Berkeley: University of California Press.

Schlingloff, Dieter, 1964, *Ein Buddhistisches Yogalehrbuch*. Berlin: Akademie-Verlag, Deutsche Akademie der Wissenschaften zu Berlin, Institut für Orientforschung 59, 62.

Schlingloff, Dieter, 1981–1982, Erzählung und Bild. *Beiträge zur allgemeinen und vergleichenden Archäologie* 3, pp. 87–214.

Schlingloff, Dieter, 1988, Die Pūrṇa-Erzählung in einer Kizil-Malerei. *Zentralasiatische Studien* 21, pp. 180–195.

Schlingloff, Dieter, 1991a, Traditions of Indian Narrative Painting in Central Asia. In: Bhattacharya, G. (ed.), *Akṣayanīvī: Essays Presented to Dr. Debala Mitra in Admiration of her Scholarly Contributions=Bibliotheka Indo-Buddhica* 88, pp. 163–169; reprinted in Shashibala (ed.), 2016, *Sanskrit on the Silk Route*. New Delhi: Bharatiya Vidya Bhavan, pp. 286–304.

Schlingloff, Dieter, 1991b, Yamakaprātihārya und Buddhapiṇḍī in der altbuddhistischen Kunst. *Berliner Indologische Studien* 6, pp. 109–136 and Nachtrag.

Schlingloff, Dieter, 1997, Das Mahāprātihārya in der zentralasiatischen Hīnayāna Kunst. *Indologica Taurinensia* 23–24, pp. 175–194.

Schlingloff, Dieter, 2000, *Ajanta — Handbuch der Malereien/Handbook of the Paintings 1. Erzählende Wandmalereien/Narrative Wall-paintings*. Wiesbaden: Harrassowitz.

Schlingloff, Dieter, 2003, *King Māndhātar's Rise and Fall: Interpretation of the Bagh Painting*. Munich: Private print.

Schlingloff, Dieter, 2013, *Ajanta–Handbook of the Paintings 1. Narrative Wall-paintings*. New Delhi: IGNCA.

Schlingloff, Dieter, 2015, *Die Übermenschlichen Phänomene: Visuelle Meditation und Wundererscheinung in buddhistischer Literatur und Kunst. Ein religionsgeschichtlicher Versuch*. Düsseldorf: EKO-Haus der Japanischen Kultur e. V., Buddhismus-Studien 7.

Schlingloff, Dieter/Hartmann, Jens-Uwe/Röllicke, Hermann-Josef (edd.), 2006, *Ein Buddhistisches Yogalehrbuch, Unveränderter Nachdruck der Ausgabe von 1964 unter Beigabe aller Seither Bekannt Gewordenen Fragmente*. München: Iudicium, Buddhismus-Studien/Buddhist Studies 5.

Schmidt, Birgit Angelika *et al.*, 2016, Technical Analysis of a Central Asian Wall Painting detached from a Buddhist Cave Temple on the Northern Silk Road. *Studies in Conservation* 61–2, pp. 113–122.

Schmidt, Klaus T., 1998, Interdisciplinary Research on Central Asia: The Decipherment of the West Tocharian Captions of a Cycle of Mural Painting of the Life of the Buddha in Cave 110 in Qizil. *Die Sprache* 40/1, pp. 72–81.

Schmidt, Klaus T., 2006, THT 1539. In: Ute, Hüsken/Kieffer-Pülz, Petra/Peters, Anne (edd.), *Jaina-itihāsa-ratna. Festschrift für Gustav Roth zum 90. Geburtstag=Indica et Tibetica* 47. Marburg: Indica et Tibetica Verlag, pp. 461–466.

Schmidt, Klaus T., 2010, Die Entzifferung der Westtocharischen Überschriften zu Einem Bilderzyklus des Buddhalebens in der, "Treppenhöhle"(Höhle 110) in Quizil. In: Franco, Eli/Zin, Monika (edd.), *From Turfan to Ajanta: Festschrift for Dieter Schlingloff on the Occasion of his Eightieth Birthday*. Lumbini: Lumbini International Research Institute, vol. 2, pp. 835–866.

Schmithausen, Lambert, 1970, Zu den Rezensionen des Udānavargaḥ. *Wiener Zeitschrift für die Kunde Südasiens* 14, pp. 47–124.

Schopen, Gregory, 1990, The Buddha as an Owner of Property and Permanent Resident in Medieval Indian Monasteries. *Journal of Indian Philosophy* 18, pp. 181–217.

Schopen, Gregory, 2004, *Buddhist Monks and Business Matters: Still More Papers on Monastic Buddhism in India*. Honolulu: University of Hawai'i Press, Studies in the Buddhist Traditions.

Schopen, Gregory, 2014, Buddhist Nuns, Monks, and Other Worldly Matters: Recent Papers on Monastic Buddhism in India. Honolulu: University of Hawai'i Press.

Schopen, Gregory, 2015, The Fragrance of the Buddha, the Scent of Monuments, and the Odor of Images in Early India. *Bulletin de l'Ecole Française d'Extrême-Orient* 101, pp. 11–30.

Schulz, Robert, 2019, *Eine Gruppe Reliefplatten aus Karamār: Bestimmung und kunstgeschichtliche Einordnung*. MA thesis submitted at Martin-Luther-Universität Halle-Wittenberg.

Senart, Émile, 1882–1897, *Le Mahāvastu: texte sanscrit* 1–3 Vols. Paris: Imprimerie nationale.

Sharf, Robert H., 2013, Art in the Dark: The Ritual Context of Buddhist Caves in Western China. In: Park, David/Wangmo, Kuenga/Cather, Sharon (edd.), *Art of Merit: Studies in Buddhist Art and Its Conservation*. London: Archetype Publications, Courtauld Institute of Art, pp. 38–65.

Sieg, Emil/Siegling, Wilhelm, 1921, *Tocharische Sprachreste*, vols. 2. Berlin/Leipzig: Walter de Gruyter.

Sieg, Emil, 1952, Übersetzungen aus dem Tocharischen II. Berlin: Akademie-Verlag, Abhandlung der Deutschen Akademie der Wissenschaften zu Berlin, Klasse für Sprachen, Literatur und Kunst, 1951, 1.

Sieg, Emil/Siegling, Wilhelm/Thomas, Werner, 1953, *Tocharische Sprachreste. Sprache B, Heft 2. Fragmente Nr. 71–633*. Göttingen: Vandenhoeck & Ruprecht.

Silk, Jonathan A., 2008, *Managing Monks: Administrators and Administrative Roles in Indian Buddhist Monasticism*. Oxford: Oxford University Press.

Simson, Georg von, 1997, Eine Prātimokṣasūtra-Handschrift in Hybrider Sprache. In: Kieffer-Pülz, Petra/Jens-Uwe Hartmann (edd.), *Bauddhavidyāsudhākaraḥ. Studies in Honour of Heinz Bechert on the Occasion of His 65th Birthday=Indica et Tibetica* 30. Swisttal-Odendorf: Indica et Tibetica Verlag. pp. 583–604.

Simson, Georg von, 1986/2000, *Prātimokṣasūtra der Sarvāstivādins*. vols. 1 and 2. *Nach Vorarbeiten von Else Lüders und Herbert Härtel herausgegeben. Sanskrittexte aus den Turfanfunden* XI. *Abhandlungen der Akademie der Wissenschaften in Göttingen. Phil.-hist. Kl., Dritte Folge,* No. 155, 238. Göttingen: Vandenhoeck & Ruprecht.

Skilling, Peter, 1994–1997, *Mahāsūtras: Great Discourses of the Buddha* (vol. 1: *Texts: Critical Editions of the Tibetan Mahāsūtras with Pāli and Sanskrit Counterparts as Available*; vol. 2: *General Introduction & Individual Introductions*). Oxford: Pali Text Society.

Skilling, Peter, 2004, Mahāyāna and Bodhisattva: An Essay towards Historical Understanding. In: Pakorn Limpanusorn/Chalermpon Iampakdee (edd.). *Phothisatawa Barami kap Sangkhom thai nai Sahatsawat Mai* [Bodhisattvaparami and Thai Society in the New Millennium]. Bangkok: Chinese Studies Centre, Institute of East Asia, Thammasat University [Proceedings of a Seminar in Celebration of the Fourth Birth Cycle of Her Royal Highness Princess Maha Chakri Sirindhorn held at Thammasat University, 21 January 2546 (2003)], pp. 139–156.

Skilling, Peter, 2016, Ideology and Law: The Three Seals Code on Crimes related to Relics, Images, and Bodhi-trees. *Buddhism, Law & Society* 1 (2015–2016), pp. 69–103.

Speyer, J. S., 1902–1909, *Avadānaçataka: A Century of Edifying Tales belonging to the Hīnayāna*. 7 vols. St. Pétersbourg: Commissionnaires de L'Académie Impériale des Sciences, Bibliotheca Buddhica 3.

Stein, Marc Aurel Sir, 1928, *Innermost Asia: Detailed Report of Explorations in Central Asia, Kan-su and Eastern Īrān*, vol. I. Text. London: Oxford Clarendon Press.

Strauch, Ingo, 2008, *The Bajaur Collection: A New Collection of Kharoṣṭhī Manuscripts. A Preliminary Catalogue and Survey*. Online version 1.1. (May 2008).

Strauch, Ingo, 2014, Looking into Water-pots and over a Buddhist Scribe's Shoulder — On the Deposition and the Use of Manuscripts in Early Buddhism. *Études Asiatiques* 68.3, pp. 797–830.

Strong, John, S, 1977, Gandhakuṭī: The Perfumed Chamber of the Buddha. *History of Religions* 16/4, pp. 390–406.

Su, Bomin/Li, Zuixiong/Hu, Zhide, 2003, Research on pigments of Kizil grottoes. In: Seminar on the Conservation of Asian Cultural Heritage (ed.), *Conservation of wall paintings in Asia, Proceedings of the Ninth Seminar on the Conservation of Asian Cultural Heritage*. Tokyo: National Research Institute of Cultural Properties, pp. 47–58.

Taddei, Maurizio, 1974, Appunti sull'iconografia di Alcune Manifestazioni Luminose dei Buddha. *Gururājamanjarikā: Studi in onore de Giuseppe Tucci II*. Napoli: Istituto univeristario orientale di Napoli, pp. 435–449.

Taniguchi, Yoko, 2007, Issues of Conservation for the Bamiyan Buddhist Mural Paintings. In: Yamauchi, Kazuya/Taniguchi, Yoko/Uno, Tomoko (edd.), *Mural Paintings of the Silk Road: Cultural Exchanges between East and West, Proceedings of the 29th Annual International Symposium on the Conservation and Restoration of Cultural Property, National Research Institute for Cultural Properties, Tokyo, January 2006*. London: Archetype Publications, pp. 144–151.

Taniguchi, Yoko *et al*. 2007, Constituent Material Analysis of the Bamiyan Mural Paintings: A Study of Psuedo-gold Leaf Technique Discovered at Cave N(a) Using Synchrotron-based MicroFTIR. *Science for Conservation* 46, pp. 181–188.

Taniguchi, Yoko, 2013, Conserving the Buddhist wall paintings of Bamiyan in Afghanistan: Practical Issues and Dilemmas. In: Park, D/Wangmo, K./Cather. S. (edd), *Art of Merit: Studies in Buddhist Art and its Conservation.* London: Archetype Publications, pp. 125–140.

Tarzi, Zemeryalai, 1977, *L'architecture et le Décor Rupestre des Grottes de Bamiyan* vols. I–II. Paris: Maisonneuve.

Tatelman, Joel, 2000, *The glorious Deeds of Pūrṇa: A Translation and Study of the Pūrṇāvadāna*. Richmond: Curzon.

Tatia, Nathmal, 1976, *Lokottaramahāsāṃghikāmāṁ Prātimokṣasūtram*. Patna: Kashi Prasad Jayaswal Research Institute, Tibetan Sanskrit Works Series 16.

Trenckner, Vilhelm/Chalmers, Robert, 1888–1899, *The Majjhima-nikāya*, 3 vols. London: Frowde.

Vaidya, Paraśurāma Lakṣmaṇa, 1959, *Avadāna-Kalpalatā of Kṣemendra*, 2 vols. Durbhanga: The Mithila Institute.

Van Ham, Peter/Heller, Amy, 2019, *Alchi: Treasure of the Himalayas*. Munich: Hirmer Publishers.

Verardi, Giovanni/Paparatti, Elio, 2004, *Buddhist Caves of Jaghuri and Qarabagh-e Ghazni, Afghanistan*. Rome: IsIAO.

Vignato, Giuseppe, 2005, Kizil: Characteristics and Development of the Groups of Caves in Western Gu Xi. *Annali dell'Università degli Studi di Napoli "L'Orientale"* 65, pp. 121–140.

Vignato, Giuseppe, 2006, Archaeological Survey of Kizil, Its Groups of Caves, Districts, Chronology and Buddhist Schools. *East and West* 56–4, pp. 359–416.

Vignato, Giuseppe, 2013, The Interrelationship of Sites, Districts, Groups, and Individual Caves in Kucha. *Journal of Inner Asian Art and Archaeology* 5, pp. 129–143.

Vignato, Giuseppe, 2016, Qizil: An Interpretation of District Six, Caves 109–121 in Gunei. *Annali di Ca' Foscari. Serie orientale* 52, pp. 145–172.

Vignato, Giuseppe, 2018, Connective Architecture in the Rock Monasteries of Kuča. *Rivista degli Studi Orientali Nuova Serie* XC, 1–4, pp. 201–228.

Vignato, Giuseppe, forthcoming a, Boundaries and gates in rock monasteries - Kuča as a case study (more information to come).

Vignato, Giuseppe, forthcoming b, *A reasoned catalogue of the Buddhist Rock Monasteries of Kucha*.

Vorobyova-Desyatovskaya, M. I./Tyomkin, E. N., 2000, A Fragment of the Prātimokṣa-sūtra from the P. I. Lavrov Collection at the St. Petersburg Branch of the Institute of Oriental Studies. *Manuscripta Orientalia. International Journal for Oriental Manuscript Research* 6–4, pp. 24–29.

Waldschmidt, Ernst, 1925, *Gandhāra, Kutscha, Turfan: Eine Einführung in die Frühmittelalterliche Kunst Zentralasiens*. Leipzig: Klinkhardt & Biermann.

Waldschmidt, Ernst, 1926 [1979]. *Bruchstücke des Bhikṣuṇī-Prātimokṣa der Sarvāstivādins. Mit einer Darstellung der Überlieferung des Bhikṣuṇī-Prātimokṣa in den verschiedenen Schulen. Kleinere Sanskrit-Texte Heft III*. Leipzig: Deutsche Morgenländische Gesellschaft [Reprint: Monographien zur Indischen Archäologie, Kunst und Philologie,

2. Wiesbaden: Franz Steiner Verlag].

Waldschmidt, Ernst, 1929, *Die Legende vom Leben des Buddha: in Auszügen aus den Heiligen Texten: aus dem Sanskrit, Pali und Chinesischen übersetzt und eingeführt*. Berlin: Wegweiser.

Waldschmidt, Ernst, 1930, Wundertätige Mönche in der osttürkischen Hīnayāna-Kunst. *Ostasiatische Zeitschrift* N.F. 6, pp. 3–9. (repr. in: *Von Ceylon bis Turfan*, Göttingen, 1967, pp. 27–33).

Waldschmidt, Ernst, 1932, *Bruchstücke Buddhistischer Sūtras aus dem Zentralasiatischen Sanskritkanon I. Herausgegeben und im Zusammenhang mit ihren Parallelversionen bearbeitet*. Leipzig: Deutsche morgenländische Gesellschaft.

Waldschmidt, Ernst, 1933, Über den Stil der Wandgemälde. In: Le Coq, Albert von/ Waldschmidt, Ernst, *Die buddhistische Spätantike in Mittelasien* VII, *Neue Bildwerke* 3. Berlin: Reimer und Vohsen, pp. 24–31.

Waldschmidt, Ernst, 1952, *Zur Śroṇakoṭikarṇa-Legende*. Göttingen: Vandenhoeck & Ruprecht, Nachrichten der Akademie der Wissenschaft in Göttingen I. Philologisch-historische Klasse, Jahrgang 1952, Nr. 6.

Waldschmidt, Ernst, 1957, *Das Catuṣpariṣatsūtra eine kanonische Lehrschrift über die Begründung der buddhistischen Gemeinde; Text in Sanskrit und Tibetisch, verglichen mit dem Pāli nebst einer Übersetzung der chinesischen Entsprechung im Vinaya der Mūlasarvāstivādins*. Berlin: Akademie-Verlag.

Waldschmidt, Ernst, 1968, *Drei Fragmente buddhistischer Sutras aus den Turfanhandschriften*. Göttingen: Vandenhoeck & Ruprecht, Nachrichten der Akademie der Wissenschaften in Göttingen: Philologisch-Historische Klasse 1968–1.

Waldschmidt, Ernst, 1970, Fragment of a Buddhist Sanskrit text on Cosmogony. In: Tilakasiri, J. (ed.), *Añjali: Papers on Indology and Buddhism. A felicitation vol. pres. to Oliver Hector de Alwis Wijesekera on his 60. Birthday*. Peradeniya: University of Ceylon, pp. 40–45.

Waldschmidt, Ernst, 1980, Central Asian Sūtra Fragments and Their Relation to the Chinese Āgamas. In: Bechert, Heinz (ed.), *The Language of the Earliest Buddhist Tradition/Die Sprache der Ältesten Buddhistischen Überlieferung. Abhandlungen der Akademie der Wissenschaften in Göttingen, Philologisch-historische Klasse, 3. Folge, 117; Symposien zur Buddhismusforschung 2*. Göttingen: Vandenhoeck & Ruprecht, pp. 136–174.

Wang, Fang 王芳, forthcoming, *An Iconographic Research on the Biography of the Buddha*

Depicted in Murals of the Treppen-Höhle (Kizil Cave 110). PhD Dissertation at the Ludwig-Maximilians-Universität, Munich.

Weller, Friedrich, 1953a, Zwei zentralasiatische Fragmente des Buddhacarita. *Abhandlungen der Sächsischen Akademie der Wissenschaften zu Leipzig, Philologisch-Historische Klasse* 46.4, pp. 1–26.

Weller, Friedrich, 1953b, Ein zentralasiatisches Fragment des *Saundaranandakāvya*. *Mitteilungen des Instituts für Orientforschungen* 1, pp. 400–423.

Wille, Klaus, 1997, Zwei kleine Fragmente aus dem Bhikṣuṇīprātimokṣa. In: Bechert, Heinz *et al.* (edd.), *Untersuchungen zur buddhistischen Literatur*, Zweite Folge, SWTF, Beiheft 8. Göttingen: Vandenhoeck & Ruprecht, pp. 307–314.

Wille, Klaus. 2009, Buddhist Sanskrit Sources from Khotan. In: Karashima, Seishi 辛岛静志/ Wille, Klaus, *The British Library Sanskrit Fragments* vol. II–1. Tokyo: The International Research Institute for Advanced Buddhology Soka University, pp. 25–72.

Willemen, Charles, 1994, *The Storehouse of Sundry Valuables*. Berkeley: Numata Center for Buddhist Translation and Research.

Willemen, Charles, 1999, *The Scriptural Text: Verses of the Doctrine, with Parables*. Berkeley: Numata Center for Buddhist Translation and Research.

Willemen, Charles, 2009, *Buddhacarita in Praise of Buddha's Acts (Taishō volume 4, number 192)*. Berkeley: Numata Center for Buddhist Translation and Research.

Wong, Lori/Agnew, Neville (edd.), 2013, *The Conservation of Cave 85 at the Mogao Grottoes, Dunhuang: A Collaborative Project of the Getty Conservation Institute and the Dunhuang Academy*. Los Angeles: Getty Conservation Institute.

Woodward, F. L., 1929–1932, *Sārattha-ppakāsinī: Buddhaghosa's Commentary on the Sanyutta-Nikāya*. London: Pali Text Society by Oxford University Press.

Yaldiz, Marianne, 1987, *Archäologie und Kunstgeschichte Chinesisch-Zentralasiens (Xinjiang)*. Leiden: Brill, Handbuch der Orientalistik VII.3, 2.

Yaldiz, Marianne *et al.*, 2000, *Magische Götterwelten: Werke aus dem Museum für Indische Kunst Berlin*. Potsdam: UNZE Verlags- und Druckgesellschaft.

Yamabe, Nobuyoshi, 2003, On the School Affiliation of Aśvaghoṣa: "Sautrantika" or "Yogacara"? *Journal of the International Association of Buddhist Studies* 26, pp. 225–254.

Yoshida, Yutaka, 2013, What has happened to Suδāšn's legs? Comparison of Sogdian, Uighur and Mongolian versions of the Vessantara Jātaka. In: Tokhtasev, E. S./Lurje, P. (edd.), Commentationes Iranicae. Vladimiro f. Aaron Livschits nonagenario donum natalicum/сборник статей к 90–летию Владимира Ароновича Лившица. St. Petersburg: Nestor-Istoria.

Zhou, Zhibo *et al.*, 2020a, Investigation of Gilding Materials and Techniques in Wall Paintings of Kizil Grottoes. *Microchemical Journal* 154, pp. 1045–1048.

Zhou, Zhibo *et al.*, 2020b, Identification of Organic Materials Used in Gilding Technique in Wall Paintings of Kizil Grottoes. *Chemistry Select* 5, pp. 818–822.

Zhou, Zhibo *et al.*, 2021, The Wall Paintings Techniques and Materials of Kizil Grottoes. In: Aoki, Shigeo *et al.* (edd.), *Conservation and Painting Techniques of Ancient Silk Road Wall paintings*. Singapore: Springer.

Zhu, Tianshu, 2009, Indra's Visit. In: Mevissen, Gerd J. R./Banerji, Arundhati (edd.) *Prajñādhara: Essays on Asian Art, History, Epigraphy and Culture, in Honour of Gouriswar Bhattacharya*. New Delhi: Kaveri Books, pp. 491–509.

Zhu, Tianshu, 2015, Images of Monks with the Uṣṇīṣa–from the Kucha and Turfan Regions. *Art of the Orient* 4, pp. 9–43.

Zhu, Tianshu, 2019, *Emanated Buddhas in the Aureole of Buddhist Images from India, Central Asia and China*. Amherst: Cambria Press.

Zin, Monika, 2001, The Identification of the Bagh Painting. *East & West* 51, pp. 299–322.

Zin, Monika, 2002, Das Drama Nāgānanda und der Ursprung der Jimūtavāhana-Legende [The Drama Nāgānanda and the Beginning of the Jimūtavāhana Narrative]. *Studien zur Indologie und Iranistik* 23, pp. 146–164.

Zin, Monika, 2003, The *uṣṇīṣa* as a Physical Characteristic of the Buddha's Relatives and Successors. *Silk Road Art and Archaeology* 9, pp. 107–129.

Zin, Monika, 2006a, *Mitleid und Wunderkraft: Schwierige Bekehrungen und ihre Ikonographie im indischen Buddhismus.* Wiesbaden: Harrassowitz.

Zin, Monika, 2006b, About Two Rocks in the Buddha's Life Story. *East & West* 56, pp. 326–358.

Zin, Monika, 2007, The Identification of the Kizil Paintings II (3. Sudāya, 4. Bṛhaddyuti). *Indo-Asiatische Zeitschrift* 11, pp. 43–52.

Zin, Monika, 2008, The Identification of Kizil Paintings III (5. kalamacchedya, 6. Sundarika-Bhāradvāja). *Indo-Asiatische Zeitschrift* 12, pp. 50–61.

Zin, Monika, 2010, The Identification of Kizil Paintings IV (7. Kapila, 8. The Promise of the Four Kings). *Indo-Asiatische Zeitschrift* 14, pp. 22–30.

Zin, Monika, 2011, The Identification of Kizil Paintings V (9. The Painted Dome from

Simsim and its Narrative Programme, 10. Elapatra). *Indo-Asiatische Zeitschrift* 15, pp. 57–69.

Zin, Monika, 2012, Māndhātar, the Universal Monarch, and the Meaning of Representations of the Cakravartin in the Amaravati School, and of the Kings on the Kanganhalli Stūpa. In: Skilling, Peter/McDaniel, Justin (edd.), *Buddhist Narrative in Asia and Beyond. In Honour of HRH Princess Maha Chakri Siringhorn on Her Fifty-Fifth Birth Anniversary*, vols. 1–2. Bangkok: Institute of Thai Studies, Chulalongkorn University, vol. 1, pp. 149–164.

Zin, Monika, 2013, The Identification of Kizil Paintings VI (11. The Descent of the Buddha from the Trāyastriṃśa Heaven of the god Indra, 12. Crossing of the River Gaṅgā — The Legend of the Umbrellas). *Indo-Asiatische Zeitschrift* 17, pp. 5–15.

Zin, Monika, 2015a, The Case of the "Repainted Cave" (Kizil, Cave 117). *Indo-Asiatische Zeitschrift* 19, pp. 19–27.

Zin, Monika, 2015b, Pictures of Paradise for Good Luck and Prosperity: Depictions of Themes Irrelevant for Enlightenment in the Older Buddhist Tradition (with special reference to the paintings of Ajanta). In: ed. V. Kumar, B. Rawat (ed.), *Mani-Sushma, Archaeology and Heritage (Dr. B.R. Mani Festschrift)*. Delhi: B.R. Publishing Corporation, vols. 1–3, vol. 1, pp. 125–147.

Zin, Monika, 2017a, Narrated with Chisel and Paintbrush. On the Importance of Research into Art History for Understanding Buddhism–Some Examples. *Rocznik Orientalistyczny* 70–2, pp. 274–306.

Zin, Monika, 2017b, A Bizarre Story about Two Kings, Identification of some Andhra Reliefs as Scenes from the Sutasoma-Saudāsa Narrative. In: Zysk, Kenneth G/Sheel, Kamal/Willemen, Charles (edd.), *From Local to Global, Papers in Asian History and Culture, Prof. A.K. Narain Commemoration*. 3 vols. Delhi: Buddhist World Press, vol. 2, pp. 550–580.

Zin, Monika, 2018, Ciñcā Māṇavikā, the Identification of Some Paintings in Kizil and a Gandhara Relief in the Asian Art Museum, Berlin. In: Von Criegern, Oskar *et al.* (edd.), *Saddharmāmṛtaṃ, Festschrift für Jens-Uwe Hartmann zum 65 Geburtstag*. Wien: Arbeitskreis für Tibetische und Buddhistische Studien Universität Wien, Wiener Studien zur Tibetologie und Buddhismuskunde 93, pp. 541–559.

Zin, Monika, 2019, Crossing the Ocean of *saṃsāra*: Berlin, Museum für Asiatische Kunst, no. III 9023. *Rocznik Orientalistyczny* 72–2, pp. 183–217.

Zin, Monika, 2020a, *Representations of the Parinirvāṇa Story Cycle in Kucha*. New Delhi: Dev Publishers, Saxon Academy of Sciences and Humanities, Leipzig Kucha Studies 2.

Zin, Monika, 2020b, Representations of the First Council in Kucha: The Monk Kāśyapa in the *Parinirvāṇa* Cycle and the Furtherance of Buddhist Teaching. In: Franco, Eli/Zin, Monika (edd.), *Essays and Studies in the Art of Kucha*. New Delhi: Dev Publishers, Saxon Academy of Sciences and Humanities, Leipzig Kucha Studies 1, pp. 107–172, 226–236.

Zin, Monika, forthcoming a, *The Demons of Kucha*. New Delhi: Dev Publishers, Saxon Academy of Sciences and Humanities, Leipzig Kucha Studies.

Zin, Monika, forthcoming b, The Complex Contents of Unpretentious Pictures: Narrative Paintings in Kucha. In: Appleton, Naomi (ed.), *Narrative Visions and Visual Narratives in Indian Buddhism*. Sheffield: Equinox Publishing.

日 文 文 献

奥山直司、中村元1996,《釈尊絵伝》,東京：学習研究社。

八尾史2020,《根本説一切有部律にもとづく阿含経典の復元—律の文脈の観点から》,《対法雑誌》1：91–117。

板仓圣哲2016,《梁楷〈出山釈迦図〉(東京国立博物館)をめぐる諸問題》,《佛教藝術》344：9–31。

板仓圣哲2017,《〈出山釈迦〉と〈草座釈迦〉—釈迦図像をめぐる二三の問題》,《法華文化研究》43：69–83。

晁华山1985,《クムトラ石窟概説》,新疆ウイグル自治区文物管理委員会、庫車県文物保管所編《クムトラ石窟》,東京：平凡社,170–271页。

长广敏雄、冈田芳三郎1941,《キジール紅穹窿洞：その復原圖の作成》,《東方學報》12/2：119–124。

出本充代1995,《〈撰集百縁經〉の訳出年代について》,《パーリ学仏教文化学》8：99–108。

船山徹2014,《長耳三蔵と〈耶舎伝〉：ナレーンドラヤシャスとの関わり》,《仏教史学研究》56/2：12–33。

岛津美子、谷口阳子、山内和也2014,《アジャンター仏教寺院遺跡第2窟にみられる赤色の有機質色材に関する調査》,《文化財保存修復学会第36回大会研究発表要旨集》,238-239页。
荻原裕敏2017,《クチャ・クムトラ窟群区第50窟の千仏図像について—敦煌出土コータン語〈賢劫経〉との比較》,《敦煌寫本研究年報》11: 102-133。
荻原裕敏2018a,《古代期トカラ語Bによる韻文題記について》,《東京大学言語学論集》(*TULIP*)40: 153-178。
荻原裕敏2018b,《ロシア所蔵トカラ語文献に関する覚え書き》,《東京大学言語学論集》(*TULIP*)40: 1-41。
荻原裕敏2019,《トカラ語B〈Buddhastotra〉(讃仏詩)写本再建の試み》,《東京大学言語学論集》(*TULI*)41: 1-46。
丁明夷、马世长1985,《キジル石窟の仏伝壁画》,新疆ウイグル自治区文物管理委員会、拝城県キジル千仏洞文物保管所編《キジル石窟》,第3巻,東京: 平凡社,170-227页。
定金计次1989,《サンスクリット絵画論とインド古代壁画: 理論と実際》,《科学研究費補助金研究成果報告書: 一般研究C》。
東京藝術大学シルクロード特別企画展実行委員会2017,《素心伝心: クローン文化財 失われた刻の再生: シルクロード特別企画展》,東京: 東京藝術大学大学美術館。
干潟竜祥1961,《ジャータカ概観》,東京: 鈴木学術財団。
冈野洁2008,《Avadānakalpalatā 55章,91—92章とKarmaśataka 125—126話: Sarvaṃdada, Śibi, Maitrakanyakaの校訂・和訳》,《南アジア古典学》3: 57-155。
高岛美穗2015,《(エライザ)法による美術作品中の蛋白質および植物ガムの同定》,《文化財保存修復学会第37回大会研究発表要旨集》,40-41页。
高井龙2019,《須大拏本生譚の伝播—大谷文書5791A〈須大拏太子讃(擬)〉を中心に》,《敦煌寫本研究年報》13: 149-165。
宫治昭1984,《壁画および塑像の装飾美術に関する比較考察》,樋口隆康編1984,《バーミヤーン: 京都大学中央アジア学術調査報告: アフガニスタンにおける仏教石窟寺院の美術考古学的調査1970—1978年》,第3巻,京都: 同朋舎出版,176-210页。
宫治昭1992,《涅槃と弥勒の図像学: インドから中央アジアへ》,東京: 吉川弘文館。
宫治昭2005,《南インドの転輪聖王の図像: マンダータル王説話図を中心に》,頼富本宏 著,頼富本宏博士還暦記念論文集刊行会編《マンダラの諸相と文化: 頼富本宏博士還暦記念論文集(下)》,京都: 法藏館,163-184页。
谷口阳子、Cotte Marine 2008,《バーミヤーン仏教壁画における油彩技法について》,《仏教芸術》298: 13-30。

谷口阳子、北川美穗、室伏麻衣、杨杰、岛津美子、佐藤一郎2014,《有機赤色彩色材料としてのラックレジン：古代における臙脂赤の再考》,《日本文化財科学会第31回大会研究発表要旨集》,60-61页。

谷口阳子、室伏麻衣、李博、木岛隆康、佐藤一郎2015,《キジル千仏洞69窟壁画の技法材料：様式の差との関係》,《日本文化財科学会第32回大会研究発表要旨集》,156-157页。

谷口阳子2006,《バーミヤーン仏教壁画の技法材料概観—その彩色構造を中心に》,《佛教藝術》289：64-77。

谷口阳子2012a,《央アジア・バーミヤーン仏教壁画の分析(1)：シンクロトロン放射光を用いたSR-μFTIR,SR-μXRF/SR-μXRD分析》,《国立歴史民俗博物館研究紀要》81：29-79。

谷口阳子2012b,《中央アジア・バーミヤーン仏教壁画の分析(2)：GC/MS,ELISA法による有機物質の同定》,《国立歴史民俗博物館研究紀要》81：81-106。

谷口阳子2016,《キジル千仏洞の壁画に関する彩色材料と技法調査：六九窟、一六七窟、二二四窟を中心に》,佐藤一郎《シルクロード・キジル石窟壁画の絵画材料と絵画技術の研究》,金泽：金沢美術工芸大学,30-45页。

桧山智美2010,《キジル石窟第一一八窟(海馬窟)の壁画主題：マーンダートリ王説話を手掛かりに》,《美術史》168：58-372。

桧山智美2012,《クチャの石窟寺院の第一様式壁画に見られる装飾文様について》,林温編《仏教美術論集 第一巻 様式編 スタイルとモードの分析》,東京：竹林舎,283-314页。

桧山智美2013,《クチャの第一様式壁画に見られるエフタル期のモチーフについて》,宮治昭《ガンダーラ・クチャの仏教と美術：シルクロードの仏教文化-ガンダーラ・クチャ・トルファン》第1部,2012年11月3日龍谷大学,東京：龍谷大学,125-141、143-163页。

桧山智美2014,《クチャ地域の仏教壁画に見られる花綱モチーフについて》,《佛教藝術》333：70-91。

桧山智美2017,《キジル第207窟(画家窟)の仏説法図の新解釈》,宮治昭責任編集《アジア仏教美術論集,中央アジア,1(ガンダーラ～東西トルキスタン)》,東京：中央公論美術出版,367-398页。

桧山智美2019,《東京大学東洋文化所蔵のキジル石窟壁画片について》,東京大学東洋文化研究所X金沢文庫《東洋学への誘い》,神奈川：神奈川県立金沢文库,88-91页。

桧山智美、ロベルト・アールト2016,《クチャの壁画に見られる宮廷道化師ヴィドゥーシャカの図像》,《佛教藝術》349：76-100。

加藤九祚訳セルゲイ・F. オリデンブルグ著,1999,《ロシア第一次東トルキスタン調査団報告1909—1910》,オリデンブルグ刊行会。

吉川忠夫、船山徹訳2009—2010,《高僧伝》,3巻,東京：岩波書店。

吉田2001,《中央ユーラシア地域に伝播した仏典の研究》,特定領域研究《古典学の再構築》総括班,古典学の再構築第1期研究成果報告,神户：特定领域研究古典学の再構築総括班,71-78页。

榎本文雄1980,《*Udānavarga* 諸本と雑阿含経,別訳雑阿含経,中阿含経の部派帰属》,《印度學佛教學研究》28/2：933-931。

榎本文雄1984,《阿含経典の成立》,《東洋学術研究》23/1：93-108。

榎本文雄2020,《〈根本説一切有部〉再考》,*Bauddhakośa Newsletter* 9：2-10。

井ノ口泰淳1961,《トカラ語及びウテン語の仏典》,西域文化研究会編《西域文化研究》第4,《中央アジア古代語文献》,京都：法蔵館,319-388页。

井上豪2006,《壁画主題から見たキジル第118窟の性格》,《秋田公立美術工芸短期大学紀要》11：47-61。

井上豪2014,《キジル石窟仏伝図壁画における女人供養図の主題》,《佛教藝術》333：53-69。

井上豪2017a,《キジル石窟ヴォールト天井壁画における天空の表現—〈天象図〉中の日月及び風神の図像について》,宮治昭責任編集《アジア仏教美術論集,中央アジア,1(ガンダーラ～東西トルキスタン)》,東京：中央公論美術出版,399-423页。

井上豪2017b,《キジル石窟壁画における仏伝図の画題比定—仏教説話図〈善音城の物語〉とその意義》,《鹿島美術研究》34：381-389。

井上康义1972,《トカラ語仏典*Udānālaṁkāra*におけるアビダルマ的註解》,《佛教學研究》29：37-62。

堀贤雄1961,《堀賢雄西城旅行日記(二)》,西域文化研究会編《西域文化研究》第4,京都：法蔵館,1-49页。

堀贤雄1962,《堀賢雄西域旅行日誌3》,西域文化研究会編《西域文化研究》第5,京都：法蔵館,344-354页。

栗田功2003,改訂増補版《佛陀の世界》,東京：二玄社。

梁志祥、丁明夷1985,《新発見の石窟に ついて》,新疆ウイグル自治区文物管理委員会、庫車県文物保管所編《クムトラ石窟》,東京：平凡社,250-259页。

马世长1984,《キジル石窟中心柱窟の主室窟頂と後室の壁画》,新疆ウイグル自治区文物管理委員会、庫車県文物保管所編《クムトラ石窟》,東京:平凡社,179-236页。
平冈聪2007,《ブッダが謎解く三世の物語:〈ディヴィヤ・アヴァダーナ〉全訳》,上下巻,東京:大蔵出版。
平冈聪2010,《ブッダの大いなる物語:梵文〈マハーヴァストゥ〉全訳》,上下巻,東京:大蔵出版。
桥村爱子2007,《平家納経普門品表紙絵・見返し絵の図像学的再検討—東漸するスダーナ太子本生譚とシンハラ物語》,宮治昭先生献呈論文集編集委員会《汎アジアの仏教美術》,412-438页。
秋山光和、Giès Jacque1994,《西域美術:ギメ美術館ペリオ・コレクション》,東京:講談社。
桑山正进1990,《カーピシー・ガンダーラ史研究》,京都:京都大學人文科學研究所。
桑山正进1998,《慧超往五天竺國傳研究》,京都:臨川書店。
森安孝夫2004,《亀兹国金花王と硇砂に関するウイグル文書の発見》,三笠宮殿下米寿記念論集刊行会編著《三笠宮殿下米寿記念論集》,東京:刀水書房,703-716页。
森美智代2012,《クムトラ石窟第七五窟の壁画主題について:ウイグル期亀兹仏教の一側面》,《美術史研究》50:125-146。
森美智代2015,《亀兹石窟の〈立仏の列像〉と誓願図について》,《佛教藝術》340:9-35。
森美智代2017,《西域北道における誓願図について》,宮治昭責任編集《アジア仏教美術論集,中央アジア,1(ガンダーラ~東西トルキスタン)》,東京:中央公論美術出版,425-454页。
山崎一雄1960,《西域壁画の顔料について》,《美術研究》212:3-33。
杉本卓洲1996,《有部教団と仏塔および仏像崇拝》,今西順吉教授還暦記念論集刊行会《インド思想と仏教文化:今西順吉教授還暦記念論集》,東京:春秋社,219-232页。
杉本卓洲2007,《ブッダと仏塔の物語》,東京:大法輪閣。
上野アキ1980a,《ル・コック収集西域壁画調査2—キジル第三区マヤ洞壁画説法図—上》,《美術研究》312:48-61。
上野アキ1980b,《ル・コック収集西域壁画調査2—キジル第三区マヤ洞壁画説法図—上(続)》,《美術研究》313:91-97。
上原芳太郎1937,《新西域記》上下巻,東京:井草出版。
神塚淑子訳註2001,《真理の偈(うた)と物語:〈法句譬喩経〉現代語訳》,東京:大蔵出版。
室伏麻衣、木島隆康、佐藤一郎、谷口阳子、李博2015,《キジル石窟第167窟天井壁画の材料および技法の研究》,《文化財保存修復学会第37回大会研究発表要旨集》,294-295页。
室伏麻衣2016,《キジル千仏洞における壁画の描画技法と材料について》,佐藤一郎《シルクロード・キジル石窟壁画の絵画材料と絵画技術の研究》,金泽:金沢美術工芸大学,45-49页。
室伏麻衣、木島隆康2014,《キジル第38窟における壁画の描画技法・材料に関する研究》,《文化財保存修復学会第36回大会研究発表要旨集》,94-95页。
松田和信2022,《毒蛇の喩え——第26三啓経の梵文テキストと和訳——》,《佛教大学佛教学会纪要》27:47-78。
藤善真澄1987,《末法家としての那連提黎耶舍:周隋革命と徳護長者經》,《東洋史研究》46/1:29-56。
土田竜太郎1984,《釈迦族の系譜》,《日本仏教学会年報》50:101-111。
尾崎直人1981,《敦煌第257窟本生図と第428窟本生図—初期本生図に見る外来表現の受容と展開を中心に》,《哲学年報》40:69-101。
梶山雄一訳注,アシュヴァゴーシャ著2019,《完訳ブッダチャリタ》,東京:講談社。
向井佑介2020,《中国初期仏塔の研究》,京都:臨川書店。
小島登茂子1999—2000,《敦煌壁画のスダーナ太子本生図—北周・隋代の説話表現の特質について》,《美学美術史研究論集》17-18:1-22。
小谷信千代訳,グレゴリー・ショペン著2000,《インドの僧院生活:大乗仏教興起時代》,東京:春秋社。
小谷仲男1993,《ガンダーラ説話図と漢訳経典—〈比丘とガチョウ〉と〈樹に縛られた子供〉》,《富山大学人文学部紀要》19:21-43。
小谷仲男2011,《ガンダーラ仏教とキジル千仏洞壁》,《史窓》68:470-445。
小谷仲男2012,《ガンダーラ仏教とキジル千仏洞壁画(続):末羅力士移石説話の探求》,《史窓》69:150-147。
辛岛静志、中村元1988,《ジャータカ全集》10,東京:春秋社,308-317页。
辛岛静志2017,《トルクメニスタン・メルヴ出土説話集》,宮治昭責任編集《アジア仏教美術論集,中央アジア,1(ガンダーラ～東西トルキスタン)》,東京:中央公論美術出版,167-196页。
新疆ウイグル自治区文物管理委員会、拜城県キジル千仏洞文物保管所編1983—1985,《中國石窟:キジル石窟》,3卷,東京:平凡社。

伊藤千贺子1984,《〈弥蘭本生〉の諸相とその原形》,《東洋の思想と宗教》1：84–94。
影山悦子2001,《ヴェッサンタラ・ジャータカの図像について：インドから中国へ》,《古代文化》53(12)：1–16、49。
羽渓了谛1914,《西域之仏教》,東京：法林舘。
志知丈大1987,《帝釈窟説法経典の成立について》,《日本仏教学会年報》53：35–49。
中川原育子1988,《降魔成道図の図像学的考察》,《密教図像》6：51–73。
中川原育子1993,《キジル石窟の〈降魔成道〉について》,宮坂宥勝博士古稀記念論文集刊行会編,《インド学密教学研究：宮坂宥勝博士古稀記念論文集》,京都：法藏館,1315–1348页。
中川原育子1994,《キジル第110窟(階段窟)の仏伝図について》,《密教図像》13：19–38。
中川原育子1997a,《キジル第76窟(孔雀窟)の復元的考察》,《美学美術史研究論集》15：71–94。
中川原育子1997b,《キジル第110窟(階段窟)の仏伝資料について》,《名古屋大学古川総合研究資料館報告》13：91–103。
中川原育子2007,《クムトラGK第一七窟の復元的研究》,宮治昭先生献呈論文集編集委員会編《汎アジアの仏教美術》,東京：中央公論美術出版,224–253页。
中川原育子2011,《キジル第81窟のスダーナ太子本生壁画について》,《名古屋大学文学部研究論集》(史学)57：109–129。
中川原育子2016,《クチャ地域のヤクシャ系神像の諸相》,《ヘレニズム～イスラーム考古学研究》23：141–159。
中谷英明1988,《スバシ写本の研究：亀兹国致隷藍の〈ウダーナ・ヴァルガ〉》,京都：人文書院。
中野照男1985,《二十世紀初頭のドイツ隊によるクムトラ石窟調査とその後の研究》,《クムトラ石窟》,260–274页。
佐々木閑1985,《〈根本説一切有部律〉にみられる仏伝の研究》,《西南アジア研究》京都大学24：16–34。

中文文献

阿尔伯特·冯·勒柯克、恩斯特·瓦尔德施密特(著),管平、巫新华(译)2006,《新疆佛教艺术》(上下),乌鲁木齐：新疆教育出版社。

晁华山 1992,《库木吐喇石窟初探》,载新疆维吾尔自治区文物管理委员会、库车县文物保管所、北京大学考古系《中国石窟·库木吐喇石窟》,北京:文物出版社,170-202 页。

常书鸿 1996,《新疆石窟艺术》,北京:中共中央党校出版社。

东初 1979,《龟兹国之佛教》,载张曼涛主编《西域佛教研究》,台北:大乘文化出版社,323-336 页。

丁明夷、马世长 1989,《克孜尔石窟的佛传壁画》,载新疆维吾尔自治区文物管理委员会、拜城县克孜尔千佛洞文物保管所、北京大学考古系《中国石窟·克孜尔石窟》第 1 卷,北京:文物出版社,185-222 页。

段晴 2011,《中国国家图书馆藏 BH5—3 号佉卢文买卖土地契约》,《西域文史》6:1-16。

荻原裕敏 2013,《略论龟兹石窟现存古代期龟兹语题记》,《敦煌吐鲁番研究》13:371-386。

荻原裕敏 2015,《俄罗斯国立艾尔米塔什博物馆所藏库车、锡克沁壁画题记》,《西域文史》10:33-42。

俄罗斯国立艾尔米塔什博物馆、西北民族大学 2018,《俄藏龟兹艺术品》,上海:上海古籍出版社。

何恩之、魏正中(著),王倩(译)2017,《龟兹寻幽:考古重建与视觉再现》,上海:上海古籍出版社。

何利群 2010,《北朝至隋唐时期佛教寺院的考古学研究——以塔、殿、院关系的演变为中心》,《石窟寺研究》1:180-196。

何利群 2018,《河北临漳邺城遗址赵彭城北朝佛寺的发现与探索》,载杨泓先生八秩华诞纪念文集编委会《考古、艺术与历史——杨泓先生八秩华诞纪念文集》,北京:文物出版社,80-92 页。

黄文弼 1958,《塔里木盆地考古记》,北京:科学出版社。

黄文弼 1983,《新疆考古发掘报告》,北京:文物出版社。

霍旭初 1992,《克孜尔石窟前期壁画艺术》,载中国壁画全集编辑委员会《中国壁画全集·8·克孜尔》,天津:天津人民美术出版社、乌鲁木齐:新疆美术摄影出版社,26-41 页。

霍旭初 2000,《克孜尔壁画〈优陀羡王缘〉与敦煌变文〈欢喜国王缘〉》,载段文杰《敦煌学国际研讨会论文集·石窟考古卷》,兰州:甘肃民族出版社,275-287 页。

黄征、张涌泉 1997,《敦煌变文校注》,北京:中华书局。

格伦威德尔(著),赵崇民、巫新华(译)2007,《新疆古佛寺:1905—1907 年考察成果》,北京:中国人民大学出版社。

季羡林1993,《敦煌吐鲁番吐火罗语研究导论》,台北:新文丰出版社。

李崇峰2014,《佛教考古:从印度到中国》,2卷,上海:上海古籍出版社。

李丽2000,《新疆龟兹地区中小型石窟调查》,载巫鸿主编《汉唐之间的宗教艺术与考古》,北京:文物出版社,163–182页。

李丽2004,《克孜尔石窟壁画中"单体"婆罗谜字母考释》,《新疆文物》2004/1:83–84。

林立2018,《西域古佛寺:新疆古代地面佛寺研究》,北京:科学出版社。

廖旸2012,《克孜尔石窟壁画年代学研究》,北京:社会科学文献出版社。

雷启兴2017,《龟兹早期壁画研究——以克孜尔117窟为例》,上海华东师范大学博士学位论文。

梁志祥、丁明夷1992,《记新发现的几处洞窟》,载新疆维吾尔自治区文物管理委员会、库车县文物保管所、北京大学考古系《中国石窟·库木吐喇石窟》,225–230页。

李最雄2005,《丝绸之路石窟壁画彩塑保护》,北京:科学出版社。

马世长1996,《克孜尔中心柱窟主室券顶与后室壁画》,载新疆维吾尔自治区文物管理委员会、拜城县克孜尔千佛洞文物保管所、北京大学考古系《中国石窟·克孜尔石窟》,第2卷,174–224页。

庆昭蓉2011,《重议柘厥地望——以早期探险队记录与库车出土文书为中心》,《西域文史》6:167–189。

庆昭蓉2013,《龟兹石窟现存题记中的龟兹国王》,《敦煌吐鲁番研究》13:387–418。

庆昭蓉2014a,《龟兹僧利言的生平事业(上)——兼论唐人所谓"吐火罗言"》,《唐研究》20:469–490。

庆昭蓉2014b,《库木吐喇地区诸遗址——以出土胡汉文书与早期探险队资料为中心》,载朱玉麒、荣新江主编《西域考古·史地·语言研究新视野——黄文弼与中瑞西北科学考查团国际学术研讨会论文集》,北京:科学出版社,537–560页。

庆昭蓉2014c,《克孜尔出土德藏佉卢文龟兹王诏谕与契约文书研究》,《西域文史》9:51–73。

庆昭蓉2015,《龟兹语文献中关于颜色的词汇》,载王赞、徐永明主编《丝路·思路——2015年克孜尔石窟壁画国际讨论会论文集》,石家庄:河北美术出版社,188–201页。

庆昭蓉2017,《吐火罗语世俗文献与古代龟兹历史》,北京:北京大学出版社。

秦志新1985,《也谈克孜尔一一八窟壁画内容》,《新疆艺术》1985/4:36–37。

任平山2009,《牛踏比丘:克孜尔佛传壁画补遗》,《西域研究》2009/4:70–73。

任平山2012,《克孜尔第118窟的三幅壁画》,《敦煌学辑刊》2012/3:124–139。

任平山2018,《"装饰霸道"——克孜尔第84窟佛传壁画释义二则》,《艺术探索》32/1:72–82。

冉万里2020,《新疆库车苏巴什佛寺遗址石窟调查报告》,上海:上海古籍出版社。
宿白1989,《克孜尔部分洞窟阶段划分与年代等问题的初步探索——代序》,载新疆维吾尔自治区文物管理委员会、拜城县克孜尔千佛洞文物保管所、北京大学考古系《中国石窟·克孜尔石窟》,第1卷,10–23页。
苏北海1989,《龟兹石窟壁画裸体艺术溯源》,《新疆艺术》51:35–43。
盛春寿1991,《库木吐喇石窟群谷口区20、21号窟初探》,《新疆文物》1991/3:55–59。
史晓明2008,《克孜尔石窟艺术论集》,乌鲁木齐:新疆美术摄影出版社。
吴焯1985,《关于克孜尔118窟“娱乐太子图”》,《新疆艺术》1985/1:46–49。
魏正中2013,《区段与组合——龟兹石窟寺院遗址的考古学探索》,上海:上海古籍出版社。
魏正中2018,《龟兹石窟寺院中的连通建筑》,《敦煌研究》2018/2:22–33。
魏正中(著),赵蓉(译)2020,《伽蓝遗痕——克孜尔石窟出土木制品与佛教仪式关系的考古学观察》,《敦煌研究》2020/1:32–43。
魏正中2021,《边界与山门:关于龟兹佛教寺院的若干思考》,《大足学刊》5:232–242。
王征2009,《龟兹:佛教石窟美术风格与年代研究》,北京:中国书店。
新疆龟兹石窟研究所2000,《克孜尔石窟内容总录》,乌鲁木齐:新疆美术摄影出版社。
新疆龟兹石窟研究所2008a,《中国新疆壁画·龟兹》,乌鲁木齐:新疆美术摄影出版社。
新疆龟兹石窟研究所2008b,《库木吐喇石窟内容总录》,北京:文物出版社。
新疆龟兹研究院2010,《库车玛扎伯哈石窟调查简报》,《吐鲁番学研究》2010/1:21–36。
新疆龟兹研究院2013a,《克孜尔石窟后山区现存龟兹语及其他婆罗谜文字题记内容简报(一)——第203、219、221、222、224、227、228、229窟》,《敦煌吐鲁番研究》13:341–369。
新疆龟兹研究院2013b,《克孜尔尕哈石窟现存龟兹语及其他婆罗谜文字题记内容简报》,《西域文史》7:1–17。
新疆文物考古研究所1992,《1990年克孜尔石窟窟前清理报告》,《新疆文物》1992/3:13–61。
新疆维吾尔自治区文物管理委员会、拜城县克孜尔千佛洞文物保管所、北京大学考古系1989—1997,《中国石窟:克孜尔石窟》,3卷,北京:文物出版社。
新疆维吾尔自治区文物管理委员会、库车县文物保管所、北京大学考古系1992,《中国石窟:库木吐喇石窟》,北京:文物出版社。
新疆维吾尔自治区博物馆、库车县文物管理所1987,《新疆库车昭怙厘西大寺塔墓清理简报》,《新疆文物》1987/1:10–12.
阎文儒1962,《新疆天山以南的石窟》,《文物》1962/2:7–8、41–59。

中国新疆壁画艺术编辑委员会2009,《中国新疆壁画艺术》,6卷,乌鲁木齐:新疆美术摄影出版社。
赵莉2015,《德国柏林亚洲艺术博物馆藏克孜尔石窟壁画》,《文物》2015/6:55-96。
赵莉、Kira Samasyk、Nicolas Pchelin 2018,《俄罗斯国立艾尔米塔什博物馆藏克孜尔石窟壁画》,《文物》2018/4:57-96。
赵莉2018,《海外克孜尔石窟壁画复原影像集》,上海:上海书画出版社。
赵莉、荣新江主编2020,《龟兹石窟题记》,全3册,上海:中西书局。
张平2010,《龟兹文明:龟兹史地考古研究》,北京:中国人民大学出版社。
朱英荣1993,《龟兹石窟研究》,乌鲁木齐:新疆美术摄影出版社。
朱玉麒2015,《龟兹刘平国刻石的发现与近代新疆》,《関西大学東西学術研究所紀要》48:408-421。
朱玉麒2017,《内藤湖南未刊稿〈龟兹左将军刘平国碑考证〉研究》,载孟宪实、朱玉麒《探索西域文明——王炳华先生八十华诞祝寿论文集》,上海:中西书局,79-99页。
周智波、杨杰、高愚民2019,《克孜尔石窟出土蓝色颜料研究》,《文物保护与考古科学》31:109-115。

《长阿含经》(*Dīrghāgama*)(佛陀耶舍、竺佛念译,413年),T01, no. 1, pp. 1a-149c。
《大楼炭经》(法炬、法立译,3—4世纪),T01, no. 23, pp. 277a4-309c30。
《起世经》(阇那崛多译,6世纪),T01, no. 24, pp. 310a3-365a7。
《起世因本经》(达摩笈多译,6—7世纪),T01, no. 25, pp. 365a12-420a7。
《中阿含经》(*Madhyamāgama*)(瞿昙僧伽提婆译,397—398年),T01, no. 26, pp. 421a-809c。
《杂阿含经》(*Saṃyuktāgama*)(求那跋陀罗译,435-443年),T02, no.99, pp. 1a4-373b18。
《增一阿含经》(*Ekottarikāgama*)(瞿昙僧伽提婆译,397年),T02, no.125, pp. 549a-830b。
《六度集经》(康僧会译,3世纪晚期),T03, no. 152, pp. 1a4-52b2。
《太子须大拏经》(圣坚译,388—407年),T03, no. 171, pp. 418c19-424a24。
《修行本起经》(竺大力、康孟详译,2世纪),T03, no. 184, 461a4-472b24。
《太子瑞应本起经》(支谦译,3世纪中期),T03, no. 185, 472c4-483a13。
《普曜经》(竺法护译,308年),T03, no. 186, 483a18-538a7。
《方广大庄严经》(地婆诃罗译,7世纪),T03, no. 187, 539a4-617b11。
《佛本行集经》(*Abhiniṣkramaṇasūtra*)(阇那崛多译,587—591年),T03, no. 190, pp. 655a-932a。
《佛说众许摩诃帝经》(法贤译,1001年),T03, no. 191, pp. 932a26-975c16。

《佛所行赞》(*Buddhacarita* of Aśvaghoṣa)(昙无谶译，414—426年)，T04, no. 192, pp. 1a-54c。
《佛本行经》(*Buddacarita* of Aśvaghoṣa)(释宝云译，424—453 年)，T04, no. 193, pp. 54c13-115b12。
《中本起经》(昙果、康孟详译，196—220年)，T04, no. 196, pp. 147c3-163c7。
《撰集百缘经》(*Avadānaśataka*)(支谦译，3世纪早期)，T04, no. 200, pp. 203a4-257a2。
《大庄严论经》(*Kalpanāmaṇḍitikā*)(鸠摩罗什译，4世纪初期)，T04, no. 201, pp. 257a7-348b5。
《贤愚经》(慧觉译，445年)，T04, no. 202, pp. 349a4-445a6。
《杂宝藏经》(吉迦夜、昙曜译，472年)，T04, no. 203, pp. 447a5-499a27。
《杂譬喻经》(译者和年代不详)，T04, no. 205, pp. 502a26-510b2。
《旧杂譬喻经》(康僧会译，3世纪)，T04, no. 206, pp. 510b6-522b12。
《法句譬喻经》(法炬、法立译，3—4世纪)，T04, no. 211, pp. 575b16-609b21。
《大宝积经》(*Mahāratnakūṭasūtra*)(菩提流志译，第十六《菩萨见实会》由那连提耶舍译成于6世纪晚期)，T11, no. 310, pp. 1a4-685a25。
《父子合集经》(*Pitaputrasamāgamasūtra*)(日称译，宋代)，T11, no. 320, pp. 919a4-977a24。
《佛说萍沙王五愿经》(支谦译，3世纪)，T14, no. 511, pp. 779a7-781a19。
《佛说杂藏经》(法显译，5世纪早期)，T17, no. 745, pp. 557b13-560b6。
《十诵律》(*Sarvāstivādavinaya*)(弗若多罗、鸠摩罗什译，399—413 年)，T23, no. 1435, pp. 1a5-470b20。
《十诵比丘波罗提木叉戒本》(*Sarvāstivādavinaya Bhikṣuprātimokṣasūtra*)(鸠摩罗什译，408年)，T23, no. 1436, pp. 470b25-479a6。
《萨婆多毗尼毗婆沙》(*Sarvāstivāda-vinayavibhāṣā*)(译者和年代不详)，T23, no. 1440, pp. 503c16-564c19。
《萨婆多部毗尼摩得勒伽》(*Sarvāstivāda-vinaya-mātṛkā*)(僧伽跋摩译，5世纪)，T23, no. 1441, pp. 564c24-626b12。
《根本说一切有部毗奈耶》(*Mūlasarvāstivāda-vinayavibhaṅga*)(义净译，703 年)，T23, no. 1442, pp. 627a4-905a7。
《根本说一切有部苾刍尼毗奈耶》(*Mūlasarvāstivāda-bhikṣuṇī-vinayavibhaṅga*)(义净译，710年)，T23, no. 1443, pp. 907a4-1020b10。
《根本说一切有部毗奈耶皮革事》(*Mūlasarvāstivāda-vinaya-carmavastu*)(义净译，710年)，T23, no. 1447, pp. 1048c4-1057b19。

《根本说一切有部毗奈耶药事》(*Mūlasarvāstivāda-vinaya Bhaiṣajyavastu*)(义净译，710年)，T24, no. 1448, pp. 1a4–97a24。

《根本说一切有部毗奈耶破僧事》(*Mūlasarvāstivāda-vinaya Saṅghabhedavastu*)(义净译，710年)，T24, no. 1450, pp. 99a18–206a15。

《根本说一切有部毗奈耶杂事》(*Mūlasarvāstivāda-vinaya Ksudrakavastu*)(义净译，710年)，T24, no. 1451, pp. 207a4–414b19。

《大智度论》(*Mahāprajñāpāramitopadeśa*)(鸠摩罗什译，405—407年)，T25, no. 1509, pp. 57a–756c。

《阿毗达磨大毗婆沙论》(*Abhidharmamahāvibhāṣāśāstra*)(玄奘译，656—659 年)，T27, no. 1545, pp. 1a–1004a。

《阿毗昙毗婆沙论》(*Abhidharmavibhāṣāśāstra*)(浮陀跋摩、道泰译，437—439 年)，T28, no. 1546, pp. 1a–415a。

《阿毗达磨俱舍论》(*Abhidharmakośa-bhāṣya*)(玄奘译，651年)，T29, no. 1558, pp. 1a4–159b15。

《大唐大慈恩寺三藏法师传》(慧立撰，688 年)，T50, no. 2053, pp. 220c7–280a6。

《高僧传》(慧皎撰，519 年)，T50, no. 2059, pp. 322c4–423a19。

《续高僧传》(道宣撰，645年)，T50, no. 2060, pp. 425a4–707a27。

《大方广佛华严经感应传》(惠英撰，7世纪晚期至8世纪早期)，T51, no. 2074, pp. 173b4–178b10。

《高僧法显传》(法显，405年)，T51, no. 2085, pp. 857a4–866c6。

《大唐西域记》(玄奘述，辩机撰，646 年)，T51, no. 2087, pp. 867b14–947c1。

《经律异相》(宝唱撰，516年)，T53, no. 2121, pp. 1a3–268c23。

《出三藏记集》(僧祐撰，6世纪初期)，T55, no. 2145, pp. 1a3–114a23。

《贞元新定释教目录》(圆照撰，800年)，T55, no. 2157, pp. 771a3–1048a15。

插图索引

插表索引

正文

致　谢

许多学者对本书稿进行了批判性审读并提供了详细而中肯的意见和建议，他们是M. Zin, I. Konczak-Nagel, D. Schlingloff, L. Russell-Smith, E. Franco, L. Sander, C. Dreyer, B.A. Schmidt, A. Casalini, C. Lo Muzio, P. Kieffer-Pulz, L. De Fabritiis, N. Kuzmin, R. Arlt, 宫治昭，榎本文雄，森美智代，王芳。对此我们非常感谢！

特别感谢P. Skilling、谷口阳子、中川原育子、荻原裕敏、庆昭蓉在相关交流中给予我们十分有益的讨论和评价。

我们还要特别感谢王倩花费大量时间和精力翻译成忠实于原作的中文。

感谢K. Ruitenbeek、谷口阳子、中川原育子、井上豪善意地为本书提供了他们拥有版权的照片和线图。

感谢A. Klein、Ji Ho Yi、小山一太协助我们搜集图片资料和二手文献。

感谢张武杰为本书绘制的精美图表和线图。

感谢德国柏林亚洲艺术博物馆授权免费使用许多照片。特别感谢中亚藏品策展人L. Russell-Smith在此方面提供的大力协助。

感谢北京大学考古文博学院、北京大学中国考古学研究中心、京都大学白眉研究中心对本书研究展开给予的支持和帮助。本书相关研究的开展也得益于日本学术振兴会的资助，分别是2016年日本学术振兴会特别研究员奖励费“西域北道佛教石窟寺院印度-伊朗风格绘画的超域文化背景研究”（项目编号：16J02828）以及2019年“若手研究”资助项目“龟兹国佛教石窟寺院综合研究：艺术、考古与文本”（项目编号：19K13002）。

最后感谢上海古籍出版社对中文版书稿的悉心编辑。若本书能起到一丝抛砖引玉之功，则是我们研究的最大希望和动力所在。

作者简介

魏正中

北京大学考古文博学院教授，主要研究方向为龟兹佛教考古、古罗马考古等。

桧山智美

日本国际佛教学大学院大学特别研究员，主要研究方向为龟兹与敦煌5～6世纪的佛教艺术。

基弗尔-普尔兹

德国美因茨科学与文学学院高级研究员，主要研究方向为佛教戒律、巴利语文献学。

谷口阳子

日本筑波大学历史人类学系副教授，主要研究方向为文物保护、壁画颜料分析。

译者简介

王　倩

考古学博士，毕业于北京大学考古文博学院，现为郑州大学考古与文化遗产学院讲师，主要研究方向为魏晋南北朝考古、佛教考古。

亚欧丛书

◈ 梵天佛地（全八册）
［意］图齐 著，魏正中、萨尔吉 主编

◈ 探寻西藏的心灵
图齐及其西藏行迹
魏正中、萨尔吉 编译

◈ 犍陀罗石刻术语分类汇编
以意大利亚非研究院巴基斯坦斯瓦特考古项目所出资料为基础
［意］多米尼克·法切那、安娜·菲利真齐 著，魏正中、王姝婧、王倩译

◈ 犍陀罗艺术探源
［意］卡列宁、菲利真齐、奥里威利 编著，魏正中、王倩 编译

◈ 龟兹寻幽
考古重建与视觉再现
何恩之、魏正中 著，王倩 译

◈ 丝路探险
1902～1914年德国考察队吐鲁番行记
［德］卡恩·德雷尔 著，陈婷婷 译

◈ 高昌遗珍
古代丝绸之路上的木构建筑寻踪
［匈］毕丽兰、［德］孔扎克-纳格 主编，刘韬 译，王倩、方笑天 审校

◈ 龟兹早期寺院中的说一切有部遗迹探真
［意］魏正中、［日］桧山智美、［德］基弗尔-普尔兹、［日］谷口阳子 著，王倩 译

上海古籍出版社

图书在版编目(CIP)数据

龟兹早期寺院中的说一切有部遗迹探真 /(意)魏正中等著;王倩译. —上海:上海古籍出版社,2024.4
(亚欧丛书)
ISBN 978-7-5732-1049-4

Ⅰ. ①龟… Ⅱ. ①魏… ②王… Ⅲ. ①龟兹-石窟-佛教考古-研究 Ⅳ. ①K879.294

中国国家版本馆CIP数据核字(2024)第059238号

亚欧丛书

龟兹早期寺院中的说一切有部遗迹探真

[意]魏正中、[日]桧山智美 著
附录 [德]基弗尔-普尔兹、[日]谷口阳子
王 倩 译
上海古籍出版社出版发行
(上海市闵行区号景路159弄1-5号A座5F 邮政编码201101)
(1)网址:www.guji.com.cn
(2)E-mail:guji1@guji.com.cn
(3)易文网网址:www.ewen.co
上海雅昌艺术印刷有限公司印刷
开本787×1092 1/16 印张24.25 插页5 字数474,000
2024年4月第1版 2024年4月第1次印刷
ISBN 978-7-5732-1049-4

K·3549 定价:208.00元
如有质量问题,请与承印公司联系